Alttestamentliche Gestalten im Neuen Testament

Von Petra & Wolfram
beim Grillabend am
25. Juni 1999 in
der Villa der Vatter.

Alttestamentliche Gestalten im Neuen Testament

Beiträge zur Biblischen Theologie

Herausgegeben von
MARKUS ÖHLER

Wissenschaftliche Buchgesellschaft
Darmstadt

Einbandgestaltung: Neil McBeath, Stuttgart.

Die Deutsche Bibliothek CIP-Einheitsaufnahme

Alttestamentliche Gestalten im Neuen Testament:
Beiträge zur biblischen Theologie / hrsg. von
Markus Öhler. – Darmstadt: Wiss. Buchges., 1999
ISBN 3-534-13836-8

Bestellnummer 13836-8

© 1999 by Wissenschaftliche Buchgesellschaft, Darmstadt
Gedruckt auf säurefreiem und alterungsbeständigem Werkdruckpapier
Satz: Fotosatz Janß, Pfungstadt
Druck und Einband: Druckhaus Beltz, Hemsbach
Printed in Germany
Schrift: Linotype Times, 9.5/11

ISBN 3-534-13836-8

Inhalt

Einleitung

„Die Menschen, von denen die Evangelien berichten, verstehen sich als die Söhne und Töchter derer, von denen das Alte Testament berichtet." So umschreibt C. Westermann den „familiären" Aspekt der Biblischen Theologie (Zur Frage einer Biblischen Theologie, JBTh 1, 1986, 19), und im Sinne unseres Sammelbandes könnte man ergänzen: Auch die Autoren des Neuen Testaments selbst verstehen sich als Nachfahren der alttestamentlichen Gestalten. Vorfahren wie Nachfahren gilt unser Interesse in diesem Sammelband.

Dabei hat der Versuch, einen Gesamtüberblick über die Rezeption alttestamentlicher Gestalten im Neuen Testament zu geben, seine Ursache zum einen in einem Defizit. So gibt es eine Reihe von Untersuchungen zur Verwendung einzelner alttestamentlicher Gestalten im Neuen Testament, etwa zu Abraham, Mose oder Elija. Zu nennen sind auch die einschlägigen Lexikonartikel zu jeder der für die Heilsgeschichte Israels wichtigen Personen. Es mangelte allerdings bisher an einer Sammlung, die einen vergleichenden Überblick über die neutestamentlichen Autoren und die vielfältigen Rezeptionsweisen ermöglicht. Daher soll hier in erster Linie das Material einmal geschlossen dargeboten werden.

Zum anderen hat sich die theologische Wissenschaft in den letzten Jahrzehnten verstärkt dem Thema der „Biblischen Theologie" zugewandt und in den 90er Jahren auch Gesamtentwürfe hervorgebracht, die sowohl die Faszination dieses Bereichs theologischen Denkens als auch dessen völlig unterschiedliche Konzepte demonstrieren.[1] Innerhalb dieser Diskussion will der vorliegende Sammelband das Interesse auf die vielfältige Rezeption der Heilsgestalten Israels im Neuen Testament lenken. Vielleicht lassen sich daraus auch für die Frage nach einer Biblischen Theologie einige Rückschlüsse ziehen.

Während der Konzeption dieses Buches ergab sich von Beginn an das Problem, ob man als Ausgangspunkt die alttestamentliche Person selbst wählen oder nicht besser bei den neutestamentlichen Autoren ansetzen sollte. Daß die Wahl auf erstere Lösung fiel, demonstriert, daß nach meiner Meinung eine Materialiensammlung zur Biblischen Theologie, die auf das Neue Testament ihren Schwerpunkt legt, trotzdem vom Alten Testament her kommen muß. Auch die neutestamentlichen Autoren haben ja bei dem ihnen in hebräischer oder griechischer Sprache bekannten Alten Testament angesetzt. Zusätzlich wird in den einzelnen Beiträgen immer auch ein Blick auf die jüdische Auslegungstradition bis zu den frühen Rabbinen geworfen, denn damit soll gezeigt werden, in welchem Traditionszusammenhang die neutestamentliche Rezeption steht und an welchen Punkten die entscheidenden Differenzen zum zeitgenössischen Judentum zu sehen sind. Beides – Altes Testament und jüdische Rezeption – bilden den Grundstock, auf dem die neutestamentlichen Autoren aufgebaut haben.

Davon ausgehend liegt das Hauptgewicht jedes Beitrags auf der Rezeption im Neuen Testament, denn die Leitfragen waren stets: Wie greifen die Evangelisten, Johannes, Paulus, die Verfasser der übrigen Briefe und der Apokalyptiker auf die Gestalten des „Alten Bundes" zurück? Warum nehmen sie jene Personen überhaupt in ihre theologischen oder erzählerischen Gedanken auf, wenn sie doch von Christus und seinem Wirken berichten wollen? Was ist ihnen an den Vorfahren wichtig, was lassen sie weg?

Unsere Antworten in diesem Sammelband sind so vielfältig wie die Ansichten der neutestamentlichen Autoren. Eines aber läßt sich durchgehend als Konstante feststellen: Für die frühchristlichen Autoren, die uns ja auch als Repräsentanten ihrer Gemeinden begegnen, ist grundsätzlich der Gedanke selbstverständlich, daß die Geschichte von Adam bis Christus eine Konstante hat: den Heilswillen Gottes. Sie selbst, die Christen, stehen in dieser Kontinuität, nicht nur, weil viele von ihnen Juden sind, sondern weil es derselbe Gott ist, der Abraham zu einem großen Volk machte und der Jesus von Nazaret von den Toten erweckte. Derselbe Gott, der mit Mose den Sinaibund geschlossen hatte, hatte mit der Sendung seines Sohnes neue Verhältnisse geschaffen und seinen Heilswillen auf alle Völker ausgeweitet. So wird das Handeln Gottes an den Personen des Alten Testaments für die frühen Christen (und hoffentlich nicht nur für sie) zu einem Handeln an den eigenen (Glaubens-)Vorfahren.

Der Bogen dieses Buches spannt sich von den Genealogien Jesu bis zu jenen alttestamentlichen Personen, die im Neuen Testament nur als negative Beispiele genannt werden. Dazwischen ist die Abfolge im großen und ganzen nach der alttestamentlichen Chronologie geordnet, wobei bestimmte Personen – etwa die Frauen oder die Priester – zu Gruppen zusammengefaßt werden. Manche Gestalten werden übrigens nicht in der Überschrift, aber doch im Text zu finden sein, wobei das Register bei deren Auffindung helfen soll.

Ein an die einzelnen Beiträge angeschlossenes Literaturverzeichnis nennt die für die Thematik wichtigsten Beiträge, wobei aus Platzgründen auf die Nennung der einschlägigen Lexika und Kommentare verzichtet wurde. Die Abkürzungen richten sich nach S. M. Schwertner, Internationales Abkürzungsverzeichnis für Theologie und Grenzgebiete, Berlin–New York 1992[2]. Ein Bibelstellenregister sowie ein Verzeichnis aller in diesem Band erwähnten biblischen Personen sind im Anhang zu finden. Dort sind auch Kurzbiographien der Autoren und der Autorin nachzulesen.

Der Herausgeber dankt ausdrücklich Fr. Susanne Scholz, die für die Gestaltung des Bandes viel Mühe auf sich genommen hat, sowie dem Verlag der Wissenschaftlichen Buchgesellschaft, vertreten durch Hr. Bruno Frisch und Hr. Martin Eberhardt, für die gute Zusammenarbeit. Allen anderen, die in irgendeiner Weise zum Gelingen beigetragen haben, sei hier pauschal gedankt.

Markus Öhler   Wien, im Juni 1998

Anmerkung

[1] Zu nennen sind vor allem B. S. Childs, Die Theologie der einen Bibel, 2 Bde., Freiburg–Basel–Wien 1994–1996 (engl. 1992); H. Hübner, Biblische Theologie des Neuen Testaments, 3 Bde., Göttingen 1990–1995; P. Stuhlmacher, Biblische Theologie des Neuen Testaments, Bd. 1, Göttingen 1992. Einen guten Überblick über die Forschungsgeschichte bietet M. Oeming, Gesamtbiblische Theologien der Gegenwart. Das Verhältnis von AT und NT in der hermeneutischen Diskussion seit Gerhard von Rad, Stuttgart u. a. 1985. Zum Einstieg in die Thematik besonders empfehlenswert ist der Sammelband von C. Dohmen und T. Söding, Eine Bibel – zwei Testamente, UTB 1893, Paderborn u. a. 1995. Ein Diskussionsforum bietet das Jahrbuch für Biblische Theologie seit 1986.

Die jüdische Wurzel des Messias Jesus aus Nazaret
Die Genealogien Jesu im biblischen Horizont

Von Robert Oberforcher

Die beiden Varianten des Stammbaumes Jesu (Mt 1,2–16 und Lk 3,23–38) stoßen bei vielen nicht auf großes Interesse. Diese Art zu reden wirkt ermüdend, steril, monoton und in ihrer seltsamen Freude am Spiel mit Namen irritierend.[1] Ganz anders die Sprache des Erzählens, auf die Mt und Lk glücklicherweise sofort übergehen. Da gibt es vitale Vorgänge, Dramatik der Handlung, Rollenprofile. Diese unterschiedliche Gefühlsreaktion enthält bereits eine richtige Beobachtung. Das Desinteresse an Genealogien signalisiert eigentlich das Eingeständnis, daß wir diese uns befremdende Sprachform, die in anderen Kulturwelten wohl Sinn macht, nicht mehr verstehen. Neben der Rezeption biblischer Persönlichkeiten muß also auf das spezifische Ausdrucksmedium der Genealogie geachtet werden. Nur so kann eine textgemäße Interpretation dieser Namensreihen als hochbedeutsame Herkunftsgeschichte Jesu von Nazaret gelingen. Indem man jene alttestamentliche und altorientalische Ausdruckswelt vor Augen hat, in der diese Denkform lebt und Wesentliches sich aussprechen kann, wird auch nachvollziehbar, daß vor allem die authentisch wirkende Genealogie von Mt 1 mit der Verkündigungssituation einer judenchristlichen Missionsgemeinde zu tun hat. Von ihr her kann der Stellenwert dieser Denk- und Sprachform verstanden und nachvollzogen werden, daß der genealogische Eröffnungstext für das Gesamtevangelium eine sowohl kompositorische als auch theologisch-inhaltliche wie zugleich atmosphärische Bedeutung hat.

1. Gattung und Ausdruckspotential der biblischen Genealogien

Genealogie als „Geschlechterfolge/Ahnenreihe" bringt jenen Wirklichkeitsausschnitt des Daseins zur Sprache, wo menschliche Gemeinschaft durch Verwandtschaft geprägt und bestimmt ist. Noch Mt 1 enthält die wesentlichen Signale dieses Wissens, daß der Mensch „geortet" ist durch seine Zuordnung zur Herkunftslinie seiner Vorfahren. Die Frage: „Wer ist Jesus?" wird zunächst auf die Frage reduziert: „Woher kommt Jesus?" Matthäus spricht also von der „Genesis", der Herkunft Jesu (1,1). Das AT enthält insgesamt ca. 30, freilich sehr verschiedenartige, genealogische

Texte. Neben reinen Namenlisten gibt es ausgebaute Geschlechterfolgen mit der Angabe der jeweiligen Kerneinheit der Vater-Sohn-Abkunft, erweitert durch Altersangaben (nach Zeugungsalter und Lebensalter manchmal differenziert).

Für die Erschließung der literarischen Funktion der Gattung Genealogie hat die neuere Forschungsgeschichte (unter Beachtung der Ethnosoziologie und der Kulturanthropologie) wichtige Einsichten erbracht.[2] Als Hauptgruppen gelten lineare und segmentäre Genealogien. Dabei zeigt sich, daß die lineare Genealogie, welche die Reihe der Vorfahren vertikal von einer Generation zur anderen aufzählt bis hin zum Anfangsglied des Ahnen, in erster Linie – gemäß der Entsprechung von Form und Funktion – der Zuordnung einer gegenwärtigen Person zu einem bestimmten Ahnen dient und darin die Funktion genealogischer Legitimation erhält. So gewinnen Persönlichkeiten wie Set, Abraham, Juda, David oder Aaron (für das Hohepriesteramt) besondere Autorität, sozialen Status und Führungskompetenzen. Der bibeltheologische Gehalt dieser Darstellungsweise wird schnell deutlich, wenn man an die Problematik der Zugehörigkeit zum Bundesvolk Israel denkt (vgl. etwa die Frage der Kultfähigkeit oder die Regelung von Außenheirat). Daß damit existentielle Themen der nationalen und religiösen Identität angesprochen sind, zeigt deren aggressive Diskussion in der nachexilischen Zeit. Die lineare Genealogie dient der Sicherung von Autoritätsanspruch und Identitätsbildung! Dieses funktionale Verständnis ist für den Stammbaum Jesu auszuwerten.

Hingegen verarbeitet die segmentäre Genealogie, welche in horizontaler Verzweigung auf derselben Generationsebene die Geschwister im Verwandtschaftszusammenhang darstellt, aktuelle Gruppenbeziehungen. In der genealogischen Absicherung von Zuordnung, Über- und Unterordnung koexistierender Gruppen geht es auf andere Weise um Identitätssicherung, indem die genaue Grenzziehung bzw. Verhältnisbestimmung zu den anderen (Außensicht: Israel und die Nachbarvölker; Innensicht: Israel in der nationalen Konstellation von 12 Brüdern) ein Modell des sozialen, politischen und religiösen Zusammenlebens gestaltet.

Zahlreiche Genealogien sind jedoch Mischformen, welche innerhalb einer linear geführten Genealogie bei bestimmten Generationsebenen eine segmentäre Verzweigung einbauen.[3] Dadurch entsteht ein komplexes und differenziertes Bild gemeinschaftlicher Verhältnisse und Autoritätsstrukturen mit Hilfe von Verwandtschaftsterminologie. Im AT gewinnen diese genealogischen Wertungen oftmals theologische Bedeutung. So verweigert die Patriarchengenealogie trotz Abgrenzung von Ismael und Edom jeden Nationalchauvinismus oder rassistische Ausgrenzung durch Betonung eigener Segenszusagen Gottes für die „Nichterwählten" (Gen 17,20; 25,12 ff. u. ö.). So zeichnen die Genealogien der Urgeschichte (Gen 1–11) die Anfänge des Volkes Israel ein in den universalen Horizont der Menschheitsgeschichte, wie ja auch die Bundesgeschichte einsetzt mit dem Noachbund, auf den erst der Abrahambund folgen wird. Durch die genealogischen Verwandtschaftsbeziehungen gewinnt somit Israel seinen Bestimmungsort innerhalb und nicht außerhalb der „Menschheitsfamilie". Diese weichenstellende Grundaussage von der Solidarität Israels mit den Weltvölkern (in der Antike ohne Analogie!) wird noch im Stammbaum Jesu betont festgehalten: bei Mt durch die Qualifizierung Jesu als des „Sohnes Abrahams" (1,1) und die vier „irregulären" Stammütter, die aus der Heidenwelt kommen. Die Namenliste bei Lk bindet hingegen Jesus mit Adam (der von Gott stammt!) über eine Vielzahl von Generationsgliedern zusammen. So bewahrt noch der Stammbaum Jesu diese Verbindung von innerjüdischer Herkunftsgeschichte und universaler Zusammengehörigkeit mit der Menschheit.

Das für uns fremdartige Sprachidiom der Genealogie ist eine der Welt der Bibel vertraute Sprachform, in der man gesellschaftliche, politische und religiöse Autoritätsstrukturen und Machtverhältnisse adäquat darstellen kann. Dabei können gesellschaftliche Veränderungen eine Neumischung genealogischer Daten erzwingen (wie besonders in schweren Umbruchzeiten: Frühgeschichte Israels und nachexilische Neukonstitution Judas in 1Chr 1–9). Zwar spricht die Genealogie von Vergangenheit, meint aber vorrangig die Gegenwart, deren Herausforderung und Probleme sie bewältigen will. Hinter den Genealogien steht also durchaus Wahrnehmung von Realität. Doch ist es weniger die im Text beschriebene als die hinter dem Text stehende, motivierend einwirkende Realität, die es zu erschließen gilt.[4]

Die Genealogie hat die Funktion, für den einzelnen wie für eine Gruppe oder ein Volk angesichts schwieriger Beziehungen zu den anderen identitätsstiftend zu wirken. Sie leistet wichtige Ortsbestimmungen für die Gegenwart, indem sie die Herkunft und den Ursprung durch die Metapher der Verwandtschaft ausleuchtet. Über die Ahnenlinie wird der Anschluß und die Anbindung einer spätgeborenen Person an bestimmte Schlüsselereignisse der Vergangenheit ermöglicht (was bei Mt vor allem mit davidisch-messianischen Untertönen versehen ist).[5] Mit der Wahl der literarischen Gattung Genealogie und der Gestaltung des Stammbaums Jesu gelingt es Matthäus, schon im Eröffnungstext seines Evangeliums sowohl einen universal-menschheitlichen Großhorizont als auch die heilsgeschichtliche Wachstumslinie des Bundesvolkes Israel aufzurufen, um dadurch die Doppelperspektive der Sendung Jesu zu seinem Volk wie zur Heidenwelt zu eröffnen. Für Lukas hingegen hat der zum Stenogramm abgekürzte Stammbaum Jesu eine deutlich andere Ausrichtung, die an der Verlängerung der Ursprungslinie von Adam zurück bis auf Gott hin interessiert ist.

Robert Oberforcher

2. Die genealogische Namenskette und ihr alttestamentlich-
   frühjüdischer Horizont

Die beiden Varianten der genealogischen Namenskette im Stammbaum
Jesu bieten die einzelnen Namen, von denen eine große Anzahl auch in
der hebräischen Bibel vorkommt, meist in der Tradition und Nomenklatur
der Septuaginta.

Mt 1, 2–9	*Lk 3, 23–30*	*Mt 1, 9–16*	*Lk 3, 30–38*
Abraham	Abraham[6]	Jotam	Levi
Isaak	Isaak	Ahas	Mattat + Jorim
Jakob	Jakob	Hiskija	Eliëser
Juda und seine Brüder	Juda	Manasse	Josua
Perez + Serach	Perez	Amos	Er
aus *Tamar*			
Hezron	Hezron	Joschija	Elmadam + Kosam +
Aram	Arni + Admin	Jojachin + seine	Addi +
		Brüder	
Amminadab	Amminadab	Zur Zeit/nach dem	Melchi + Neri
		Exil	
Nachschon	Nachschon	Schealtiël	Schealtiël
Salmon	Salmon	Serubbabel	Serubbabel
Boas aus *Rahab*	Boas	Abihud	Resa + Johanan +
Obed aus *Rut*	Obed	Eljakim	Joda + Josech +
			Schimi +
Isai	Isai	Azor	Mattitja + Mahat +
DAVID der KÖNIG	David	Zadok	Naggai + Hesli +
		Achim	Nahum + Amos +
Salomo *aus der*	Natun + Mattata +	Eliud	Mattitja + Josef +
Urijas			Jannai +
Rehabeam	Menna + Melea +	Eleasar	Melchi + Levi +
Abija	Eljakim	Mattan	Mattat
Asa	Jonam	Jakob	Eli
Joschafat	Josef	Josef, der Mann	Josef
		Marias	
Joram	Juda	JESUS genannt der	JESUS
		CHRISTUS	
Usija	Simeon		

Beginnen wir mit dem atl. Hintergrund der Mt-Genealogie. Dabei lassen
sich für die beiden Phasen von Abraham bis David und von David bis zum
Exil literarische Vorlagen erkennen, während für die dritte Phase ab dem
Exil bei der Identifizierung der Namen ganz ungesichertes Terrain be-
schritten werden muß. So fehlt Abihud, Serubbabels Sohn, in der Königslinie 1Chr 3,19. Für „Serubbabel selbst, den Sohn Schealtiëls" (Esr 3,2;

5,2) ist eine historische Erinnerung gesichert. Er war maßgeblich am Wiederaufbau des zerstörten Tempels beteiligt, den die Propheten Haggai und Sacharja mit messianischen Erwartungen in Verbindung brachten (vgl. Hag 2,23; Sach 6,12f.; noch Sir 49,11f. preist seine Taten). Die übrigen Namen jedoch (im AT meist in ganz anderen Zusammenhängen) lassen sich überhaupt nicht zuordnen. Doch ist bedenkenswert, daß die genealogischen Informationen, je näher sie an die Vorfahren Josefs heranreichen, um so dürftiger und unsicherer werden. Hat Mt also irgendeine, ihm greifbare Ahnentafel benützt, um über diese profillose Schlußreihe den ihm maßgeblichen Anschluß an die davidische Königslinie zu erzielen, ohne falsche Nebentöne zu erzeugen? Sein Anliegen genealogischer Legitimationsbildung ist schon hier sichtbar.

Erfolgreicher läßt sich die Namensreihe der ersten Phase von Abraham bis Isai/David (vv.2–6) zuordnen. Daß die Genealogie bei Abraham (im Unterschied zu Lk: Adam/Gott) einsetzt, findet seine theologische Motivation im christologischen Prädikat „Sohn Abrahams" (1,1). So sind die besonderen Konnotationen der Verheißungen und des Bundes Gottes mit Abraham mitzuhören. Der Verheißungsimpuls vom „Vater vieler Völker" (Sir 44,19) verleiht dieser Abstammungslinie eine große innere Dynamik: mit Abraham kommt die Geschichte eines ganzen Volkes in Gang. Die heilsgeschichtliche Ursprungszeit wird unter der Formel „Abraham–Isaak–Jakob" präsent (1Chr 1,34; 2,1 ersetzt konsequent Jakob durch „Israel"). So ist der Ursprung Jesu von Anfang an in die heilsgeschichtliche Linie des Bundesvolkes eingewiesen und wird von daher geortet. Die Israelorientierung ist mit der Nennung von „Juda und seinen Brüdern" (= Zwölfstämmevolk) deutlich. Genealogische Sprechweise bietet zu dieser Herkunftsbestimmung Jesu auch der Hebräerbrief: „aus Juda aufgegangen (anatellō) ist unser Herr" (Hebr 7,14) sowie die Apokalypse: „Gesiegt hat der Löwe aus dem Stamm Juda" (Offb 5,5 mit messianischer Bezugnahme auf den Judaspruch Gen 49,9f.).

Die Reihung von Perez bis David hat ihre präzise Vorlage in 1Chr 2,4–16, die wiederum mit der das Buch Rut beschließenden prämonarchischen Genealogie identisch ist und durch die Zehnzahl innere Geschlossenheit erkennen läßt.[7] Mt folgt jedoch dem Chroniktext, wenn er neben der Nennung Tamars deren Söhne Perez und Serach aufnimmt, obwohl letzterer für ihn bedeutungslos ist. Unter Davids Vorfahren ist vor allem Isai erwähnenswert, der als Vater Davids mit messianischen Untertönen versehen ist (vgl. auch Paulus in Röm 15,12, der aus Jes 11,10 die „Wurzel Isais" zitiert; die Volksfrömmigkeit kennt den „Jesse-Baum"). Die Familie Isais lebte in Betlehem, wo David als der Jüngste die Herde hütete. Auf die Erwählung zum König (2Sam 7,8; 5,2) beziehen sich Mt 2,6 (in einer Zitatkombination) die Theologen Jerusalems angesichts der Kunde vom Neugeborenen in Betlehem. Indem Mt 1,6 David das Attribut „der König" erhält, ist ein Hauptakzent der ganzen Genealogie faßbar. Mit dem Königtum Davids signalisiert die Genealogie eine heilsgeschichtliche Wende.

Es bleibt noch die zweite Phase der Namenliste, die die Königszeit zum Inhalt hat (vv. 6–11). Wiederum orientiert sich Mt an einer Vorlage in 1Chr 3,10–14, in der die judäische Königsliste geboten wird. Allerdings fehlt ein Block von drei Königen (Ahasja, Joasch, Amazja) und damit ein Zeitraum von 60 Jahren. Immerhin kommt so die zweite Gruppe auf die nötigen 14 Glieder.[8] Für das NT sind alle außer Salomo keiner weiteren Erwähnung wert![9] Judenchristen konnten sich allerdings sehr wohl erinnern, daß Joschija der letzte große Hoffnungsträger innerhalb der Daviddynastie war. Die harte Zäsur zwischen der zweiten und der dritten Namensreihe wird durch Jojachin/Jechonias und den Beginn des babylonischen Exils (vv. 11 f.) signalisiert. Dieser war jedoch der Enkel und nicht der Sohn Joschijas, wie Mt meint! (Hat er ihn mit seinem Vater Jojakim verwechselt?) Die nationale Katastrophe und der Zusammenbruch des davidischen Königtums als politischer Institution dürfte der judenchristlichen Gemeinde ebenfalls präsent gewesen sein. Denn auch das kurze Aufflakkern einer davidisch-nationalen Restauration um den nachexilischen Hoffnungsträger Serubbabel zur Zeit des Wiederaufbaus des Tempels blieb Episode.[10] So rechnet die Genealogie mit einer langen Durststrecke unerfüllt gebliebener Sehnsucht nach der messianischen Zukunft, die sich aus den theologischen Erinnerungsbildern an die idealisierte Herrschaft Davids nährt. Damit aber erzeugt diese solcherart komponierte Genealogie mit ihren drei so unterschiedlich gewichteten Phasen ein mächtiges Gefälle, von der Geschichte Israels bis zu Jesus, dessen Vater Josef aus dem Hause Davids stammt und der im Traum vom Engel feierlich als „Sohn Davids" apostrophiert wird (1,20).

Die lukanische Namenliste (Lk 3,23–38) mit ihrem äußerst knapp formulierten Namensmaterial läßt sich im Blick auf die ntl. Resonanz sehr viel schneller besprechen. In aufsteigender Linie (!) ist die gegenüber Mt wesentlich umfangreichere Namensreihe von ca. 21 Gliedern bis zum Exilseinschnitt hinauf fast ohne jeden Bezug zum AT bzw. zu Mt. Höchst erstaunlich freilich ist die Differenz des Vaternamens für Josef: Bei Mt heißt er Jakob, bei Lk Eli, was die Frage historischer Detailtreue aufwirft. Aus dieser Namensgruppe ist mit Mt nur die Nennung von Serubbabel–Schealtiël (3,27) kongruent, allerdings wiederum mit ganz anderen Vaterangaben. Ähnlich isoliert wirkt die nach hinten anschließende zweite Namensgruppe bis zu David zurück, als dessen Sohn nicht Salomo, sondern Natan/Natham genannt ist! Unerklärlich ist die mittendrin genannte Vierergruppe der Jakobsöhne Levi, Simeon, Juda, Josef, die in dieser Epoche nie vorkommen. Tragfähigen genealogischen Boden gewinnt die Namenliste erst bei den Vorfahren Davids, die praktisch mit Mt identisch ist (mit Ausnahme zweier Namen anstelle des Aram). Lukanische Spezialität ist die Vorschaltung der urgeschichtlichen Genealogie noch vor Abraham (vv. 34–38), die mit den Stammbäumen von Gen 11 und 5 (dies wohl nach der Liste 1Chr 1,1–4) fast identisch ist. Die Nennung des Kenan (Gen 11,13 LXX!) hat mit Kain nichts zu tun. Die Ursprungsposition am Beginn der Menschheitsgeschichte wird mit Adam bezeichnet, so daß der universalistische Akzent noch deutlicher wird als bei Mt („Sohn Abrahams"). Zugleich aber wird in kühnem genealogischem Alleingang die gesamte Menschheitslinie rückgebunden an den Uranfang „Gott"! Die urgeschichtliche Weiterführung der oben aufgelisteten Namen hat folgenden Namensbestand:

Terach + Nahor + Serug + Regu + Peleg + Eber + Schelach + Kenan/Kainan + Arpachschad + Sem + Noach + Lamech + Metuschelach + Henoch + Jered + Mahalalel + Kenan + Enosch + Set + Adam + GOTT (Lk 3,34–38).

Auch diese Menschheitsliste ist bereits eine patrilineare Auswahl, indem sie die segmentären Verzweigungen, von denen Genesis und 1Chr 1–3 berichten, ausblendet (vor allem den Stammbaum Kains, der Brüder Sems, der Brüder Abrahams).

3. Komposition und Aussageprofil der matthäischen Genealogie

Schon bisher blinkte bei der Besprechung der eher technisch wirkenden Namensreihe der eine oder andere theologische Akzent auf, der vermuten ließ, daß dieser Text eine beachtliche religiöse Aussage und Botschaft transportieren möchte. Wie bereits im ersten Abschnitt deutlich wurde, kann der biblische Mensch mit Hilfe dieser Gattung sehr wohl bedeutsame existentielle und sinnstiftende Aussagen vermitteln. Indem Matthäus den Stammbaum Jesu an den Anfang seiner Jesusgeschichte stellt, signalisiert er, daß die Herkunft Jesu bereits Wesentliches zur Sendung und zur Botschaft Jesu sagen kann. Nicht so sehr als historische Detailinformation, sondern im Sinne weichenstellender Zuordnungen und heilsgeschichtlicher Wertungen ist dieser Text zu lesen. In welchem Ausmaß der Evangelist durch diese Genealogie die Integration Jesu in die Geschichte Israels sowie die Legitimation seines messianischen Auftrags an sein jüdisches Volk (und darüber hinaus für die Heidenwelt!) kompositorisch gestaltet hat, kann durch sorgfältige Auswertung der Textstruktur und des Darstellungsgefälles erschlossen werden.

3.1. Messianische Zahlensymbolik als Leseregel der Genealogie

Die Genealogie bietet eine Reihe von Anhaltspunkten, die durch ihr Abweichen vom genealogischen Schematismus als Textsignale zu verstehen sind. Daß durch die einzige Titelbezeichnung „David der König" (v. 6) ein Gliederungssignal und durch die doppelte Angabe des babylonischen Exils (vv. 11 f.) eine scharfe Abschnittbildung gesetzt ist, ist leicht nachvollziehbar. Doch wird man nicht ohne weiteres auf den Gedanken kommen, daß die solcherart entstandenen drei Sinneinheiten auch quantitativ zu beachten sind. Dazu fügt Matthäus am Ende der Genealogie einen interpretativen Kommentar ein (v. 17), der dem Text eine bestimmte Ausrichtung und inhaltliche Perspektive gibt:

„Alle Geschlechter/Generationen also von Abraham bis David (sind) 14 Geschlechter und von David bis zur Verbannung in Babylon 14 Geschlechter und von der Verbannung in Babylon bis zum Christus 14 Geschlechter" (v. 17).

Damit wird die Genealogie in drei Phasen unterteilt, die durch die Bezugspunkte: Abraham–David–Exil–Christus/Messias abgegrenzt sind. So ganz stimmig ist die Zählung der Generationen freilich nicht. Korrekt gezählt, ergibt sich die Abfolge von 13 + 14 + 13 Generationen. Wegen der beiden Übergangsglieder David und Jojachin fällt dies freilich weniger auf und wird weder Matthäus selbst noch seine Leser und Leserinnen sehr gestört haben. Zwar gibt es einige atl. Stammbäume mit festem Zahlenschematismus (z. B. Gen 5 und 11 mit je 10 Gliedern). Andererseits ist mit Zählfehlern zu rechnen (vgl. Esr 7, 1–5 mit 1 Chr 5, 29–41!).[11] Vermutlich hat Matthäus auch für die dritte Phase eine genealogische Vorlage verwendet, doch kann er für die Reihe Abraham–David leicht auf diese Symbolzahl gekommen sein. Daraus entstand dann ein gewisser gewollter Zugzwang für die weitere Ausgestaltung.[12] Jedenfalls soll diese Periodisierung einen ganz bestimmten Grundgedanken für die Vorgeschichte des Messias Jesus transportieren!

Interessanter und wichtiger ist der symbolische Gehalt dieses Schematismus. Ziemlich generell vertreten wird die schöne Deutung, daß die Zahl 14 dem Buchstabenwert des Namens David entspricht: 4 + 6 + 4 (wobei, wie semitisch üblich, nur die Konsonanten Zahlenwerte ergeben).[13] Solche Zahlendeutungen, Gematrie genannt, waren in der atl. und frühjüdischen Kultur durchaus geläufig und beliebt. Freilich verzichtet Matthäus auf die ausdrückliche Artikulation, so daß man nochmals fragen muß, was mit der Periodisierung weiterhin gemeint sein wird. Zunächst heißt Periodisierung Ordnung, Strukturierung, sorgfältige Planung. Und in diesem Sinn will das genealogische Stenogramm der israelitischen Heilsgeschichte mit dem Kernbereich des Davidbundes ganz gewiß verstanden werden. Daß diese strukturierte Volksgeschichte Israels eine innere Ausrichtung, ein geheimes Gefälle und eine tragende Dynamik enthält, die durch die messianische Tiefenlinie charakterisiert ist, kann deutlicher in den Blick gehoben werden, wenn man auf die strukturbildenden Analogien in der apokalyptischen Literatur und Geschichtstheologie aufmerksam wird. Es ist eines der Gattungsmerkmale der Apokalyptik, daß sie globale Geschichtsprozesse erfaßt und diese nach Epochenfolgen gliedert (vgl. die 4 Weltzeitalter und bestimmte symbolische Zahlengrößen bei Daniel).[14] Die Voranstellung der exilisch-nachexilischen Unheilszeit in der 3. Phase der Genealogie vor die Geburt des Messias Jesus entspricht ebenfalls apokalyptischer Zäsurbildung: Zeit des Unheils – messianische Zeit (wie dies auch die synoptische Apokalypse Mt 24 erkennen läßt)! Nicht nur Jesus selbst war vom apokalyptischen Zeitgefühl der anbrechenden Endzeit und des andrängenden Gottesreiches geprägt, es war dies gewiß eine Grundüberzeugung des frühen Urchristentums (vgl. Gal 4,4). So begreift Matthäus den gesamten Geschichtsraum der Vorgeschichte Jesu als eine gegliederte, heilsgeschichtliche Totalität, die ganz vom Wirken Gottes geprägt war und in ihrer inneren Zielrichtung und Verheißungsdynamik von Abraham über David auf den Ankunftspunkt des Messias Jesus zuläuft. Mit den Ausdrucksmitteln der Genealogie, der Periodisierung, der Gematrie sowie einer Reihe auch inhaltlicher Konnotationen in der Namensreihe gestaltet Matthäus eine große theologische Aussage.

3.2. Weitere Formelemente als bedeutungtragende Textsignale

Die Grundstruktur der Genealogie folgt einem bekannten Formalismus (so Rut 4,18ff.; 1Chr 2,10ff.), der durch die Formel: „A zeugte (egennēsen) B" eine eindrucksvolle sprachliche Monotonie bewirkt. Sie zieht sich wie ein Cantus firmus durch die Generationenfolge. In geradezu erregender Umdrehung der Formel bei der Zeugung Jesu: „den Mann Marias, aus der gezeugt/geboren wurde Jesus" (v. 16), schafft der Text an der entscheidenden Stelle ein scharfes Textsignal, dem eine hochkarätige theologische Aussage korrespondiert. Es sei nochmals daran erinnert, daß diese patrilineare Genealogie wie alle Genealogien des AT dem semantischen Universum patriarchaler Denk- und Erfahrungsweise entstammt und darum die „richtige", d. h. rechtlich verbindliche Generationenfolge über die Vater-Sohn-Abfolge läuft. Um so markanter wirkt dann die Einbeziehung der Mütter bis hin zu Maria, die den „Vater" geradezu auf die Nebenrolle des „Mannes Marias" reduziert.
Innerhalb der eigentlichen Genealogie gibt es weitere Auffälligkeiten, die gerade durch die Abweichung von der Formel „A zeugte B" als Text-

signale zu verstehen sind. Mit der Auswahl gerade dieses Namensbestandes wird das Ziel verfolgt, eine genealogische Brücke von Abraham über David bis zum Messias zu spannen. Wegen dieser Linienführung, die Grundlage einer bestimmten Identifikation, Integration und Legitimation Jesu von Nazaret wird, fallen segmentäre Verzweigungen innerhalb der Volksgeschichte heraus. Dieser Wille zur Konzentration zeigt sich zunächst in der Nennung Judas „und seiner Brüder", womit das Zwölfstämmevolk angesprochen ist. Letzteres ist dem Evangelisten durchaus wichtig, insofern er die Wahl des Zwölferkreises durch Jesus selbst als symbolische Repräsentanz Gesamtisraels begreift, das Jesus zu seinem Bundesgott zurückführen will (10, 5 f.; 19, 28). Zugleich aber läuft die Verheißungslinie über Juda, dem der programmatische Jakobsegen (Gen 49, 10 LXX vgl. Mt 12, 21) gilt. Die segmentäre Verzweigung „Jojachin und seine Brüder" (v. 11) führt trotz des Abbruchs der Königsdynastie über Serubbabel die Linie des Davidhauses weiter, allerdings bis zur Geburt des Messias ganz unterschwellig (dazu die schriftgelehrte Diskussion in Jerusalem Mt 2, 3 ff.).

Schließlich ist die einzige historiographische Notiz von der babylonischen Verbannung zu bedenken. Sie markiert jene tragische Zäsur, welche die Zeit des davidischen Königtums und damit der Geltung des Davidbundes von der königlosen Zeit abtrennt. Daß die Zusage des Davidbundes dennoch von Gott her aufrecht bleibt, lassen zwar die an den Rand der Anonymität und Bedeutungslosigkeit gerückten Namen der 3. Phase kaum mehr erahnen. Doch zeigt die literaturgeschichtliche Tatsache, wonach in nachexilischer Zeit im Zuge der Heilsprophetie auch die messianische Utopie sich immer deutlicher in eschatologischen Texten niederschlägt, daß die messianische Sehnsucht, auf die das Kommen des Messias Jesus ja Antwort geben will, durchaus vorhanden ist.

Eine letzte kompositorische Feinheit mt. Textgestaltung ist beim Einbau von zwei bedeutungsschweren Attributen erkennbar. „David, der König" (v. 6). Daß trotz der langen Liste von Königsnamen nur von ihm der Königstitel ausgesagt wird, muß als betonte Akzentsetzung gewertet werden. Die Trivialität, daß David König war, wird sofort überwunden, wenn man im Sinn der messianischen Tiefenthematik dieser Genealogie die Königssalbung mitschwingen hört. Und in der Tat ist dieser Aspekt der Salbung geradezu der Anlaß für die Wortschöpfung „Messias". Der königliche Gesalbte ist im Hebräischen der *māschîach*, im Griechischen der *christos*. Darauf bezieht sich ausdrücklich das korrespondierende zweite Attribut in v. 16, wo „Jesus, der sogenannte Christos [Messias]" formuliert wird. Dies ist ein bedeutungsschwerer Schlußakkord der langen Namenliste, welche mit der Christustitulatur endet. Der Christus ist der Zielpunkt der Volksgeschichte Israels, er ersteht ganz aus seiner genealogischen Mitte. So erklingt für die Leser und Leserinnen dieser Genealogie am Ende der

1. Phase, am Beginn der 2. Phase und am Ende der 3. Phase das Messiasmotiv. Von dieser Leitperspektive aus sollen nun die vier Frauenpersönlichkeiten in der Genealogie gewertet werden.

3.3. Die Präsenz der Frauen in der Vorgeschichte des Messias

Auffälligerweise werden in Genealogien Frauennamen vorrangig in Texten mit segmentärer Verzweigung wichtig, wo weniger die iuridische Erbfolge betont ist, sondern das Auseinanderdriften in der Mehrzahl der Söhne eines Vaters, die dann wiederum die patrilineare Spitze einer weiteren Genealogie werden. Die Frauen stehen also nicht an der Spitze der genealogischen Hauptlinie, welche Legitimation und Integration begründet, sondern an den Weichenstellungen, wo aus einer Ursprungsgruppe die Gleichzeitigkeit mehrerer Gruppen/Stämme sichtbar wird. Besonders deutlich zeigt dies der Übergang von den Patriarchen zum Zwölfstämmeverbund Israel. Genau hier liegt der genealogische Ort der Mütter (Lea, Rahel, Bilha, Silpa vgl. Gen 35, 23 – 26). Immer aber sind es die Mütter, die dem Vater seine Söhne gebären.[15] Diese patriarchale Kompetenzverteilung in der Zeugung der Nachkommenschaft (die ja immer auch sozial-politische Grenzziehungen bzw. ethnische Nachbarschaft legitimiert!) färbt auch ab auf die Frauenpräsenz der mt. Genealogie. Schon die Formulierung der Zeugung von Perez und Serach „aus der (ek tēs)" Tamar (v. 3) fixiert diese Zuordnung eindeutig. Tamar gebiert dem Juda seine Söhne! Und nur so kann auch die Erbfolge (und die Verheißungslinie!) rechtlich verbindlich und in einer patriarchalen Gesellschaft öffentlich anerkannt weiterlaufen.

Matthäus baut in analogieloser Weise in seine Genealogie vier Mütter ein und zwar im Vor- und Umfeld Davids. Vom atl. Befund her läßt sich wohl vermuten, daß er bei der Übernahme der Vorlage (Perez – David) aus 1 Chr 2, 4 ff. die dort hervorgehobene Rolle Tamars als sprachlichen Anknüpfungspunkt verwenden konnte. Noch deutlicher ist die Formulierungsnähe Rut 4, 12: „Perez, den geboren Tamar dem Juda, ... Nachkommenschaft, davon dir (= Boas) geben möge der Herr aus der (ektēs) Magd." Neben Tamar werden weiterhin die Zeugung „aus der Rahab ... aus der Rut ... aus der (Frau) des Urija" (vv. 5 f.) genannt. Diese vier gleichsinnig gestalteten Sonderangaben, die zugleich im engen Raum von nur 5 Generationen aufscheinen, sind offenbar als ausdrücklich zusammenhängende und aufeinander bezogene Angaben zu betrachten. Nur Tamar und Batseba stehen an der Stelle einer genealogischen Verzweigung, bei der allein die durch diese Frauen miteröffnete Hauptlinie Beachtung findet (Serach und die anderen Davidsöhne bleiben außer Betracht). Darin liegt eine wichtige Wertung: die vier Frauen gehören unverzichtbar und konstituierend in die davidisch-messianische Generationenfolge, die auf den Messias Jesus zulaufen wird. Da die Mutter Jesu die einzige weitere Frau in dieser Genealogie ist und auch ihre Sonderstellung mit der gleichen Formulierung („aus der/ex hēs/gezeugt/geboren wurde" v. 16) ausgesagt ist, versteht man, daß auch die Frage des Verhältnisses der vier Frauen zu Maria seit jeher ein Standardthema der Textinterpretation ist.

Die seit der Kirchenväterexegese virulente Frage nach dem Aussagesinn der vier (bzw. fünf) Frauen in der patrilinearen Genealogie wurde sehr unterschiedlich beantwortet, wobei man auf mindestens drei Lösungsmodelle kam:
– die Frauen waren Sünderinnen
– die Frauen waren Heidinnen/Nichtisraelitinnen
– die Frauen waren durch eine Irregularität für eine Heirat beeinträchtigt.

Alle drei Lösungen suchen eine ausgeprägte Auffälligkeit, Abweichung und Minderwertigkeit bei den vier Frauen zu orten und damit dann auch die Gestalt Marias in eine Beziehung zu setzen, um die Aussageintention des mt. Textes zu erschließen. Wenn man eine dieser Lösungsvorschläge zu verifizieren sucht, dann muß neben dem atl. Befund auch das frühjüdische Bild dieser Frauengestalten eruiert werden, um einigermaßen zu klären, wie Matthäus und seine judenchristlichen Leser und Leserinnen darüber dachten.[16]

3.3.1. Die Gestalt Tamars

Hinter den genealogischen Notizen 1Chr 2,4 und Rut 4,12 steht eine narrative Überlieferung, die Gen 38 kompositorisch entfaltet. Juda zeugte mit seiner kanaanitischen Frau drei Söhne. Seinem Erstgeborenen Er gab er Tamar zur Frau (v. 6). Da Er ohne Kinder starb, trat das Leviratsrecht (sog. „Schwagerehe", um dem Verstorbenen „das Haus zu bauen" Dtn 25,9) in Kraft, doch Onan (!) verweigerte seinen Vollzug und zerstörte die Familiensolidarität.[17] Die kinderlose Schwiegertochter ergriff nach Jahren entwürdigender Zurücksetzung durch Juda die Initiative und entwikkelte eine Strategie, um von ihrem Schwiegervater den Leviratsvollzug zu erzwingen (v. 14). Als anonyme Straßenhure wird sie von Juda schwanger, der sie zunächst nichtsahnend mit der Todesstrafe bedroht, schließlich aber als Kindsvater überführt wird und sich zu seinem Kind und seiner Mutter bekennt: „Sie ist im Recht gegen mich!" (v. 26).

An dieser Geschichte ist mehreres bedeutsam: Tamar ist Kanaanäerin (in v. 1 indirekt ausgesagt); das Levirat als Hintergrundmotivation spricht die Grundfrage der Sicherung von Nachkommenschaft in Judas Familie an; Tamars Initiative soll ihre eigene Integration in der Judalinie garantieren;

es ist eine völlig unkonventionelle und moralisch anfechtbare Strategie der tollkühnen (den Tod riskierenden) Frau, welche die genealogische Brücke zwischen Juda und David über Perez, ihren Sohn, schlägt. Ihre Rebellion gegen willkürliche Rechtsanmaßung des übermächtigen Patriarchen entscheidet die davidisch-messianische Linienführung mit.[18] Wenn H. Schüngel-Straumann die Handlungsmotivation Tamars so charakterisiert: „Diese Zukunft ist weit mehr als ein biologisches Weiterleben in ihren Kindern, vielmehr erhält sie damit selbst Bedeutung, und ihr Leben wird sinnvoll" (Tamar, 155), dann weitet sich solche Integration und Sinngebung in der nachfolgenden Wirkungsgeschichte noch bedeutsam aus, indem die im Kind eröffnete Zukunft in die davidisch-messianische Verheißungsperspektive hineingenommen wird. (Die genealogische Blockade und ihre Überwindung durch Tamar allein wird noch in 1Chr 2,3–13 gewürdigt!) Die frühjüdische Schriftauslegung suchte Tamars kanaanäische Herkunft abzumildern (Jub 41,1 f.: „Tochter Arams"!). Die Rabbinen erkannten im Tun Tamars durchaus providentielle Züge: „Tamar praktizierte Unzucht und Könige und Propheten stammten von ihr ab" (bHor 10b). In ntl. Zeit ist es Philo von Alexandria, der Tamar höchstes Lob spendete und ihre Tugend (!) pries, freilich in allegorischer Transformation: „Tugend sitzt an den Straßenkreuzungen." Sie ist ihm eine exemplarische Konvertitin und Proselytin. Wußte Matthäus von solchen Bewertungen?

3.3.2. Die Gestalt Rahabs

Mit ihr ist wohl die Dirne von Jericho gemeint. Die Kundschaftergeschichte stellt Rahab als Retterin der israelitischen Spione in der Festungsstadt dar (Jos 2). Nach Josuas Sieg wird allein Rahab und ihre Familie verschont: „So wohnt ihre Familie bis heute mitten in Israel" (6,25). Es gibt nun allerdings keinen einzigen Hinweis, daß Rahab etwas mit der Davidlinie zu tun hat, auch nicht in der späteren rabbinischen Tradition. Doch werden Propheten wie Jeremia oder die Prophetin Hulda von ihr abgeleitet (Belege bei Johnson 163 f.). Eine schöne Assoziation bietet ein später Midrasch, der den roten Erkennungsfaden bei der Geburt des Perez (Gen 38,28) mit dem purpurnen Seil an der Stadtmauer von Jericho (Jos 2,18) kombiniert und damit einen symbolischen Zusammenhang zwischen Tamar und Rahab herstellt.[19] In beiden Fällen geht es dem Midrasch um das Überleben und die Zukunft Israels. Festzuhalten ist auch, daß beide Frauen Nichtisraelitinnen waren und in der Rolle der Straßendirne auftraten. Wenn jedoch Mt 1,5 Rahab als Mutter des Boas genannt wird, was weder 1Chr 2,11 noch Rut 4,21 erwähnen und somit keine atl. Basis hat, dann kann wenigstens eine leise Andeutung im Midrasch zum Rutbuch

(2,1) gefunden werden: dort wird Rahab als vom Hl. Geist geführt dargestellt. Daß zur Zeit des Evangelisten eine Hochschätzung der Rahab bekannt war, zeigen urchristliche Belege: „Im Glauben ging Rahab, die Dirne, nicht mit den Nichtglaubenden zugrunde, hatte sie doch die Späher im Frieden aufgenommen" (Hebr 11,31). Noch kühner: „Ist denn nicht in gleicher Weise (wie Abraham!) auch Rahab, die Dirne, aus Werken gerechtfertigt, hat sie doch die Boten aufgenommen und auf einem anderen Weg hinausgelassen" (Jak 2,25 vgl. ferner 1Clem 12,1.3).

3.3.3. Die Gestalt Ruts

Nur das Buch Rut spricht von ihr! An dessen Ende steht jedoch die wichtige Genealogie von Perez bis zu David (ein Namensblock von 10 Namen: 4,18–22). Die Novelle handelt von der Heirat des Betlehemiters Boas (auch David hat seine Sippe in Betlehem). Als seine Verwandte Noomi mit ihrem Mann nach Moab auswandert und dieser wie seine zwei Söhne stirbt, zieht die eine (moabitische) Schwiegertochter Rut mit ihr nach Betlehem. Dort kommt es zur Begegnung mit Boas, der aus bekannter Familiensolidarität eine Levitatsehe eingeht und Rut heiratet. Nicht nur Treue zur geliebten Schwiegermutter (Rut ist Noomi „mehr wert als sieben Söhne" 4,15), sondern auch die Entscheidung, in den Herrschaftsbereich JHWHs einzutreten („dein Volk ist mein Volk, dein Gott ist mein Gott!" 1,16), ist für die Erzählung eine wesentliche Voraussetzung, damit diese Frauengeschichte zur Vorgeschichte der Daviddynastie wird. Es ist die „Ausländerin" (2,10), welche Boas heiratet. Aus diesem Anlaß sprechen die Ältesten von Betlehem einen heilsgeschichtlichen Segenswunsch aus: „Der Herr mache die Frau, die in dein Haus kommt, wie Rahel und Lea, die zwei, die das Haus Israel gebaut haben. Dein Haus gleiche dem Haus des Perez, den Tamar dem Juda geboren hat" (4,11 f.). Damit ist die genealogische Brücke angesprochen, die den Bogen zwischen Juda über Tamar und Rut bis zu David ausspannt. Ihr gemeinsamer Sohn ist Obed (daß dieser als Levitatskind Elimelech zugeordnet ist, spielt keine Rolle mehr!), „der Vater Isais, des Vaters Davids" (4,17). Auch Rut gilt als Nichtisraelitin und Konvertitin, auch bei ihr kommt die Notmaßnahme des Levirats bei verhinderter Zeugungspraxis zum Tragen. Das hohe Ansehen der Moabiterin Rut, die zur Stammutter Davids wird, ist in der jüdischen Überlieferung nie strittig. Daß es eine genealogische Verbindung der Davidlinie zu den Moabitern gab, machte den Rabbinen freilich angesichts von Dtn 23,4 ziemlich zu schaffen. Man kam auf die schriftgelehrte Lösung: kein Verbot über Moabiterinnen (Rut Rabba 4,1)! So bleibt also auch für diese Frau eine beachtliche Irregularität festzuhalten.

3.3.4. Die Gestalt Batsebas, der Frau Urijas

2 Sam 11 wird die Geschichte vom Ehebruch Davids mit der Frau seines Offiziers und dessen indirekte Ermordung auf Befehl Davids erzählt. Wenn Batseba als „die Frau des Hetiters" apostrophiert wird, dann ist jedenfalls ihre israelitische Herkunft strittig. Nachdem David Natans scharfe Verurteilung seiner Tat akzeptiert hatte (12,1 ff.), zeugte er mit ihr Salomo. Als Königinmutter setzt Batseba alles daran, um durch Intrige und Einfluß Salomo nach Davids Tod anstelle seines älteren Bruders Adonija auf den Thron zu heben (1 Kön 1,1–2,25). Hat Matthäus bei seiner auffälligen Vermeidung des Namens Batseba das Prophetenwort im Ohr (2 Sam 12,10)? Auch wenn die Rabbinen die vorbildliche Reue Davids (auch Ps 51,1) betonten, war dieser Makel nicht leicht zu ignorieren. Jedenfalls läuft die Davidlinie und die Königsdynastie über Batsebas Sohn Salomo!

Wenn nun Matthäus diese vier Frauen auswählte, um das genealogische Bezugsfeld um David auf entscheidende Weichenstellungen hin auszuleuchten, dann ist zunächst beachtenswert, daß er von den ruhmreichen Ahnmüttern wie Sara, Rebekka, Lea und Rahel nicht spricht. Was will der Evangelist mit dieser provokanten Auswahl signalisieren? Am auffälligsten ist die Umschreibung für Batseba, welche als „die des Urija" zweifach belastet erscheint. Einmal wird der Name der Ehefrau Davids, die Batseba ja doch auch war, unterdrückt und damit das Verbrechen Davids angedeutet, sodann ist mit Urija die nichtisraelitische Herkunft mitbetont. Daß die heilsgeschichtliche Linienführung auf diese Weise voranschritt, muß zu denken geben. Auch den vorangehenden Müttern Tamar, Rahab und Rut ist die nichtisraelitische Herkunft gemeinsam, die für Matthäus sehr wohl einen vielsagenden Ausblick auf die Heidenwelt eröffnen konnte. Gemeinsam ist ihnen auch die die akzeptierte Normalität sprengende Handlungsinitiative, welche diese Frauen jeweils gesetzt haben, wodurch schließlich die Heilsgeschichte mitbestimmt wurde. Über ihre befremdende Aktivität läuft für Matthäus der genealogische Aufbau der davidisch-messianischen Hauptlinie. Was schon Paulus mit seiner Behandlung der Sara-Hagar-Polarität (Gal 4) betonte, konnte auch für Matthäus ein wichtiges Erklärungsmodell sein. Vor Juda wird ja die Patriarchengeschichte so komponiert, daß im Wirken Gottes zum Aufbau der Zukunft immer wieder die Erwartungshaltungen und Planungen der Menschen durchkreuzt und zerbrochen werden: einerseits die Betonung der Gebärunfähigkeit (Sara), der Unfruchtbarkeit (Rebekka, Rahel), der Bevorzugung der Nichtgeliebten (Lea) sowie andererseits die äußerst konsequente Erwählung des (für die Erbfolge irrelevanten) Nachgeborenen anstelle des Erstgeborenen (Isaak statt Ismael; Jakob statt Esau; Juda bzw. Josef statt Ruben; Efraim statt Manasse und dann auch Perez statt Schela, Salomo statt Adonija ...) – all dies kann

geradezu als Strategie der „Entautomatisierung der Heilsgeschichte" verstanden werden.[20] Genau dieses Phänomen kann auch hinter der Selektion
dieser Mütter als wirksam angesehen werden.

Von hier aus kann nun das alte Argument neu beleuchtet werden, wonach die Position Marias von diesen Müttern her eine Interpretationshilfe
erfährt. Es ist in der Tat eine bestimmte Irregularität und die üblichen
Erwartungsmuster zerbrechende Unerwartbarkeit, durch welche Gott seine heilsgeschichtlichen Weichenstellungen setzt, was sich mit der Zeugung
ohne Josef extrem radikalisiert.[21] Dabei sei nochmals auf die gleichartige
Formulierungsweise „aus der gezeugt wurde (ex hēs egennēthē)" (v. 16)
wie bei den vier Müttern hingewiesen, wobei freilich die Mutterrolle die
Vaterposition verdrängt bzw. selbst einnimmt. Doch muß an dieser Stelle
an die spezifische Funktion der genealogischen Sprachform erinnert werden, in der die öffentlich verbindliche, iuridisch (nicht primär biologisch!)
anerkannte soziale Integration und Einbettung in einen Gemeinschaftsver-
band die argumentative Stoßkraft und inhaltliche Motivation von Genealogien bestimmt. Wie die weitere, narrativ ausgestaltete Kindheitserzählung bei Matthäus (im Unterschied zu Lk!) deutlich macht, ist es die Zuordnung des Messias Jesus zu Josef, dessen genealogische Herkunft aus der
Davidlinie (v. 20 wird Josef selbst vom Engel als „Sohn Davids" angesprochen!) auch Jesus (und seine Mutter Maria) in iuridisch verbindlicher Weise in diese Herkunftslinie integriert.[22] Nur so wird Jesus zum „Sohn Davids"!

Von hier aus ist der Eröffnungssatz Mt 1,1 zu bedenken: „Stammbaum
Jesu Christi, des Sohnes Davids, des Sohnes Abrahams."

Mit dem ersten Satz[23] eines literarischen Werkes ist ja in textpragmati-
scher Intention mit bewußter Leserlenkung zu rechnen. Ist diese Anfangs-
formulierung nun auf das Gesamtwerk im Sinn einer programmatischen
Überschrift zum Evangelium zu beziehen oder interpretierender Eröffnungssatz für die Genealogie (und möglicherweise für die ganze Kindheitsgeschichte)? Wahrscheinlich ist beides im Blick. Wohl bezieht sich der
„Stammbaum Jesu Christi (biblos geneseōs)" (auch „Ursprungsgeschichte,
Urkunde der Abstammung/Herkunft" o. ä. sind möglich) wie auch atl. Er-
öffnungssätze (Gen 5,1) auf die Genealogie selbst, die als Herkunftsgeschichte eigener Art abgesetzt wird von der mit v. 18 („Jesu Christi Ur-
sprung/genesis/war so:") neu einsetzenden narrativen Ursprungsgeschichte
Jesu.

Als fundamentale Leserlenkung müssen vor allem die parallel gestalteten, christologisch schwergewichtigen Attribute Jesu aufgefaßt werden. Dabei ist eine kompositorische Feinheit erkennbar. Die Reihung der drei
Doppelbezeichnungen wird innerhalb der Genealogie in umgekehrter
Weise aufgenommen: 1. Abraham, 2. David, 3. Jesus, der Christus. So wird

eine stilistische Inklusion geschaffen, in der Jesus Christus (Eigenname bzw. Titulatur) die maßgebliche Rahmung bildet. Es geht also um die genealogische Verortung des Messiasanspruchs. Dieser wird im Eröffnungssatz aber bedeutsam präzisiert (dagegen dominiert in Mk 1,1 der Titel „Sohn Gottes"). Jesus als Sohn Davids muß bei der Lektüre der Genealogie Zug um Zug erschlossen werden, was ja oben anhand zahlreicher textinterner Erkennungsmerkmale demonstriert werden konnte. Wer sich durch diese Genealogie hindurchgelesen hat, wird begreifen, daß Jesus über Josef in die davidisch-messianische Hauptlinie der Geschichte Israels hineingehört: nach der kompositorischen Intention ist die über die Daviddynastie laufende Messiasverheißung eine eigene theologische Vor- und Herkunftsgeschichte Jesu. Im Evangelium wird ja Jesu Israelmission scharf herausgestellt, so mit der Schaffung des symbolträchtigen Zwölferkreises als Repräsentanz der neuen Sammlung Israels. Nur bei Mt wird die Sendung nach innen, zum eigenen Volk, „zu den verlorenen Schafen des Hauses Israel" (10,6 und 15,24), thematisiert.

Nun wird aber Jesus auch als Sohn Abrahams qualifiziert. So setzt die Genealogie bedeutsam mit dem Ahnherrn Abraham ein und führt über die Patriarchengenerationen hin zur Linie Juda/Perez – David. In der Kindheitserzählung ab 1,18ff. spielt zwar Abraham (anders Lk 1) keine Rolle, sind doch mit ihm keine messianischen Konnotationen verbunden. Mit Abraham beginnt die Heilsgeschichte Israels. Zwar sind die Juden wie auch Jesus „Kinder Abrahams" (3,9!). Doch das mt. Lesersignal weist, wenn man mit dem Gesamtevangelium konfrontiert wird, noch in eine überraschend andere Richtung. Mit der Gestalt Abrahams kommt die Heidenwelt in den Blick! Angesichts der für Matthäus tragischen Ablehnungsfront im Volk Jesu (was sich bereits Mt 2 andeutet!) wird kontrastierend der Erfolg beim heidnischen Hauptmann so kommentiert: „Viele werden von Osten und Westen kommen und mit Abraham ... im Himmelreich zu Tische sitzen, die Söhne des Reiches werden aber hinausgeworfen" (8,12 vgl. 21,43). So sieht Matthäus mit dem „Sohn Abrahams" immer deutlicher die Sendung nach außen in Gang kommen. Dabei hat der Evangelist gewiß die Verheißung an Abraham vor Augen, die diesen zum „Segen für alle Völker" macht (Gen 18,18; 12,3 u. ö., vgl. Sir 44,19). Und in der Großkomposition entsteht eine mächtige universalistische Klammer um die Jesusgeschichte, indem der Befehl des Auferstandenen: „macht zu Jüngern alle Völker (panta ethnē)" (28,19) dem Abrahammotiv am Beginn missionstheologisch korrespondiert.

Doch macht schon der Eröffnungssatz mit der zweifachen christologischen Titulatur[24] Jesu unzweifelhaft deutlich, daß dabei keinesfalls an eine Polarisierung zwischen nationalreligiösem und universalistischem Heilsverständnis, an einen Gegensatz zwischen der Sendung nach innen oder nach außen gedacht ist. Denn schon die identitätsbildende Genealogie des Messias Jesus verknüpft die Verheißungen an Abraham und an David in der einen Heilsgeschichte, so daß der Segen für die Weltvölker ohne die Vermittlung Israels nicht realisierbar ist. Jesus kann nur über die David-sohnschaft das universalistische Erbe Abrahams antreten!

4. Der theologische Gehalt der lukanischen Namenliste

Nachdem die Namensfolge zwischen Jesus und Abraham bereits bei Matthäus ausführlich dargestellt wurde, kann sich dieser Abschnitt mit einer knappen Reflexion begnügen. Zunächst sind folgende Abweichungen gegenüber Mt 1 nochmals festzuhalten. Lukas plaziert seine Liste nicht im Kontext der Geburtsgeschichte, sondern an den Beginn des Auftretens Jesu zwischen Taufe und Versuchung (3,23–38). Zweitens baut er die Form der Genealogie massiv um, so daß er eine reine Namenliste ohne jedes kommentierende Textsignal gewinnt. Drittens: aus der Tatsache, daß er zu den mit Mt identischen eine große Anzahl weiterer, historisch nicht verifizier-barer Namen (bes. seit dem Exil bis zu dem ganz anderen Namen für den Vater Josefs) einträgt, läßt sich kaum etwas für eine Sachaussage gewinnen. Doch diese Namensreihe mit ihrer äußersten stenographischen Verkür-zung zum Genitiv jedes Namens „des (tou) N. N." wird in dem Augenblick aussagekräftig, wo man erkennt, daß die Umkehrung der Namensreihe von Jesus rückwärts in die Vergangenheit hinein vorstößt in die urgeschichtli-chen Raum hinter die Patriarchen.[25] Diese Teilreihe ist namensidentisch mit den Genealogien Gen 11 (Terach – Sem) und Gen 5 (Noach – Adam).

Der Ansatzpunkt für die Interpretation ist aber weniger die oft beob-achtete Annäherung der gesamten Namensreihe an ein Siebenerschema, sondern der äußerst unerwartbare und kühne Übersprung von Adam zu Gott. „Gottes" (tou theou) ist in v. 38 Abschlußglied der Namensliste. Die-ser qualitative Umschlag gibt offenbar dem gesamten Text seine tragende Perspektive und Sinnrichtung. Dafür ist nun der für die Einbettung der Namenliste wichtige Ausgangsatz heranzuziehen:

„Und als Jesus anfing (archomenos), war er ungefähr dreißig Jahre (alt), er war der Sohn – wie es hieß (hōs enomizeto) – des Josef" (v. 23a).

Wer sich durch die Namen der Vorfahren Jesu oder besser: Josefs hin-durchführen läßt, kommt zu einem frappierenden Ergebnis. Auf dem Um-weg der Namenskette entsteht die Sachaussage: Jesus ist – über die Vor-fahrensreihe von Josef bis zu Adam hinauf – der „Sohn Gottes"! Dies und nichts anderes ist die theologische Botschaft dieser Namenliste. Die Ein-fügung der Liste, die bei der biographischen Außenseite der angeblichen

Vaterschaft Josefs einsetzt, zwischen die Tauf- und Versuchungsperikope, bietet ein Kontextargument an: auf der einen Seite wollte Lukas die inhaltliche Spannung zwischen der biographischen Notiz und der Proklamation bei der Taufe: „Du bist mein Sohn, der geliebte" (v. 22) auflösen. Und auf der anderen Seite wollte er vor der Versuchung die dort vom Teufel formulierte, aber in Frage gestellte Aussage: „wenn du der Sohn Gottes bist ..." (4,3.9) vorentscheiden. Der versuchte Jesus *ist* der Sohn Gottes! So ist die Jesus mit Gott verbindende Namenliste eingebettet in einen Erzählzusammenhang, in dem die Aussage von der Gottessohnschaft Jesu dominiert. So läßt sich für ihren theologischen Gehalt abschließend formulieren: Lukas dient die lange Namensreihe einerseits dazu, Jesus in Anlehnung an die genealogische Denkform als Sohn Gottes auszuweisen und andererseits diese Gottessohnschaft Jesu sich über die nationale und die menschheitliche Vergangenheit realisieren zu lassen. Daß Lukas trotz universalistischer Hauptstoßrichtung seines Evangeliums (und Apostelgeschichte! vgl. Apg 1, 8) durchaus das Kommen Jesu als Antwort auf die messianische Sehnsucht Israels begreift, dokumentiert die Kindheitsgeschichte mit aller Deutlichkeit.

Anmerkungen

[1] Da der Fachkommentar von U. Luz zu Mt nicht jedermann zur Verfügung steht, sei das herrliche Gedicht von Friedrich von Sallet zum typischen (Un-)Verständnis von Genealogien hier wiedergegeben:

> „Der war ein Sohn, der war ein Sohn, der war ein Sohn –
> der zeugte den, der zeugte den, der zeugte den –.
> So schleppt sich's fort in trägem Leierton,
> bis tote Namen wir im Hirn sich drehn.
>   Stammbäume, von beschränktem Torensinn
> plump eingeflickt, wenn nicht von schnöder Hand,
> für Junker, eitle Weiber zum Gewinn,
> daß sie nicht glauben unter ihrem Stand –.
>   Aus reiß ich euch. Was soll das dürre Blatt
> im Heilgen Buch voll frischer Palmenpracht?
> Was ist's, ob Hinz den Kunz gezeuget hat,
> herab zu dem, der frei die Welt gemacht?" (97).

[2] Vor allem R. R. Wilson, Genealogy, hat dazu hilfreiche Kategorien und Fragestellungen erarbeitet. Vgl. auch den prägnanten Überblick im Anchor Bible Dictionary Vol. 2, 1992, 930–932.

[3] Die Adamgenealogie (Gen 5) deutet die segmentäre Verzweigung durch die stereotype Formel „und zeugte Söhne und Töchter" an. Doch spürt man durch die großartige Monotonie der genealogischen Reihe das mächtige Wachstum der Menschheit als Folge des Schöpfungssegens (1, 28). Zur kompositionskritischen

Funktion der Genealogien im Großkontext vgl. Oberforcher, Flutprologe 630–644.

[4] Seit langem hat man die oft massiven Widersprüche und Inkonsistenzen innerhalb der Genealogien registriert und zu verstehen gesucht. Dasselbe Problem wird sich auch beim Vergleich zwischen den beiden Stammbäumen Jesu stellen (z. B. Differenzen beim Nachfolger Davids oder Vater Josefs!).

[5] Natürlich drückt die durchwegs patrilinear komponierte Genealogie eine patriarchale Grundhaltung aus. Die feministische Exegese bemüht sich um die spezifische Rollenbeschreibung matrilinearer Aspekte, die in der Nennung von Müttern und Frauen ja durchaus präsent sind, wenngleich sie nicht dominieren (s. auch Anm. 15).

[6] Lukas bringt seine Namenliste in gegenläufiger Reihenfolge! Die hier gebotene Umkehrung dient dem Vergleich der Bestände. Zu der nur bei Lk genannten Namenliste aus der Urgeschichte Gen 1–11 s. unten! Kleingedruckte Namen sind ohne Entsprechung bei Mt bzw. im AT; kursive sind Frauennamen.

[7] Zur Verhältnisbestimmung, welcher Text von beiden die Vorlage für den anderen gewesen sein kann, sagt M. Oeming zutreffend: „Ist nicht zu erwarten, daß über die Herkunft gerade dieses Königs eine relativ alte und feste Tradition umlief, aus der beide unabhängig voneinander geschöpft haben?" (Israel 101, Anm. 15).

[8] Eine Reihe von Namen sind orthographisch abweichend und teilweise kaum erklärbar: Statt Abiud steht Abia, statt Asa Asaph, statt Achas Achaz, statt Amon Amos.

[9] Vgl. dazu den thematischen Beitrag von K. Huber. Zur „Frau (= Batscheba) des Urija" s. unten!

[10] Immerhin spielt noch in ntl. Zeit die Erinnerung an das hasmonäische Königtum, dem messianische Akzente nicht abgesprochen wurden, eine gewisse Rolle. Doch auch diese Epoche wird bei Mt völlig ignoriert. Vielleicht dachte der Evangelist bei der genealogischen Gestaltung des messianischen Vakuums seit Jojachin und dem Exil an das Unheilswort bei Jeremia: „Schreibt diesen Mann als kinderlos ein … Denn keinem seiner Nachkommen wird es gelingen, sich auf den Thron Davids zu setzen!" (Jer 22,30).

[11] Interessant ist der Lösungsversuch von Schnider/Stenger, welche für die 1. und 3. Phase die Vollzahl 14 nur durch die zusätzliche Nennung von David bzw. Jesus/Christus erreicht sehen, was Mt wohl betont so wollte (41). Das würde die Inkonsequenz in der Komposition etwas abmildern.

[12] Dabei geht der Schematismus über eine realistische Schätzung der Zeiträume einfach hinweg. Gelten für eine Generation ca. 25–30 Jahre, dann hätte die 3. Phase von ca. 600 Jahren über 20 Generationen. Die 1. Phase hat für Abraham bis David ca. 750 Jahre, wofür gut 25 Generationen nötig wären.

[13] Auch bei griechischer Schreibung ist für Judenchristen die Anspielung leicht erkennbar (vgl. die Symbolzahl 666 für Nero in Offb 13,18).

[14] So bereits in der Zehnwochenapokalypse und der Tiervision des äthiopischen Henochbuches, wobei erstere im Siebenerschema die messianische Zeit in der letzten Woche anbrechen sieht. Die Baruchapokalypse bietet gar eine Epochenfolge von 12 + 2 = 14 Epochen (syrBar 53–74).

[15] Mit Recht weist K. F. Plum, Genealogy, darauf hin, daß in der Bemühung der

Patriarchen, Frauen aus der (obermesopotamischen) Verwandtschaft zu gewinnen, die Wichtigkeit dieser Frauen betont ist: Die Frauen haben genealogisch ihre eigene Präsenz! Inkludiert doch die gesamte Zeugungssemantik natürlich immer auch die Mutterrolle, wenngleich sie nicht oft zur Sprache kommt; vgl. die inklusive Ausdrucksweise: „Kaleb ... zeugte mit seiner Frau Asuba die Jeriot. Deren (= der Tochter!) Söhne waren ..." (1 Chr 2,18).

[16] Bahnbrechend war vor allem die testamentsübergreifende Untersuchung von M. D. Johnson, der das gesamte Material gesichtet und kompetent diskutiert hat. Auf ihn beziehen sich die meisten der neueren Kommentare und Einzelbeiträge.

[17] Bei dieser Gelegenheit sei erwähnt, daß Onans Sünde („Onanie"!) keineswegs eine sexuelle, sondern eine gegen das Familienrecht gerichtete Verfehlung ist.

[18] Siehe zum Ganzen die sensible Kommentierung bei Westermann, Genesis 3, 39–52, mit der treffenden Charakterisierung: „Es ist eigenartig, daß in den Vätergeschichten Auflehnung gegen die bestehende gesellschaftliche Ordnung, wo sie zum Unrecht wird, immer nur von Frauen ausgeht. Und in jedem Fall wird solchem Sich-Wehren recht gegeben" (52). Matthäus hat also mit der Nennung Tamars einen guten Griff getan und an ihr etwas Prinzipielles im heilsgeschichtlichen Verständnis seiner Genealogie und dem Stellenwert der Mütter/Frauen angedeutet.

[19] Vgl. M. Kasher, Encyclopedia of Biblical Interpretation, New York 1962, 5, 80 mit Zitat aus Midrasch Halim, MhG 23,1.

[20] Zur Entfaltung dieses Ansatzes vgl. R. Oberforcher, Glaube aus Verheißung. Aktualität der Patriarchengeschichten. Klosterneuburg 1981, bes. 65–132.

[21] Meist wird der Gedanke, Matthäus habe auf jüdische Polemik gegen die außereheliche Geburt Jesu mit dem Hinweis auf nichtisraelitische und zugleich „verdächtige" Mütter reagiert, abgelehnt. Doch gibt immerhin im selben Evangelium die Analogie der Abwehr des Verdachts auf Grabdiebstahl 27, 62–66 zu denken!

[22] Unter Beachtung der Formalstruktur zeigt sich, daß die „reine" Genealogie von Abraham bis Josef (vv. 2–16a) reicht! Ab „den Mann Marias ..." wird in Anlehnung an genealogische Diktion neu formuliert. Genau dieser Zusatz, der Matthäus natürlich als Höhe- und Zielpunkt gilt, entspricht dem Phänomen der „Genealogisierung" einer Person, die durch solche Herkunftsbestimmung ihre öffentlich anerkannte Identität gewinnt.

[23] Die sorgfältigste Behandlung bieten W. D. Davies/D. C. Allison, The Gospel according to Saint Matthew, ICC, Vol I, 1988, 148–160.

[24] Vgl. dazu die analoge innerjüdische Kombination: „Aufstehen wird ein König aus Juda und ein neues Priestertum schaffen ... für alle Völker" (TestXII. Lev 8,15).

[25] Innerhalb der urgeschichtlichen Namensreihe verbindet Lukas wohl mit Noach mehr, denn in der sog. Kleinen Apokalypse (lk. Sondergut) 17, 22–37 wird von der Rettung Noachs exemplarisch gehandelt (vv. 26f.).

Besondere Literaturhinweise

Raymond Brown, The Birth of the Messiah, New York 1977. – Frank Crüsemann, Human solidarity and ethnic identiy. Israels selfdefinition in the genealogical system of Genesis, in: Ethnicity and the Bibel, ed. M. Brett, Leiden 1996, 57–76. – Marshall

D. Johnson, The purpose of the biblical genealogies. With special reference to the setting of the genealogies of Jesus, MSSNTS 8, Cambridge 1969. – Ulrich Luz, Das Evangelium nach Matthäus (Mt 1–7), EKK 1/1, Neukirchen 1985. – Robert Oberforcher, Die Flutprologe als Kompositionsschlüssel der biblischen Urgeschichte, IThS 8, Innsbruck 1981. – Manfred Oeming, Das wahre Israel. Die „genealogische Vorhalle" 1 Chronik 1–9, BWANT 128, Stuttgart 1990. – Karin Friis Plum, Genealogy as theology, SJOT 1, 1989, 66–92. – Franz Schnider/Werner Stenger, Die Frauen im Stammbaum Jesu, in: Strukturale Beobachtungen zum Neuen Testament, ed. W. Stenger, Leiden 1990, 39–48. – Helen Schüngel-Straumann, Tamar. Eine Frau verschafft sich ihr Recht, BiKi 39, 1984, 148–157. – Hartmut Stegemann, ‚Die des Urija'. Zur Bedeutung der Frauennamen in der Genealogie von Mt 1,1–17, in: Tradition und Glaube, FS Karl Georg Kuhn, edd. Gerd Jeremias u. a., Göttingen 1971, 246–276. – Anton Vögtle, Die Genealogie Mt 1,2–16 und die matthäische Kindheitsgeschichte, in: ders., Evangelium und Evangelien, Düsseldorf 1971, 57–102. – C. Westermann, Genesis, 3. Teilband Gen 37–50, BK 1,3, Neukirchen 1982. – Robert R. Wilson, Genealogy and history in the biblical world, YNER 7, New Haven 1977.

Adam – die Rezeption eines alttestamentlichen Motivs in neutestamentlichen Texten

Von Michael Ernst

1. Einleitung

Adam wird im NT nur selten erwähnt: Lk 3,38; Röm 5,14 (2mal); 1Kor 15,22.45 (2mal); 1Tim 2,13 f.; Jud 14. Daneben werden in der Literatur eine Reihe von Stellen diskutiert, wo Motive an die Gestalt Adams erinnern sollen; dabei handelt es sich jedoch meist nur um die Aufnahme einzelner Begriffe oder Vorstellungen aus Gen 1–3 und nicht um gezielte Anspielungen auf Adam selbst. Eine Ausnahme bilden lediglich 1Kor 11,8 f. und Apg 17,26: Lukas läßt hier Paulus in der sog. Areopagrede sagen, Gott habe „aus einem einzigen (Menschen) das ganze Geschlecht der Menschen gemacht".[1]

In der Bezeichnung „Menschensohn" für Jesus – ob als quasititulare Selbstbezeichnung oder in direkter titularer Verwendung – liegt keine Rezeption des atl. Adam-Motivs vor.[2]

2. Adam im Alten Testament und im frühen Judentum

2.1. Adam im Alten Testament

Im AT bezeichnet das Wort ʾādām, ein stets singularisch gebrauchtes Collectivum,[3] den Menschen schlechthin, also auch die Menschen und die Menschheit. Der einzelne Mensch wird mit ben ʾādām („Sohn des Menschen"), der Plural („die einzelnen Menschen") mit bᵉnê ʾādām („Söhne des Menschen") ausgedrückt. Diese Wortbedeutung bleibt durch das ganze AT hindurch gleich. Überwiegend da wird von ʾādām gesprochen, wo „das Wesen homo sapiens" (Westermann, THAT 1,44) in Relation auf sein Geschaffensein gesehen wird, anders gesagt: wo der Mensch jenseits seines Stehens in Familie, Gesellschaft, Politik oder Alltag in seinem bloßen Menschsein gemeint ist.

Seinen eigentlichen Ort hat der Begriff in der sog. Urgeschichte Gen 1–11. Sowohl nach Gen 1,1–2,4 a, dem Schöpfungsbericht der sog. „Priesterschrift",[4] als auch nach Gen 2,4 b–3,24, der Schöpfungs- und Paradieseserzählung des sog. „Jahwisten",[5] ist die Schöpfung auf den Menschen hin

angelegt. Das gehäufte Vorkommen des Begriffs ʾādām in diesen Erzählungen zeigt, daß im AT ʾādām „den Menschen vor und außer allen De-
terminierungen, die mit den Namen in den Genealogien beginnen, und vor
allen Scheidungen der Menschheit in Völker, angefangen mit Gen 11 bzw.
mit der Völkertafel, bedeutet. Die Erzählungen, die in diesem Sinn vom
Menschen handeln, verteilen sich auf zwei Grundmotive: sie handeln von
der Erschaffung des Menschen und von der Begrenztheit des Menschen-
daseins in den Erzählungen von Schuld und Strafe. Sie ergeben die beiden
Grundaussagen, die das AT vom Menschen macht: er ist Gottes Geschöpf,
und er hat als Geschöpf im Gegensatz zu Gott eine begrenzte Existenz"
(Westermann, THAT 1, 45).

Als Geschöpf Gottes teilt der Mensch mit den Tieren die Vergänglichkeit;[6] im Unterschied zu den Tieren, denen ja ebenfalls der Segen der
Fruchtbarkeit gilt (Gen 1, 22), wird der „erste" Mensch aber zum Ahnherrn
eines Geschlechts, also gleichsam zum Anfang der Geschichte – und dementsprechend wird die Gattungsbezeichnung, das Kollektivnomen ʾādām
zum Namen eines Mannes – Adam –, dessen Lebensjahre gezählt werden
können: 930 Jahre (Gen 5, 5; vgl. Gen 4, 25; 5, 1.3 – 5; 1Chr 1, 1).

Die Deutung des Namens „Adam" steht nach Gen 2, 7; 3, 19 in Zusammenhang mit dem Begriff ʾᵃdāmā „Erdboden, (roter) Ackerboden" (vgl.
auch Gen 2, 5; 3, 17.23), so daß Adam als „(roter) Erdling" zu verstehen
ist.[7]

2.2.   Adam im frühen Judentum

2.2.1. Die Erschaffung Adams

Die Literatur des Frühjudentums[8] greift kaum auf die biblischen Berichte von der Erschaffung Adams zurück; in den Sibyllinen, im slavischen
Henochbuch und bei Philo finden sich zu diesem Thema nur wenige Hinweise. So betont z. B. slHen 30, 8–10 die Erschaffung aus körperlichen und
geistigen Substanzen, und Sib 3, 24–26 (vgl. slHen 30, 13) sieht im aus vier
Buchstaben bestehenden Namen Adam die vier Himmelsrichtungen symbolisiert: „Gott ist's, der gebildet den vierbuchstabigen Adam, den erstge-
schaffenen Menschen, der seinen Namen erfüllt, den Osten und Westen,
den Süden und Norden."[9]

Philo von Alexandria unterscheidet zwischen dem als unkörperliche
Idee, nach dem Ebenbild Gottes geschaffenen Gattungsmenschen (nach
Gen 1, 26) und dem („später"!) in konkreter körperlicher Ausführung ge-
schaffenen, sinnlich wahrnehmbaren und sterblichen Adam (nach Gen 2, 7;
Philo Op 76. 134 f.). Letzterer ist (wie seine Nachkommen) als „Mikrokos-

mos" vorgestellt: „In dem Bau seines Körpers gleicht er der ganzen Welt, denn er ist eine Mischung aus denselben Elementen, aus Erde, Wasser, Luft, Feuer." Außerdem bezeugt auch Philo (All 2,13) die damals verbreitete, wohl von Plato herstammende Vorstellung von der Doppelgeschlechtlichkeit des Menschen (Symp. 189d–e).

2.2.2. Die Herrlichkeit Adams

Die Hinweise auf die überragende, außergewöhnliche Herrlichkeit Adams sind viel zahlreicher. Für Sir 49,16 war Adam unübertroffen: „Sem, Set und Enosch sind hochgeehrt, aber Adam übertrifft alle Lebendigen an Herrlichkeit." Nach dem Noachbuch des äthiopischen Henochbuches (69,11) war Adam ursprünglich „nicht anders als die Engel geschaffen worden", d. h. unsterblich;[10] Gott setzte ihn als „zweiten Engel, ehrenvoll und groß und herrlich", auf die Erde und machte ihn „zum König der Erde" (slHen 30,11 f.). In der Apokalypse des Mose (ApkMos 21,6) beklagt Adam seine nach der Sünde verlorene Herrlichkeit (vgl. Weish 10,1 f. und 4Esr 6,53 f.). Philo beschreibt ihn als Stammvater des menschlichen Geschlechtes, ausgestattet mit vollkommener Schönheit (Op 136–142.145–150; Virt 203–205).

2.2.3. Die Sünde Adams

Die Sünde Adams und ihre Folgen stehen vor allem in der syrischen Baruchapokalypse und im 4. Esrabuch im Mittelpunkt des Interesses dieser Schriften (vgl. aber schon Sir 25,24 und Weish 2,24!); zahlreiche Texte betonen, daß die Sünde Adams nicht nur über Adam, sondern auch über seine Nachkommen den Tod brachte: „Ach Adam, was hast du getan! Als du sündigtest, kam dein Fall nicht nur auf dich, sondern auch auf uns, deine Nachkommen!" (4Esr 7,118). Oder: „... als aber Adam meine Gebote übertrat, ward die Schöpfung gerichtet. Da sind die Wege in diesem Äon schmal und traurig und mühselig geworden, elend und schlimm, voll von Gefahren und nahe an großen Nöten" (4Esr 7,10 ff.). Die Sünde Adams wird hier zum Angelpunkt einer pessimistischen Geschichtskonzeption, zur radikalen Unterscheidung einer von Gott als gut intendierten Schöpfung und dem von der Tat Adams inaugurierten „diesseitigen Äon". Obwohl die gesamte Schöpfung durch die Sünde Adams also grundsätzlich verderbt ist, betont demgegenüber syrBar die Eigenverantwortlichkeit jedes Adam-Nachkommen: „Adam ist ... einzig und allein für sich selbst die Veranlassung; wir alle aber sind ein jeder für sich selbst zum Adam geworden" (54,19).

2.2.4. Rezeption im rabbinischen Judentum

Fast alle im Frühjudentum bekannten Traditionen und Motive wirken
bei den Rabbinen weiter, wenn auch mit charakteristischen Unterschieden (vgl. Schäfer, TRE 1,426 f.): das Interesse an der Erschaffung Adams
ist stärker ausgeprägt (Motiv der Beratung Gottes mit den Engeln und
deren Widerspruch), ebenfalls das der Herrlichkeit Adams. Dagegen spielt
das Thema der Sünde Adams und deren Folgen jetzt eine geringere Rolle,
da die Möglichkeit zum Sündigen für die meisten Rabbinen wesentlich
zum Menschen gehört und keine Abwertung der ganzen Schöpfung bedeutet.

3.   Adam im Neuen Testament

3.1.   Lukas

Die einzige Nennung Adams in den Evangelien[11] geschieht in Lk 3,38,
dem Schlußvers des sog. lukanischen Stammbaums. Die matthäische
(Mt 1,1–17) und die lukanische (Lk 3,23–38) Genealogie sind die wichtigsten Zeugnisse für das urchristliche Interesse an der Abstammung Jesu.
Nach einem Übergangssatz über Jesu Alter (v.23: „etwa 30 Jahre") beginnt die Liste in v.23 b gleich mit einer interessanten Ausnahme – wenn
man sie mit dem folgenden stereotypen „NN., (Sohn) des NN." vergleicht:
„Man hielt ihn [sc. Jesus] für den Sohn Josefs", oder „er wurde rechtmä-
ßig zum Sohn Josefs erklärt". Für diese zweite Übersetzungsmöglich-
keit spricht, daß mit der ersten die folgende Genealogie ihr Gewicht
verliert. Diese rechtliche Verbindung besteht nur hier zwischen Josef und
Jesus; von Adam bis zu Josef rechnet Lukas mit normaler Abstammung.
In diesem Sinn ist Jesus auch Sohn Gottes, durch dessen schöpferisches
Wort an Adam,[12] woran v.38 anspielt, „wo Lukas vom ersten Mann,
Adam, zu Gott selbst überzugehen wagt, ... so daß eine gegenüber 3,22
besondere Art der Gottessohnschaft ausgesprochen wird" (Bovon, Lukas
1,187).
   Die Rezeption Adams in diesem Text versteht Lukas also deutlich im
gleichen Sinn, wie dieser Name auch in den atl. Vorbildern der Gattung
Genealogie vorkommt. Daß Adam hier als Antitypus zum Messias Jesus
gemeint ist, wie die Stellung als letztes bzw. erstes Glied der Reihe andeu-
ten könnte, scheint aber ebenfalls nicht auszuschließen zu sein.

3.2. Paulus

Von besonderem theologischem Gewicht ist die Rezeption Adams bei Paulus. In Röm 5,14 (2mal); 1Kor 15,22.45 (2mal) vergleicht Paulus Adam mit Christus und stellt beide wie Antityp und Typ als die beiden Größen gegenüber, die das Wesen und die Geschichte der alten bzw. neuen Menschheit bestimmen. Ansatz, Art und Absicht der typologischen Zuordnung sind jedoch in den drei Texten unterschiedlich: Dieselbe Antitypologie „Adam – Christus" wird so verwendet, daß es in 1Kor 15,21 f. um den Gegensatz von Tod/Sterben und Leben/Auferstehung geht, in 1Kor 15,45–48 um die Gegensätze von Psychischem und Pneumatischem, Irdischem und Himmlischem, während in Röm 5,12–20 die mehrfachen Gegensätze von Tod und Leben, Sünde und Recht-Tun, Ungehorsam und Gehorsam, Verurteilung und Rechtfertigung, Übertretung und Gnade vorliegen. Das heißt, 1Kor 15,21 f. und Röm 5,12–20 stehen sich am nächsten; 1Kor 15, 45–48 ist spezielle Auslegung von Gen 1–2. In 1Kor 11,7 f. liegt schließlich ebenfalls eine Rezeption von Gen 1,27 und 2,22 vor, allerdings in einem anderen thematischen Kontext.

1Kor 15,21 f.: Wie durch einen Menschen der Tod kommt, so durch einen Menschen die Auferstehung der Toten; wie in Adam alle sterben, so wird Gott in Christus alle lebendig machen. Wer also die Auferstehung der Toten bestreitet – das ist der nähere Kontext –, bestreitet damit das eschatologische Heilswerk Christi, hat sich damit von Christus abgeschnitten und statt dem Leben den Tod gewählt. Wenn hier vom Sein in Adam und vom Sein in Christus als den beiden Existenzweisen des Menschen die Rede ist, so stellt sich die Frage nach dem Verhältnis von Gen 2 und 3 in der Rezeption durch Paulus. In der jahwistischen Schöpfungsgeschichte meint das Adam-Sein des Menschen, daß jeder Mensch seine Existenz von Gott her hat. „Das Adam-Sein des Menschen ist danach theologisches Existential, also grundsätzliche Aussage im Blick auf jeden Menschen" (Hübner, Theologie 2,204). Ein solches theologisches Existential ist aber nach Gen 3 auch die Sünde und die Begrenztheit der menschlichen Existenz, die in einem Urgeschehen (Übertreten des Gebotes, Schuld und „Strafe"[13]) zwischen Gott und Mensch begründet ist. Es gibt keine menschliche Existenz, die nicht daran Anteil hätte (vgl. Westermann, THAT 1,48). „Indem Adam (als ‚erster Mensch') sündigte, sündigte Adam (als jeder Mensch)" (Hübner, Theologie 2,204). Sagt Paulus hier „in Adam", so entspricht dies also genau der Aussageintention von Gen 3.[14]

1Kor 15,45–49: Paulus liegt daran, die Identität der Person als Leib (sōma) im irdischen Dasein und nach der Auferweckung zu betonen. „Menschliches Sein ist grundsätzlich somatisches Sein" (Hübner, Theologie 2,206 [hier kursiv]), das nach der Auferweckung als geistliches Sein

(sōma pneumatikon) existiert, als ein dem Bereich des Gottesgeistes an-
gehörender und durch diesen geschaffenen „Geist-Leib" (vgl. Kremer,
EWNT 3,292). Die Begründung dazu findet Paulus wieder im jahwistischen Schöpfungsbericht. Wieder wird Adam als Typus Christi gefaßt. Die
Beweisführung liegt in Gen 2,7 begründet, wird allerdings von Paulus pa-
raphrasiert und modifiziert, indem er die für seine Argumentation entscheidenden Worte „Adam" und „erster" einfügt und damit zeigt, daß er
von dem Gegensatz zwischen erstem Adam und letztem Adam ausgeht
und daß er deshalb v. 45 b („der letzte Adam [wurde] zum lebensspenden-
den/lebendigmachenden Geist") als sichere conclusio aus dem in Gen 2,7
über den ersten Adam Gesagten angesehen wissen will. Da die Auferstandenen in Christus also im lebensschaffenden Pneuma sind, sind sie bis in
ihr somatisches Sein hinein vom pneumatischen Christus bestimmt. Die
doppelte Existenzweise – irdisch-„psychisch" und jenseitig-„pneumatisch"
– wird in den folgenden Versen weiter ausgeführt, wobei zusätzlich das
Moment der zeitlichen Reihenfolge angesprochen wird. Das Ganze zielt
schließlich auf den Bildgedanken in v. 49: Wie wir das Bild des irdischen
Adam trugen (Aorist!), so werden wir auch das Bild des himmlischen
Adam tragen.[15]

Röm 5,12–21: Der Gedankengang in diesem Textabschnitt unterscheidet sich vom vorangehenden und nachfolgenden Kontext durch die Gegenüberstellung von Adam und Christus als des jeweils einen Menschen.
Paulus „meditiert" (Wilckens, Römer 1,308) hier Gedanken, die er in 1 Kor
bereits hatte anklingen lassen; er verknüpft nun aber diesen ihm geläufigen
Ansatz mit dem Thema des Römerbriefs – Sünde und Gerechtigkeit – und
erreicht so ein weitaus größeres Maß an Komplexität, indem er eine ganze
Reihe von Themen miteinander vernetzt (z. B. Sünde, Gnade, Gehorsam,
Ungehorsam, Tod – alles verknüpft mit der Adam-Christus-Typologie).

Adams Sünde – so argumentiert Paulus – öffnete gleichsam die Schleu-
sen, und so kam der Tod zu allen Menschen (v. 12). Es geht Paulus hier
nicht um eine simple Analogie zwischen Adam und Christus; der Unterschied zwischen diesen beiden Figuren ist größer als ihre Gemeinsamkeit.
Ihre Ähnlichkeit beruht auf der Universalität der jeweiligen Folgen: In
Adam starben alle – in Christus werden alle zum Leben geführt. Aber
Paulus muß hier die Analogie abbrechen: „vielmehr" (vv. 15.17), so korri-
giert er sich, ist das Geschenk der Gnade in Jesus Christus von ganz anderer Art: Der Tod regierte durch diesen einen Menschen Adam – aber das
freie Geschenk der Gerechtigkeit regiert im Leben durch den einen Menschen Jesus Christus.

Alle möglichen Probleme im Verlauf der Auslegung dieses Textes (bis
heute) entstehen, wenn man die Analogie aus dem Kontext der Gesamt-
argumentation des Römerbriefs herauslöst und sie exegetisch preßt.[16] „Die

Typologie macht die qualitative Verschiedenheit zwischen der Universalität von Christi Geschenk des Lebens und der Universalität des Todes, die sich in jeder menschlichen Existenz manifestiert, deutlich. Das Problemfeld des Glaubens und seiner Antwort auf die freie Gabe wird in dieser Analogie nicht aufgeworfen, noch können weitergehende theologische Implikationen über eine universale Erlösung aus dem Bild extrapoliert werden. ... Die Analogie von Adam und Christus ... markiert den Anfang und das Ende des göttlichen Gerichts und bezeugt den qualitativen Unterschied zwischen Sünde und Gnade" (Childs, Theologie 2, 285).

U. Wilckens versucht in seinem Kommentar die Logik der paulinischen Argumentation folgendermaßen darzustellen (333 f.): „Die Auferstehung Christi als Tat Gottes ... erweist, daß Gott nicht an seiner Liebe gestorben ist, sondern daß die Liebe, die sich in den Tod hingibt, der Negationskraft des Todes überlegen ist. Die Logik dieses Geschehens ist also diese: Der Gegensatz zwischen Gott und Sünde wird aufgehoben durch den Gegensatz zwischen Gottes Zorn und Gottes Liebe. Das heißt strukturell: Ein als wirklich bejahter Gegensatz wird durch einen Gegensatz zu diesem Gegensatz aufgehoben. ... Die Negation der Negation ist als produktive Kraft der Veränderung des Bestehenden gedacht." Wilckens findet übrigens diesen Verstehensansatz in der „großartigen dialektischen Aussage" (334 Anm. 1116) der Sequenz des Ostersonntags schon längst ausgedrückt: „Mors et vita duello/conflixere mirando/dux vitae mortuus regnat vivus."[17]

1 Kor 11, 2–16: Wohl im Zusammenhang mit Anfragen aus Korinth (vgl. dazu Ernst, Einleitung 218) bezüglich der rechten Ordnung im Gottesdienst ist die Argumentation des Paulus in diesem Abschnitt zu sehen. Viele Elemente des urchristlichen Gottesdienstes entstammen wohl dem jüdischen Synagogengottesdienst; im Gegensatz zu diesem steht aber der Brauch, daß Frauen im christlichen Gottesdienst öffentlich auftreten, beten und als Prophetinnen reden (v. 5). Beachtung findet damit der Verweis auf diese Sitte in allen Gemeinden Gottes (v. 16). Nicht leicht zu beurteilen ist dabei die hier von Paulus so nachdrücklich bekämpfte korinthische Sitte, daß Frauen im Gottesdienst mit unbedecktem Kopf öffentlich reden. Weil der Frau das Haar als Schleier gegeben ist (v. 15), könnte auf das aufgelöste bzw. kurz geschorene Haar von Frauen angespielt sein, das als Zeichen von Prostituierten galt, wie auch ähnlich die Erwähnung der männlichen langen Haare (v. 14) auf Homosexualität verweist.[18] Eines seiner Argumente der Ablehnung ist für Paulus der Verweis auf die Schöpfungsordnung (vv. 7 f.). Es handelt sich zwar nicht um ein direktes Zitat aus Gen 1, 27 und 2, 22, sondern um eine Reflexion dieser Schriftstellen auf der Grundlage eines jüdischen Midrasch. Theologisch relevant ist angesichts dieses Sachverhaltes aber, daß hier Aussagen aus dem AT als Schriftbeweis für eine bloße Sitte dienen, oder anders gesagt: „Damit wird ein bestimmtes gesellschaft-

liches Verhalten auf die Ebene von theologisch Unverzichtbarem gehoben" (Hübner, Theologie 2,177). Es wäre sicher zu viel gesagt, daß Paulus
hier – durch kulturgeschichtliche Umstände bedingt – seine Prinzipien von
Gal 3,28 „opfert"; er bringt aber eine Art „Ausführungsbestimmung" dazu,
die wohl in den Augen seiner korinthischen Adressatinnen eine Relativierung dieses „weder Mann noch Frau" darstellt. Kann man hier sagen (wie
Hübner, Theologie 2,177), daß Paulus aus nichtdurchschauten Umständen
kulturhistorischer Art schrifttheologisch richtig argumentiert – nur halt
„am falschen Ort"?

3.3. Die Paulus-Rezeption in 1 Tim 2,13 f.

Die beiden Verse sind (neben v.15) die Begründung für eine Anordnung, die das Schweigen der Frau im Gottesdienst betrifft (vv. 11 f.). Tradi-
tionsgeschichtlich ist die Aussage 1 Tim 2,8–15 wohl von 1 Kor 14,33 b–36
abhängig. Der erste Schriftbeweis (v.13) bezieht sich zweifellos auf
Gen 2,7.22 f.: als Erstgeschaffener ist der Mann nach Gottes Willen zur
Herrschaft bestimmt; der zeitliche Vorsprung, den er vor der Frau hat,
begründet seine Vorherrschaft ihr gegenüber. Der zweite Schriftbeweis
(v.14) soll die Lehrunfähigkeit der Frau belegen; er bezieht sich zwar auf
Gen 3, deutet jedoch den „Sündenfall" anders als der biblische Bericht,
nämlich einseitig im Sinne eines Schuldigwerdens der Frau. Dahinter steht
die spätalttestamentlich-jüdische Auslegungstradition, die z. B. in Sir 25,24
greifbar ist[19] und auf die sich auch Paulus in 1 Kor 11,3 bezogen hatte,
allerdings nur, um sie metaphorisch auszuwerten. Als die leichter Täusch-
bare bzw. Verführbarere ist die Frau – so meint der Verfasser des 1 Tim –
für die Lehre nicht geeignet.

Um diese – „für den heutigen Leser außerordentliche befremdliche"
(Roloff, 1 Tim 140) – Argumentation beurteilen zu können, muß man wohl
zunächst auf die große Distanz zur paulinischen Interpretation der „Sünde
Adams" (Röm 5,12–21; s. o.) und damit zum paulinischen Sündenver-
ständnis insgesamt hinweisen – und das bei einem Autor, der dezidiert in
paulinischer Tradition stehen will! (vgl. Ernst, Einleitung 799–805). „Für
Paulus ist Adams Tat unteilbar, und ihre Folge ist von unteilbarer Totalität.
… Alle sind unter die Sünde versklavt …" (Roloff, 1 Tim 140). Hier hingegen schimmert eine Sichtweise durch, die sich wieder der Tradition jüdischer Interpretationsweisen annähert. Sicher wird Adam nicht auf Kosten
Evas von der Sünde „freigesprochen"; es geht dem Verfasser darum, daß
Eva aufgrund ihres besonderen Vergehens einem besonderen Verhängnis
unterstellt ist. Nur so ist auch eine befriedigende Erklärung von v. 15 möglich: Das „Kindergebären" ist nicht selbst als Heilsweg oder -mittel ver-

standen, sondern als „Geschehen, durch das hindurch der Weg der Frau zur Rettung führt, das aber andererseits für sie die Rettung nicht verstellen kann" (Roloff, 1Tim 141 f.). Damit soll wohl auch eine Abgrenzung gegenüber der Vorstellung vollzogen werden, wonach das Gebären für die gebärende Frau wie für das geborene Kind ein „heil-loses" Geschehen sei.[20] Der Verfasser argumentiert zur Begründung seines Anliegens, daß der Gottesdienst ausschließlich Ort der Aktivität von Männern sein soll, also mit „konstruierten" Begründungen. Es ist J. Roloff recht zu geben, der hier „theologische Sachkritik", die den Anspruch des Textes ernst nimmt, einfordert: „Weil die Past[oralbriefe] ihrem eigenen Selbstverständnis nach Auslegung des apostolischen – vorwiegend des paulinischen – Kerygmas sein wollen, sind sie … nach der Sachgemäßheit dieser Auslegung zu befragen" (1Tim 147). Und hierbei demonstriert dieser Text, v. a. in seinem Umgang mit Gen 2–3 bzw. der Adam-Rezeption, beispielhaft die Gefahr jeder Schriftauslegung (bis heute!), nämlich aus den biblischen Texten jene Gesichtspunkte und Argumente herauszupressen, die man zur Absicherung der eigenen Überzeugung zu benötigen glaubt.

3.4. Der Judasbrief 14

Der Verweis auf Adam in Jud 14 erfolgt ähnlich wie in der lukanischen Genealogie Lk 3,38: „Es prophezeite aber auch diesen der Siebente von Adam her, Henoch, indem er sagte …". Die Bezeichnung Henochs als des Siebenten von Adam her ist von Gen 5, 3–18; 1Chr 1, 1–3 vorgegeben und wird auch in anderen frühjüdischen Texten (vgl. z. B. äthHen 60, 8; 93, 3; Jub 7, 39; WaR 29, 11) traditionell so übernommen. „Sieben ist auch hier heilige Zahl und Zeichen der Gnade Gottes. Henoch ist der vollkommene Gerechte und Liebling Gottes" (Schelkle, Petrusbriefe 163). Das folgende Zitat aus dem (apokryphen/pseudepigraphischen) Henochbuch benutzt der Verfasser als Nachweis der Schuld- und Gerichtsverfallenheit seiner Gegner, als Prophetie des Endgerichtes Gottes über die Gottlosen – übrigens der argumentative Höhepunkt seines Schreibens.

Die Nennung Adams in diesem Text bedeutet also keine theologische Argumentation; sie hat vielmehr nur die Funktion als Glied einer genealogischen Kette.

3.5. Die spätere Adam-Tradition

In den Kreisen der Gnosis bestand ein großes Interesse an der Adam-Tradition. „Die gnostische Hauptfrage nach der Herkunft, dem Wesen und dem Weg des Menschen wurde maßgeblich mit Hilfe der biblischen Berichte von der Erschaffung und dem Fall Adams beantwortet ... Ferner führte der Pessimismus gegenüber der materiellen Welt zur Verwerfung des Weltschöpfers der Bibel" (Betz, TRE 1, 421); dieser muß nun die Rolle eines „Demiurgen" spielen, eines dämonischen „Schöpfers", der dem wahren Gott der geistigen Welt untergeordnet ist, und dementsprechend verursachte nicht der Fall Adams, sondern der des „Schöpfers" das Unheil. In der dualistischen Gnosis dient sodann die Gottebenbildlichkeit Adams als Brücke zur Überwindung des absoluten Gegensatzes zwischen himmlischer und irdischer Welt, wobei diese theologische Aussage für eine mythologische Darstellung ausgenützt wird: „Das Bild des sich aus der oberen Welt herabbeugenden Gottes spiegelt sich im Wasser des Chaosmeeres; dadurch erhalten der Demiurg und seine Archonten die Möglichkeit zur Erschaffung des Menschen nach dem Bilde Gottes" (Betz, TRE 1, 422). Eine zentrale Rolle spielt der Adam-Mythos schließlich auch im Mandäismus und (davon abhängig) im Manichäismus (vgl. dazu Hultgård, Adam 428 f.).

Für das theologische Denken der Kirchenväter ist Adam Repräsentant der Menschheit, und zwar nicht nur als Sünder, durch dessen Fall die gesamte Menschheit als sündig bestimmt ist, sondern auch als der durch Christus erlöste Repräsentant dieser Menschheit.

Im Islam findet sich der Bericht von der Schöpfung Adams, seinem Verweilen mit Eva im Paradies und dem Sündenfall im Koran (Sure 2, 30–39; 7, 11–25 u. ö.); das wiederholte Erscheinen der Geschichte vom Niederfallen der Engel vor Adam und der Weigerung Satans, es ihnen gleichzutun, zeigt, daß v. a. dieser Zug der Adamserzählung wichtig ist. Es liegt nahe, nicht in Adam, sondern in Satan die zentrale Figur dieser Texte zu sehen, und Muhammed hat diese Tradition wohl deshalb aufgenommen, um seine Lehre von der Trennung zwischen Gerechten und Sündern beim Gericht damit zu begründen.

4. Zusammenfassung

Kann man die Art des Umgangs der neutestamentlichen Verfasser mit der Person (oder: mit dem Motiv) des Adam, wie in diesem Beitrag mehrfach geschehen, Typologie nennen? Der Begriff geht auf das griechische Wort typos zurück, das „Prägestempel, Prägung (eines Siegels)" heißt, und meint eine in der Bibel verbreitet anzutreffende Art und Weise der Geschichtsschau: Personen, Vorgänge oder Motive der Vergangenheit werden als „Typen" mit solchen der Gegenwart (oder Zukunft) in Verbindung gebracht, wobei der „Antityp" als Steigerung, Vollendung oder als Antithese des Typs verstanden werden kann (vgl. v. a. Goppelt, Typos). Recht verstanden setzt Typologie ein Verständnis von Geschichte als Ort des freien Handelns Gottes voraus: Gott kündigt sein endzeitliches Handeln bereits in bestimmten Ereignissen der Vorzeit an. Nach dieser Konzeption wird z. B. schon im AT der Auszug aus Ägypten („Exodus") bei Deuterojesaja Typus des kommenden Auszugs aus der babylonischen Gefangenschaft (Jes 43,18 f.), und David wird zum Typus des kommenden „Gesalbten" (2 Sam 7,12 b–16).

In genau diesem Sinn einer relecture verwendet auch Paulus dieses hermeneutische Prinzip, das nicht vorschnell mit einer Methode gleichgesetzt werden sollte, nicht nur bezüglich Adam/Christus, sondern auch für Israel in der Wüste/Kirche (1 Kor 10) oder Abraham/der aus Glauben Gerechtfertigte (Röm 4). „Die Sache rührt an die Natur und das Wesen der innerbiblischen Verweisungen und an das Bemühen sowohl der alt- als auch der neutestamentlichen Autoren, ihre Gotteserfahrungen durch Figurationen zu erweitern, um die Einheit von Gottes einem Ziel zu veranschaulichen" (Childs, Theologie 1,33).

Damit ist natürlich das Problem des Verhältnisses der beiden Testamente zueinander und somit auch das einer Biblischen Theologie angesprochen: sicherlich kann die Übereinstimmung der beiden Testamente nicht richtig verstanden werden, wenn man sie nur auf der Ebene von Kultur, Tradition und Religiosität und nicht auch z. B. der Ontologie und Soteriologie ansiedelt.

Anmerkungen

[1] Im weiteren Kontext dieser „Rede" führt Paulus dann aus, daß Gott die Menschen nicht nur erschaffen habe, damit sie die ganze Erde bewohnen, sondern auch, daß sie ihn suchen – eine Berührung von philosophischer und biblischer Terminologie, die in v. 28 durch das dort gebrachte Zitat aus den Phainomena Arats noch deutlicher wird: die Nähe Gottes zu jedem Menschen ist die Nähe des Schöpfers zu seinen Geschöpfen, die „durch ihn" Leben, Bewegung und Sein haben: vgl. Pesch, Apg 138 f.

[2] Die Beziehung zu einer Urmensch-Tradition ist zwar häufig behauptet worden, sie läßt sich aber nicht beweisen: vgl. Hahn, EWNT 3, 927 f.; Colpe, ThWNT 8, 403 ff.

[3] NB: nur im Sg. und im stat. abs., nie mit Suffixen verwendet!

[4] Die vermutlich jüngste, vielleicht im babylonischen Exil im 6. Jh. v. Chr. entstandene Pentateuchquelle.

[5] Die vermutlich älteste, vielleicht in der Zeit Salomos in Jerusalem entstandene Pentateuchquelle.

[6] NB: Ein wichtiges Thema des Buches Kohelet (vgl. z. B. Koh 3,19), wo 'ādām übrigens häufiger vorkommt als in Gen 1–11!

[7] Vielleicht sind beide Begriffe von einer gemeinsemitischen Wurzel herzuleiten, die „Haut, Oberfläche" bedeutet: vgl. Westermann, THAT 1,41 f.

[8] Die Beschäftigung mit der Gestalt Adams hat im Frühjudentum eine eigene Adamliteratur entstehen lassen: das (nur lateinisch erhaltene) Leben Adams und Evas, die (griechisch überlieferte) Apokalypse des Mose sowie eine altslawische Fassung des Adambuches – alle drei sind eng miteinander verwandt und gehen wohl auf eine gemeinsame hebräische Grundschrift zurück: vgl. Schäfer, TRE 1, 425.

[9] Die vier Himmelsrichtungen heißen im griech. Text: anatolē, dysis, arktos und mesēmbria.

[10] Vgl. auch VitAd 12–17: die Anbetung Adams durch die Engel.

[11] Nach Mk 10, 6–9 par hat Jesus die Unauflöslichkeit der Ehe mit dem Hinweis auf die Schöpfungsordnung und die dort gegebene Einheit des ersten Menschenpaares als den eigentlichen Willen Gottes aufgezeigt und gegen die „Konzession" des Mose, die Ehescheidung mit dem „Scheidebrief" (Dtn 24, 1), geltend gemacht: diese Konzession geschah nur „wegen eurer Hartherzigkeit". Ist der Mensch also nicht hartherzig, braucht es auch keine Scheidung. Hier wird Adam nicht genannt; der Hinweis auf den „Beginn der Schöpfung" in vv. 6 f. durch die beiden Zitate (Gen 1, 27; 2, 24) zeigt deutlich, daß es um den Menschen allgemein geht, nicht um eine schöne Erinnerung an Adam und Eva.

[12] In einem anderen Sinn ist Jesus für Lukas „Sohn Gottes" durch die geistgewirkte Empfängnis („Jungfrauengeburt"), durch die Sohnschaft bei der Taufe und bei der Auferstehung: vgl. Bovon, Lukas 1, 190.

[13] „Strafe" in Anführungszeichen, weil im atl. Text selbst dieses Wort nicht genannt wird!

[14] Hübner, Theologie 2, 205, spricht hier sogar davon, die theologische Denkweise des Paulus entspräche der des Jahwisten!

[15] Ob hier Gen 1, 27 im Hintergrund der Argumentation des Paulus steht, ist in der Auslegung umstritten, scheint aber nicht auszuschließen zu sein.

[16] Vgl. Childs, Theologie 2, 285; vgl. ebd. 290–294 zur berühmten Kontroverse zwischen Karl Barth und Rudolf Bultmann über Adam und Christus in Röm 5, 12 ff. Zur Exegese der Alten Kirche, die im Gefolge von Augustinus hier das Theologumenon der Erbsünde ausgesprochen sah, vgl. z. B. Schelkle, Paulus 162–196; Freundorfer, Erbsünde.

[17] „Tod und Leben kämpften in einem wunderlichen Duell; der tote Anführer des Lebens herrscht als lebender"; vgl. auch die Übertragung von M. Luther in seinem Osterlied EG 101, 4. Strophe!

[18] Die Argumentation in v. 10 („Macht auf dem Kopf ..." und „wegen der Engel") könnte mit der frühjüdischen Auslegungstradition von Gen 6, 1–4 im Zusammenhang stehen: vgl. dazu ausführlich M. Küchler, Schweigen 107–110.

[19] „Von einer Frau nahm die Sünde ihren Anfang. Ihretwegen müssen wir alle sterben"; siehe auch oben Pkt. 2.2.3.

[20] Vielleicht stehen hier konkrete Erfahrungen im Zusammenhang mit gnostischen Irrlehren im Hintergrund – anscheinend waren es v. a. Frauen, die sich der Irrlehre öffneten.

Zitierte und weiterführende Literatur

Otto Betz, Adam 1. Altes Testament, Neues Testament und Gnosis, TRE 1, 414–424. – François Bovon, Das Evangelium nach Lukas 1, EKK 3/1, Zürich–Einsiedeln–Köln 1989. – Egon Brandenburger, Adam und Christus, WMANT 7, Neukirchen 1962. – Brevard S. Childs, Die Theologie der einen Bibel. Bd. 1: Grundstrukturen; Bd. 2: Hauptthemen, Freiburg–Basel–Wien 1994, 1996. – Carsten Colpe, uios tou anthrōpou, ThWNT 8, 403–481. – Michael Ernst, Einleitung, in: Unter dem Wort Gottes. Theologie aus dem Neuen Testament, edd. W. Beilner/M. Ernst, Thaur 1993. – Joseph Freundorfer, Erbsünde und Erbtod beim Apostel Paulus, NTA 13, Münster 1927. – Leonhard Goppelt, Apokalyptik und Typolgie bei Paulus, in: ders., Typos 257–299. – ders., Typos. Die typologische Deutung des Alten Testaments im Neuen, Gütersloh 1939 (= Darmstadt 1969). – Ferdinand Hahn, uios, EWNT 3, 913–937. – Hans Hübner, Biblische Theologie des Neuen Testaments. Bd. 2: Die Theologie des Paulus und ihre neutestamentliche Wirkungsgeschichte, Göttingen 1993. – Anders Hultgård, Adam 3. Religionsgeschichte, TRE 1, 427–431. – Jacob Jervell, Imago Dei. Gen 1, 26f. im Spätjudentum, in der Gnosis und in den paulinischen Briefen, FRLANT 58, Göttingen 1960. – Jacob Kremer, pneumatikos, EWNT 3, 291–293. – Max Küchler, Schweigen, Schmuck und Schleier. Drei neutestamentliche Vorschriften zur Verdrängung der Frauen auf dem Hintergrund einer frauenfeindlichen Exegese des Alten Testaments im antiken Judentum, NTOA 1, Freiburg–Göttingen 1986. – Peter Lengsfeld, Adam und Christus, Essen 1965. – Rudolf Pesch, Die Apostelgeschichte 2, EKK 5/2, Zürich–Einsiedeln–Köln 1986. – Jürgen Roloff, Der erste Brief an Timotheus, EKK 15, Zürich–Neukirchen 1988. – Peter Schäfer, Adam 2. Im Judentum, TRE 1, 424–427. – Karl Hermann Schelkle, Die Petrusbriefe. Der Judasbrief, HThK 13/2, Freiburg–Basel–Wien 1980[5]. – ders., Paulus der Lehrer der Väter. Die altkirchliche Auslegung von Röm 1–11, Düsseldorf 1959[2]. – Anton Vögtle, Der Judasbrief. Der 2. Petrusbrief, EKK 22, Solothurn–Düsseldorf–Neukirchen-Vluyn 1994. – Ulrike Wagener, Die Ordnung des „Hauses Gottes". Der Ort von Frauen in der Ekklesiologie und Ethik der Pastoralbriefe, WUNT 2. Reihe 65, Tübingen 1994. – Claus Westermann, ᾽ādām-Mensch, THAT 1, 1971, 41–57. – Ulrich Wilckens, Der Brief an die Römer 1, EKK 6/1, Zürich–Einsiedeln–Köln 1978.

Der zweite Sündenfall und die Frommen der Urzeit: Kain und Abel, Henoch und Noach im Spiegel der alttestamentlich-frühjüdischen und urchristlichen Literatur

Von Wolfram Uebele

Vier Gestalten der biblischen Urgeschichte (Gen 1,1–11,9), die von der Entstehung der Welt und den Anfängen der Menschheit erzählt, stehen im Mittelpunkt dieses Beitrages: das erste Brüderpaar Kain und Abel, sowie die Frommen der Urzeit, Henoch und Noach, denen als einzige der urzeitlichen Gestalten ein „Wandel mit Gott" (Gen 5,22.24; 6,9) und damit eine enge Bindung und eine besonders geartete Beziehung zu Gott bescheinigt wird. Die Erzählung von Kains Brudermord gehört im Kontrast dazu zu einer ganzen Serie von Sündengeschichten, mit denen der Jahwist (J) die Anfänge der Menschheit im Lichte einer allgemeinen Verderbnis (vgl. Gen 6,5; 8,21) und eines kontinuierlichen Zerbrechens des urständlichen Verhältnisses von Gott und Mensch darstellt.

1. Einleitung

Die Schriften des Neuen Testaments nehmen auf Kain und Abel, Henoch und Noach besonders an Stellen Bezug, die typologische Motive enthalten. In den meist paränetischen Zusammenhängen steht inhaltlich – teils unter Vermittlung der frühjüdischen Tradition – die „Gerechtigkeit" der Urväter, bei Kain seine „Gottlosigkeit" und „Sündhaftigkeit" im Vordergrund. Kain und Abel finden dabei zunächst in Mt 23,35 (Lk 11,51) Erwähnung, wo Abel an der Spitze einer Reihe von verfolgten Gerechten erscheint, deren unschuldig vergossenes Blut in einer Linie mit der Verfolgung christlicher Missionare in Israel gesehen wird. Stellt 1Joh 3,12 sodann die bösen Werke Kains den gerechten Werken seines Bruders gegenüber, so eröffnet Abel in Hebr 11,4–7 eine Reihe von Glaubenszeugen der Urzeit, der auch Henoch und Noach angehören. Hebr 12,24 zieht einen Vergleich zwischen Abels Blut und dem Blute Jesu, welches „besser redet" als jenes, und Jud 11 stellt das Verhalten der im Judasbrief bekämpften Irrlehrer mit dem des Kain auf eine Stufe.[1] Henoch erscheint eher beiläufig im Stammbaum Jesu (Lk 3,37; Noach in 3,36), in der Reihe der urzeitlichen

Zeugen des Glaubens (Hebr 11,5) und als Gerichtsprophet in Jud 14 f., wo ein freies Zitat aus aethHen 1,9 vorliegt. Trotz der damit lediglich marginalen Rezeption der Henochgestalt im Neuen Testament[2] kann andererseits auf den beachtlichen Einfluß von Traditionen aus dem Bereich der frühjüdischen Henochüberlieferung auf das Neue Testament, näherhin auf Christologie und Eschatologie, verwiesen werden. Noach wird zunächst in Mt 24,37 ff. (Lk 17,26 f.) erwähnt: Im Gegensatz zu seinen sorglos dahinlebenden Zeitgenossen war Noach auf das plötzliche und zeitlich nicht vorhersehbare Eintreffen der Sintflut vorbereitet und ist somit ein Vorbild für das Verhalten der Generation Jesu, für die es ebenso gilt, sich auf die unvermittelt eintretende Parusie des Menschensohnes einzustellen. Den ungehorsamen Zeitgenossen Noachs gilt nach 1Petr 3,19 f. die Hadespredigt Christi bei dessen Abstieg in das Totenreich. In 1Petr 3,21 wird dabei die Rettung Noachs und seiner Familie aus der Flut als Typos (prägendes „Vorbild") der Rettung durch die Taufe verstanden; im Wasser der Sintflut wird die Taufe präfiguriert. In 2Petr 2,5 ist von Noach als einem „Herold der Gerechtigkeit" die Rede, der der gottlosen Flutgeneration Buße und Umkehr predigte (vgl. 2Petr 3,5 f.).[3] Hebr 11,7 stellt ihn schließlich als Vorbild des wahren Glaubens in die Reihe der urzeitlichen Glaubenszeugen.

2. Kain und Abel, Henoch und Noach im Alten Testament und im frühen Judentum

Die Genesiserzählung von Kain und Abel (Gen 4,1–16) steht innerhalb der jahwistischen Urgeschichte in einer langen Reihe von „Schuld-Strafe-Erzählungen" (Westermann),[4] die der Urgeschichte neben den Schöpfungsberichten und Genealogien das Gepräge geben: angefangen beim „klassischen" ersten Sündenfall im Paradies (Gen 3) über Kains Mordtat und anderen Sündenerzählungen bis hin zum Turmbau zu Babel (Gen 11,1–9). Man hat in diesem Zusammenhang von einer „große(n) Hamartiologie" gesprochen, „die der Jahwist von dem Einbruch der Sünde und ihrem lawinenartigen Anwachsen in Gen 3–11 darbietet" (G. von Rad, Theologie 1,167; anders Seebaß, Genesis 1,52). Dabei hat die Kain-Abel-Erzählung, die in unverkennbarer Parallelität zur ersten Sündenfallgeschichte gestaltet ist, die soziale Dimension des vom Menschen eingeschlagenen Weges der Sünde im Blick: das Verhältnis zum Bruder. Kain und Abel, die Söhne Adams und Evas, bringen in der ersten Szene der Genesiserzählung in gleichfrommer Absicht ihr Opfer dar: der Bauer Kain opfert von den Früchten des Feldes, der Schafhirte Abel von den Erstlingen seiner Herde. JHWH nimmt jedoch nur das Opfer Abels an, ohne daß die Erzählung irgendeinen Aufschluß über den Grund dieser Begünstigung gäbe. Weder Kains Opfer noch seine Gesinnung werden als mangelhaft dargestellt. Im Unterschied zum frühjüdischen Entwurf des Kainsbildes, der dann auch die neutestamentliche Sicht bestimmt hat, erscheint Kain hier nicht von vornherein und per se als böse und gottlos, sondern wird zunächst durchaus positiv geschildert: das Opfer ist Ausdruck seiner Frömmigkeit. Erst die – wohl im freien Willen JHWHs liegende (vgl. Ex 33,19) – Entscheidung zugunsten Abels und die damit verbundene, unbegreifliche Zurücksetzung des erstgeborenen Kain läßt in diesem Neidgefühle und unbändigen Zorn aufsteigen, der sich – ungeachtet der Warnung JHWHs (Gen 4,6f.) – schließlich im Mord an dem begünstigten Bruder entlädt (4,8). Auch das Bild Abels wird in der Genesis anders gezeichnet als in der späteren Tradition: die Urzeiterzählung teilt ihm lediglich eine passive Rolle ohne Konturen zu, die neben der zentralen Gestalt des Kain völlig in den Hintergrund tritt. Abel übernimmt nur den Part des stummen Opfers im Streit um die Zuwendung des Angesichts JHWHs. Seine vollkommene „Gerechtigkeit", welche die nachfolgende Tradition in ethischer Umdeutung der Geschichte hervorhebt, findet hier keinen unmittelbaren Anhalt. Der Mord an Abel hat für den Bauern Kain einen doppelten Fluch zur Folge: die blutgetränkte Ackererde soll ihm fortan keine Frucht mehr schenken (Gen 4,11f.), und er selbst wird gezwungen sein, unstet umherzuziehen und fern von JHWH im Lande Nod („Heimatlosigkeit") zu leben (4,16).

Für die jüdische Tradition sind zwei Beobachtungen hinsichtlich der Auslegung der Kain-Abel-Erzählung von Bedeutung: einerseits wird die Geschichte um etliche Details erweitert und ausgemalt, andererseits reiht man sie in das im gesamten Frühjudentum vorherrschende kontrastierende Schema ein, das die Menschen entweder als „Fromme" oder als „Gottlose" ansieht: Abel war ṣadîq („gerecht", „fromm"), Kain war rāschāʿ („frevelhaft", „gottlos"). Josephus (Ant 1,53) etwa schildert Abel als tugendhaften und frommen Liebhaber der Gerechtigkeit, während Kain als durch und durch schlecht (ponērotatos) und gewinnsüchtig dargestellt wird. Dieser Kontrast wird auch aus dem Wortwechsel der Brüder über die Weltordnung ersichtlich, welcher der Ermordung in TPsJ Gen 4,8 vorangestellt wird (vgl. Philo Det 32). Als „gerecht" wird Abel explizit in TanB balaq 16; BemR 20 zu Num 23,1 u. ö. geschildert.[5] Das äthiopische Henochbuch und das Testament Abrahams zeichnen ihn weiterhin als einen „Frommen erster Klasse" (Bousset/Greßmann, Religion 189), als ein Urbild aller Märtyrer. Abel ist als erster Märtyrer Richter im Seelengericht (TestAbr 11 [rec. brev.]; 13 [rec. long.]); in aethHen 22,5ff. erhebt sein Geist als Haupt der in der Scheol (Unterwelt) versammelten Märtyrerseelen den klagenden Ruf nach Vergeltung. Bei Philo (Sacr; Det; Post u. a.) wird die Kain-Abel-Erzählung zu einem rhetorischen Wettkampf zwischen dem tugendhaften wahren Philosophen Abel, der alles auf Gott bezieht, und dem schlechten Sophisten Kain, der selbstgefällig alles auf sich bzw. den menschlichen Geist zurückführt (Det 32; Sacr 2). Aus dem Streit über ihre konträren Anschauungen geht der redegewaltige Kain als Sieger hervor. Der mit ausgezeichneter Denkfähigkeit hinsichtlich des Guten und Tugendhaften begabte, rhetorisch aber ungeübte Abel (Det 36 f.; Migr 74 f.) wurde jedoch nicht wirklich erschlagen; vielmehr hat Kain den Abel, d. h. die gottgefällige Tugend, aus seiner Seele ausgelöscht und sich damit quasi selbst getötet (Det 47 f.).

Die jüdische Tradition versucht weiterhin, offengebliebene Fragen der Genesiserzählung zu beantworten. So führt sie als Grund für Annahme oder Ablehnung des Opfers dessen Qualität an (BerR 22 zu Gen 4,3; Jos. Ant 1,54; Philo Sacr 52.88; Conf 124),[6] außerdem den Zeitpunkt des Opfers (Philo Sacr 52), die Art der Darbringung (Gen 4,7 LXX) sowie die Gesinnung des Opfernden (TPsJ Gen 4,7 f.; Jos. Ant 1,61). Von den Haggadisten werden verschiedene Motive für den Brudermord mitgeteilt: ein theologisches Streitgespräch über die Weltordnung, worin Abels bekennender Glaube zum Schöpfergott, der die Welt gerecht regiert, und Kains gegenteilige gottlose Ansichten zutage treten (TPsJ Gen 4,8); eine Auseinandersetzung bezüglich der Welt, welche die Brüder unter sich aufteilten, wobei Kain die unbeweglichen Güter, Abel die beweglichen für sich wählte (BerR 22 zu Gen 4,8). Jeder der Brüder macht seine Besitzansprüche gegenüber dem anderen geltend, und der Streit endet schließlich in der Mordtat. Nach einer anderen Vorstellung entstand die Auseinandersetzung wegen der Zwillingsschwester Abels, um die beide warben (BerR 22 zu Gen 4,8; PRE 21). Über den Tod Kains finden sich verschiedene Fassungen: er starb in den Trümmern seines einstürzenden Hauses (Jub 4,31), in der Sintflut (BerR 22 zu Gen 4,15) oder irrtümlich bei einem Jagdunfall durch die Hand seines blinden Nachkommen Lamech (Schatzhöhle 8,2 ff.).

Die dritte in diesem Beitrag zu erörternde urzeitliche Gestalt, Henoch, erscheint im jahwistischen Kainitenstammbaum an dritter Stelle nach Adam als Sohn Kains (Gen 4,17 f.), im priesterschriftlichen (P) Väterstammbaum an siebenter Stelle als Sohn Jereds und Nachkomme Sets (Gen 5,18–24). Nur P bietet spärliche „biographische" Notizen: 1. Henoch wird ein vertrauter „Wandel mit Gott" bescheinigt (5,22.24). 2. Seine Lebenszeit wird mit 365 Jahren angegeben (5,23). 3. Gott hat ihn in jenseitige Lebensräume entrückt (5,24). Ein lebenslanger „Wandel mit Gott", dessen Henoch wiederholt gepriesen wird (5,22.24), hebt ihn zusammen mit Noach (vgl. Gen 6,9) unter den urzeitlichen Gestalten nachdrücklich hervor und zeigt ihre Sonderstellung unter den (sündhaften) Zeitgenossen. „Es scheint eine exzeptionelle Bindung Henochs/Noachs an Gott ausgedrückt zu sein, die Gott bei Henoch durch Entrückung …, bei Noach durch eine einmalige Berit (Bund) vollendet" (Seebaß, Genesis 1,184). Die Frommen nach der Sintflut wandelten dann auch nicht mehr mit Gott, sondern nur noch vor Gott (z. B. Gen 17,1: Abraham). Das durch den vertrauten Umgang mit Gott auf so einzigartige Weise erfüllte Leben Henochs wird auch durch eine Lebenszeit von 365 Jahren – die Zahl steht für die Ganzheit und Fülle der Tage eines Jahres – zum Ausdruck gebracht. Zu diesem ganzheitlichen Leben paßt ein Ende, das nicht als Tod, sondern geheimnisvoll als Entrückung in andere, jenseitige Lebensräume beschrieben wird (zu lqḥ als terminus technicus für Entrückung: 2Kön 2,1 ff. [Elija]; Ps 49,16; 73,24), wo die Gemeinschaft des urzeitlichen Frommen mit Gott fortbestehen kann.

Die jüdische Tradition schließt an die Motive des priesterschriftlichen Strangs der Henochüberlieferung an und erweitert sie durch die Aufnahme verwandter Traditionen. Henoch wird als hervorragender Gerechter gezeichnet (Sir 44,16; 49,14; Jub 10,17; TestXII. Lev 10,5; Dan 5,6; vgl. Weish 4,10 f.), der aufgrund seines vorbildlichen sittlich-religiösen Lebens entrückt wird (Sir). Dabei kommt er in den Garten Eden und wird als „Schreiber der Gerechtigkeit" und Zeuge im Gericht eingesetzt (Jub 4,23 f.; TestAbr 11,3 [rec. brev.]; aethHen 12,3 f.; 15,1; slHen 53,2; TPsJ Gen 5,24). Im Zusammenhang seiner Gerechtigkeit und seiner Entrückung in die Gottesnähe steht auch die Funktion Henochs als Fürbitter (aethHen 83,3.10; 84,2–6; slHen 7,4), die in Beziehung mit seiner priesterlichen Rolle (Jub 4,25) steht. Darüber hinaus sieht man in ihm den Begründer der Schrift und der Wissenschaft (Astronomie; Jub 4,17). Nach aethHen 71 ist Henochs Aufstieg in den Himmel mit seiner Ernennung zum endzeitlichen Menschensohn verbunden, andere Stellen schildern seine Einsetzung zu einem Himmelswesen (slHen 22,8 ff.; TPsJ Gen 5,24). Nicht immer jedoch hat man Henoch in diesem positiven Licht gezeichnet: seine Entrückung etwa wird in Weish 4,10 f. als Maßnahme gegen eine – durchaus mögliche – Beeinflussung Henochs durch seine sündhafte Umgebung dargestellt. Nach BerR 25 (zu Gen 5,24) gehört Henoch sogar eher zu den Bösen als zu den Gerechten: er war ein Heuchler, manchmal gerecht, manchmal böse. Der Satz aus Gen 5,24: „Er war nicht mehr, denn Gott hatte ihn hinweggenommen" bedeute nichts anderes als Henochs Tod. Seine Entrückung wird von Philo schließlich nur als Verwandlung in einen anderen Zustand mittels Buße und Besserung verstanden: das frühere unfromme Leben Henochs hat sich zu einem besseren verändert (Abr 17 ff.; vgl. aber Conf 122 ff.; Post 35 ff.).

Die vierte Gestalt des vorliegenden Beitrags, Noach, erscheint als Sohn Lamechs an zehnter Stelle des priesterschriftlichen Väterstammbaums (Gen 5,28). Er ist die Hauptfigur der aus den beiden Quellen J und P zusammengesetzten Sintfluterzählung (6,5–9,17), die ihn als exemplari-

schen Gerechten zeichnet (6,9; 7,1): da Noach als einziger unter seinen
Zeitgenossen „gerecht" (ṣadîq) und „fromm" (tāmîm) ist, da er wie Henoch „mit Gott wandelt" (6,9), findet er Gnade vor den Augen JHWHs
(6,8) und wird als einziger (zusammen mit seiner Familie und einer bestimmten Anzahl von Tieren) vor dem Untergang im göttlichen Strafge-
richt bewahrt (6,5–8,22). Auf die Weisung JHWHs hin baut Noach im
Glaubensgehorsam (vgl. Hebr 11,7) eine Arche auf trockenem Land[7] und
entgeht in ihr der Flut. Nach dem Fallen der Wassermassen schließt Gott
mit ihm und der nachsintflutlichen Menschheit einen „Bund" (bᵉrît; 9,8ff.),
der die göttliche Verheißung enthält, künftig keine lebensvernichtende Flut
mehr zu schicken, und dessen Zeichen der Regenbogen ist. An diesen
Bund erinnert Jes 54,9.[8] Die Sage in Gen 9,18–27 schildert Noach darüber
hinaus als Landmann und ersten Weinbauern, der, trunken vom ungewohn-
ten Genuß des Weines, entblößt in seinem Zelt liegt. Seinen Sohn Ham
kümmert die entehrende Situation des Vaters wenig, die beiden anderen
Söhne, Sem und Jafet, bedecken ihn jedoch pflichtgemäß mit seinem Ge-
wand. Wenn Ham in der Folge von Noach mit Fluch belegt und zum
Knecht seiner Brüder bestimmt wird, Sem und Jafet andererseits mit Segen
versehen werden, so steht hinter dieser familiären Szene das Los der Völker Israel (Sem) und Kanaan (Ham). Noachs Lebensalter wird mit 950
Jahren angegeben (9,28).

Die Thematik der „Gerechtigkeit" Noachs, welche durch die Sintfluterzählung und dann durch Ez 14,14.20 (Noach als exemplarischer Gerechter
neben Daniel und Ijob) vorgegeben wurde, findet in der jüdischen Tradition in vielfältiger Weise Aufnahme: zunächst einmal zieht sich die bloße
Nennung des „gerechten" Noach durch die gesamte frühjüdische Überlieferung (z. B. Sir 44,17;[9] Weish 10,4.6; Jub 5,19; 10,17; aethHen 67,1;
slHen 35,1; Jos. Ant 1,75.99; Philo Abr 27; Migr 125; Det 121; vgl.
bSan 108a. b etc.). Die Gerechtigkeit Noachs zeigt sich dabei in einem
fünfhundertjährigen Leben in geschlechtlicher Enthaltsamkeit (Schatzhöhle 14,2), in der vorbildlichen Heirat einer Stammesgenossin (Tob 4,12),
oder auch in seinem Gehorsam und seinem Verbleiben auf den Wegen, die
ihm geboten sind (Jub 5,19). Häufig erscheint Noach als ein „Prediger der
Gerechtigkeit" (2Petr 2,5), der seine verderbten Zeitgenossen bereits
120 Jahre vor dem Eintreffen der Sintflut zu Buße und Umkehr aufruft
(BerR 30 zu Gen 6,9; Sib 1,128f.167ff.; bSan 108a); nach Jos. Ant 1,74 predigt er den anmaßenden Nachkommen der Göttersöhne und Menschen-
töchter (Gen 6,1–4). Philo billigt Noach im Gegensatz zu den drei Erzvä-
tern Abraham, Isaak und Jakob nur eine herabgesetzte Gerechtigkeit und
Tugendhaftigkeit zu, die allein im Vergleich zu seinen Zeitgenossen (vgl.
Gen 6,9) auffallend war. Während die drei Erzväter im vollkommenen Besitz der Tugend waren, stellt Noach lediglich eine Vorstufe in ihrer Erlan-

gung dar (Abr 27–46, bes. 36 f.). Über den Grad seiner Gerechtigkeit herrscht auch unter den Rabbinen Uneinigkeit. In BerR 30 (zu Gen 6,9) wird ein Spruch R. Jehudas überliefert: „Unter seinen Zeitgenossen war er ein Gerechter, hätte er aber in der Zeit Moses oder Samuels gelebt, so wäre er es nicht gewesen. Auf der Straße, wo Blinde sind, wird ein Einäugiger ein Hellsehender genannt." Dagegen wird die Einschätzung R. Nechemjas angeführt: „Wenn Noach schon unter seinen Zeitgenossen gerecht war, um wie viel mehr würde er es gewesen sein, wenn er im Zeitalter Moses oder Samuels gelebt hätte! Gleich einem Glase mit Balsam, das doch, obgleich es verschlossen zwischen Gräbern liegt, einen angenehmen Geruch verbreitet, welchen Duft würde es erst verbreiten, wenn es an einem bessern Orte läge!" (Übersetzung nach Wünsche, 130 f.). Noachs spätere Pflanzung eines Weinberges und seine nachfolgende Trunkenheit (Gen 9,20 ff.) lassen ihn allerdings für die Rabbinen unzweideutig in negativem Lichte erscheinen und schmälern seine früheren Verdienste beträchtlich (BerR 36 zu Gen 9,20 ff.). Die jüdische Tradition schmückt darüber hinaus die Sintfluterzählung und einzelne Stationen des Lebens Noachs mit unzähligen Details und Ergänzungen aus. Im Hinblick auf das Neue Testament und dessen Noachbild bleibt vorrangig die bereits im Alten Testament vorfindliche mustergültige Gerechtigkeit des Helden der Sintfluterzählung von Bedeutung.

3. Kain und Abel, Henoch und Noach im Neuen Testament

Eine eingehende Hinwendung zu den neutestamentlichen Belegstellen zeigt nun vorab, daß unsere Gestalten der Urzeit – wie eingangs bereits bemerkt wurde – bevorzugt in Abschnitten anzutreffen sind, die typologische Bezüge aufweisen: als frühester Märtyrer stellt Abel das Urbild der Männer der ersten Christenheit dar, die aufgrund ihrer missionarischen Tätigkeit in Israel vom zeitgenössischen Judentum Verfolgung und Tod erleiden mußten (Mt 23,34 f.; Lk 11,49–51; vgl. auch das Geschick Jesu Lk 13,33 f.). Von Abels und Jesu Blut ist in Hebr 12,24 in typologischer Entsprechung die Rede, wobei das nach Vergeltung schreiende Blut Abels (Gen 4,10) vom Versöhnung schaffenden „Blut der Besprengung" im „Reden" weit übertroffen wird. In 1 Petr 3,20 f. sind Sintflut und Taufe als Typos und Antitypos verbunden, und Jud 11 sieht das Verhalten der Irrlehrer in dem des Kain präfiguriert. Darüber hinaus werden unsere alttestamentlichen Gestalten – meist in paränetischen oder polemischen Zusammenhängen – als Prototypen oder besonders geeignete Paradigmen für bestimmte Verhaltensweisen oder Eigenschaften angeführt: Abel, Henoch und Noach gelten etwa als beispielhafte urzeitliche Vertreter des wahren Glaubens

(Hebr 11,4–7) und sind damit strahlende Vorbilder für die angefochtenen und glaubensmüden Adressaten des Hebräerbriefes. Auf die vorbildliche Wachsamkeit des Noach angesichts des überraschenden Eintreffens der Flut wird die Generation Jesu in Mt 24,37 ff. par verwiesen. Während Kain in 1Joh 3,12 den Prototyp eines vom Haß bestimmten „Teufelskindes" darstellt, ist Noach in 2Petr 2,5 wiederum als „Herold der Gerechtigkeit" (kēryx dikaiosynēs) Repräsentant des heiligen, gottgefälligen Wandels gegenüber der „Welt der Gottlosen" (kosmos asebōn) und Leitbild für die Empfänger des Briefes (vgl. auch Mt 24,37 ff. par).

Welches Bild wird nun vom ersten Brüderpaar und von den urzeitlichen Frommen im Neuen Testament genauerhin entworfen? Abel findet zunächst Mt 23,34 f. (vgl. Lk 11,49–51) innerhalb der sog. Pharisäerrede (Mt 23) nach einer Reihe von sieben Weherufen Erwähnung, die schwere Anklagen gegen Pharisäer und Schriftgelehrte erheben. Aus diesen Weherufen ergibt sich das Gerichtswort in Mt 23,34–36, das Jesus (als der Weisheit Gottes [Lk 11,49; Mt 11,19]) in den Mund gelegt wird: In der Verfolgung und Tötung der in Israel missionierenden Sendboten Jesu (v. 34) kommt das zum Abschluß, was an den Vätern und Propheten von „Abel, dem Gerechten" (Habel tou dikaiou) bis zu Sacharja[10] seinen Anfang nahm (v. 35). Dabei führt eine gerade Linie vom Märtyrerschicksal Abels zu dem Geschick der Israel zur Umkehr rufenden christlichen Missionare, und dieses Kontinuum, das sich – von einer anderen Blickrichtung her – in fortgesetzter Ablehnung und Schuld seitens Israels zeigt, zieht letztlich das göttliche Gericht nach sich. Wird Abel hier also im Anschluß an die frühjüdische Tradition als erster Gerechter, der Märtyrer wurde, ins Blickfeld gerückt, so steht an den weiteren Stellen ebenso seine Gerechtigkeit (und Kains Frevel) im Vordergrund. Im 1. Johannesbrief findet sich ein Hinweis zu Kain und Abel (3,12) innerhalb des Abschnittes 3,11–18, in dem das Thema der „Bruderliebe" als Kriterium der „Gotteskindschaft" (3,10) ausgeführt wird. Dabei dient Kain als extremes Gegenbeispiel dieser Liebe, hat er doch seinen Bruder geradezu „hingeschlachtet" (sphazein) und hierdurch den Erweis gebracht, daß er „aus dem (Machtbereich des) Bösen" (ek tou ponērou) und damit ein „Kind des Teufels" (3,8.10; vgl. Joh 8,44) war. Abel dagegen – so muß man sinngemäß ergänzen – war „aus dem (Wirkungsbereich des) Guten", aus Gott (ek tou theou; 3,10). Die Mordtat wird dabei mit einem Verweis auf die „bösen Taten" (erga ponēra) Kains im Gegensatz zu den „gerechten" (erga dikaia) seines Bruders begründet, welche lediglich die unmittelbaren (Tat-)Folgen ihrer jeweiligen Seinsweise darstellen. Kain und Abel sind im 1. Johannesbrief also als Angehörige zweier gegensätzlicher und strikt getrennter Sphären gezeichnet, wobei die „Gerechtigkeit" des „Gotteskindes" Abel ebenso zutage tritt wie das – von Anfang an (anders Gen!) – böse, satanische und vom Haß bestimmte (3,13 ff.) Wesen des „Teufelskindes" Kain.[11] Letzterer erscheint in Jud 11 im Zusammenhang eines prophetischen Gerichtswortes gegen Irrlehrer (neben Bileam und Korach) als ein Urbild der Sündhaftigkeit, in welchem das Verhalten der Häretiker präfiguriert ist: diese wandelten nämlich „auf dem Wege Kains" (hodō tou Kain), wobei nicht näher darauf eingegangen wird, in welcher Hinsicht sich nun Kains „Weg" – sein Wandel und seine Handlungsweise – und derjenige der Irrlehrer gleichen. Man hat bei Kain an den Weg des Neides und des Bruderhasses gedacht (vgl. TestXII. Ben 7,5), aber auch an den der Auflehnung gegen Gott (vgl. Philo) und der Verstrickung im Sinnlichen. In jedem Falle aber wird er in Jud 11 im Zusammenhang seines sündhaften und schlechten Verhaltens erwähnt. In Hebr 11,4 steht Abel an erster Stelle einer langen Paradigmenreihe von Zeugen des Alten Bundes, deren Glaube (nach der Auslegung des Hebr) von Gott selbst bestätigt wurde. Die in Anfechtung und Glaubenszweifeln stehenden Empfänger des Hebräerbriefes sollen sich dabei als Glieder einer seit der Urzeit währenden Geschichte des Glaubens wahrnehmen und sich die Glaubenshaltung der „Alten" zum leuchtenden Vorbild dienen lassen. Dem Zeugen Abel wird dabei ein „besseres Opfer" gegenüber Kain (vgl. Gen 4 LXX) als Ausdruck und Erweis seines wahren Glaubens zugeschrieben. Aufgrund dieses Glaubens erhielt er von Gott das Zeugnis, „gerecht" zu sein, welches in der Annahme seines Opfers (Gen 4,4) sichtbar wird. Eine weitere Folge des Glaubens liegt in der Tatsache, daß der ermordete Abel immer noch, d. h. über den Tod hinaus „redet". Im Hintergrund steht der Gedanke des nach Rache schreienden Blutes Abels (Gen 4,10; s. o. Hebr 12,24), der hier allerdings umgedeutet wird: Abel selbst redet noch immer kraft seines Glaubens, und hierin kommt – ähnlich wie dann auch in Hebr 11,5 im Hinblick auf Henoch – zum Ausdruck, „daß der Glaube am Ende auch eine den Tod überwindende Kraft in sich trägt" (Weiß, Hebräer 577; vgl. aber aethHen 22,5 ff.). Wir begegnen in Hebr 11 also einerseits dem Gegensatz Glaube/Unglaube im Hinblick auf Kain und Abel, und treffen in diesem Zusammenhang andrerseits wieder auf Aussagen über die „Gerechtigkeit" Abels sowie über sein den Tod überdauerndes „Reden". Sind diese Aussagen jedoch durch die Auslegung der Genesiserzählung in der jüdischen Tradition vorgezeichnet, so ist die Verknüpfung Abels mit dem Glauben und damit seine Integration in den Kontext des Hebr erst der Überarbeitung und dem exegetischen Geschick des Verfassers des Hebr zuzurechnen.

Dasselbe gilt für das zweite Paradigma der Zeugenreihe, für Henoch (Hebr 11,5), der „durch seinen Glauben" (pistei) ohne Tod entrückt wurde. Der Autor des Hebr gewinnt diese Ergänzung der biblischen Vorlage (Gen 5,24 LXX) um das Glaubensmotiv durch den Hinweis auf die „Gottwohlgefälligkeit" Henochs vor seiner Entrückung (vgl. Gen 5,22.24 LXX), die sich nur aus seinem Glauben herleiten läßt. Der Glaube nämlich ist – so die allgemeingültig formulierte Feststellung von Hebr 11,6 – eine unerläßliche Bedingung, um Gott zu gefallen. Wenn man sich das hier skizzierte Henochbild vor Augen hält, so gibt es weder Anzeichen für eine ausgeprägte Erhöhung des urzeitlichen Frommen noch für eine Herabsetzung, wie sie jeweils in der jüdischen Tradition anzutreffen ist; vielmehr liegt in Hebr 11,5 – wie auch in 1Clem 9,3, wo die Entrückung allerdings im Zusammenhang der Gerechtigkeit Henochs gesehen wird – eine Wiedergabe der biblischen Überlieferung vor, die angesichts des Briefkontextes ergänzt wurde durch das Glaubensmotiv.

Von Henoch ist im Neuen Testament darüber hinaus nur noch am Rande die Rede: in Lk 3,37 wird er als Ahnherr Jesu in dessen Stammbaum erwähnt (vgl. dazu Gen 5,3–32; 1Chr 1,1–27), und in Jud 14f. erscheint er als Prophet des Gerichts im Zusammenhang eines freien Zitates aus aeth Hen 1,9.[12] Dieser Auszug aus dem Henochbuch, welches in urchristlicher und altkirchlicher Zeit lange zu den heiligen Schriften gerechnet wurde, dient dem Autor des Jud als Schriftbeweis zur Untermauerung der Angriffe und der Polemik gegen die Irrlehrer: der Kyrios Jesus Christus – bei aeth Hen JHWH – wird kommen, um Gericht über die „Gottlosen" (asebeis), d. h. die Irrlehrer, zu halten wegen ihrer Freveltaten und ihrer gegen Gott gerichteten Worte. Wie Henoch im Jud also als Gerichtsprophet angeführt wird, so erscheint das Alte Testament hier insgesamt unter dem Aspekt und als Zeugnis des Gericht haltenden Gottes (vgl. Jud 5–7.14f.). Der paränetische Kontext, in welchem die anderen alttestamentlichen Bezüge – drei Beispiele göttlicher Strafgerichte (Jud 5–7) sowie die Nennung dreier alttestamentlicher Gestalten mit Typoscharakter (v.11) – stehen, zeigt dabei deutlich, daß der Verfasser des Jud die Schrift lediglich im Sinne einer praktischen Materialsammlung heranzieht, aus der er Beispiele und Nachweise für Paränese und Polemik schöpft.

Noach erscheint zunächst innerhalb der Endzeitrede Jesu Mt 24,37ff. (Lk 17,26ff.) im Zusammenhang der Mahnung zur Wachsamkeit angesichts des Kommens des Menschensohns, das sich ebenso unvermittelt und plötzlich ereignen wird wie einst das Hereinbrechen der Sintflut. In der Lk-Fassung wird darüber hinaus der plötzlich einsetzende Feuer- und Schwefelregen über Sodom und Gomorra als weiterer Vergleich angeführt (Lk 17,28–30; vgl. Gen 19). Das Sintflutgeschlecht und die Bewohner Sodoms und Gomorras lebten in Sorglosigkeit und falscher Sicherheit gegenüber dem göttlichen Gericht und wurden von der Flut bzw. dem Feuerregen überrascht. In gleicher Weise ist die Generation Jesu im Hinblick auf die Ankunft des Menschensohnes gefährdet. Ihr gegenüber werden nun Noach und Lot als leuchtende Vorbilder gezeichnet, die, obwohl sie vom Zeitpunkt des kommenden Strafgerichts keine Kenntnis hatten, dennoch

vorbereitet waren.[13] Die beiden „Gerechten", Noach und Lot, sind darüber
hinaus auch in 2Petr 2,5–8 miteinander verbunden, worin sich die Einwir-
kung einer festen Tradition manifestiert, in welcher die Sintflut und die
Vernichtung Sodoms und Gomorras sowie auf der anderen Seite die Rettung Noachs und Lots zum Zwecke der Ermahnung zusammengestellt sind
(vgl. bereits Weish 10,4.6; 3Makk 2,4f.; TestXII. Naph 3,4f.; Philo Vit-
Mos 2,263.52–65; weiterhin Sir 16,7f.; Jub 20,5 u. a.). Auch im zweiten
Petrusbrief dienen Noach und Lot als Leitbilder für die Empfänger des
Schreibens, denen es angesichts der Gefahr des Abfalls zu den Irrlehrern
nachzueifern gilt. Der Autor des 2Petr führt dabei drei Beispiele von Straf-
gerichten aus der Geschichte Israels, darunter Sintflut und Vernichtung
Sodoms, an, aus denen ersichtlich wird, daß die „Gottlosen", d. h. die Irrlehrer, das Gericht empfangen werden. Im Gegensatz dazu sollen sich die
angesprochenen Gemeinden an die „Gerechten" und „Gottesfürchtigen"
halten, die von Gott gerettet werden (2Petr 2,9). Noach erscheint dabei –
wie in der jüdischen Tradition vorgezeichnet – als „Herold der Gerechtigkeit", der seine sündigen Zeitgenossen zu Buße und Umkehr bewegen
wollte (2Petr 2,5). Lot wird – entgegen der schwankenden Darstellung seiner Person in der Genesis und der mehrheitlich negativen Einschätzung
durch die Rabbinen (vgl. auch Jub 16,8f.) – als „Gerechter" gezeichnet (so
auch Weish 10,6f.; vgl. Sir 16,8; 1Clem 11,1), der im Gegensatz zum aus-
schweifenden Wandel und den gesetzlosen Werken seiner Umgebung stand
(2Petr 2,7f.). Die Vorstellung von Noach als Bußprediger könnte im Zusammenhang einer überbietenden Typologie auch hinter der in 1Petr 3,19f.
thematisierten Hadesfahrt Christi stehen, bei der Christus sogar den „Gei-
stern" der ungehorsamen und bösen Zeitgenossen des Noach das Evangelium verkündet hatte. „Noah hat damals gepredigt, aber nur mit geringem
Erfolg (acht Seelen wurden gerettet), Christus dagegen hat allen gepredigt,
auch u[nd] sogar den Zeitgenossen des Noah, die Inbegriff böser Menschen waren, u[nd] seine Taufe vermag alle zu retten."[14] Mit der Annahme
einer Noachtypologie in 1Petr 3,19f. ist somit auch der Anschluß an die
darauffolgende Typologie (Sintflut/Arche – Taufe; 3,20f.) klarer herausgestellt. Der zu Umkehr und Buße aufrufende Noach ist Typos Christi als
Verkündiger des Evangeliums; die Rettung Noachs und seiner Familie
„durch das Wasser (der Sintflut) hindurch" ist Typos der Rettung durch
die Taufe, wobei vorausgesetzt ist, daß das Wasser der Flut bzw. der Taufe
eine im Hinblick auf das Sündhafte zerstörende und damit gleichzeitig
reinigende Kraft in sich birgt. Was die Vorstellung Noachs als Bußprediger
betrifft, so dürfte sie schließlich auch im Hintergrund von Hebr 11,7 stehen, wo Noach nach Abel und Henoch als weiterer Glaubenszeuge der
Urzeit aufgeführt wird. Unter Heranziehung von Gen 6,8–7,1 sowie der
jüdischen Noachüberlieferung, aber auch durch Anpassung des Noachbil-

des an den Kontext des Briefes, erscheint Noach als glanzvolles Vorbild des Glaubens: Der urzeitliche Fromme hat infolge der Ankündigung der noch nicht sichtbaren Sintflut „durch seinen Glauben" die Arche gebaut. Dieser Glaube ermöglichte es ihm überdies, seinen ungläubigen Zeitgenossen das Gericht anzukündigen und machte ihn letztlich zu einem „Erben der Gerechtigkeit". Damit ordnet sich auch dieser Abschnitt bestens in das neutestamentliche Noachbild ein, das in ihm – gemeinsam mit der biblisch-jüdischen Noachüberlieferung – letztlich durchgehend einen exemplarischen „Gerechten" sieht (explizit 2Petr 2,5; Hebr 11,7; aber auch Mt 24,37 ff. par; 1Petr 3,19 f.).

4. Zusammenfassung

Wenn wir nun abschließend noch einmal Rückschau halten, so kann Folgendes zusammenfassend und ausblickend gesagt werden: Im Neuen Testament werden die vier Gestalten der Urzeit einerseits in paränetischem Kontext als Vorbilder für bestimmte Verhaltensweisen oder Eigenschaften oder auch als negative Gegenbeispiele dafür (Kain) angeführt. Inhaltlich geht es den neutestamentlichen Autoren, die ebenso wie ihre Adressaten tief in den biblisch-jüdischen Glaubenstraditionen verankert sind, darum, anhand der alttestamentlichen Beispiele das Charakteristische und Entscheidende des Christenstandes, besonders vor dem Hintergrund der jeweiligen Gemeindesituation, kenntlich zu machen: Wachsamkeit (Mt 23,37 ff. par), Bruderliebe (1Joh 3,12), Gottesfurcht bzw. Gerechtigkeit (2Petr 2,5–8) oder standhafter Glaube (Hebr 11,4–7). Den „Gerechten" Abel, Henoch, Noach (und Lot) werden diese Attribute zugesprochen, oftmals nicht so sehr aufgrund der alttestamentlichen Zeugnisse, sondern vielmehr durch Vorstellungen, die im Frühjudentum ausgebildet wurden. Zusätzlich läßt sich nicht selten auch eine (exegetische) Bearbeitung des „Profils" der Gestalten durch die neutestamentlichen Verfasser feststellen, um das Vorbildhafte im Kontext noch deutlicher herausstellen zu können. Unsere Gestalten dienen dabei zunächst einfach als Argumentationshilfe, aber das Glaubenskapitel Hebr 11 zeigt darüber hinaus, daß Abel, Henoch und Noach nicht nur als vorbildhafte Beispiele angeführt werden: sie stellen die urzeitlichen Anfangsglieder einer sich ununterbrochen fortsetzenden Geschichte des Glaubens dar, deren Linie sich durch die gesamte alttestamentliche Gottesgeschichte bis hin zum neutestamentlichen Heilsgeschehen erstreckt (vgl. Hebr 11,39–12,3: Jesus als Anführer und Vollender des Glaubens). Dabei wird der innere Zusammenhang mit der biblisch-jüdischen Tradition nachdrücklich hervorgehoben. Dies geschieht noch eindrücklicher in den Abschnitten, die typologische Entsprechungen bzw. Motive als verbindende Glieder zwischen den beiden Testamenten enthalten; an Stellen also, die das Verhalten, das Tun, das Schicksal unserer Gestalten oder die Geschehnisse, in deren Zusammenhang sie die zentrale Rolle einnehmen, als prägende Urbilder oder Vorausdarstellungen entsprechender Verhaltens-, Handlungs-, Ergehensweisen oder Ereignisse in den neutestamentlichen Schriften darstellen (vgl. Mt 23,34 f. par; Hebr 12,24; 1Petr 3,19–21; Jud 11). Hinter solchen typologischen Bezügen wird ein heilsgeschichtliches Denken der neutestamentlichen Autoren erkennbar, das ein Entsprechungsverhältnis zwischen alt- und neutestamentlichem Heilsgeschehen voraussetzt. Die Evangelisten und sonstigen Zeugen des Neuen Testaments sind also im Hinblick auf unsere Typologien (Sintflut – Taufe; Abels Blut – Jesu Blut; Noach – Christus etc.) von der tiefen Einsicht getragen, „daß zwischen Gottes Geschichtshandeln an Israel und dem am endzeitlichen Gottesvolk enge Entsprechungen bestehen sowie daß dieses Geschichtshandeln Gottes im Erscheinen Jesu Christi zu seinem Höhepunkt und zu seiner Vollendung gekommen ist" (Mathys, Typologie 999 f.).

Anmerkungen

[1] In 1Clem 4,1–6 wird darüber hinaus die Kain-Abel-Erzählung als warnendes Beispiel dafür angeführt, welch tödliche Folgen Eifersucht und Neid – offenkundig ein ernstes Problem in der korinthischen Gemeinde – zeitigen können.

[2] Vgl. weiterhin 1Clem 9,2 f. Hier erscheint Henoch in einer Auflistung von gerechten Urvätern, in welche auch Noach (vgl. Gen 6,9) aufgenommen ist. Um seiner Gerechtigkeit willen wurde Henoch entrückt. Vgl. Barn 4,3.

[3] Auch 1Clem 7,6 erscheint Noach als Bußprediger. Seine Gerechtigkeit wird in 1Clem 9,4 und 2Clem 6,8 thematisiert.

[4] Westermann, Genesis 1,25, rechnet hierzu Gen 2,16 f.; 3,1–24; 4,3–16; 6,1–4; 6,5–9,17; 11,1–9.

[5] Vgl. etwa BemR 20 zu Num 23,1: „... sieben Altäre, welche die sieben Gerechten erbaut haben, von Adam bis Mose und angenommen worden sind. (Wer sind diese?) Adam, Abel, Noach ..." (Übersetzung: A. Wünsche, Der Midrasch Bemidbar rabba, 1967, 494 f.).

[6] BerR 22 zu 4,3: „Und Kain brachte von den Früchten des Landes dem Ewigen ein Opfer d. i. von dem Schlechtesten, wie ein böser Gärtner, welcher die Frühfrüchte selbst isst und dem König die Spätfrüchte gibt" (Übersetzung: A. Wünsche, Der Midrasch Bereschit rabba, 1967, 100).

[7] Nach dem jahwistischen Sintflutbericht, der aufgrund der Verflechtung mit P nur unvollständig aufgeführt ist, hat Noach die Arche gebaut, ohne von der göttlichen Absicht der Vernichtung der Menschheit zu wissen. Dieser (blinde) Glaubensgehorsam ist für J ein Zeugnis der „Gerechtigkeit" Noachs (G. von Rad, Genesis 88 f.).

[8] Noach erscheint im Alten Testament weiterhin in genealogischem Zusammenhang (1Chr 1,4) sowie als hervorragender Gerechter (Ez 14,14.20).

[9] Sir 44,17 f. verbindet die Sintfluterzählung mit dem prophetischen Restgedanken: „Durch ihn (sc. den gerechten Noach) blieb ein Rest erhalten ...“

[10] Sacharja wird Mt 23,35 näher gekennzeichnet als Sohn Berechjas, der „zwischen Tempel und Altar" ermordet wurde. Da von dem Propheten Sacharja („Sohn des Berechja“; Sach 1,1) kein gewaltsames Ende berichtet wird, hat man an zwei andere Träger dieses Namens gedacht: 1. an den Priester Sacharja (2Chr 24, 20–22), dessen Ermordung „im Hof des Hauses des Herrn" den Angaben in Mt 23,35 nahekommt, der aber als Sohn Jojadas bezeichnet wird (vgl. aber Lk 11,51!); 2. an den 67/68 n. Chr. von den Zeloten getöteten Sacharja, Sohn des Baruch (Jos. Bell 4,334–344). Da in Mt 23,35 par sicher an den ersten und letzten Mord an einem Unschuldigen in der Bibel gedacht ist, liegt es nahe, daß hier der Priester Sacharja angeführt wird. Der Name des Vaters beruht dann auf einer Verwechslung mit Sach 1,1.

[11] Vgl. ApkAbr 24,5, wo hinter dem Handeln Kains ebenfalls die satanische Macht gesehen wird („Kain, der durch den Widersacher Ungesetzliches verübt").

[12] Außerdem finden sich in Jud 14 Anspielungen auf aethHen 60,8; 93,3. Bezüge zu den Henoch zugeschriebenen frühjüdischen Schriften lassen sich neben dem Judasbrief an den verschiedensten Stellen des Neuen Testament festmachen; vgl. Odeberg, Enoch 556; Berger, Henoch 524–532.

[13] Die Bewohner Sodoms und Gomorras werden in Gen 19 und in der frühjüdischen Literatur (z. B. Jub 16,5 ff.; 20,5 f.) nicht anhand ihrer „Sorglosigkeit" charakterisiert (so Lk), sondern durch ihre geschlechtlichen Ausschweifungen und ihre Gottlosigkeit.

[14] Berger, Henoch 529. Zur Herleitung der Noachtypologie vgl. ebd. 527–529.

Literaturverzeichnis (in Auswahl)

Viktor Aptowitzer, Kain und Abel in der Agada, den Apokryphen, der hellenistischen, christlichen und muhammedanischen Literatur, Wien–Leipzig 1922. – Horst Balz/Wolfgang Schrage, Die Briefe des Jakobus, Petrus, Johannes und Judas, NTD 10, Göttingen–Zürich 1993[14]. – Klaus Berger, Art. Henoch, RAC 14,473–545. – Wilhelm Bousset/Hugo Greßmann, Die Religion des Judentums im späthellenistischen Zeitalter, HNT 21, Tübingen 1966[4]. – Walter Grundmann, Der Brief des Judas und der zweite Brief des Petrus, ThHK 15, Berlin 1974. – Karl Georg Kuhn, Art. Habel-Kain, ThWNT 1,6 f. – Jack P. Lewis, Noah and the Flood in Jewish, Christian, and Muslim Tradition, BA 47, 1984, 224–239. – ders., A Study of the Interpretation of Noah and the Flood in Jewish and Christian Literature, Leiden 1968. – Hans-Peter Mathys, Art. Typologie, EKL[3] 4,997–1000. – Hugo Odeberg, Art. Enōch, ThWNT 2,553–557. – Gerhard von Rad, Das erste Buch Mose: Genesis, ATD 2/4, Göttingen–Zürich 1987[12]. – ders., Theologie des Alten Testaments I: Die Theologie der geschichtlichen Überlieferungen Israels, München 1992[10]. – Eduard Schweizer, Das Evangelium nach Matthäus, NTD 2, Göttingen 1986[4]. – Horst Seebaß, Genesis I. Urgeschichte (1,1–11,26), Neukirchen-Vluyn 1996. – Hans-Friedrich Weiß, Der Brief an die Hebräer, KEK 13, Göttingen 1991. – Claus Westermann, Genesis 1–11, BK I/1, Neukirchen-Vluyn 1974. – Walther Zimmerli, Grundriß der alttestamentlichen Theologie, ThW 3,1, Stuttgart–Berlin–Köln 1989[6].

Abraham

Von JOSEF PICHLER

1. Der statistische Befund

Im Neuen Testament kommt Abraham insgesamt 73mal vor. Innerhalb der Synoptiker mißt Lukas der Gestalt Abrahams die größte Bedeutung bei. Allein 15 Belege entfallen auf sein Evangelium (1,55.73; 3,8 f.34; 13,16.28; in 16,22–30 gleich 6 Vorkommen; 19,9 und 20,37). Dazu kommen noch 7 Belege aus der Apostelgeschichte. Die 11 Belege des Johannesevangeliums konzentrieren sich alle auf den Abschnitt 8,33–58. Bei Paulus hat die Gestalt Abrahams nicht nur statistisch, sondern auch theologisch die größte Bedeutung (26 Belege). Generell kann man konstatieren, daß Abraham erst in der Spätphase des paulinischen Wirkens wichtig wird (2Kor 11,22; Gal 3 mit 8 Belegen; 4,22; Röm 4 mit 7 Belegen; 9,7; 11,1). Die zwei Belegstellen aus dem Jakobusbrief (2,21.23) können als bewußte Kontrapunkte zu Paulus aufgefaßt werden. Bedeutend ist Abraham auch für den Verfasser des Hebräerbriefes. Er nennt ihn in 2,16; 6,13; 7,1 f.4–6 und 11,8.17. Ansonsten gibt es nur noch einen Beleg in 1Petr 3,6. Geht man alle diese Belegstellen durch, muß man feststellen, daß die Gestalt Abrahams im Neuen Testament sehr selektiv rezipiert wird. Zitiert werden fast nur jene Stellen, die Abraham als Berufenen und Bundespartner herausstellen. Die negativen Komponenten des Abrahambildes werden ausgeblendet (Ausnahme Gal 4,30). Alles tritt zurück hinter die Segensaussage und die Verheißung der Nachkommenschaft, die in unterschiedlichen Variationen aufgenommen werden.

2. Abraham im Alten Testament und im frühen Judentum

Es herrscht ein großes Gefälle zwischen den Vorkommen Abrahams in der Genesis und den restlichen Belegen im Ersten Testament. Von 61 Belegen kommt Abram[1] 59mal im ersten Buch der Bibel vor; für Abraham gibt es in diesem Buch 129 Belege, sonst nur noch 42. Schon ein rascher Blick in die Statistik zeigt, daß die Belege in Gen 12–25 bei weitem überwiegen. Wenn auch die verschiedenen Erzählungen der Abrahamtradition eine ziemlich bewegte Traditionsgeschichte haben, so läßt sich doch ein Grundmuster der gesamten Erzählkomposition feststellen. In vielen Varia-

tionen wird erzählt, daß Gott auf krummen Zeilen gerade schreiben kann.
Dieser Sachverhalt zeigt sich gleich zu Beginn von Gen 12 in der Berufung
Abrahams und seinem Aufenthalt in Ägypten. Die Lebenskreise des Abraham werden immer konkreter angegeben: „Zieh fort aus deinem Land, von
deiner Verwandtschaft und aus deinem Vaterhaus in das Land, das ich dir
zeigen werde" (12,1). Abraham löst sich von diesen Bindungen und zieht
im Vertrauen auf den Ruf Gottes und seine Verheißungen los. Doch schon
die nächste Erzählung stellt heraus, wie brüchig der Glaube Abrahams ist.
Die Existenzangst treibt Abraham nach Ägypten; ein Land, das fast synonym für Gottferne steht. Abraham betritt es ohne göttlichen Auftrag und
setzt dort alle seine Beziehungen aufs Spiel. Er kreist nur um sich selbst,
gibt in der Angst um sein Leben seine Frau preis und beendet wohl auch
seine Gottesbeziehung, denn jetzt baut er keine Altäre mehr (vgl. 12,7 f.).
Daher muß der Aufenthalt in Ägypten (Gen 12,10–20) als „Kontrastge-
schichte" zu Gen 12,1–10 gelesen werden. Durch Gottes Eingreifen (v.17)
wendet sich die Geschichte zum Guten. Dieses Strukturprinzip kommt
ebenfalls in Gen 20 (eine Dublette zu Gen 12,10–20; vgl. 26,1–11), bei der
Geburt Ismaels (Gen 16) und seiner Verstoßung (Gen 21,8–21) zur Geltung. Diese allesamt für Abraham wenig schmeichelhaften Erzählungen
werden durchbrochen von Dokumentationen des radikalen Engagements
Gottes zugunsten Abrahams (Gen 15; 17), der Geburt Isaaks (21,1–7) und
der Erprobung Abrahams (Gen 22), die im Judentum eine ganz wichtige
Rolle spielt, seiner Begegnung mit Melchisedek (Gen 14,17–20) und von
jener Tradition, die über Abraham und Lot erzählt (Gen 13; 18,16–19,29).
Außerhalb der Genesis begegnet Abraham hauptsächlich im Kontext der
Formel vom „Gott Abrahams, Isaaks und Jakobs", der Vorstellung vom
„Vater" Abraham (Ex 3,6; Jes 51,2) und vom „Gott Abrahams" (Ex 3,6.15;
4,5; 2Chr 30,6; Ps 47,10), der Erwählung (Jes 41,8; Neh 9,7) und des Bundes (Ex 2,24; Lev 26,42; 1Chr 16,16). Auch im Lob der Väter erhält Abraham einen Ehrenplatz (Sir 44,19.22).
    Indem die Erzelternerzählungen Abraham als den Vater von Isaak und
den Großvater von Jakob/Israel darstellen, wird er zum Ahnherrn des gesamten Volkes Israel. Zeitlich ist diese Entwicklung wohl in der davidisch-
salomonischen Ära anzusetzen.
    Neben dem dominierenden Aspekt als Ahnherr Israels trägt Abraham
in der Genesis auch deutlich das Profil eines Kultgründers (Gen 12,6.8;
13,8; 18,1; 21,33) und des Bundespartners Gottes (Gen 15). Mit dem
Stammvater Israels sind die göttlichen Verheißungen eines Volkes, das ein
Segen für die Völker sein wird, und die Zusage des Landes Kanaan verbunden (12,1–3; 15,7–12). Diese Verheißung ergeht auch an Isaak und
Jakob (Gen 26,2–5; 28,13–15). Im Buch Deuteronomium wird der Bund
Gottes mit Abraham hauptsächlich als ein von Gott geschworener Eid

interpretiert. Der Bund Gottes mit Abraham wird auf die drei Erzväter ausgedehnt (Dtn 1,8; 6,10 u. ö.). Daher stellen die Geschichtsbücher Abraham gewöhnlich mit Isaak und Jakob zusammen. Die Weisheitsliteratur und die Psalmendichtung kennen Abraham kaum. Ps 47, ein Thronbesteigungspsalm, spricht in v. 10 von Israel als dem „Volk des Gottes Abraham". Das deutet auf eine Verbindung von den Traditionen des Abrahambundes mit dem Davidbund hin. Erst in der Exilszeit kann man eine neue theologische Wertschätzung Abrahams konstatieren (Ez 33,24; Jes 41,8; 51,2). In der Krise des Exils greift man in der Trauer um das verlorene Land und die gestürzte davidische Monarchie zurück auf die Zusicherung des Landes durch Gott. Der Abrahambund in Form eines einseitigen, göttlichen Eides mit der göttlichen Zusage der Volkwerdung und des Landbesitzes erlangte eine neue Bedeutung, weil er Israels königliche Macht und Größe gebührend herauszustellen vermochte. Dagegen setzte der Sinai-Horeb-Bund für Israels zukünftige Erlösung ein Fragezeichen, weil Israel die Grenzen übertreten hatte (vgl. Jer 31,31–34; Ez 36,26–28).

So unterschiedlich die Rezeption Abrahams im Judentum und im Christentum auch sein mag, in einem ganz zentralen Aspekt kommen beide Religionen überein. Immer gilt Abraham als eine große Gestalt des Glaubens, und sein Glaube drückt sich in einer intensiv gelebten Gottesbeziehung aus. Das gilt besonders für Röm 4,1–25; Gal 3,6–29; Hebr 6,12–15; 11,8–19 und Jak 2,24–26. Nach jüdischer Anschauung vollzieht sich die Berufung des Erzvaters im Spannungsfeld von Gotteserkenntnis und Gerechtigkeit. Auf diese Weise wird die Gotteserkenntnis Abrahams häufig ausgestaltet als Weg aus dem heidnischen Götzendienst. Unter dem Einfluß stoischer Denkmuster schließt Abraham auch aus astronomischen Beobachtungen auf Gott. Doch diese gefahrvolle Argumentation bleibt im Judentum selbst nicht unwidersprochen (vgl. Jub 12,16–18; Sib 3,218–247; LibAnt 4,16; Philo Abr 77–80).

Ein weiterer substantieller Aspekt des Abrahambildes liegt in der Gesetzestreue des Patriarchen vor. In einer eingehenden Analyse der Abrahamüberlieferung versucht B. Ego zu zeigen, daß die Redeweise vom „gesetzestreuen Patriarchen" das Ergebnis eines innerbiblischen Traditionsprozesses darstellt, der vermutlich in frühnachexilischer Zeit zum Abschluß gekommen ist. Die Autorin geht von Gen 12,1–9 aus. Danach bespricht sie Gen 22,15–18, wo Abrahams Gehorsam als Verdienst dargestellt wird. Gen 18,19 stellt den Patriarchen sogar als Lehrer des Gesetzes dar. „Der theologische Ort dieser Vorstellung von Abrahams Toratreue erschließt sich durch die Bedeutung, die der Gestalt des Vaters im Bewußtsein seines Volkes zukommt. Der Vater als Repräsentant seines Volkes schlechthin symbolisiert dieses auf eine ganz besondere Art und Weise, indem er als ‚corporate personality' fungiert: Was von Abraham erzählt wird, wird somit von ganz Israel erzählt" (B. Ego, Abraham 35). Dieser Aspekt, der für die Gesamtkomposition der Abrahamserzählung typisch ist, wird auch in exilischer und nachexilischer Zeit gerne aufgegriffen, indem erwählungstheologische Begriffe, die zuvor nur auf Israel angewandt wurden, nun auch auf Abraham bezogen werden. Gott erlöst, beruft und erwählt Abraham. Damit ist auch die Basis für die Bedeutung Abrahams in der prophetischen Verkündigung gelegt, vgl. Ez 33,24; Jes 51,2f. und Ps 105,6 mit 2Chr 16,13. Diese Glaubensüberzeugung hat ihre Nachwirkungen in der frühjüdischen Literatur. So erklären Jub 16,21–31 und Philo in seiner Schrift „De Abrahamo" das Gesetz als eine überzeitliche Größe. Es existierte bereits vor der Sinai-Offenbarung.

Bedeutend ist Abraham auch in der jüdischen Missionspropaganda. Diese Thematik ist zugleich jene, in der sich das Judentum und das Christentum in der Rezeption Abrahams am meisten unterscheiden. Das stärkste Hindernis der jüdischen Mission war die nationale Interpretation Abrahams als Stammvater Israels. Den Beleg mit der größten Plausibilität wird man in der Identifizierung der Nachkommenschaft Abrahams mit der jüdischen Existenz überhaupt erkennen dürfen. Diese Gleichsetzung ging sogar so weit, daß Artapanos (bei Eusebius, praep. evang. IX 18,1) die Bezeichnung „Hebräer" von Abraham etymologisch abzuleiten versucht. Mit Hilfe von Genealogien sollte Abraham als Vater vieler Völker ausgewiesen werden. Mayer sieht daher in Gen 17,4 „einen ersten Versuch, die Schwelle der überspitzten völkischen Interpretation zu überschreiten" (Mayer, Aspekte 122). Auf diesem Weg kam es auch zur Annahme einer Verwandtschaft von Juden und Spartanern (2Makk 5,9). Beide Völker stammen von Abraham ab, erklärt 1Makk 12,21. Eine ähnliche Intention steht wohl hinter der Interpretation, die den Völkersegen durch die verschiedenen kulturellen Errungenschaften gegeben sieht, die der Lehrer und Monotheist Abraham vermittelt (vgl. Wieser, Abraham 173f.). Wenn diese Linie überzogen wird, nimmt die kulturgeschichtliche Entwicklung in Abraham ihren Ausgangspunkt und verläuft von Kanaan nach Ägypten und von dort nach Griechenland (Jos. Ant 1,168).

3.   Abraham im Neuen Testament

3.1. Paulus

In den paulinischen Briefen sind vor allem drei Passagen zu nennen, aus denen die religiöse Bedeutung Abrahams klar hervorgeht. Erstmals taucht Abraham in 2Kor 11,22b auf. An dieser Stelle rühmen sich die Gegner des Paulus, Hebräer, Israeliten und Nachkommen Abrahams zu sein. Paulus beansprucht, daß sämtliche Ehrenbezeichnungen auch auf ihn zutreffen. Dennoch will sich Paulus nicht seiner eigenen Vorzüge rühmen, sondern sich seiner Schwachheit bewußt sein, damit die Kraft Christi in ihm wohne (2Kor 12,9). Herausgefordert durch judenchristliche Gegner hält ihnen Paulus einerseits seine geschichtliche und religiöse Verwurzelung im Judentum entgegen, andererseits aber versucht er seine Diakonie christologisch zu begründen. Damit ist auch schon eine ganz wesentliche Dimension der paulinischen Aussagen über Abraham erkannt. Wie Paulus in 2Kor seine Gegenposition im Blick auf den Gekreuzigten formuliert, so entwirft Paulus auch seine Abrahamsaussagen vom Kreuz Christi her als dem entscheidenden Heilsgeschehen. Dieser Sachverhalt kann für das Verständnis der Abrahamskindschaft im Galater- und im Römerbrief eine Hilfe sein. Die Alternative, um die es Paulus in Gal 3 geht, nennt er gleich zu Beginn (3,2): „Habt ihr Galater das Pneuma aus Gesetzeswerken oder aus dem Hören des Glaubens empfangen?" Die Frage wird in v. 5 nochmals aufgenommen. Die beiden Verse haben die Funktion, die Adressaten auf ihre gemachte Erfahrung (v. 2) und auf das gegenwärtige Handeln Gottes in der Gemeinde (v. 5) hin anzusprechen. An beiden Stellen wird der Glaube betont, der überhaupt das gesamte Kapitel hindurch eine wichtige Rolle spielt (3,7–9.11f.22.24). Die vv.1–5 eröffnen den ersten Beweisgang für die These aus 2,15ff. Dieser erste Beweisgang wird in vv.6ff. durch den Stichwortanschluß „glauben" aufgenommen und insofern weitergeführt, als die beiden Fragen (3,2b.5b) in zwei Blöcken beantwortet werden. Das vermag eine Strukturanalyse des Textes zu zeigen. Denn mit dem Wort episteusen („er glaubte") greift Paulus auf das Ende von v.5b zurück, während der oppositionelle Begriff „aus Werken des Gesetzes" in v.10 den zweiten Antwortteil einleitet. Freilich ist für Paulus die Alternative zwischen Glaube und Werken des Gesetzes bereits vorentschieden (vgl. 2,15). Es gilt, entweder als Glaubender Sohn Abrahams zu werden und dadurch an der Segensverheißung teilzuhaben (3,6–9) oder sich auf das Gesetz zu berufen und seinem Fluch zu verfallen (3,10–14). Abraham in der Verbindung mit dem Schriftwort von Gen 15,6[2] spielt in dieser Argumentation die zentrale Rolle: „Abraham glaubte Gott, und das wurde ihm zur Gerechtigkeit angerechnet." Schon im ursprünglichen Kontext hatte Gen 15,6 paradigmatischen, ja grundsätzlichen Charakter. Durch die Wirkungsgeschichte des Wortes wurde dieser Aspekt einerseits verstärkt (1Makk 2,52; Sir 44,20; Jub 17,15–18), andererseits aber begann damit auch die Deutung des Glaubens als verdienstvolle Tat (besonders in der Kombination mit Gen 22; vgl. Hebr und Jak). Der Rückgriff auf die Gestalt Abrahams in Gen 15 bot sich für Paulus vor allem deswegen an, weil an dieser Stelle das Gottesverhältnis nicht in bezug auf das Gesetz gesehen wurde (Gen 17). Hübner versucht zu belegen, daß Paulus die Abrahamsthematik in der Auseinandersetzung mit seinen Gegnern aufgreift. Mit den Gegnern behauptet Paulus, daß die Kontinuität von Abraham her entscheidend ist. Differenzen gibt es allerdings in der Frage, worin denn die Abrahamssohnschaft besteht. In dieser polemisch aufgeheizten Situation argumentiert Paulus mit Gen 15, während seine Gegner mit der Schlüsselstelle von Gen 17 operieren (vgl. Hübner, Gesetz 17). Darum ist es notwendig, daß Paulus seinen Gegnern mit Hilfe der Schrift darlegen kann, daß „die aus Glauben" Söhne Abrahams sind (Gal 3,7). Die Schrift habe im voraus gesehen, daß Gott die Heiden/Völker rechtfertigt. Darum erging an Abraham das Wort: „In dir werden alle Völker gesegnet werden." Genau diese universale Heilszusage möchte der Apostel mit aller Deutlichkeit herausstellen. Dabei denkt Paulus den gesamten Abschnitt hindurch immer von Christus her. Dieser Ansatz führt dann zu der christologisch zugespitzten Position, daß die Heilszusage zwar in Abraham gründet, aber auf Jesus Christus zielt. Diese Engführung wird Paulus zugunsten einer heilsgeschichtlich orientierten Erwählungsterminologie im Römerbrief aufgeben. Der Glaube Abrahams konstituiert die Gotteskindschaft aus Glauben. Im Hintergrund steht die Überlegung, daß Abraham zu einem Zeitpunkt Gott glaubte und von ihm gerechtfertigt wurde, als er noch nicht beschnitten war (Gen 17,23). Auf diesem Weg wird Abraham zum „Urbild der Rechtfertigung des Gottlosen und wie die Heidenchristen beweisen, auch der Vater der gerechtfertigten Gottlosen" (Käsemann, Glaube 157). Damit ist bereits grundsätzlich von der Schrift her geklärt, daß Glaube und Rechtfertigung außerhalb des Horizonts der Gesetzeswerke stehen. Dieser Gedanke wird in v. 8 nochmals in einem Mischzitat aus der LXX von Gen 12,3 und 18,18 schriftgemäß abgesichert. Das entscheidende Verheißungsgut, den göttlichen Segen, empfangen die an Christus Glaubenden so wie Abraham. Damit hat Paulus die Basis für die christologisch-soteriologische Argumentation der vv. 10–14 gelegt. In diesem Abschnitt zeigt Paulus die Zusammengehörigkeit von Gesetz und Fluch an. Dafür werden die Zitate aus Dtn 27,26, Lev 18,5 (jeweils LXX) und Hab 2,4 herangezogen. Das Ziel der Ausführung, das durch zwei Konsekutivsätze angezeigt wird, ist v. 14. Die Heiden sollen des Segens Abrahams in Jesus Christus und der Verheißung des Geistes im Glauben teilhaftig werden. In den vv. 15–18 bringt Paulus ein alltägliches Beispiel. Die dominierenden Begriffe des Abschnitts lauten: Testament, Verheißung und Erbe. Das Erbrecht sieht vor, daß ein rechtskräftiges Testament nicht nachträglich außer Kraft gesetzt werden kann. Eigenartig ist die konkrete Bestimmung der Erben. Nach v. 16 b gilt die Verheißung nicht einer Mehrzahl von Abrahamskindern, sondern dem einen Erben, Christus. Über Christus werden die Gläubigen „Söhne Gottes" (v. 26), „Same Abrahams" und „Erben gemäß der Verheißung". Weil sich in v. 29 zentrale Begriffe des gesamten

Kapitels 3 bündeln, darf man in diesem Abschnitt das Ziel der Argumentation sehen. Diese christologische Argumentation dominiert im Galaterbrief so stark, daß das Faktum der Erwählung Israels und die heilsgeschichtlichen Vorzüge des Volkes Israel keinen Platz mehr haben. Dementsprechend negativ fallen die paulinischen Äußerungen über das Gesetz aus (3,19–25). Das Gesetz ist um der Sünden willen hinzugefügt, ist bis zum Kommen Christi ein Pädagoge, nimmt bis zum Kommen des Glaubens in Gewahrsam, kam erst 430 Jahre nach der Verheißung und wurde nur durch einen Engel verordnet. Dieser Auffassung widerspricht später der Römerbrief, indem er das Gesetz „heilig, gerecht und gut" nennt (7,12). Christus allein ermöglicht die Zugehörigkeit aller Glaubenden zum Volk Gottes, das sich der gnädigen Erwählung Gottes verdankt.

Auf den theologisch ungemein dichten Text Röm 3,21–31 folgt der Rekurs auf Abraham. Die Einheitsübersetzung hat das Kapitel 4 überschrieben mit den Worten „die Anrechnung des Glaubens als Gerechtigkeit: das Beispiel Abraham". Diese Überschrift ist nur in ihrem ersten Teil richtig, denn der Glaube ist das zentrale Thema des Abschnitts. Der zweite Teil der Überschrift führt insofern in die Irre, als Abraham keine austauschbare Person ist, sondern der Stammvater Israels. Als Stammvater gibt Abraham den Blick darauf frei, wer bzw. was Israel von Anfang an ist. Insofern ist Abraham nicht beliebig durch ein anderes Vorbild auswechselbar, sondern garantiert Israels Identität in uneinholbarer Weise.

Paulus betrachtet nicht das Ende des Weges der vielen Prüfungen Abrahams, sondern er sieht auf den Glauben des Patriarchen, der am Anfang der an ihn ergangenen Verheißung und vor allem Verdienst steht. Wiederum bildet Gen 15,6 die zentrale Schriftstelle. Dieser Beleg wird nach den Regeln eines jüdischen Midrasch mit Hilfe von Gen 17,5; 15,5 und Ps 32,1 f. ausgelegt. Im Zug seiner Interpretation verläßt Paulus das gängige Abrahamsbild seiner Zeit, weil er dieses Bild anthropologisch und schöpfungstheologisch nicht teilen kann. Das beweist ihm schon Gen 15,6. Dort wird der Glaube Abrahams betont. Wie alle anderen Menschen hatte Abraham nichts, worauf er vor Gott hätte pochen können. Abraham wurde als Sünder gerechtfertigt! Zu dieser provokanten Aussage kommt Paulus, weil er seine Sicht des Menschen im Angesicht des gekreuzigten Jesus entwickelt. Unter diesem Eindruck steht die gesamte Argumentation in Kapitel 4. Wie schon im Gal hält sich Paulus auch hier an die Regeln der jüdischen Schriftauslegung. Eine dieser Regeln lautet, daß sich die Schrift selbst auslegt. Ein Psalmwort (Ps 32,1 f.) deutet das Wort der Tora (Gen 15,6). Die beiden Schriftworte interpretieren sich gegenseitig, weil sie in einem entscheidenden Ausdruck übereinstimmen („anrechnen"). „So tritt König David, entgegen seiner auch zu findenden nationalen Verklärung in Wahrheit Sünder (vgl. Ps 32; 51; 2Sam 11 f.), als erstrangige Autorität der Bibel neben Abraham und bezeugt in Übereinstimmung mit ihm die Wahrheit der Glaubensgerechtigkeit (4,6–8)" (Theobald, Röm 1–11 ,126).

Im nächsten Abschnitt greift der Autor auf den Duktus der Abrahamserzählung in Gen 12–25 zurück. Damit kann er zeigen, daß die zuvor ausgesprochene Seligpreisung Juden und Heiden in gleicher Weise gilt. Weil die Rechtfertigung Abrahams in Gen 15 seiner Beschneidung vorausgeht, kann Paulus in Schriftgelehrtenmanier folgern, daß Abraham als Unbeschnittener gerechtfertigt wurde. Dementsprechend gilt die Seligpreisung, daß Gott dem Sünder vergibt, Juden und Heiden. Die Beschneidung Abrahams war daher nicht konstitutiv für seine Glaubensgerechtigkeit, sondern hat lediglich die Bedeutung eines nachträglichen Zeichens oder Siegels. Von der Beschneidung als Bundeszeichen, das die Segensgemeinschaft mit Abraham vermittelt, ist an dieser Stelle wenig zu spüren. Wenn aber die Beschneidung nur noch ein Zeichen für die im Namen Christi bereits gewährte Glaubensgerechtigkeit ist, dann spricht aus einem solchen Text zwar Achtung für jene, die weiter an der Beschneidung festhalten, zugleich aber wird sie relativiert, weil man sie für nicht-heilsrelevant hält und daher niemandem verpflichtend auferlegt werden kann. Mit der Beschneidung und den Reinheitsvorschriften entfällt zugleich die Schranke zwischen Heiden und Juden, die nun beide, sofern sie wie Abraham glauben, in ihm auch ihren gemeinsamen Vater haben (4,11 f.).

Um die universale Vaterschaft Abrahams tiefer zu begründen, bezieht Paulus ab v.13 die Verheißung Gottes in seine Argumentation mit ein. In dieser Verheißung bezeugt sich der universale Heilswille Gottes. Diese theologische Betrachtung läßt eine andere Akzentsetzung als im Gal zu. Nun ist es möglich, Gottes bleibende Treue zu Israel wenigstens für einen kurzen Augenblick zu thematisieren. Wenn auch dieser Gedankengang in Röm 4 noch sehr vage bleibt, so wird er doch in Röm 11,15 eindeutig aufgegriffen. Die gemeinsame Hoffnung auf „endgültige Erlösung und definitive Herstellung einer heilen Welt" (Mußner, Traktat 375) verbindet trotz allem Trennenden und Unterscheidenden Juden und Christen. Weil sich Gott selbst für seine Verheißung verbürgt, hat die Verheißung den Grund ihrer Zuverlässigkeit in sich selbst.

Der exemplarische Gläubige für den Glauben an den die Toten auferweckenden Gott ist Abraham. Wenn auch der Glaube ein Glaube „wider Hoffnung in Hoffnung" (v.18) ist, so gerät dieser Glaube nicht in die Sphären abgehobener Schwärmerei, sondern bezieht seine gesamten Erfahrungen auf Gott. Davon geben vv.18f. Kunde. Was den Glauben Abrahams nährt, ist die Hoffnung auf die Verheißungstreue Gottes. Die vv.23–25 verbinden die göttliche Verheißung mit den Adressaten des Briefes, indem der rechtfertigende Gnadenwille Gottes als Ursache des Heils herausgestellt wird.

3.2. Die synoptische Tradition – Lukas

Für das Abrahamsbild der synoptischen Tradition wird im folgenden hauptsächlich Lukas behandelt, weil auf ihn die meisten Belege entfallen. Zu gegebener Zeit empfiehlt sich natürlich der Blick auf die Parallelstellen. Die eschatologische Dimension des Vaters Abraham kommt besonders deutlich in Mk 12,26 mit den Parallelen bei Mt 22,32 und Lk 20,37 zur Geltung. Es handelt sich um die berühmte Sadduzäerfrage und den unzureichenden Versuch, das Wie der Auferstehung zu verdeutlichen. Deswegen verweist Jesus nach Schriftgelehrtenmanier auf die Gottesoffenbarung vor Mose im brennenden Dornbusch. Dort hat sich JHWH als der Gott der Väter, d. h. als der Lebendige vorgestellt. Hinter dieser theologischen Position steht die Auffassung, daß die drei Erzväter an der Auferstehung teilhaben. Das wird in den Testamenten der zwölf Patriarchen des öfteren zum Ausdruck gebracht; z. B. TestXII. Lev 18,14: „Dann werden auch Abraham und Isaak und Jakob jubeln (das griechische Wort meint den eschatologischen Jubel), und auch ich werde mich freuen, und alle Heiligen werden sich mit Jubel bekleiden." Weil die Väter nach jüdischer Auffassung bei Gott leben, kann dieser Schriftbeleg als Hinweis für die Auferstehung gebraucht werden.

In der Logienquelle reden sowohl Johannes der Täufer als auch Jesus über Abraham. Ihre Positionen unterscheiden sich kaum. Johannes mahnt seine Adressaten in Lk 3,8: „Bringt nun rechtschaffene Früchte der Umkehr und beginnt nicht zu sagen: Wir haben Abraham zum Vater. Gott kann aus diesen Steinen Kinder Abrahams erwecken." Man kann davon ausgehen, daß die entscheidenden Stichworte der Predigt wie „der bevorstehende Zorn" und „Umkehr", die prägnant geformten Sprüche mit dem Wort von den Abrahamskindern aus Steinen, die Ankündigung des Feuertäufers sowie die sich anschließenden Bildworte von der Axt und vom Worfeln authentisch sind. Der Vers Lk 3,8 entspricht der Parallele bei Mt 3,9 fast wörtlich. Die Abweichungen liegen darin, daß die würdigen Früchte vom Plural in den Singular gesetzt werden und daß anstelle von „beginnt zu sagen" ein „meint zu sagen" steht. Wenn auch im Judentum Abraham hoheitsvoll mit „unser Vater" angeredet wird, so demoliert diese Stelle geradezu eine falsche Heilssicherheit. Die Berufung auf die Abrahamskindschaft hat Grenzen, ja sie wird mit schockierenden Worten ad absurdum geführt. Das ganze Volk, dem in der Logienquelle und auch bei Lukas die eindringliche Warnung gilt, ist bis ins Innerste bösartig. Es wird als Otternbrut bezeichnet, es ist giftig und vernichtungsreif. Das Täuferwort scheint in der Gegenüberstellung von Abrahamskindschaft und Teufelskindschaft bei Joh 8,33 ff. nachzuwirken. „Ihr habt den Teufel zum Vater, und ihr wollt das tun, wonach es euren Vater verlangt." Obwohl das Magnifikat und das

Benedictus anderen Traditionsschichten zugehören und sehr positive Aussagen über Abraham machen (Lk 1,55.73), teilen sie mit Lk 3,8 par die Überzeugung, daß die Abrahamskindschaft die Unbußfertigen nicht rettet.

Ein zweiter Beleg aus der Logienquelle muß ebenfalls als Warnung verstanden werden. Es ist die Stelle in Lk 13,28. Der Vers ist eine Teilantwort auf die Frage in v. 23. Dort fragt einer, ob es nur wenige sind, die gerettet werden. Auf diese Frage erfolgt bei Lukas die Antwort Jesu in mehreren Einzelsprüchen, die an dieser Stelle zu einer Jesuspredigt zusammengestellt wurden.

Die Szene hat Ähnlichkeiten mit dem Gleichnis vom reichen Prasser und dem armen Lazarus. Aus diesem Grund genügt es hier, nur einige Momente kurz anzudeuten. Das Unglück der Verdammten wird gesteigert, indem sie die Auserwählten samt ihren Freuden erblicken. V. 28 gibt an, daß die Patriarchen und alle Propheten in diesem abgegrenzten Raum anwesend sind. Es sind also die Besten des Bundes versammelt. Indem Lukas und Matthäus der Logienquelle folgen, bieten sie eine erschreckende Kritik an den Privilegien Israels. Wer sich in falscher Heilssicherheit wiegt, sich aber nicht wahrhaft zu Gott bekehrt, wird vom Reich Gottes ausgeschlossen. Der lukanische Zusatz „und alle Propheten" begegnet auch in Apg 3,24.

Das Thema der Abrahamskindschaft wird im lukanischen Sondergut durch die Stellen Lk 13,16 und 19,1–10 weitergeführt. Das eine Mal handelt es sich um eine Tochter Abrahams, die geheilt wird, das andere Mal um Zachäus, der trotz seiner beruflichen Kollaboration mit der Besatzungsmacht ein Sohn Abrahams bleibt (19,9) und daher nicht verteufelt werden darf. Der Ort der Heilung der gekrümmten Frau ist eine Synagoge, der Tag der Heilung ein Sabbat. Das Volk stimmt der Heilung zu, die amtlichen Vertreter lehnen sie ab. Die Benennung der Frau mit „Tochter Abrahams" ist ungewöhnlich. Aber gerade diese Anrede macht auf die jüdische Lebens- und Gesellschaftsordnung ganz deutlich aufmerksam. Jesus argumentiert ganz im Sinn der rabbinischen Gesetzesauslegung, wenn er den Widersinn steriler Ordnungen aufdeckt. Wie in der ersten Perikope wird auch in der zweiten eine Person, die im religiösen System zumindest als suspekt galt, als vollwertiges Mitglied der religiösen Gemeinschaft akzeptiert. Das deutet der Ausdruck „Sohn Abrahams" an. Zugleich wird die lukanische Soteriologie nochmals verdichtet. Die doppelte Begründung in 19,9 und v. 10 fällt auf. Das ist ein Hinweis auf verschiedene Redaktionsschichten. V. 9 weist auf die Abrahamssohnschaft des Geretteten hin, v. 10 generalisiert: „Der Menschensohn ist gekommen zu suchen und zu retten das Verlorene." Die Begründung der Rettung greift nicht, wie v. 8 vielleicht nahelegen würde, auf die subjektive Bußgesinnung des „Gereinigten" (so die Wortbedeutung von Zachäus) zurück, sondern auf die objektive Zuge-

hörigkeit zum Heilsvolk: weil auch er ein Sohn Abrahams ist (vgl. 13, 16).
Während die traditionelle Erzählung ganz im jüdischen Sinn argumentiert,
verändert der Redaktor die Begründung. Für ihn ermöglicht die Zuwendung zu Jesus die wahre Abrahamskindschaft (vgl. 3, 8). An den beiden
Belegstellen, wo einmal eine Tochter Abrahams, ein andermal ein Sohn
Abrahams zur Freiheit der Kinder Gottes geführt werden, geht es um die
Öffnung der heiligen Grenzen Israels für solche, die in einem allzu engen
religiösen Rahmen bereits in den Raum der Unreinheit abgeschoben wurden.

Für das Lukas-Evangelium bleiben noch die Belegstellen aus dem
Gleichnis vom reichen Prasser und dem armen Lazarus zu besprechen
(Lk 16, 19–31). Zahlenmäßig kommt an dieser Stelle Abraham insgesamt
6mal vor. Die Lebensführung und das Todesschicksal des Reichen und des
Armen werden zunächst gegenübergestellt (vv. 19–23), darauf setzt der
Dialog zwischen dem Reichen und Abraham ein (vv. 24–26). Der Dialog
begründet das verschiedene Schicksal der beiden. Schon die Kleidung des
Reichen deutet sein luxuriöses Leben an. Sie ist aus Leinen und Purpur
hergestellt. Das Gegenteil stellt der arme Lazarus dar, dessen Name sym-
bolträchtig ist. Der arme „Gotthelf" wird bei seinem Tod an jenen Ort der
Seligkeit gebracht, der bildhaft als Mahlgemeinschaft vorgestellt wird.
Lazarus ruht an der Brust Abrahams, er nimmt den Ehrenplatz neben dem
Gastgeber ein. Diese Bedeutung hat wohl die Wendung „im Schoß Abrahams ruhen".

Als der Reiche stirbt, erblickt er von Ferne Abraham und Lazarus an
dessen Seite. Während die Qualen des Reichen noch durch diesen Anblick
verstärkt werden, erfährt das Schicksal des Lazarus im Jenseits eine völlige
Umwälzung. Es scheinen auch die Rollen der beiden neu verteilt zu sein.
Nun möge, so bittet der Reiche, der arme Lazarus doch kommen und gnä-
digerweise die Bedürfnisse des Reichen stillen. Doch die Linderung der
Qualen durch Lazarus ist nicht möglich. Die Jenseitsvorstellungen lassen
sich mit dieser Perikope nicht eindeutig erheben. Manche Interpreten denken an einen Zwischenzustand, manche an den Endzustand. Auf alle Fälle
geht es darum, daß die Zugehörigkeit zu Abraham den Tod überdauert.
Die neue Existenzweise wird als Heilsgemeinschaft mit dem Vater des
Glaubens vorgestellt. In den Genuß dieser Wohltat kommt, wer sich zeit
seines Lebens für die Geschundenen und Benachteiligten einsetzt. „Nach
dem Tod ist eine lebenslange Entscheidung gegen die Armen nicht mehr
revidierbar. Wer aber zum Bundesvolk gehört, der ist durch Mose und die
Propheten nachdrücklich und vollumfänglich über die lebensrettende Praxis orientiert" (Dschulnigg, Gleichnisse 386). Die Perikope versucht de
facto die Stelle in Lk 6, 20 narrativ umzusetzen. Dort werden die Armen
selig gepriesen, weil ihnen die Herrschaft Gottes zugesagt wird. Was dort

so paradox klingt, wird in Lk 16,19-26 exemplarisch an einer Person anschaulich gemacht, deren symbolkräftiger Name allein schon Bände spricht. Gott ist bei den Armen und wird sie aus ihrem Elend befreien.

Abraham wird in der Apostelgeschichte nur in den Reden bis Kapitel 13 erwähnt. Petrus hält seine Rede in der Halle Salomos. Wie schon in Lk 20,37 erwähnt er die Erzväter in der Wendung „Gott Abrahams und Isaaks und Jakobs" (3,13) und verbindet diese mit der Jesusbotschaft, die deutlich von der Opposition des Handelns der Menschen gegenüber dem Handeln Gottes geprägt ist: „Ihr habt ihn getötet, Gott aber hat ihn auferweckt." Mit dieser Formel soll die Umkehrforderung plausibel gemacht werden. Auf die Jesusbotschaft folgen Hinweise auf die Propheten und auf Mose. Dieser wird direkt zitiert. „Einen Propheten wie mich wird euch der Herr, euer Gott, aus euren Brüdern erwecken. Auf ihn sollt ihr hören in allem, was immer er zu euch redet. Und es wird geschehen, wer diesen Propheten nicht hören wird, der soll aus dem Volk ausgemerzt werden" (vgl. Dtn 18,15-20; Lev 23,29). Der Messias wurde seit Samuel von allen Propheten vorherverkündigt (3,24). Dann wendet sich der Redner direkt an die Zuhörer. „Ihr seid die Söhne der Propheten und des Bundes, den Gott mit euren Vätern schloß, indem er zu Abraham sagte: Und in deinen Nachkommen werden gesegnet werden alle Geschlechter der Erde" (vgl. Gen 12,3; 18,18; 22,18; 26,4). Auf dieses Zitat folgt der Hinweis auf die Auferweckung Jesu. Diese wird dann in Kapitel 4 weiter thematisiert. Mag die gemeinsame Segensverheißung an Abraham in Gal 3,8 und Apg 3,25 auch noch so bedeutsam sein und unter christologischem Vorzeichen stehen, so werden doch mit ein und demselben Zitat unterschiedliche Akzente gesetzt (vgl. Pichler, Paulusrezeption 307-309). An keiner der beiden Stellen entspricht die Zitation exakt der Segensverheißung von Gen 12,3 LXX. Das gilt auch für die Fassungen Gen 18,18b und 22,18. Die Zitation im Gal kommt Gen 18,18b am nächsten. Apg 3,25 steht der Formulierung von Gen 22,18 sehr nahe. Das Zitat wurde an einer Stelle ganz bewußt abgeändert. Anstelle des Wortes „Völker" bzw. „Heiden" wurde das Wort „Volksstamm", „Geschlechter" gesetzt. Die Wortwahl ermöglichte es Lukas, die Verheißung an dieser Stelle primär auf Israel zu beziehen. Im Unterschied dazu würde der Beweisgang bei Paulus in Gal ad absurdum geführt, wenn nicht schon alle Heiden über Christus „in" Abraham gesegnet wären. Diese Stelle steht Sir 44,19 sehr nahe. Dort wird Abraham als Vater vieler Völker bezeichnet. „Abraham wurde der Vater vieler Völker, seine Ehre blieb makellos. Er hielt das Gebot des Höchsten und trat in einen Bund mit ihm. Wie ihm befohlen wurde, hat er sich beschnitten; in der Prüfung wurde er treu befunden. Darum hat ihm Gott mit einem Eid zugesichert, durch seine Nachkommen die Völker zu segnen" (Sir 44,19-21). Lukas faßt Apg 3,13 die Heilstat Gottes als Verherrlichung Jesu zusammen. Sie richtet sich vor allem an Israel. Die heilsgeschichtlichen Prärogative malen Sprachklänge der LXX aus: „der Gott der Väter".

Im Unterschied zu anderen Abraham-Darstellungen deutet die Auswahl und die Akzentuierung des atl. Erzählstoffes in der Stephanusrede (Apg 7,1 ff.) an, daß sich die „heilige Geschichte" zu einem sehr großen Teil außerhalb des „heiligen Landes" zugetragen hat. Dennoch hält die Rede aber an der Bedeutung des Tempels in Jerusalem fest. Im Abschnitt über Abraham wird Gottes Handeln an ihm in den Kategorien der Gottesrede beschrieben. Die Schriftzitate tragen das ganze Gewicht der Aussage. Gott erscheint, spricht, gewährt Lebensraum und gibt den Bund im Zeichen der Beschneidung. Die Gestalt Abrahams tritt stark zurück. Das Stück hat die Funktion, die folgenden Aussagen vorzubereiten. Das Handeln Gottes an Abraham erscheint hingeordnet auf die entscheidende Heilstat: das Exodusereignis.

Es bleibt ein letzter Beleg für Abraham im lukanischen Werk. Es ist die Anrede der Zuhörer in Apg 13,26 mit „Brüder, Söhne aus dem Geschlecht Abrahams und die Gottesfürchtigen unter euch". V. 26 leitet mit dem vertrauten Wort „Brüder" ein. Lukas gebraucht diese Anrede von Juden für Christen (vgl. v. 15). Diese Anrede in ihrer übertragenen Bedeutung erlaubt vom Alten Testament her den Gedanken der Stammesverwandtschaft aller Israeliten. Ob mit dieser Anrede sowohl jene aus dem Geschlecht Abrahams gemeint sind als auch die Gottesfürchtigen unter den Zuhörern, die schon mit v. 16 ins Blickfeld kamen, läßt sich schwer entscheiden. Jedenfalls werden die Zuhörer in zwei Gruppen unterschieden.

In der jüdischen Diaspora bildeten die erwähnten Gottesfürchtigen[3] soziologisch eine wichtige Gruppe. Sie waren besonders für die christliche Mission aufgeschlossen. Die Gottesfürchtigen sind Heiden, die ernsthaft an der jüdischen Religion interessiert sind, aber nicht in den Status der Proselyten kamen bzw. kommen wollten. Erst jetzt kann die ungeheure Provokation, die in dieser Rede für jüdische Ohren zweifelsohne steckt, in ihrem vollen Ausmaß erkannt werden. Bis Lukas diese Anrede im Mund des Paulus gebrauchen konnte, mußte ein langer Weg zurückgelegt werden. Das ist um so wichtiger, als es im Judentum selbst eine Diskussion um den religiösen Status von gebürtigen Juden und Proselyten gibt. Auf der einen Seite galten Anreden an die Juden auch den Proselyten,[4] andererseits hatte der Proselyt keinen Anteil am Verdienst der Väter Israels. Als geborener Nichtjude gehörte er nicht zur leiblichen Nachkommenschaft Abrahams. Dieser Makel haftete an der Proselytenexistenz bis in die dritte Generation! Die religiöse Position der „Gottesfürchtigen" blieb auf diesem Hintergrund doppelt problematisch. Die jüdischen Begräbnisriten geben darüber Aufschluß. So sehr sich „Gottesfürchtige" ein Leben lang intensiv mit dem Judentum verbunden fühlten, bei ihrer Bestattung fand diese gelebte

Beziehung ein jähes Ende. In den jüdischen Katakomben Roms wurden nur geborene Juden und Proselyten bestattet. Die Gottesfürchtigen waren davon ausgeschlossen.

Die sich anschließende These in Apg 13,26 b hebt aber alle gemachten Unterschiede auf. Sie gilt gleichermaßen für den Redner wie für die gesamte Zuhörerschaft. Ihnen allen ist das Wort von diesem Heil (in Jesus Christus, vgl. v. 23) gesandt. Das Passiv als Ausdruck göttlichen Handelns verbürgt die Untrüglichkeit dieses Wortes. Jede nationalistische Engführung des Heils ist an dieser Stelle aufgebrochen und überwunden.

3.3. Johannes

Der Streit um die wahre Abrahamskindschaft dominiert den Abschnitt Joh 8,30–59. Dieser Streit wird mit aller Vehemenz ausgetragen. Er führt schließlich zu gegenseitiger Verteufelung und Verketzerung. Daran kann man die religiöse Bedeutung der Abrahamskindschaft ablesen. Eine wichtige theologische Komponente dieser Kindschaft ist die Freiheit, die im Gegensatz zur Sünde steht. Charakteristisch für den Text ist die Abfolge von Rede und Gegenrede, wobei sämtliche Einwände der Juden vom Offenbarer widerlegt werden. Allerdings führen die jüdischen Einwände im Verlauf des Gesprächs zu keinem Gedankenfortschritt. Auf sachlicher Ebene ist mit v. 37 alles gesagt: „Ich weiß, daß ihr Nachkommen Abrahams seid. Aber ihr trachtet mich zu töten, weil mein Wort in euch keine Fortschritte macht." Deswegen entfällt auch an dieser Stelle die spiralartige Weiterführung eines wichtigen johanneischen Anliegens. Die Abrahamskindschaft der Juden wird am Verhalten zur Person Jesu gemessen. Weil aber nach Johannes die Juden Jesus zu töten versuchen, bedeutet die äußere Abstammung von Abraham nichts; sie wird zum Zerrbild der wahren Abrahamskindschaft. Die Situation spitzt sich in v. 53 nochmals drastisch zu, wo die Juden fragen: „Bist du mehr als unser Vater Abraham?" Die Antwort Jesu provoziert nur noch größeres Ärgernis. Er reklamiert Abraham und Gott für sich. Beide stehen auf seiner Seite und legitimieren seinen Anspruch. Dahinter steht die jüdische Auffassung, daß den Patriarchen das Vorrecht eingeräumt wurde, die Zukunft zu schauen. Jesus bekräftigt seinen Anspruch, wenn er sagt, daß Abraham bereits ihn und sein Heilswerk geschaut habe. Es entspricht ganz der dualistischen Sicht des Johannesevangeliums, wenn sich Abraham darüber freute, die Juden aber nicht. In menschlicher Beurteilung kann man dem Anspruch Jesu nur verständnislos gegenüberstehen. Darum verweisen die Juden auf das Alter Jesu. Die Zahl 50 ist dabei im Neuen Testament singulär. Sie steht wohl als runde Zahl für das volle Mannesalter. Der johanneische Jesus präzisiert

auf diesen Einwand hin seinen Anspruch: „Ehe Abraham wurde, bin ich"
(v. 58).

Die erneute Gegenreaktion der Juden ermöglicht nochmals den An-
spruch Jesu mit den Worten der alttestamentlichen Gottesoffenbarung
(Ex 3,14: „Ich bin der, der ich da bin für"). Damit wird der unerhörte
Anspruch Jesu mit den Mitteln der Offenbarungsrede klar artikuliert. Die
Reaktion der Zuhörer erscheint von diesem Anspruch her begreiflich. Sie
heben Steine auf, um Jesus als Gotteslästerer zu steinigen.

Das johanneische Bild von Abraham ist eindeutig an der Christologie
ausgerichtet und steht in diametralem Gegensatz zum jüdischen Anspruch.
„Im Grunde ist Abraham für Joh nichts anderes als ein Zeuge für Christus,
ein Mahner zum Glauben an Christus und ein Ankläger der Nichtglaubenden. Man erkennt das jüdisch-christliche Streitgespräch" (Schnackenburg,
Joh 2,283; vgl. Justin, Dialog 140,2).

3.4. Der Hebräerbrief

Der Hebräerbrief unterscheidet sich in seinem Abrahamsbild von den
Konzeptionen des Paulus und des Jakobus. Das zeigt sich allein schon darin, daß Gen 15,6 zwar vorausgesetzt, aber nicht zitiert wird. Mit Paulus
greift der Briefschreiber die Geburt Isaaks auf (11,11 f.), verbindet sie aber
wie in der jüdischen Konzeption auch mit seiner Fesselung (11,17 ff.; vgl.
Jak 2,21). Darüber hinaus werden Elemente der Abrahamsfigur aufgenommen, wie sie sonst bei Philo zu finden sind: der Auszug Abrahams aus Ur
in Chaldäa (11,8) und sein Leben als Fremder in Kanaan (11,10 f.).

Zwei große Abschnitte sind es, in denen das Abrahamsbild des Hebräerbriefes ganz deutlich vor Augen tritt. Die erste große Texteinheit bildet
der Abschnitt in 7,1–9, die zweite findet sich in 11,8–17. In Kapitel 7 soll
das Besondere und Einzigartige des Hohepriestertums Jesu mit einer an-
spruchsvollen Schriftgelehrtheit und theologischen Originalität, die im
Neuen Testament ihresgleichen sucht, begründet werden. Jesus ist der prä-
existente Sohn, der sich in seiner Hingabe am Kreuz radikal auf die Seite
der Menschen gestellt hat. Ihn hat Gott erhöht. Darum ist dieser Jesus nicht
einer aus der Reihe der Hohepriester, sondern sein Hohepriestertum entspricht der Ordnung Melchisedeks. Für die Begründung spielt nicht so sehr
die Gestalt Melchisedeks die dominierende Rolle, sondern der Akzent liegt
ganz und gar auf dem Begriff der Ordnung (Ps 110,4). Um das zu begründen, greift der Briefschreiber auf Gen 14,17–20 zurück und expliziert den
Namen des Königs von Salem. Der Ort dürfte ein Deckname für Jerusalem
sein. Der Hebräerbrief macht aus dem Herrschaftsgebiet eine königliche
Eigenschaft. Dadurch wird Melchisedek zum König der Gerechtigkeit und

des Friedens. Diese messianische Dimension (vgl. Jes 9, 5 f.; Jer 23, 5) wird aber nicht weiter entfaltet. Viel wichtiger ist an Melchisedek, daß er „vaterlos, mutterlos und ohne Stammbaum ist", daß er „weder einen Anfang der Tage noch ein Ende des Lebens hat" (Hebr 7, 3). Diese Aussagen gehen über die Passagen in Gen 14, 17–20 weit hinaus. Offensichtlich aber beherrscht der Autor die Regeln der rabbinischen Schriftauslegung. Eines ihrer Grundaxiome lautet: „Was nicht in der Tora steht, gibt es nicht", also auch weder Anfang noch Ende von Melchisedek. Das Beweisziel liegt am Ende von v. 3: „Priester in Ewigkeit." Auf diesem Hintergrund arbeitet der Autor die Begegnung von Abraham und Melchisedek weiter zur Begründung der unvergleichlichen Erhabenheit des Hohepriesters Jesus heraus. Die Tatsache, daß Abraham Melchisedek den Zehent gab und daß Melchisedek den Stammvater Israels segnete, hat zur Konsequenz, daß in Abraham, der als Stammvater die Gesamtheit seiner Nachkommen repräsentiert, auch das levitische Priestertum den Vorrang des Priestertums nach der Ordnung Melchisedeks eingestehen muß. Melchisedek wird so zur schriftgemäßen Absicherung eines in Jesus Christus realisierten ewigen Hohepriestertums. Von nun an tritt an die Stelle Melchisedeks Jesus als der Hohepriester nach der Ordnung Melchisedeks. Sein Hohepriestertum überbietet das Priestertum nach der Ordnung Aarons.

Hebr 11 illustriert anhand einer langen Reihe von Glaubensvorbildern jenen lebendigen Glauben, dessen Feuer der Autor bei seinen Adressaten neu entfachen möchte. Die Geschichte Gottes mit den Menschen wird als große Glaubensgeschichte dargestellt. An diese Glaubensgeschichte sollen auch die Leser und Leserinnen Anschluß finden. Unter den exemplarisch Glaubenden sticht neben Mose in besonderer Weise Abraham hervor. Auf ihn entfällt der längste Abschnitt des Kapitels (11, 8–22). Mit Hilfe eines siebenmaligen „durch Glauben" (pistei) läßt sich der Abschnitt in fünf Teile gliedern: 1. Der Ruf an Abraham und sein Auszug (v. 8). 2. Sein Aufenthalt als Fremder im Land der Verheißung (vv. 9 f.). 3. Die Zeugung Isaaks im Vertrauen auf Gottes Verheißungstreue (vv. 11 f.) mit der Explikation des Glaubensbeispiels (vv. 13–16). 4. Die Opferung Isaaks (vv. 17–19). 5. Der Tod der Patriarchen und ihr Segen (vv. 20–22).

Die göttliche Berufung Abrahams ist Erwählung und Inanspruchnahme zugleich. Ort der Verheißung ist nach dem Hebräerbrief jene himmlische Stadt, deren Architekt und Baumeister Gott selbst ist (11, 10). Abraham folgt dem Ruf Gottes. Mit der Wendung „ohne zu wissen, wohin er geht", wird nicht nur der Gehorsam Abrahams, sondern auch sein Mut betont. Wagemutig streckt er sich auf die von Gott verheißene Zukunft aus. Nach dem Auszug hält er sich als Fremder im verheißenen Land auf. Die soziale Stellung Abrahams als Fremdlinge beschreibt das Buch der Jubiläen (17, 17) als Versuchung: „Und der Herr wußte, daß Abraham gläubig war

… Denn er hatte ihn versucht mit seinem Land und durch Hungersnot: Und er hatte ihn versucht durch den Reichtum der Könige. Und er hatte ihn wiederum versucht durch seine Frau, als sie ihm geraubt wurde, und durch die Beschneidung. Und er hatte ihn versucht durch Ismael und durch Hagar, seine Sklavin, als er sie fortschickte" (Berger, JSHRZ 2/3, 418).

Der Hebräerbrief verstärkt die Erprobung der Glaubenswanderschaft Abrahams, indem er mitteilt, daß er mit seinem Sohn Isaak und mit Jakob das gleiche Schicksal teilt. „Wie das ‚Warten Jesu‘ kein Ausdruck von Untätigkeit, sondern von gespannter Hoffnung auf Gott ist, so auch das ‚Warten‘ Abrahams: Er läßt sich ganz von dem bestimmen, was Gott für ihn vorgesehen hat, indem er alles von ihm erhofft" (Söding, Antwort 400). Als nächster Glaubensakt Abrahams wird die Zeugung Isaaks angeführt. Wie Paulus (Röm 4, 17–22) nimmt der Verfasser die Angaben von Gen 11, 30 und 16, 1 auf: Sara war bereits unfruchtbar und Abraham hatte das Alter der Zeugungsfähigkeit längst überschritten.[5] Abraham ist ein ideales Beispiel dafür, daß der Glaube auch dort nicht zuschanden wird, wo er gegen den Augenschein und wider alle Natur als Vertrauen auf die Verläßlichkeit Gottes durchgehalten wird. Das anstößige Verhalten der Erzeltern gegenüber der göttlichen Verheißung wird im Hebräerbrief gestrichen, die rabbinische Literatur versucht es zu beschönigen. In v. 12 wendet sich der Briefschreiber wieder Abraham zu. Daß Abraham der Stammvater eines großen Volkes wurde, verdankt er dem wunderbaren Handeln Gottes. Die reiche Nachkommenschaft wird mit zwei Bildern aussagekräftig unterstrichen: Zahlreich wie die Sterne am Himmel und wie der Sand am Meer. Die vv. 13–16 malen aus, was der eigentliche Sinn aller Verheißungen Gottes ist, und wohin die gläubige Wanderschaft führt.

In den vv. 17–19 kommt noch stärker als zuvor in v. 12 die Aussage zur Geltung, daß Gott die Macht hat von Toten zu erwecken. In der frühjüdischen Literatur gilt die dunkle Geschichte der „Opferung Isaaks" als die schwerste der zehn Versuchungen, die Abraham von Gott auferlegt wurden (Jub 18). Das Opfer des Abraham wird in der Sicht des Hebräerbriefes als vollzogen dargestellt. Darauf weist die Perfektform des Verbums in v. 17 a hin, die jedoch durch v. 17 b in ihrer Endgültigkeit entschärft wird, weil dort die Perfektform durch ein Imperfekt des Vorhabens abgelöst wird. In dieser großen Glaubensprobe hört Abraham nicht auf, der Verheißung Gottes zu vertrauen. Er glaubt fest daran, daß Gott Isaak ins Leben zurückrufen wird. Damit liest der Autor den Glauben an die Auferweckung in die Isaaksgeschichte hinein, denn bekanntlich entsteht diese Glaubensüberzeugung erst in späterer Zeit (vgl. Dan 12, 1). Die Rückgabe Isaaks wird zum Sinnbild dafür, daß Gott seine Verheißungen wider alle Hoffnung einlöst. Das wird zugespitzt auf die Extremform der Lebensmächtigkeit Gottes, der „aus Toten erwecken" kann (v. 19).

Zusammenfassend kann also zur Abrahamstradition im Hebr festgehalten werden: Abraham ist in Hebr 6, 12 für die Adressaten ein Beispiel des Glaubens und der Großherzigkeit. Auch Hebr 11 liegt ganz im Horizont dieser Glaubensmahnung: „An Gestalt und Geschichte Abrahams ist in besonderer Weise zu ‚lernen‘, was ‚Glaube‘ konkret und wirklich heißt, standhaltende Treue nämlich und unverrückbares Zutrauen zu Gottes Verheißung in allen Anfechtungen und Versuchungen" (Weiß, Hebräer 583).

3.5. Der Jakobusbrief

Der Jakobusbrief greift ebenfalls die Opferung Isaaks auf und begründet damit die Zusammengehörigkeit von Glaube und Werken. „Vater Abraham" wird in Jak 2, 21 neben der Dirne Rahab (2, 25) als erstes maßgebliches Beispiel für einen solchen lebendigen Glauben hingestellt, wie auch die Verschränkung von Glaube und Werken an seiner Person schriftgemäß abgesichert wird. „Du siehst, daß der Glaube zusammenwirkte mit seinen Werken[6] und aus den Werken der Glaube vollendet wurde und erfüllt wurde die Schrift, die sagt: Abraham glaubte Gott, und es wurde ihm zur Gerechtigkeit angerechnet und er wurde Freund Gottes genannt" (2, 22 f.). Die ehrenvolle Bezeichnung Abrahams als „Freund Gottes" kommt in der jüdischen Literatur oft vor. Der Wortstamm legt eine innige Gottesbeziehung nahe, denn man muß wohl an den „Geliebten Gottes" denken (vgl. Jes 41, 8; 51, 3 u. ö.). Wie man an den Zitaten sieht, gewinnt der Autor sein Abrahambild in enger Orientierung an Gen 15, 6 und 22, 9. Durch die Kombination der beiden Genesis-Stellen ergibt sich eine signifikante Verschiebung. In Gen 15, 6 wird Abraham sein Glaube an Gott zur Gerechtigkeit angerechnet. Jakobus zitiert zwar den Vers, doch sieht er in der Bereitschaft, seinen Sohn zu opfern, den Grund der Rechtfertigung „aus Werken". Dennoch ist die Verbindung von Gen 22 und Gen 15, 6 im Judentum durchaus üblich. So heißt es in 1 Makk 2, 52: „Wurde Abraham in der Versuchung nicht für gläubig gefunden, und wurde ihm das nicht zur Gerechtigkeit angerechnet?" In späterer Zeit sah man im Judentum allerdings auch im Glauben Abrahams ein verdienstliches Werk. So jüdisch die gesamte Rezeption der Patriarchen auch erscheinen mag, einen gewichtigen Unterschied sollte man nicht ignorieren. Die Gesetzestreue spielt als Kriterium des Glaubens an dieser Stelle und auch in 1, 2–4 keine Rolle, weshalb „Werk" nicht mit „Gesetzeswerk" identifiziert werden darf. Daß Jakobus so denkt, läßt sich am Text nicht belegen. Der Brief möchte vielmehr den Nachweis führen, daß ein lebendiger Glaube sich notwendig auch in Werken des Glaubens ausdrückt.

4. Zusammenfassung

1. Interessanterweise sind die Kontexte und Situationen, in denen auf Abraham zurückgegriffen wird, wesentlich einheitlicher als die Art und Weise in der die ntl. Autoren über Abraham sprechen. Sie lassen sich in ihrer Rede über Abraham vor allem von den atl. Texten von Gen 12.15.22 und Sir 44,19–22 inspirieren. Immer jedoch kreisen die Gedankengänge der Autoren um die Heilsfrage. Das Kreuz Christi, die Rechtfertigung, die Auferstehung oder das rechte Verhalten sind die zentralen Themen, die den Rekurs auf Abraham provozieren. An jenen Stellen, wo Abraham im Neuen Testament genannt wird, ist Israels Geschichte und Identität immer auch schon mitthematisiert. Abraham als Stammvater ist der erste Repräsentant der Geschichte und der Erwählung Israels. Daher ist Israel „Nachkomme (Same) Abrahams".

2. Die Aussagen des Lukas über Abraham sind trotz der vielfältigen Traditionen im wesentlichen einheitlich. Sie liegen in etwa auf einer Linie mit den Vorstellungen von Johannes dem Täufer und von Jesus. Hinter den markanten Positionen der Letztgenannten verbirgt sich ein gutes Stück an Provokation. Abrahamskindschaft bedeutet nicht länger physisch von Abraham abzustammen, sondern den Willen Gottes zu tun.

Ganz besonders fällt auf, daß Abrahams Gehorsam und seine Beschneidung bei Lukas im Unterschied zu Paulus (fast) keine Rolle spielen. Dafür verknüpft Lukas Abraham in weit stärkerem Maß mit den Auferstehungsaussagen. So bezeugt Lukas auf seine Weise die Einzigkeit Gottes und seine Geschichtsmächtigkeit. Der Gott der Väter wirkt auch in den Zeiten der werdenden Kirche, und das Bekenntnis zum Gott Israels eint – trotz aller schwerwiegenden Differenzen – Synagoge und Kirche. Kernpunkt der Auseinandersetzung ist die „Hoffnung Israels". Mehrmals formuliert der lukanische Paulus „wegen der Hoffnung und wegen der Auferstehung stehe ich vor Gericht" (vgl. Apg 24,15 f.; 26,6; 28,20). Im Unterschied zu Paulus steht Abraham bei Lukas nicht für den Typus des Glaubenden, sondern für ein Glaubensethos, das sich besonders einsetzt für die Marginalisierten und Stigmatisierten der Gesellschaft, die in der christlichen Gemeinde nicht für unrein erklärt werden, sondern dort Platz haben und bei ihrem Namen gerufen werden.

3. Die Rezeption der Gestalt Abrahams im Neuen Testament weist mit der jüdischen Tradition viele Gemeinsamkeiten, aber auch kräftige Dissonanzen auf. Manche dieser Ansätze können durchaus auch für den gegenwärtigen Dialog der monotheistischen Religionen fruchtbar gemacht werden. Hier sei auf die Identität von Gottes Schöpfungs- und Erlösungshandeln, aber auch auf die Rolle Abrahams als Vater Isaaks und Ismaels und auf die weisheitliche Sicht Abrahams als Freund Gottes verwiesen.

Kritisch wird der Dialog vor allem an jenen Stellen, an denen es Brüche mit der jüdischen Tradition gibt. Das dürfte vor allem im Johannesevangelium der Fall sein. Die Auseinandersetzung in dieser Schrift führt zu sehr plakativen Aussagen, weil der konventikelhafte Rückzug bereits im Gang ist und der theologische Diskurs unter die Räder gruppendynamischer Prozesse gerät, so daß die Beteiligten Projektionen und Schuldzuweisungen aufsitzen. Der Hebräerbrief andererseits stellt dem heutigen Leser die Dringlichkeit einer authentischen Gottesrede eindrucksvoll vor Augen. Diese Aufgabe erfordert einen kreativen Umgang mit den überkommenen Traditionen und die Pflicht, sich der Frage nach dem Heil, dem Gottesvolk und dem Schriftverständnis aufs neue zu stellen.

Anmerkungen

[1] Die Einfügung des hebräischen Konsonanten h stellt eine abweichende Rechtschreibung der Namensform unter Dialekteinfluß dar. Vgl. Clements, ThWAT 1, 54 f. Etymologisch bedeutet der Name „er ist erhaben" im Sinn von „er ist guter Herkunft" oder in der theophoren Erklärung „der (göttliche) Vater ist erhaben".

[2] Zur Diskussion um die Textvorlage von Gen 15, 6 LXX vgl. Mosis, „Glauben" 225–257. Er kommt mit Hinweis auf 1Makk 2, 52 b und Ps 106, 31 a zum Ergebnis (257): „Man wird also damit rechnen müssen, daß es bereits innerhalb der hebräischen Textüberlieferung und nicht erst bei der Übersetzung ins Griechische zur passiven Formulierung von Gen 15, 6 gekommen ist. Die hebräische passivische Formulierung wäre dann ein geradezu klassischer Fall ... einer Veränderung des überlieferten Textes aus theologischen Bedenken: Daß Abraham Gott dessen Tun irgendwie ‚anrechnet' oder gar ‚in Rechnung stellt', konnte nicht hingenommen werden."

[3] Wie die Proselyten durften auch die Gottesfürchtigen Abraham nicht als ihren Vater bezeichnen. So legt mBik 1, 4 nahe, in Gebeten „unsere Väter" durch „eure Väter" zu ersetzen.

[4] BemR 8, 2 nennt als erstes Beispiel Jes 41, 8 mit den Anreden: Knecht, Erwählter und Nachkomme meines Freundes Abraham.

[5] Die Textüberlieferung ist kritisch. Vgl. Metzger, Commentary 672 f.; Weiß, Hebr 581, übersetzt: „Im Glauben empfing er zusammen mit Sara, die unfruchtbar war, auch Kraft zur Zeugung, und (dies) trotz des (hohen) Lebensalters."

[6] Ein griechisches Wortspiel: syn-ergei tois ergois autou. Die Imperfektform betont, daß Glaube und Werk immer wieder miteinander verschränkt sind.

Literatur

Klaus Berger, Abraham in den paulinischen Hauptbriefen, MThZ 17, 1966, 47–89. – R. E. Clements, ʾaḇrāhām, ThWAT 1, 53–62. – Peter Dschulnigg, Rabbinische Gleichnisse und das Neue Testament. Die Gleichnisse der PesK im Vergleich mit den Gleichnissen Jesu und dem Neuen Testament, JudChr 12, Bern 1988. – Beate Ego, Abraham als Urbild der Toratreue Israels. Traditionsgeschichtliche Überlegungen zu einem Aspekt des biblischen Abrahambildes, in: Bund und Tora, edd. F. Avemarie/H. Lichtenberger, Zur theologischen Begriffsgeschichte in alttestamentlicher, frühjüdischer und urchristlicher Tradition, WUNT 92, Tübingen 1996, 25–40. – Irmtraud Fischer, Die Erzeltern Israels. Feministisch-theologische Studien zu Genesis 12–36, BZAW 222, Berlin 1994. – Manfred Görg (ed.), Die Väter Israels. Beiträge zur Theologie der Patriarchenüberlieferungen im Alten Testament, FS J. Scharbert, Stuttgart 1989. – G. Walter Hansen, Abraham in Galatians. Epistolary and Rhetorical Contents, JSNT. S 29, Sheffield 1989. – Hans Hübner, Das Gesetz bei Paulus. Ein Beitrag zum Werden der paulinischen Theologie, FRLANT 119, Göttingen 1978. – Ernst Käsemann, Der Glaube Abrahams in Röm 4, in: Paulinische Perspektiven, Tübingen 1972², 140–177. – Horacio E. Lona, Abraham in Joh 8. Ein Beitrag zur Methodenfrage, EHS. T 65, Bern 1976. – Günter Mayer, Aspekte des Abrahambildes in der hellenistisch-jüdischen Literatur, EvTh 32, 1972, 118–127. – Bruce M. Metzger, A Textual Commentary on the Greek New Testament, London 1975. – Rudolf Mosis, „Glauben" und „Gerechtigkeit" – zu Gen 15,6, in: Väter 225–257, ed. Görg. – Franz Mußner, Traktat über die Juden, München 1979. – Josef Pichler, Paulusrezeption in der Apostelgeschichte, IThS 50, Innsbruck 1997. – Jürgen Roloff, Abraham im Neuen Testament. Beobachtungen zu einem Aspekt Biblischer Theologie, in: Exegetische Verantwortung in der Kirche. Aufsätze ed. M. Karrer, Göttingen 1990, 231–254. – Rudolf Schnackenburg, Das Johannesevangelium. 4 Bde., HThK 4, Freiburg 1965–1984. – Thomas Söding, Die Antwort des Glaubens. Das Vorbild Abrahams nach Hebr 11, IKZ 24, 1995, 394–408. – Michael Theobald, Römerbrief. 2 Bde., SKK 6, Stuttgart 1992, 1993. – Hans-Friedrich Weiß, Der Brief an die Hebräer, KEK 13, Göttingen 1991¹⁵. – Friedrich E. Wieser, Die Abrahamvorstellungen im Neuen Testament, EHS. T 317, Bern 1987.

Isaak, Jakob, Esau, Josef

Von Hermut Löhr

1. Die neutestamentlichen Texte

1.1. Isaak

Der Name des Abraham-Sohnes Isaak wird im Neuen Testament genannt in: Mt 1,2; 8,11; 22,32; Mk 12,26f.; Lk 3,34; 13,28; 20,37; Apg 3,13; 7,8.32; Röm 9,7.10; Gal 4,28; Hebr 11,9.17f.20 sowie in Jak 2,21.

Überschaut man diese Belege und ihren Kontext, so läßt sich feststellen, daß Isaak eine herausragende und besonders selbständige Rolle im Neuen Testament nicht zukommt. Als Sohn Abrahams und Vater Jakobs wird er gerade eben erwähnt in Mt 1,2; Lk 3,34 und Apg 7,8. Die letztgenannte Passage, aus der Rede des Stephanus vor dem Jerusalemer Synhedrium, führt als wichtiges Detail noch seine Beschneidung am achten Tag an, die in Gen 21,4 als Gebot Gottes genannt war.

Zusammen mit den Patriarchen Abraham und Jakob wird Isaak genannt in Mt 8,11; Lk 13,28 und Hebr 11,9, wobei jeweils – auf unterschiedliche Weise[1] – ein eschatologischer Bezug der Aussage wahrzunehmen ist. Eine ähnliche Pointe hat das Schriftzitat aus Ex 3,6 in der Sadduzäer-Frage Mt 22,31f. parr, welches den Gott der drei Erzväter erwähnt und als Gott der Lebendigen interpretiert. Ohne diese Interpretation begegnet das gleiche Zitat in Apg 7,31f. Der Gott der Väter wird noch in Apg 3,12f. genannt.

Nach Hebr 11,20 ist Isaak Glaubenszeuge, indem er seine beiden (!) Söhne segnet.

Als Sohn Abrahams und Rebekkas kommt ihm nach den paulinischen Passagen in Röm 9,6–9 und Gal 4,21–31 eine besondere Bedeutung zu; er ist Sohn der Verheißung.

In Hebr 11,17–20 und Jak 2,21 wird an die Episode der „Opferung" oder „Bindung"[2] Isaaks nach Gen 22 erinnert, wobei diese Passagen aber jeweils deutlich am Handeln Abrahams interessiert sind.[3]

1.2. Jakob

Jakob wird genannt in: Mt 1,2; 8,11; 22,32; Lk 1,33; 3,34; 13,28; 20,37; Joh 4,5f.12; Apg 3,13; 7,8.12.14f.32.46; Röm 9,13; 11,26 und Hebr 11,9.20f.

In Mt 1,2 wird Jakob als Sohn Isaaks und Vater Judas und seiner Brüder genannt, was seine Sachparallelen[4] im Stammbaum Jesu nach Lukas in 3,33 f. sowie in der Stephanus-Rede Apg 7,8 hat.

Nach Mt 8,11 liegt er mit Abraham und Isaak in der Königsherrschaft der Himmel zu Tisch; ganz ähnlich formuliert Lk 13,28. Vergleichbar ist ferner, wie bereits gesehen, Hebr 11,9. Daß in der Antwort auf die Sadduzäer-Frage nach den drei ersten Evangelien mit dem Exodus-Zitat auch der „Gott Jakobs" erwähnt wird, klang bereits an. Gleiches gilt für Apg 3,13 und 7,32.

In der Verkündigung des Engels an Maria nach Lk 1 heißt es über den verheißenen Jesus: „Dieser wird groß sein und ein Sohn des Höchsten genannt werden, und ihm wird geben Gott der Herr den Thron Davids, seines Vaters. Und er wird als König herrschen über das Haus Jakobs auf ewig, und es wird kein Ende seiner Königsherrschaft sein." Ein solches kollektives Verständnis von „Jakob", d. h. Israel, findet sich auch in der Stephanus-Rede in Apg 7,46 und in dem viel erörterten Vers Röm 11,26: „Es wird kommen aus Zion der Retter und abwenden die Gottlosigkeit von Jakob."

Als Vater Josefs wird Jakob mehrfach erwähnt. In Apg 7 kommt der Redende, nämlich Stephanus, auf Jakob zu sprechen. Ab v. 9 wird die Geschichte von Josef und seinen Brüdern erzählt, und in diesem Zusammenhang wird auch Jakob als Vater „unserer Väter" genannt (7,12.14 f.). Im vierten Kapitel des Johannes-Evangeliums wird ein Gespräch Jesu mit einer samaritanischen Frau in Sychar geschildert. Erinnert wird dabei an das Stück Land, „das Jakob seinem Sohn Josef gab" (v. 5). Biblische Bezugstexte sind Gen 33,19; 48,22 und Jos 24,32, die jeweils Landbesitz Josefs bzw. seiner Söhne als Geschenk aus der Hand Jakobs bezeugen. Die Notiz Gen 48,22 äußert sich zur Lokalisierung gar nicht und entstammt deutlich einer anderen Tradition als die beiden anderen Passagen. Denn während hier das Land von Jakob „mit Schwert und Bogen aus der Hand der Amoriter" genommen wurde, ist es dort von Jakob dem Hamor, dem Vater Sichems, um hundert Goldstücke abgekauft worden.[5] Nach Gen 33,20 errichtete Jakob dort einen Altar. Nach Jos 24,32 wird dieses Landstück Begräbnisplatz Josefs.[6] Außerdem wird in Joh 4 der Brunnen Jakobs erwähnt (vv. 6.12), an dem sich Jesus niedersetzt und sich das Gespräch mit der samaritanischen Frau entwickelt. Im Alten Testament war von diesem Brunnen noch nicht die Rede, doch nimmt das Johannes-Evangelium eine alte Lokaltradition auf; in der Tradition von Targum und Midrasch (u. a. CN I zu Gen 28,10) wird von einem Brunnenwunder im Zusammenhang mit Jakob erzählt.

Zusammen mit seinem Bruder Esau wird Jakob von Paulus in Röm 9 genannt, in Fortführung der oben angeführten Argumentation mit den Trägern der biblischen Verheißung (Röm 9,10–13[7]). Angespielt wird auf das Schriftwort Mal 1,2f., das bei Paulus und vermutlich auch von ihm gestaltet lautet: „Jakob habe ich geliebt, aber Esau habe ich gehaßt."[8]

Im Kapitel über die Glaubenszeugen Hebr 11 wird Jakob nicht nur in v. 9 als „Miterbe der Verheißung" und in v. 20 als von Isaak Gesegneter, sondern auch, im folgenden v. 21, selbst als Glaubenszeuge erwähnt. Der Text zitiert Gen 47,31 nach der deutlich vom hebräischen Text abweichenden Fassung der Septuaginta.[9]

1.3. Esau

Esaus Name wird im Neuen Testament nur dreimal genannt, nämlich in Röm 9,13; Hebr 11,20 und 12,16.

Erwähnt wurden schon die Passagen Röm 9,13 und Hebr 11,20, in denen Esau als Bruder Jakobs in unterschiedlicher Weise in den Blick genommen wird. Noch einmal erwähnt der auctor ad Hebraeos Esau. Im Zusammenhang seiner Warnung vor der Unmöglichkeit einer Umkehr (metanoia) nach einmal erfolgtem Abfall wird an die Drangabe der Erstgeburt und den Verlust des Segens erinnert (Hebr 12,16f.).

1.4. Josef

Der Name des Jakob-Sohnes Josef begegnet in Joh 4,5; Apg 7,9.13f.18; Hebr 11,21f. sowie in Offb 7,8.

Überraschenderweise begegnet Josef in den Stammbäumen Jesu nicht. Im schon erwähnten Vers Joh 4,5 ist er neben seinem Vater Jakob genannt, welcher ihm das Feld nahe der Stadt Sychar gab.

In der Rede des Stephanus nach Apg 7 wird die Geschichte von Josef und seinen Brüdern knapp zusammengefaßt (Apg 7,9–15). Noch einmal wird in v. 18 der Name Josefs in der Anspielung auf die Zeitangabe Ex 1,8 nach der Septuaginta erwähnt.

Wieder ist auch an das Kapitel Hebr 11 zu erinnern. Nachdem der Name des Vaters von Efraim und Manasse, den von Jakob Gesegneten, schon in v. 21 erwähnt wurde, ist Josef nach v. 22 selbst Glaubenszeuge. Der „Stamm Josef" wird zuletzt noch in Offb 7,8 genannt, aus welchem zwölftausend der 144 000 für die Endzeit Versiegelten stammen.

2. Grundzüge der alttestamentlichen und frühjüdischen Überlieferung über die Patriarchengestalten

In diesem Abschnitt können nur Tendenzen der alttestamentlichen und frühjüdischen[10] Haggada zu den Patriarchen skizziert werden. Die systematische und vergleichende Erfassung dieser Traditionen steht in den Anfängen und stellt der Forschung erhebliche Aufgaben.

2.1. Isaak

Im Vergleich zu Abraham und Jakob spielt Isaak im Alten Testament eine eher untergeordnete Rolle, ja erscheint literarisch als Bindeglied zwischen den die beiden anderen Patriarchen betreffenden Erzählzyklen der Genesis; er nimmt an ihnen teil, ohne im Mittelpunkt zu stehen. Nur in Gen 26 wird so etwas wie ein eigener Kranz von Isaak-Erzählungen sichtbar.

Der Name Isaak wird in der Genesis selbst volksetymologisch verschieden gedeutet. Während nach Gen 18,12f.15; 17,17 das Lachen der Mutter bzw. des Vaters bei der Ankündigung des Sohnes auf den Namen anspielt, ohne ihn direkt zu nennen, so wird dieser nach 21,6 unter Hinweis auf das Lachen derjenigen gedeutet, welche von der wunderbaren Geburt hören. Es liegt die Einsicht zugrunde, daß das Verb „lachen" (hebr.: ṣḥq) vermutlich namensbildend war. Sprachgeschichtlich ist der Name aber eher Abkürzung eines theophoren Namens, der vielleicht „El lacht" oder „El ist günstig gesonnen" meint.

Im Abraham-Zyklus begegnet Isaak als der dem Vater im Alter von 99 Jahren verheißene Nachkomme (Gen 17,1–22), der ihm im Alter von 100 Jahren und seiner Frau im Alter von 90 Jahren geboren wird (Gen 21,1–7) und in Gegensatz zu dem Hagar-Sohn Ismael tritt (Gen 21,8–21). Er ist Zeichen und Träger des Beschneidungsbundes, den Gott mit Abraham schließt (Gen 17,10–14.19; 21,4). Daß gerade der lange ersehnte und von Gott verheißene Sohn geopfert werden soll, wird zum ungeheuerlichen Höhepunkt dieser Erzählungen um die Nachkommenschaft Abrahams (Gen 22,1–19). In der Geschichte um die Brautwerbung für Isaak (Gen 24) wird die in der Verschonung Isaaks angedeutete Fortsetzung der Verheißungsgeschichte erzählerisch weitergeführt.

Im Jakob-Esau-Zyklus tritt Isaak als Vater der Zwillinge auf, dessen Sympathien – im Gegensatz zu denen seiner Frau Rebekka – dem erstgeborenen Esau gelten.[11] Daß Jakob zum Erben des Segens wird, kann er aber nicht verhindern. Tod und Begräbnis Isaaks werden in Gen 35,27–29 nur kurz erwähnt.

In Gen 26 steht Isaak im Mittelpunkt des Geschehens; die wechselhafte Geschichte seiner Beziehung zu den Philistern wird thematisiert. Das Motiv der „Gefährdung der Ahnfrau", das aus den verschiedenen Schichten des Abraham-Zyklus bekannt ist (Gen 12,10–20; 20,1–18), wird auf Rebekka und ihn bezogen.[12]

Mit Abraham und Jakob wird Isaak in der alttestamentlichen Überlieferung oft in einem Atemzug genannt,[13] sei es als Partner der Landverheißung (Gen 50,24; Ex 33,1; Num 32,11; Dtn 1,8; 6,10 u. ö.; ferner 4Q216 Kol. II,2; Jub 1,7), sei es als Träger des Bundes bzw. der Bundschlüsse (nach Gen 17,18f. vgl. Ex 2,24; Lev 26,42; Dtn 29,12; 2Kön 13,23; Ps 105,9f.; 1Chr 16,15–17; 2Makk 1,2; Jub 15,19; CD 3,3; aus Qumran: 4Q388A Fragment 1 Kol. II,2; 4Q508 Fragment 3,4; ferner Paralipomena Jeremiae 6,18). Auch der Gott der Väter trägt u. a. Isaaks Namen (Gen 46,1; Ex 3,6.15f.; 4,5; 1Kön 18,36; 1Chr 29,18; 2Chr 30,6; später 4Q379 Fragment 17,4); zweimal begegnet die merkwürdige und hinsichtlich Herkunft und Bedeutung umstrittene Gottesbezeichnung „Schrecken Isaaks" (hebr.: paḥad jiṣḥāq) in Gen 31,42.54 im Rahmen des Jakob-Zyklus. Historische Fixpunkte dieser in unterschiedlichen Überlieferungsschichten erhaltenen Isaak-Traditionen sind neben dem Namen besonders die geographische Fixierung in Beerscheba und seiner Umgebung (Gen 22,19; 26,23–25.32f.; vgl. 46,1–5a) und in Beer-Lahai-Roï (Gen 24,62; 25,11). Das Bewußtsein, daß Isaak, allgemein gesprochen, ins „Südland" bzw. Südreich gehört, schimmert vielleicht auch in Am 5,5f.; 7,9.16; 8,14 durch.

Für die dem Alten Testament nachfolgende jüdische Tradition wird vor allem die ᶜaqedāh wirkungsgeschichtlich bedeutsam und theologisch aufgeladen. Sie kann als Selbstopfer Isaaks als eines erwachsenen Mannes von 25 Jahren dargestellt werden (Jos. Ant 1,222–236). Vom Gedanken des Selbstopfers her wird die Inanspruchnahme Isaaks als Prototyp des Märtyrers verständlich (4Makk 7,14; 13,12; 16,16–25; LibAnt 18,5; 32,3; 40,2). Der Opfercharakter der ᶜaqedāh wird betont (z. B. Philo[14] Abr 167–207; Jub 18,1–13) und in verschiedene Richtungen ausgelegt. Sie legitimiert den Kult auf dem Berg Morija bzw. Jerusalem (Jos. Ant 1,224; Philo Abr 198; Jub 18,2). Nach LibAnt 18,5 ist die Opferung Isaaks Grund der Erwählung Israels durch Gott. An Gott wird ein Gebet „um Isaaks willen" gerichtet (Dan 3,35 LXX). Wegen der Verdienste der drei Patriarchen Abraham, Isaak und Jakob ist Gott barmherzig (TestXII. Lev 15,4; TestXII. As 7,7). Inwieweit hier und vor allem in der späteren jüdischen Tradition, die den verdienstlichen Charakter der ᶜaqedāh weiter ausarbeitet, eine Beziehung zu Vorstellungen christlicher Soteriologie nachzuweisen ist, ist umstritten. Auch ein eschatologischer Akzent kann gesetzt werden: Abraham, Isaak und Jakob werden in den endzeitlichen Jubel einstimmen (TestXII. Lev 18,14), auferstehen (TestXII. Jud 25,1),[15] mit Henoch, Noach und Sem zur Rechten Gottes sitzen (TestXII. Ben 10,6). Nach späterer Tradition geht die Auferstehungsbitte des Achtzehngebetes auf Isaak zurück, der sie bei der ʿaqedāh spricht (PRE 31 u. a.).

Ob das auf koptisch, äthiopisch und arabisch erhaltene Testament Isaaks, das den Patriarchen u. a. eine Himmelsreise machen läßt, ganz christlich ist oder auf eine jüdische Vorlage zurückgeht, ist umstritten.

2.2. Jakob

Das Alte Testament kennt zwei volksetymologische Herleitungen des Namens Jakob von der Wurzel ʿqb. Nach Gen 27,36; Hos 12,4 leitet sich der Name von der Verb-Bedeutung „betrügen" her, während nach Gen 25,26 die nominale Bedeutung „Ferse" für die Namensgebung ausschlaggebend war. Tatsächlich dürfte der Name ein abgekürzter theophorer Satz sein, in dem Sinne von „Gott hat beschützt/möge schützen" oder, so eine andere These, „Er (d. h. El) ist nahe". Gen 32,23–33 erzählt von der Umbenennung Jakobs in Israel beim Eintritt in das Kulturland, anders Gen 35,9f. Auch diese Namensgebung ist in Hos 12,4 reflektiert. Die aus verschiedenen Quellen oder Überlieferungsschichten stammende Abfolge von Jakob-Geschichten beschreibt die Geschichte des Isaak-Sohnes von seiner Geburt (Gen 25,19–26) bis zu seinem Tod (Gen 49,29–33) und umschließt in der jetzigen Komposition so auch Teile der Überlieferung von Isaak und der Josefsnovelle. Wesentlich geprägt ist die Abfolge der Erzählungen durch den schon in der Geburtsgeschichte manifesten Konflikt mit seinem Bruder Esau sowie eine Reihe von Gottesbegegnungen und -offenbarungen (Bet-El: Gen 28,10–22;[16] Gen 35,1–7; Sichem: Gen 33,20; Penuel: Gen 32,23–33; Mahanajim: Gen 32,2f.). Als Vater von zwölf Söhnen (vgl. Gen 29,31–30,24; Gen 35,16–18) ist Jakob/Israel der eigentliche Vater des Zwölf-Stämme-Volkes und Symbol für Israel von Geburt an.[17] So steht hinter dem Konflikt zwischen Jakob und Esau auch derjenige der benachbarten Völker Israel und Edom. Mit Jakob und Esau stehen sich aber auch zwei Lebensweisen, Jäger und Hirte, gegenüber (Gen 25,27; 27,3–9). Innerhalb der Erzählungen der Genesis bildet der Jakobssegen Gen 49 mit den Sprüchen über die Söhne bzw. Stämme eine besondere Einheit. Ob hinter den Erzählungen der Genesis historische Erinnerungen an eine Einzelperson oder eine Gruppe stehen, wird ebenso diskutiert wie die noch durchscheinenden religionsgeschichtlichen Vorgänge um die Verehrung verschiedener, später miteinander identifizierter Gottheiten. Von sich ausschließenden Alternativen wird man nicht ausgehen dürfen.

Außerhalb der Genesis wird, wie wir bereits sahen, Jakob mehrfach mit Abraham und Isaak genannt: Den Patriarchen war das Land verheißen; sie sind Träger des Bundes. Solche Aussagen begegnen auch über Jakob allein (vgl. z. B. Ez 28,25; 37,25). Der Bruderkonflikt mit Esau/Edom wird auch in den Worten Obd 10.18 und Mal 1,2f. reflektiert. Während die Erzählungen der Genesis und andere Erwähnungen Jakobs den Patriarchen als Vater des Volkes und sein Symbol grundsätzlich positiv herausstellen (vgl. insbesondere die Feststellung Gen 25,27), wird in Hos 12,1–13,3 (vgl. auch Jer 9,3) im Zusammenhang der Kritik am Nordreich der negative Aspekt der Jakobs-Tradition benutzt: Jakob ist Betrüger und Kämpfer gegen Gott (Hos 12,4), aber doch auch Vorbild der Umkehr (v.5, textlich jedoch schwierig).

Auch die Jakobsgestalt hat im Frühjudentum zu weiterer literarischer Produktion angeregt. Neben haggadischen Nachgestaltungen und Erweiterungen des biblischen Materials sind der verlorene Traktat des Philo über den Patriarchen, ein mit TestIsaak (s.o.) in literarischem Zusammenhang stehendes TestJak,[18] ein Gebet Jakobs und eine Erweiterung der Vision Gen 28,11–22 in der „Leiter Jakobs" zu nennen. Im Gebet Josefs erscheint Jakob (!) als himmlische Gestalt und Offenbarungsträger. So zeichnen ihn auch Jub 32,21–26; TestXII. Lev 9,3. Für die frühjüdische Literatur gilt insgesamt, daß Jakob weiter als Symbol und Personifikation des Volkes Israel verstanden wird.

Die Ambivalenz von Jakobs Charakter, welche sich bereits in der doppelten Etymologie andeutete, wird in der frühjüdischen Literatur zugunsten eines weitgehend positiven Jakob-Bildes aufgelöst. So interpretiert Philo von Alexandrien Jakob insgesamt als Symbol des die Tugend praktizierenden Menschen (All 3,190–192 u. ö.), der mit der Weisheit vermählt ist (Fug 52); wie im Gebet Josefs (Fragment A 3) wird der Name „Israel" gedeutet auf einen „Mann, der Gott schaut" (All 2,34; 3,186; Conf 146 u. v. a.).[19] Jakob ist, wie Isaak, Gottesfreund (CD 3,3; 4Q372 Fragment 1,21). Die Tendenz der Darstellung des Jubiläen-Buches besteht darin, den „Betrug" Jakobs und insbesondere seine pietätlose Haltung gegenüber dem Vater zu entschärfen, ja positiv umzudeuten (Jub 26,13; 27,6f.; 29,15–20; 35,12–15). Dadurch wird die Tragik des Bruderkonfliktes und der Person Esaus abgeschwächt. Jakob ist Repräsentant Israels (Jub 19,18.21 u. ö.), der Streit mit Esau/Edom wird durch Generationen fortgeführt (neben Jub 35,13f.; 37; 38,1–4 vgl. TestXII. Jud 9; ferner 1Makk 5,3, wo die Seleukiden gemeint sind). Abraham verleiht Jakob die Segnungen Gottes für Adam, Henoch, Noach und Sem (Jub 19,27); Jakob gewinnt damit universale Bedeutung. Von den Berührungen Jakobs mit der himmlischen Welt war schon die Rede. Zum eschatologischen Symbol des neuen Äons wird er – vielleicht – in den Horoskopen aus Qumran (4Q186 Fragment 1, Kol. II und III) sowie in 4Esr 6,8–10. Auch hier ist der Gegensatz zu Esau prägend.

2.3. Esau

Antipode Jakobs in der Genesis ist sein älterer Zwillingsbruder Esau.
Von ihm wird im Zusammenhang mit dem Bruderzwist von der Geburt an
(Gen 25,19–28) erzählt. Ein selbständiges Interesse an der Geschichte
Esaus wird nur in Gen 36, der Geschlechterliste Esaus, sichtbar. Bezeich-
nend für die Darstellung ist, daß sich keine Notiz über Esaus Tod findet.
Die Herleitung des Namens Esau ist unsicher. Im biblischen Bericht
finden sich zwei Etymologien, die sich jedoch nicht auf „Esau", sondern
auf „Edom" bzw. „Seïr", d. h. geographisch-politische Namen beziehen, die
mit der Esau-Tradition verbunden sind (vgl. Gen 32,3; 36,8 f.[20]): Nach
Gen 25,25 (vgl. v. 30) ist Esau „rötlich" (hebr.: ʾadmônî) und wie ein „be-
haarter" (hebr.: śeʿār) Mantel.[21] Der Bruderkonflikt wird in der Genesis
nicht ohne Sympathie für den Älteren geschildert, der beim Vater Isaak
zunächst eine Vorzugsstellung genießt (Gen 25,28; in Jub 35,13 wird die
Änderung im Empfinden Isaaks moralisierend erklärt) und später trotz
der Übervorteilung durch seinen Bruder einen Segen erhält (Gen 27,39 f.).
Kritik wird insbesondere an der „Verachtung" des Erstgeburtssegens für
ein Linsengericht (Gen 25,34), der Heirat mit hetitischen Frauen (Gen
26,35; anders 28,6–9: Esau nimmt, um dem Willen seines Vaters zu entsprechen, eine Ismaeliterin) und der Tötungsabsicht gegenüber seinem
Bruder (Gen 27,41) geäußert. In Esau findet die Lebensform des Jägers
ihre Personifikation (Gen 25,27; 27,3.30 f.). Daneben ist die Erzählung
vom Bruderkonflikt in ihrer jetzigen, verschiedene Traditionen zusammen-
führenden Gestalt Ausdruck der Auseinandersetzung Israels mit seinem
Nachbarvolk Edom, das in Esau repräsentiert ist. Ausdrückliche Hinweise
finden sich in Gen 25,23.30; 32,3; 36; Jer 49,8.10; Obd 6.8–10.18–21;
Mal 1,2 f.; 1Chr 1,35. Beides, Nähe und Verwandtschaft wie blutiger Streit,
finden ihren Ausdruck und tragen zu dem Eindruck von Tragik bei, den
das Berichtete bewirkt.
Die frühjüdische Rezeption der biblischen Gestalt vermittelt überwiegend ein negatives Bild von Esau. So stellt Jub 35,9 über Esau grundsätzlich fest, an ihm sei nichts Gutes seit seiner Jugend. Er gilt als ungebildet
(Jub 19,14). Seine bösen Taten: Abfall vom Gott Abrahams, Befleckung mit
der Unreinheit der kanaanäischen Frauen und Irrtum gehören zusammen
(Jub 35,10.13 f.; 37,13.15). Schwieg die Genesis über das Ende Esaus, so
erzählt Jub vom tödlichen Ausgang des Bruderzwistes (Jub 38,2; TestXII.
Jud 9,3). Wie in der Bibel, so ist auch in Jub Esau überindividuelles Symbol
(vgl. Jub 35,14; 36,9 f.; 38,12 ff.); der zeitgeschichtliche Kontext könnte die
Unterwerfung der Idumäer durch Johannes Hyrkanus sein.
Wie wir bereits sahen, wird der Bruderzwist zwischen Jakob und Esau
auch dualistisch und eschatologisch ausgewertet. Neben den Horoskopen

aus Qumran und 4Esr 6 ist noch der visionäre Text aethHen 89,12 zu nennen, in welchem der schwarze Eber Esau bzw. Edom, das weiße Schaf Jakob – Israel repräsentiert. Ob hier die für die jüdische Literatur ab dem zweiten Jahrhundert geläufige Symbolisierung der römischen Herrschaft durch Esau bereits angedeutet ist, wird ebenso diskutiert wie die Frage, ob die eher schonende Darstellung Esaus in den Antiquitates des Flavius Josephus ein aus apologetischen Interessen nicht genutztes Wissen um diesen Symbolgehalt der biblischen Gestalt verrät.

Nicht als politisches, sondern negatives moralisches und religiöses Beispiel und Symbol für das Böse (Fug 43; Quaest in Gen 4,157) begegnet Esau im Werk Philos. Er ist die Personifikation des schlechteren Teils der Seele und der daraus entspringenden Laster (Fug 23 f.39.42; Praem 59; Sacr 17.81 u. a.). In dieser Perspektive wird er auch Jakob gegenübergestellt (Migr 154; Quaest in Gen 4,201–206).

Ob hinter der Notiz des jüdischen Exegeten Aristeas, zitiert von Alexander Polyhistor (bei Euseb, PraepEv 9,25,1), Esau sei Vater Ijobs, eine für die frühjüdische Literatur außergewöhnlich positive Esau-Tradition steht oder ein Irrtum, ist nicht mehr zu klären.

2.4. Josef

Eingebettet in den Kranz der Jakob-Erzählungen findet sich im Alten Testament die recht geschlossene Josefs-Novelle (Gen 37.39–50), die vom Ergehen des ersten Sohnes Jakobs mit Rahel bis zu seinem Tod und seiner Bestattung erzählt. Der Name Josef wird in Gen 30,24 mit einem Ausspruch Rahels volksetymologisch gedeutet und von der hebräischen Wurzel jsph „hinzufügen" abgeleitet. Die Novelle, innerhalb deren die Kapitel Gen 39–41 noch einmal eine geschlossene und vielleicht ursprünglich selbständige Einheit bilden, leistet im Rahmen der Gesamtkomposition des Pentateuch den Übergang von der Zeit der Patriarchen zu Israels Aufenthalt in Ägypten, der wiederum das biblisch zentrale Exodusgeschehen in Gang setzt. Die Novelle selbst ist einerseits geprägt durch den Konflikt zwischen Josef und seinen Brüdern, zum anderen durch die Ereignisse um Josefs Aufstieg in Ägypten. Josef kann so als Sinnbild menschlicher, insbesondere herrscherlicher Tugenden interpretiert werden. Es läßt sich von einer weisheitlichen Prägung der Novelle sprechen. Daß in Dtn 33,13–17 ein Segen über Josef geprochen wird, hat zu der Vermutung geführt, Josef sei der namensgebende Urahn eines Stammes, der sich später gespalten habe („Efraim" und „Manasse"). In Ez 37,16.19; 47,13; Obd 18; Sach 10,6 scheint Josef als Symbol für das von Juda getrennte Nordreich zu fungieren; vergleiche Ps 80,2f.

Die jüdische Literatur nach dem Alten Testament befaßt sich vielfältig mit Josef. Die Gestalt regt die Produktion ganzer Schriften an. So widmet Philo von Alexandrien dem Patriarchen einen ganzen Traktat, in dem die Bewährung des Weisen im öffentlichen Leben thematischer Schwerpunkt der Interpretation der biblischen Gestalt ist. Haggadische Erweiterungen der biblischen Josefsgeschichte sind die „Geschichten Josefs", die in griechischer, äthiopischer und koptischer Sprache erhalten sind. 4Q372 Fragment 1 wird als Text über Josef identifiziert und enthält u. a. ein Gebet des Patriarchen. Innerhalb der TestXII ist auch ein Testament Josefs enthalten, das anläßlich seiner Geschichte besonders die Tugenden der Keuschheit und der Bruderliebe herausstellt. Der Bekehrungsroman Josef und Asenet stellt zwar die ägyptische Priestertochter, die Josefs Frau wird (vgl. Gen 41, 45.50), in den Mittelpunkt, doch wird auch die Josefsgestalt als Ideal betont.[22]

Josefs Tugend wird auch sonst besonders akzentuiert (TestXII. Sim 4, 4; 5, 1; TestXII. Ben 3, 1);[23] er ist Sinnbild des Gerechten (TestXII. Zab 3, 2 bezieht Am 2, 6 auf ihn). Darüber hinaus verkörpert er das Ideal der Jungfräulichkeit (TestXII. Rub 4, 9 f.; JosAs 4, 9; 4Makk 2, 2). Vermutlich angestoßen durch den biblischen Bericht über die Träume Josefs sowie seine Fähigkeit zur Traumdeutung (Gen 37; 40 f.) wird Josef auch als Visionär der Geschichte seines Volkes und der Endzeit skizziert (TestXII. Jos 19, 1–10). In TestXII. Jud 25, 1 wird auch Josef im Zusammenhang der eschatologischen Totenauferstehung genannt. Und in der Vision schaut Naftali nach TestXII. Naph 5, 6 f. die Aufnahme Josefs in den Himmel.

3.   Die Patriarchen im Neuen Testament

Eine hermeneutische Kategorisierung und theologische Durchdringung der neutestamentlichen Texte, die auf die vier Vätergestalten Bezug nehmen, erkennt drei Schwerpunkte der Rezeption: „Söhne der Verheißung", „Exempla fidei" und „Der Gott der Lebendigen".

3.1. Söhne der Verheißung

Die genealogischen Beziehungen, in welchen die Patriarchen nach den verschiedenen Zeugnissen des Alten Testaments stehen, sind für das Neue von erheblichem Belang. Mag man auch nur vorsichtig von einem hier wie dort begegnenden Konzept von „Heilsgeschichte" ausgehen, so ist unvoreingenommen festzustellen, daß neutestamentliche Texte an wichtigen Stellen mit dem Hinweis auf die Vorfahren, ihren Zusammenhang und ihre Abfolge argumentieren.

Am sinnfälligsten führen dies die beiden Stammbäume Jesu nach Mt 1 bzw. Lk 3 vor Augen, die man in der Forschung auch in Anlehnung an alttestamentliche, insbesondere priesterschriftliche Texte als „Toledot Jesu" bezeichnet hat. Bekanntlich geht der Stammbaum Mt 1 nach der programmatischen Nennung Jesu Christi als „Sohn Davids Sohn Abrahams"[24] von Abraham aus bis zu Josef und Maria. Die Formulierung lautet jeweils „NN aber zeugte NN". Diese Struktur wird nur geringfügig erweitert in den vv. 2.6.11f.16. Obwohl eine biologische Verbindung Jesu mit Abraham im strengen Sinne nicht erwiesen werden soll – dem steht die jungfräuliche Empfängnis Marias entgegen –, bemüht sich der „Stammbaum" um den Nachweis einer ununterbrochenen genealogischen Kontinuität seit Abraham. Durch den Stammbaum wird Jesus in die heilsgeschichtliche Kontinuität Israels eingebunden. Unterschwellig aber könnte die Nennung der vier ungewöhnlichen Stammütter (Tamar, Rahab, Rut und die Frau des Urija) auch einen Bezug auf die Heidenwelt eintragen.

Der Stammbaum Jesu beim dritten Evangelisten ist anders konstruiert. Er steigt von Jesus, „der für einen Sohn des Josef gehalten wurde" (Lk 3,23),[25] auf, nun aber nicht nur bis zu Abraham, sondern weiter bis in die Urgeschichte zu Adam, „der war Gottes" (3,38). Auch hier werden bekannte Gestalten der Heilsgeschichte genannt und Jesus so in eine geschichtliche Kontinuität eingebunden. Sie ist aber nicht auf Israel beschränkt, sondern gewinnt universale Weite. Man darf sagen, daß der Stammbaum Jesu nach Lukas im Vergleich zu Matthäus viel akzentuierter zum Nachweis der Gottessohnschaft in universaler Perspektive dient.

In der Stephanus-Rede Apg 7 wird ein Überblick über die Geschichte der Patriarchen und des Volkes Israel gegeben, angefangen mit Abraham und endend mit der Erinnerung an Salomos Tempelbau. Die knappe Erwähnung Isaaks und Jakobs in 7,8 hat dabei eine deutlich verbindende Funktion zwischen der vergleichsweise ausführlichen Darstellung der Geschichte Abrahams (7,2–8) und derjenigen Josefs und seiner Brüder (7,9–16), wobei hier aber Jakob als Vater der „Patriarchen" präsent bleibt[26] und sogar sein und seiner Söhne Begräbnis in Sichem (7,16; vgl. Gen 33,19; 50,13) erwähnt wird. Ohne Isaak, Jakob, Josef und seine Brüder wäre die Erfüllung der Verheißung an Abraham undenkbar, von der in Aufnahme von Gen 15,13f. (vgl. Ex 2,24) in 7,6f. und dann in 7,17 wieder die Rede ist und welche die Volkwerdung und den Exodus mit enthält. So werden die Patriarchen durch ihre Existenz zu Garanten der Verwirklichung der Verheißung an Abraham.[27] Darüber hinaus ist Isaak gleichsam Bundeszeichen, denn die an ihm vorgenommene Beschneidung am achten Tag entspricht dem Beschneidungsbund, den Gott Abraham gibt.[28]

Am deutlichsten ist der Gedanke der Patriarchen als Träger und Garanten der Verheißungen in zwei Argumentationsgängen des Paulus, in Röm 9 und Gal 4, ausgearbeitet. Dabei wird nun nicht einfach die Kontinuität der Trägergestalten in der Erinnerung an die biblische Geschichte festgestellt wie in den bisherigen Beispielen, sondern ausdrücklich zum Problem und somit erst der eigenen, abgrenzenden Argumentation dienstbar. Dies geschieht nicht gegen, sondern mit der biblischen Geschichte, die im Falle Abrahams wie Isaaks von zwei Söhnen zu berichten weiß, welche in Konkurrenz miteinander stehen. Während Röm 9 auf beide Beispiele eingeht, beschränkt sich Gal 4 auf die beiden Abrahamssöhne und ihre Mütter. Das überrascht etwas, ist doch im Alten Testament selbst der Konflikt zwischen Esau und Jakob um den Segen des Vaters sehr viel breiter entfaltet als die Konkurrenz zwischen Isaak und Ismael.

Röm 9 stellt das Argumentationsziel, zu dem die Patriarchengestalten bemüht werden, thetisch voran (vv. 6 b–8): „Nicht nämlich alle die, welche aus Israel sind, sind Israel. Und nicht, daß Abrahams Same alle Kinder sind, sondern ‚in Isaak wird dir Same genannt werden'.[29] Das heißt, nicht die Kinder des Fleisches sind Kinder Gottes, sondern die Kinder der Verheißung werden als Same gerechnet."[30] Die Verheißung, die nach v. 4 den Israeliten gehört und nach v. 9 die Sohneszusage an Abraham enthält, ist also eine exklusive und bedingt eine Auswahl innerhalb derer „aus Israel". Das Kind der Verheißung ist im Falle Abrahams der Sara-Sohn, nicht irgendein fleischlicher Nachkomme, auch nicht Ismael, der gar nicht erwähnt wird. Isaak allein ist der von Gott verheißene Sohn; anders formuliert, die Verheißung bleibt je und je neue Zusage Gottes und geht nicht über in die Verfügbarkeit der Menschen. Daß es um diese bleibende Initiative und Souveränität Gottes geht – ein Gedanke, den Paulus um der Legitimierung seiner Botschaft willen benötigt –, sagt vv. 11 f.: „[…] auf daß der Vorsatz Gottes nach Wahl bleibe, nicht aus Werken, sondern von dem, der beruft". Diese programmatische Äußerung umfaßt Paulus' Sicht auf das Heilsgeschehen in Christus wie auf sein eigenes Amt. Sie begegnet aber schon innerhalb des Beispiels der beiden Isaak-Söhne, das insofern anders gelagert ist als das vorausgehende, als der Konflikt hier zwischen den leiblichen Söhnen beider Erzeltern besteht. Das Staunen über diese freie Wahl Gottes bleibt und muß eigens als Erbarmen, nicht als Ungerechtigkeit Gottes (vv. 14–16) herausgearbeitet werden.

Auf das Beispiel Isaaks und seines Halbbruders, dessen Name nicht genannt wird, konzentrieren sich die Ausführungen des Paulus in Gal 4, 21–31. Im Rahmen einer weitgespannten, schon in Kap. 3 Abraham und die an ihn ergangene Verheißung thematisierenden Argumentation, welche die Gerechtigkeit aus Glauben derjenigen aus dem Gesetz gegenüberstellt, erinnert Paulus diejenigen, „welche unter dem Gesetz sein wollen", an die Worte der heiligen Schrift (4, 21): „Es steht nämlich geschrieben …" Die zwei Söhne Abrahams werden antithetisch gegenübergestellt:

(Ismael)	(Isaak)
von der Magd	von der Freien
nach dem Fleisch gezeugt	durch Verheißung

In den vv. 24–27 wenden sich die Ausführungen überraschenderweise nicht den Söhnen zu – ihre Namen sind bis jetzt gar nicht genannt! –, sondern ihren Müttern. Mit Hilfe allegorischer Interpretation werden die Mütter in der biblischen Geschichte auf zwei Bundesschlüsse gedeutet. Wieder wird gegenübergestellt, wobei in dieser sogenannten Synkrisis die zweite Hälfte, das ist wohl zu beachten und theologisch bedeutsam, teilweise nicht ausgeführt wird:

(Hagar)	(Sara)
Bund vom Sinai	[keine explizite Entsprechung]
Hagar = Sinai (Berg in Arabien)	[keine explizite Entsprechung]
jetziges Jerusalem	oberes Jerusalem
Knechtschaft	Freiheit
Hagars Kinder	wir

Was theologisch für Paulus auf dem Spiel steht, ist mit diesem Rekurs auf die Frauen deutlicher geworden: Christusglaube und am Gesetz orientiertes Judentum treten für ihn in Gegensatz. Zwei Bundesschlüsse stehen einander gegenüber, Freiheit steht gegen Knechtschaft.

Nun kann Paulus wieder auf die beiden Söhne zurücklenken. Gewonnen ist, daß jetzt unbefangener und verständlicher von den Kindern Hagars bzw. Saras gesprochen kann und sie auf die Gegenwart bezogen werden können. Isaak und Ismael sind nicht mehr singuläre Gestalten der biblischen Geschichte, sondern schon fast Exempel geworden. V. 28 sagt das bereits programmatisch: „Ihr aber, Brüder, gemäß Isaak seid ihr Kinder der Verheißung", man könnte auch übersetzen: „wie Isaak". Und v. 31 wiederholt dasselbe, nach dem zitierten Schriftwort aus Gen 21,10 nach der Septuaginta, mit anderen Worten: „Deshalb, Brüder, sind wir nicht Kinder der Magd, sondern der Freien." Aus den biblischen Figuren sind Symbole für theologische Prinzipien geworden. Daß „die aus Glauben" Söhne Abrahams sind, hatte schon Gal 3,7 betont. Sachlich ist das gleiche gemeint wie in Gal 4. Andererseits wertet Paulus die Abrahamsverheißung christologisch aus; nach 3,16 zielt sie auf einen, nämlich Christus. Beide Aspekte bzw. Interpretationen der biblisch bezeugten Verheißung werden aber noch im dritten Kapitel zusammengeführt: „Alle nämlich seid ihr Söhne Gottes durch den Glauben in Jesus Christus. Denn welche ihr auf Christus getauft seid, habt Christus angezogen. [...] Wenn ihr aber Christi, seid ihr ja Abrahams Same, Erben gemäß der Verheißung" (3,26 f.29).[31] Paulus geht es in dieser sehr dichten, beziehungsreichen Argumentation darum, aus der biblischen Geschichte um Abraham und unter Verwendung der

Gestalten von Sara, Hagar, Isaak und Ismael das theologische Prinzip von Glauben, Verheißung, Freiheit und Gotteskindschaft herauszuarbeiten. Die genealogisch-geschichtliche Kontinuität wird zwar in gewissem Maße berücksichtigt, allerdings schon mit der Behauptung, die Rede vom „Samen" (Singular!) Abrahams ziele auf Christus, sehr stark begrenzt. Indem er aber dann in Kap. 4 den Sohn der Freien dem der Magd, Sara Hagar, zwei Bundesschlüsse einander gegenüberstellt, macht er deutlich, daß es im Kern nicht um die Betonung einer heilsgeschichtlichen Kontinuität, sondern um die Verdeutlichung einer theologischen Differenzierung geht, die Anhalt an der heiligen Schrift und der in ihr bezeugten Geschichte hat. Die Anwendung auf die Adressaten ist auch im Hinblick auf die Kontroverse in und mit den galatischen Gemeinden notwendig. Sie wird auf zwei Wegen erreicht: einerseits durch eine den Literalsinn transzendierende, eher allegorisch als typologisch zu nennende Deutung des Begriffes der Kindschaft in der biblischen Geschichte,[32] andererseits durch den Gedanken der Verbindung mit Christus, dem Anziehen Christi „im Glauben".

3.2. Exempla fidei

Durch die Gegenüberstellung des „nach dem Fleisch gezeugten" mit dem „verheißenen Sohn" gelangte Paulus zu einer über das Genealogisch-Heilsgeschichtliche hinausgehenden Inanspruchnahme der Vätergestalten. Ismael und Isaak, Esau und Jakob werden zu Beispielen für die freie Wahl Gottes, für Verwerfung und Erwählung. Zudem wird über den Gedanken, daß die Verheißung an Abraham zuletzt auf Christus und die ihm Angehörenden zielt, die gegenwärtige Gemeinde in das Verhältnis der Abrahamskindschaft eingerückt, anders formuliert: Isaak wird zum Platzhalter Christi und der Seinen, ohne daß allerdings dieser Aspekt vertieft würde. Die exemplarische Inanspruchnahme der Vätergestalten ist also bereits deutlich. Bei den bisher unter diesem Aspekt betrachteten Texten wie auch bei denjenigen aus dem Hebräerbrief, die nun in ausgezeichneter Weise für den Beispielcharakter der Patriarchen sprechen, bleibt zu beachten, daß es natürlich nicht gleichgültig ist, welche Personen genannt werden. Es geht nicht um irgendwelche wie gut auch immer passenden Beispiele aus der Vergangenheit, sondern um das beispiel- bzw. meist vorbildhafte Tun der Patriarchen, wie es in der heiligen Schrift der frühen Christen bezeugt ist. Nicht ist zuerst die Sache da, die in einem zweiten Gedankenschritt durch prominente Beispiele verdeutlicht und illustriert wird, sondern zugleich mit der jeweils gemeinten Sache ist die biblische Persönlichkeit präsent, die diese in vollgültiger Weise verkörpert.

Für die exemplarische Verwendung der Vätergestalten ist in erster Linie das berühmte Kapitel über den Glauben (gr.: pistis) Hebr 11 anzuführen, in welchem alle hier in Frage stehenden Personen genannt werden, allerdings nicht alle als eigenes Beispiel des Glaubens begegnen. Argumentationsziel des Kapitels ist es, die Eingangsthese über das Wesen des Glaubens zu bestätigen, vor allem in Hinsicht auf seine Orientierung auf noch eschatologisch zu Vollendendes: „Es ist aber Glaube ein Feststehen bei dem, was man erhofft, ein Beweis für Dinge, die man nicht sieht."[33]

So sind Abraham, Isaak und Jakob nach Hebr 11,9 „Miterben derselben Verheißung". Hier, innerhalb einer längeren Ausführung über den Glauben Abrahams und Saras (11,8–12), interessiert nicht mehr die zeitliche Differenz zwischen den Gestalten,[34] auch nicht mehr ihr genealogischer Zusammenhang – so sicher dieser natürlich vorausgesetzt ist![35] –, sondern ihrer aller Bezogensein auf die noch ausstehende Erfüllung der Verheißung. Was von Abrahams Hoffnung in v. 10 gesagt wird, kann daher auch auf Isaak und Jakob mit bezogen werden: „Er erwartete nämlich die Stadt, welche Fundamente hat, deren Werkmeister und Schöpfer Gott ist." Die Vorstellung einer himmlischen und zugleich – für die Gestalten des Alten Testaments – zukünftigen Stadt ist wie selbstverständlich vorausgesetzt, die nomadenhafte Existenz der Patriarchen wird interpretiert als Ausdruck dieser eschatologischen Erwartung.

Diese eschatologische Existenz bestimmt auch die weiteren Glaubensbeispiele. Dabei wird im zweiten Abrahamsbeispiel (11,17–20) nicht übersehen, daß Isaak als „eingeborener Sohn" das sichtbare Unterpfand der Erfüllung der Verheißung ist, wenn von Abraham gesagt wird: „Er brachte den Eingeborenen dar, er, der die Verheißungen empfangen hat" (es folgt das schon bekannte Zitat aus Gen 21,12 nach der Septuaginta).[36] Der eschatologische Aspekt des Beispiels wird dann in v. 19 deutlich herausgearbeitet: „Er rechnete damit, daß Gott auch fähig ist, von den Toten zu erwecken, und zum Gleichnis erlangte er ihn wieder." Daß Isaak am Leben bleibt, wird zum Gleichnis für die zukünftige Auferweckung von den Toten.[37] Die Pointe liegt auch hier darin, daß sich am Verhalten und Handeln der Patriarchen ihre Erwartung des Künftigen bereits ablesen läßt. Indem Abraham den Verheißungsträger „im Glauben" hingibt, gibt er Zeugnis von seiner Hoffnung auf eschatologische Totenerweckung, ohne welche dieses Handeln als völlig absurd und unverständlich angesehen werden müßte.

Von Isaak als Glaubenszeugen wird dann in v. 20 allgemeiner seine Orientierung auf das Künftige hin ausgesagt: Sein Segen für Jakob und Esau geschieht „über die künftigen Dinge", ohne daß dies weiter spezifiziert würde. Und das Motiv des Segens (diesmal für Efraim und Manasse) wird in v. 21 in bezug auf Jakob aufgenommen. Der merkwürdige Hinweis auf Jakobs Tod ist mehr als eine Situationsangabe; der Stab, über den sich

Jakob beugt, ist für den Verfasser kaum Ausdruck der Altersschwäche, sondern Symbol der Glaubenswanderschaft (vgl. Gen 32,11). Im Josef-Beispiel v. 22 ist der eschatologische, über die heilsgeschichtliche Perspektive des Alten Testaments hinausweisende Aspekt höchstens angedeutet, indem von Künftigem gesprochen wird. Mit der Weissagung des Exodus und der Weisung über seine Gebeine erinnert der Text primär an die biblischen Aussagen in Gen 50, 24 f.

Unter welchem Aspekt der Verfasser alle Glaubensbeispiele und damit auch die Erwähnung der Patriarchengestalten in Kap. 11 verstanden wissen will, formuliert er abschließend in vv. 39 f.: „Und diese alle, bezeugt durch den Glauben, erlangten nicht die Verheißung [d. h. das Verheißene], da Gott für uns etwas Besseres vorgesehen hatte, auf daß sie nicht ohne uns vollendet würden." Das wesentlich Unabgeschlossene und Unerfüllte der Hoffnung der Patriarchen ist also das eigentliche Argumentationsziel des Kapitels über den Glauben, die Vollendung ist erst mit dem im Hebräerbrief ja breit entfalteten, wesentlich himmlischen Christusgeschehen erreicht. Damit werden die herausragenden Gestalten der israelitisch-jüdischen Geschichte zu Zeugen dieser erst in Christus erfüllten Hoffnung. Wesentlich – und exemplarisch – für ihre Existenz ist diese Offenheit, das Bezogensein auf eine von Gott ermöglichte und gewirkte Zukunft.

Vor diesem Hintergrund ist es auch plausibel, daß der Verfasser im folgenden Kapitel den in 11, 20 nur eben erwähnten und nicht bewerteten Esau zum Negativbeispiel erwählt. Dabei dürfte sehr wohl noch im Blick sein, daß nach 11, 20 Esau bereits (wirklich) gesegnet wurde. Hier im zwölften Kapitel dient Esau als anschauliches und abschreckendes Beispiel dafür, daß das Heil unwiderruflich verspielt werden kann. Esau ist dabei nicht alttestamentliche Vorabbildung tatsächlichen späteren Geschehens und insofern kein Typos im engeren Sinne. Denn es geht ja nicht darum, einen totalen und unwiderbringlichen Heilsverlust zu konstatieren; dann wäre jede Mahnung zwecklos. Vielmehr geht es gerade um Paränese, um Warnung. Der von Esau durch den Verkauf des Erstgeburtsrechtes verspielte Segen[38] ist dabei Platzhalter für das eschatologische Heil, von dem im elften Kapitel wiederholt in Andeutungen die Rede war. Insofern ist Esau das genaue Gegenbeispiel zu den Glaubenszeugen von Kap. 11, obwohl an dieser Stelle vom Glauben gar nicht explizit gesprochen wird. Während jene ihre Existenz auf das nicht Vorfindliche und Zukünftige ausrichteten, im Sinne der Bestimmung von 11, 1 also eine gläubige Existenz führten, gibt dieser für eine vor Augen liegende Sache, eine Speise, seine Erstgeburt hin. Die aus der jüdischen Tradition übernommene religiöse und moralische Disqualifizierung Esaus als „Unzüchtiger und Gottloser"[39] steht dabei nicht im Gegensatz zu dem späteren – und zu späten – ernsthaften Bemühen um das Erlangen des Segenserbes. Es wird nicht gesagt, daß dieses

Verlangen unernst oder unstatthaft sei. Die Pointe liegt darauf, daß es zu spät kommt, daß eine unwiderbringliche Chance versäumt wurde, die Existenz auf Künftiges und nicht Sichtbares auszurichten. Esau ist Negativbeispiel des Glaubens.

3.3. Der Gott der Lebendigen

Zeigte bereits die Inanspruchnahme der Patriarchengestalten als – positive oder negative – exempla fidei in den neutestamentlichen Schriften eine mehr oder weniger deutlich ausgesprochene eschatologische Akzentuierung, so gehen diejenigen Passagen aus den drei ersten Evangelien weiter, welche die Patriarchen als Lebende vorstellen, also ihre fortdauernde Existenz behaupten. Dies geschieht in zwei Quellenschichten.

Aus der Spruchquelle Q stammt zum einen nach Ansicht der meisten Exegeten das Wort Mt 8,11 par Lk 13,28, das bei den beiden Evangelisten in sehr unterschiedlichen Zusammenhängen und auch in abweichender Formulierung begegnet. Der erste Evangelist baut das Wort Jesu in die Perikope vom Hauptmann von Kafarnaum ein und formuliert deren Pointe neu: „Ich sage euch aber, daß viele von Osten und Westen kommen werden und mit Abraham und Isaak und Jakob in der Königsherrschaft der Himmel zu Tisch liegen werden, aber die Kinder der Königsherrschaft werden hinausgestoßen werden in die äußerste Finsternis; da wird Heulen und Zähneklappern sein." Die drei Patriarchen werden als Teilnehmer an der transzendenten und eschatologischen Mahlgemeinschaft mit Gott vorgestellt.

Zum anderen wird in der sogenannten Sadduzäer-Frage nach der Auferstehung der Toten (Mk 12,18–27 parr Mt 22,23–33; Lk 20,27–38) das Schriftzitat Ex 3,6, welches die Selbstvorstellung Gottes vor Mose am Dornbusch als „Gott Abrahams, Isaaks und Jakobs" enthält, von Jesus im Sinne der Auferstehung von den Toten gedeutet, während die für den Pentateuch-Text zentrale neue Selbstidentifikation Gottes kein eigenes Interesse findet: Indem sich Gott gegenüber Mose als Gott der drei Patriarchen zu verstehen gibt,[40] so der Schluß, werden diese als zur Zeit des Mose (bei Gott) Lebende gedacht. Denn „Gott ist nicht ein Gott der Toten, sondern der Lebendigen"; es ist undenkbar, so der Kern des Arguments, daß sich Gott als ein Gott längst Verstorbener vorstellt. Nicht zwangsläufig mit diesem Schriftargument mitgegeben, aber vor dem Hintergrund des Kontextes sowie der besonderen Prägung urchristlich-eschatologischer Hoffnung verständlich ist die Tatsache, daß die Fortexistenz der Patriarchen ohne nähere Begründung im Sinne der Auferstehung von den Toten gedeutet wird. Die Transzendierung der Todesgrenze ist wie selbstverständlich in der Richtung dieser apokalyptischen Hoffnung gedacht.

4. Ausblick

Die Inanspruchnahme der Patriarchengestalten Isaak, Jakob, Esau und
Josef im Neuen Testament ist als ein Beispiel für den frühchristlichen Umgang mit seiner heiligen Schrift zu verstehen. Wie jede interessegeleitete
und lebendige Rezeption überlieferter Traditionen stehen auch die neutestamentlichen Schriften dabei in der Spannung zwischen Treue gegenüber
dem Vorgegebenen und dem gestalterischen Bemühen um das eigene theologische Anliegen. Abgekürzt formuliert läßt sich feststellen: Das Neue
Testament erzählt nicht über die Patriarchen, sondern es predigt mit ihnen.
Zwar läßt sich erkennen, daß die frühchristlichen Autoren von Traditionen
jüdischer Haggada über die Patriarchen nicht unberührt geblieben sein
dürften oder daß zumindest kaum zufällige parallele Entwicklungen in
jüdischen wie christlichen Aussagen über die Väter zu beobachten sind.
Doch wird haggadische Lebendigkeit und Fantasie, ein Verweilen bei den
Gestalten oder gar ein biographisches Interesse nirgends sichtbar. Isaak,
Jakob, Esau und Josef führen im Neuen Testament kein Eigenleben.

Ihre Inanspruchnahme ist geprägt durch zwei hermeneutische Grund-
einstellungen, die im Neuen Testament kaum eigens reflektiert werden.[41]
Zum einen ist die Anführung der Väter in den aufgezeigten Perspektiven
nicht vorstellbar ohne das Bewußtsein, daß mit dem Christus-Ereignis die
eigene Zeit eine besondere, durchaus als eschatologisch zu bezeichnende
Qualifikation gewonnen hat. Geschichte, auch Heilsgeschichte, ist nicht ein
Pfeil unbekannter Länge, sondern zielt vom Vergangenen auf die Gegenwart. Exemplarisch, typologisch oder allegorisch weisen die Väter auf die
gegenwärtige Zeit, die bestimmt ist durch das Bezeugen und Interpretieren
des Christus-Geschehens, das Wirken des Geistes und die Erwartung der
zweiten Parusie. Die Väter sind nicht vergangen, sondern in dem einen
oder anderen Modus gegenwärtig. Und selbst da, wo die neutestamentlichen Texte auf die zukünftig-eschatologische Mahlgemeinschaft mit Abraham, Isaak und Jakob in der Königsherrschaft Gottes blicken, ist natürlich
ein Bezug zur Gegenwart (der Rede Jesu oder der Leser bzw. der Leserin
des Textes) intendiert, sei es richtend, sei es mahnend.

Umgekehrt ist es jedoch auch nicht irgendeine Vergangenheit, die exemplarisch im Neuen Testament evoziert wird. Daß nirgends z. B. tugendhafte
Gestalten aus der Überlieferung des paganen Umfelds genannt werden,
hat seinen sachlichen Grund darin, daß bei der Anführung beispielhafter
Gestalten nicht Tugendlehre o. ä. bestimmend ist, sondern Glaubensunter-
weisung. Die Väter sind primär von theologischem Interesse. Das Punktu-
elle und Exemplarische der Nennung der Patriarchen kann zwar den
Schluß nahelegen, der biblisch-geschichtliche Zusammenhang sei ohne Relevanz für die ersten Christen, zumal wenn manche Schriftexegese für den

modernen Betrachter am Sinn des biblischen Textes vorbeigeht. Doch wäre nichts verfehlter, als eine solche Entgeschichtlichung des Glaubens der ersten Christen anzunehmen, und nichts unberechtigter, als auf eine solche Annahme gestützt im eigenen Nachdenken um den theologischen Zusammenhang von Altem und Neuem Testament nachzulassen. Die ersten Christen verstanden sich sehr wohl in einer geschichtlichen Kontinuität zu den Patriarchen, die ihrerseits in der Komposition der Genesis Ur- und Volksgeschichte miteinander verbinden. Selbst der genealogische Zusammenhang ist nicht ganz irrelevant, wenn er auch ins Universale geweitet und vor allem christologisch fokussiert erscheint. Während die Patriarchenerzählungen der Genesis selbst noch ein Ringen verschiedener Überlieferungsschichten um die Identität, nicht bloß den Namen, Gottes durchscheinen lassen, steht die Identität Gottes für die frühjüdische wie erste christliche Überlieferung außer Frage. Das frühe Christentum war überzeugt, den gleichen Gott anzurufen wie die Patriarchen; man hoffte, einst den gleichen Gott zu schauen wie sie. Die Identität Gottes ist jedoch keine bloß dogmatisch postulierte, sondern eine geschichtlich entwickelte und gefüllte. Indem man in die heilige Schrift und auch auf die Patriarchen schaut, wehrt man der Gefahr, ein abstraktes Gottesprinzip zu bilden und die eigene traditionsgeprägte Identität zu verlieren. Dieser Vorgang ist nicht im Sinne eines Schriftprinzips mißzuverstehen, das Lebens- und Glaubensweisung aus einem vorgegebenen oder vorgesetzten heiligen Buch entwikkeln zu sollen meint. Vielmehr steht das erste Christentum hier in einer organischen Verbindung mit den biblischen Traditionen und nimmt an der frühjüdischen Schriftrezeption und -interpretation teil. Wird auch dem Betrachter erkennbar, daß die Schriftbenutzung schon ab dem ersten Jahrhundert Judentum und entstehendes Christentum zunehmend unterschied,[42] daß die Zielpunkte der in der heiligen Schrift bezeugten Geschichte Gottes mehr und mehr unterschiedlich wahrgenommen wurden, ist historisch zugleich festzuhalten, daß mit dieser Beobachtung keine Aussage über das Bewußtsein der ersten Christen im Verhältnis zu ihrer biblisch-jüdischen Tradition getroffen ist. Eine Analyse der Identitätsfindung des Frühchristentums und der Trennungsprozesse zwischen Synagoge und Kirche wird die Frage nach der Selbstwahrnehmung im Verhältnis zur Tradition der an den geschichtlichen Abläufen Beteiligten ebenso stellen müssen wie ein in gegenwärtiger theologischer Verantwortung stehender interreligiöser Dialog.[43] Der innerchristlichen Diskussion um gesamtbiblische Theologie ist die spannungsreiche Einheit von Traditionstreue und Wahrnehmung der neuen Glaubenserfahrung, wie sie sich im Neuen Testament beobachten läßt, ein lehrreiches Gegenüber.

Anmerkungen

[1] Nach Mt 8,11 und Lk 13,28 liegen die drei Patriarchen Abraham, Isaak und Jakob in der „Königsherrschaft Gottes bzw. der Himmel" zu Tisch. Hebr 11,9 spricht vom Zelten der drei Patriarchen im „Land der Verheißung". Diskutiert wird, ob damit, den alttestamentlichen Bezugstexten gemäß, das verheißene Land gemeint ist oder, so in größerer Übereinstimmung mit der Argumentationsabsicht von Hebr 11, das Land, in welchem sie die Verheißung bzw., noch einmal anders, das Verheißene erwarten. Auch wurde vorgeschlagen, darunter das „Land, in welches ihn die Verheißung wies" zu verstehen; das erscheint mir jedoch weniger wahrscheinlich.

[2] In der jüdischen Tradition spricht man nicht von der „Opferung", sondern der „Bindung" (hebr. ʿaqedāh; vgl. Gen 22,9) Isaaks, was jedoch kein Präjudiz hinsichtlich der Interpretation des Geschehens darstellt.

[3] Hinter Röm 8,32 wird eine weitere Anspielung auf die Bindung Isaaks vermutet, auch wenn Namen nicht genannt werden.

[4] In Lk 3 sogar einschließlich der Nennung Judas als Repräsentanten seiner Brüder!

[5] Nach Jos 24 kaufte Jakob das Stück nicht von Hamor selbst, sondern von den „Söhnen Hamors".

[6] Im Neuen Testament vgl. noch den Hinweis auf die Tradition in Apg 7,15f.

[7] Ob „von Israel" in Röm 9,6 „von Jakob" meint, ist zu erwägen.

[8] In LibAnt 32,5 wird das Zitat ergänzt: „wegen seiner Werke".

[9] Die Veränderung dürfte durch eine andere Vokalisation des Konsonantentextes entstanden sein.

[10] Die Darstellung konzentriert sich dabei auf die jüdische Literatur der Zeit des Zweiten Tempels.

[11] Eine Haltung, die Isaak nach Jub 35,13 ausdrücklich revidiert.

[12] Hierauf dürfte Jdt 8,26 mit der Rede von der Versuchung Isaaks anspielen.

[13] Diese Passagen werden im Abschnitt zu Jakob nicht mehr eigens genannt.

[14] Das Werk des Philo über Isaak (ebenso wie das über Jakob) ist verlorengegangen; von ihrer Existenz zeugt die Vorrede zu De Josepho (Jos 1).

[15] Daß Isaak nach TestXII. Naph 5,2 in einer Vision erscheint, wird man hingegen nicht im Sinne einer eschatologischen Aussage deuten dürfen.

[16] Auf diese Episode dürfte im Neuen Testament Joh 1,51 anspielen. Ob bereits v.47 mit der Bezeichnung „Israelit" indirekt auf Jakob als „einer, der Gott sieht" deutet, wird diskutiert.

[17] Vgl. als bekanntes Beispiel im Pentateuch außerhalb der Genesis den Bileam-Spruch Num 24,17–19, aufgenommen z. B. in TestXII.Jud 24,1ff. (vgl. TestXII. Lev 18,3); CD 7,19; oft in Qumran, z. B. 1QM 11,6f.; 4QTest 9–12. – Zur Symbolisierung des Nordreichs durch Jakob s. sogleich, sowie Mich 1,5.

[18] Es verarbeitet u. a. die Jakobssegen in Gen 48f.

[19] Es scheint sich hierbei um eine insbesondere im ägyptischen Judentum wie auch im Christentum verbreitete etymologische Deutung zu handeln. Vielleicht bestehen Verbindungen zur frühjüdischen Tradition vom himmlischen Thronwagen, der mærkābāh.

[20] Zum Bezug auf das Land Seïr vgl. noch Gen 33,14–16; 36,6; Dtn 2,2–8; Jos 24,4.

[21] Weitere, weit hergeholte Herleitungsversuche finden sich bei Philo von Alexandrien, vgl. Sacr 17; Congr 61; Fug 39.42.

[22] Das schon genannte, fragmentarisch erhaltene Gebet Josefs belegt den Namen des Patriarchen nicht, dürfte aber im zweiten Teil eine Anrede Jakobs an Josef sein.

[23] Ein negatives Josef-Bild findet sich dagegen im hebräischen TestXII. Naph und in TestXII. Gad 1,6–9 gezeichnet.

[24] Die Formulierung dürfte so zu interpretieren sein, daß Jesus Christus zugleich als Sohn Davids und Sohn Abrahams vorgestellt wird.

[25] Auch hier ist also im Sinne der jungfräulichen Empfängnis ein Vorbehalt impliziert.

[26] Er ist ja auch in die Josefsgeschichte verwickelt.

[27] Ismael wird dabei so wenig erwähnt wie Esau. Wie anders kann Hebr 11,20 vom Segen Isaaks für Jakob und Esau sprechen! Das ist jedoch nicht naive Unbefangenheit im Umgang mit Gen 27, sondern für die Argumentation mit dem negativen Beispiel Esaus im folgenden zwölften Kapitel die Voraussetzung.

[28] Der Begriff des Bundes begegnet nur hier in der Stephanus-Rede und innerhalb der Apg sonst nur noch in 3,25.

[29] Hierbei handelt es sich um ein Zitat von Gen 21,12 nach der Septuaginta.

[30] Wie die Formulierung deutlich macht, kommt es für Paulus darauf an, was „Same" (gr.: sperma) Abrahams genannt werden kann. Darum ist die revidierte Luther-Übersetzung von v.7 abzulehnen, die das logische Verhältnis der Begriffe „Kinder" und „Nachkommenschaft [= Same]" umdreht, wenn sie formuliert: „auch nicht alle, die Abrahams Nachkommen sind, sind darum seine Kinder".

[31] Der Begriff des Erbens wird im vierten Kapitel in den vv. 1.7 aufgenommen.

[32] Paulus würde wohl nicht formulieren: „Wir sind Isaaks Brüder." Vgl. dagegen Hebr 2,10ff.: Die Gläubigen als Kinder Gottes sind Jesu Brüder.

[33] Übersetzung nach E. Gräßer, An die Hebräer. 3. Teilband: Hebr 10,19–13,25, EKK 17/3, Zürich/Neukirchen-Vluyn 1997, 92.

[34] Durch den Begriff des „Miterbens" (gr.: syn-klēronomos) wird eine solche Differenz, so scheint es, vielmehr ausdrücklich nivelliert!

[35] Die Nennung der drei Gestalten zusammen ist ja ihrerseits keine Erfindung des Hebr, sondern längst traditionell geworden.

[36] Insofern könnte man diese Passage auch unter „3.1. Söhne der Verheißung" nennen.

[37] Nicht ohne Anhalt an der jüdischen Tradition und der Formulierung des griechischen Textes selbst ist jedoch auch die Vermutung, daß der Verfasser die Tötung Isaaks als tatsächlich ausgeführt betrachtet.

[38] Die Rezeption zieht die Esauperikopen Gen 25.27 zusammen.

[39] Es ist nicht ganz sicher, ob beide Begriffe auf Esau zu beziehen sind; mir scheint es aber die wahrscheinlichste Interpretation zu sein.

[40] Bei Lk (vgl. 20,37) ist nicht die Schrift (so Mk; vgl. 12,26) oder Gott selbst (so Mt; vgl. 22,31, wobei die Tatsache, daß es sich um ein Schriftwort handelt, ebenso präsent ist) Urheber und Autorität der Aussage und damit des Arguments, sondern Mose, hier nennt er den Herrn (d. i. Gott) den Gott Abrahams, Isaaks und Jakobs. Die Schrift wird als Autorität gar nicht erwähnt!

[41] Am ehesten ist eine solche Reflexion auf die Grundlage der Schriftbenutzung in Hebr und in 1Kor 10 zu bemerken, vgl. hierzu meine Überlegungen: „Heute, wenn ihr seine Stimme hört ..." Zur Kunst der Schriftanwendung im Hebräerbrief und in 1Kor 10, in: M. Hengel/H. Löhr (edd.), Schriftauslegung im antiken Judentum und im Urchristentum, WUNT 73, Tübingen 1994, 226–248.

[42] Es ist jedoch festzuhalten, daß die ersten Christen keine methodisch oder prinzipiell neue Schriftauslegung schufen, sondern eher bestimmten Ausprägungen jüdischer Schriftauslegung den Vorzug gaben. Vgl. D. I. Brewer, Techniques and Assumptions in Jewish Exegesis before 70 CE, TSAJ 30, Tübingen 1992.

[43] Es ist daran zu erinnern, daß einzelne Patriarchengestalten auch in der islamischen Tradition eine bedeutende Rolle spielen.

Literatur (in Auswahl)

Neben den einschlägigen wissenschaftlichen Text- und Übersetzungsausgaben samt ihren Indices, Kommentaren zu den biblischen Büchern und Wörterbuchartikeln seien besonders genannt:
Bert Dicou, Jakob en Esau, Israël en Edom. Israël tegenover de volken in de verhalen over Jakob en Esau in Genesis en in de grote profetieën over Edom, Voorburg 1990. – Harm W. Hollander, The Portrayal of Joseph in Hellenistic Jewish and Early Christian Literature, in: M. E. Stone/T. A. Bergren (edd.), Biblical Figures outside the Bible, Harrisburg 1998, 237–263. – Dietrich-Alex Koch, Die Schrift als Zeuge des Evangeliums. Untersuchungen zur Verwendung und zum Verständnis der Schrift bei Paulus, BHTh 69, Tübingen 1986. – Roger Le Déaut, La nuit pascale. Essai sur la signification de la Pâque juive à partir du Targum d'Exode XII 42, AnBib 22, Rom 1963. – Hermut Löhr, Umkehr und Sünde im Hebräerbrief, BZNW 73, Berlin–New York 1994. – Victor Maag, Jakob – Esau – Edom, in: ders., Kultur, Kulturkontakt und Religion, edd. H. H. Schmid/O. H. Steck, Göttingen–Zürich 1980, 99–110. – Marc Philonenko, Deux horoscopes qoumrâniens: Identification des personnages, RHPhR 65, 1985, 61–66. – Christian Rose, Die Wolke der Zeugen. Eine exegetisch-traditionsgeschichtliche Untersuchung zu Hebräer 10,32–12,3, WUNT 2. Reihe 60, Tübingen 1994. – Herbert Schmid, Die Gestalt des Isaak. Ihr Verhältnis zur Abraham- und Jakobtradition, EdF 274, Darmstadt 1991. – Edmund Stein, Philo und der Midrasch. Philos Schilderung der Gestalten des Pentateuch verglichen mit der des Midrasch, BZAW 57, Gießen 1931. – Roger Syrén, The Forsaken First-Born. A Study of a Recurrent Motif in the Patriarchal Narratives, JSOT. S 133, Sheffield 1993.

Die Erzmütter: Sara und Hagar, Rebekka, Rahel*

Von Marianne Grohmann

1. Einleitung

Die „Erzmütter" oder „Matriarchinnen", die im allgemeinen weniger im Mittelpunkt theologischer Interessen als die „Erzväter" oder „Patriarchen" stehen, sollen Gegenstand dieses Aufsatzes sein.[1] Von den vier Erzmüttern des AT – Sara, der Frau Abrahams, Rebekka, der Frau Isaaks, Rahel und Lea, den Frauen Jakobs – kommen im NT nur drei vor: Sara in Röm 4,19; 9,6–9; Hebr 11,11; 1Petr 3,6, Rebekka in Röm 9,10–13 und Rahel in Mt 2,18; außerdem soll Saras Magd Hagar, die Mutter Ismaels, hier behandelt werden, da sie in Gal 4,21–31 Sara gegenübergestellt wird. Die vierte Erzmutter des AT, Lea, bleibt im folgenden ausgeklammert, da sie im NT nicht erwähnt wird.

Im AT sind uns von den Erzmüttern einerseits in der Priesterschrift genealogische Notizen über Geburt, Lebenszeit, Tod etc. und andererseits ausführliche ältere Erzählungen überliefert. Wir erfahren von ihnen v. a. im Rahmen der „Erzelternerzählungen"[2] Gen 12–36.[3] In diesen Texten sind die Lebensgeschichten der Erzeltern eng mit der Entstehung des Volkes Israel verbunden: Volksgeschichte wird als Familiengeschichte erzählt (vgl. Fischer, Gottesstreiterinnen 19). Außerhalb der Genesis gibt es nur vereinzelte Erwähnungen der Erzmütter: Sara in Jes 51,1b–2a und Rahel in 1Sam 10,2; Jer 31,15; Rut 4,11.

In der frühjüdischen Literatur gibt es sowohl ausschmückende, deutende Erzählungen als auch knappe Zusammenfassungen der biblischen Stoffe zu den Erzmüttern. Die rabbinischen Erzählungen und Interpretationen finden sich v. a. im Bereich der Aggada. Alle Erzmütter gelten als Prophetinnen (nᵉbî'ôt): Nach dem Talmud (bMeg 14a) ist Sara neben Mirjam, Debora, Hanna, Abigajil, Hulda und Ester eine der sieben Prophetinnen; und im Midrasch (BerR 67,9) gelten alle vier 'immahôt („Mütter") als Prophetinnen. Aus der Fülle des Materials kann hier nur eine Auswahl gebracht werden.[4]

Für die neutestamentliche Rezeption sind v. a. die Traditionen aus dem AT und aus der frühjüdischen Literatur relevant, die mit den Themen

---

* Für kritische Lektüre und anregende Diskussion danke ich Dörte Lücke und Kathrin Ritter.

Nachkommenverheißung und Geburt zu tun haben. Im folgenden sollen
daher v. a. Texte zu diesen Bereichen behandelt werden, und die alttestamentliche und frühjüdische Darstellung von Sara und Hagar, Rebekka und
Rahel ihrer Rezeption im NT gegenübergestellt werden.

2. Die Erzmütter im Alten Testament und im frühen Judentum

2.1. Sara

„Und Sara war unfruchtbar, sie hatte kein Kind" (Gen 11,30) ist die erste
Aussage der Gen über Sara. Sie zieht mit ihrer Verwandtschaft aus Ur in
Chaldäa über Haran ins Land Kanaan (Gen 11,31; 12,5). In der priester-
schriftlichen Bundeserzählung wird Sara in Gen 17,15–21 in die Verhei-
ßung Gottes an Abraham eingebunden: Gott trägt Abraham auf, Sarai in
Sara (Fürstin) umzubenennen. „Und ich werde sie segnen und dir auch von
ihr einen Sohn geben und sie segnen, und sie soll zu Völkern werden, Könige
von Völkern werden von ihr kommen" (Gen 17,15). „Gott sprach: Aber
Sara, deine Frau, wird dir einen Sohn gebären, und du sollst seinen Namen
Isaak nennen, und ich werde meinen Bund mit ihm schließen, einen ewigen
Bund, für seine Nachkommenschaft (l^{e}zar^{c}ô) nach ihm" (Gen 17,19).
     Der Name jiṣḥaq (Isaak) leitet sich vom ungläubigen Lachen (ṣḥq) sei-
ner Eltern her: „Abraham fiel auf sein Gesicht nieder und lachte und
sprach in seinem Herzen: Soll einem Hundertjährigen noch ein Sohn geboren werden und Sara, die 90 Jahre alt ist, noch gebären?" (Gen 17,17).
In der älteren Variante der Geburtsankündigung Gen 18,9–16a ist es das
Lachen der Sara, das dem Sohn seinen Namen gibt: „Abraham und Sara
waren alt und hochbetagt, und Sara ging es nicht mehr nach Art der Frau-
en. Da lachte Sara bei sich und dachte: Nachdem ich verbraucht bin, soll
ich noch Liebeslust ('æḏnāh^5) erfahren, und mein Herr ist alt"
(Gen 18,11f.). Gen 18,9–16a liegt eine ältere Form der Sohnverheißung
zugrunde, die an Sara gerichtet ist.
     Sara ergreift selbst die Initiative zur Veränderung ihrer Situation der
Kinderlosigkeit, indem sie Abraham ihre persönliche Sklavin Hagar gibt,
in der Hoffnung, durch sie „auferbaut zu werden" bzw. „einen Sohn zu
bekommen" (Gen 16,2).[6] Dieses stellvertretende Gebären der Sklavin für
die Ehefrau war im Alten Vorderen Orient durchaus verbreitete Praxis,[7]
scheitert aber durch Saras Unterdrückung der Hagar und deren Flucht
(Gen 16,6).
     Bei Sara wird das Wunder der Verheißung im Vergleich zu den anderen
Erzmüttern am größten dargestellt, sie ist bei der Geburt ihres Sohnes
Isaak schon weit über das Alter der Gebärfähigkeit hinaus. „Sara wurde

schwanger und gebar dem Abraham in seinem Alter einen Sohn, zu der Zeit, die Gott ihm gesagt hatte. Und Abraham rief den Namen seines ihm geborenen Sohnes, den ihm Sara geboren hatte, Isaak" (Gen 21,1 f.).

Der einzige Beleg für Sara im AT außerhalb der Genesis ist Jes 51,1 b–2 a: „Schaut auf den Fels, aus dem ihr gehauen seid, auf die Höhlung des Brunnens, aus dem ihr gegraben seid. Schaut auf Abraham, euren Vater, und auf Sara, die euch unter Wehen geboren hat." Hier werden Abraham und Sara auf gleicher Ebene genannt, Sara wird in Parallele zu Abraham als positives Vorbild gezeigt. Mit diesen Trostworten erinnert Deutero-Jesaja das jüdische Volk im Exil an das segnende Handeln Gottes.

Die frühjüdische Literatur beschäftigt sich ausführlich mit der Preisgabe der Sara an den Pharao (Gen 12,10–20; vgl. die Parallelerzählung Gen 20): Häufig auftretende Elemente sind die ausführliche Beschreibung von Saras Schönheit,[8] das Eingreifen Gottes, das verhindert, daß sich der Pharao Sara nähert und sie „erkennt" (1QGenAp 20; Jub 13,13–15; Jos. Ant 1,164), und die Übergabe der Hagar als Geschenk des Pharaos (BerR 45,1). Philo erklärt die Spannung zwischen der Unfruchtbarkeit der Sara und ihrer Fruchtbarkeit als Stammutter des jüdischen Volkes so, daß er Sara allegorisch als Inbegriff der Tugend sieht, die unfruchtbar ist, Böses zu gebären (Congr 3–4). In der rabbinischen Literatur wird Saras Gabe der Prophetie und ihre Schönheit mit Belegstellen aus der Genesis begründet, Sara wird mit Jiska, der Nichte Abrahams (Gen 11,29), identifiziert: Dieser Name, der auf der Wurzel skh beruht, wird auf zweifache Weise gedeutet: Sara bzw. Jiska „sah (sak^etāh) den Heiligen Geist" (bMeg 14 a), d. h., sie hatte visionäre Gaben. „Und Abram hörte auf Sarais Stimme" (Gen 16,2) wird gedeutet als „auf die Stimme des Heiligen Geistes" (BerR 45,2), d. h., durch Saras Stimme spricht der Heilige Geist. Nach einer anderen Auslegung (bMeg 14 a) bedeutet der Name Jiska, „daß alle ihre Schönheit anschauen" (sôk̲în). Gen 12,5 wird so ausgelegt, daß bei ihrem Aufenthalt in Haran Abraham die Männer und Sara die Frauen bekehrte. Die Veränderung ihres Namens von Sarai (Fürstin ihres eigenen Volkes) zu Sara bedeutet, daß sie von da an Fürstin für alle Menschen war (BerR 47,1). Die Unfruchtbarkeit der Sara wird bei den Rabbinen dramatisch dargestellt.[9] Sara war ursprünglich unfruchtbar, aber nachdem ihr Name von Sarai zu Sara geändert wurde, geschah ihr ein Wunder, und ihre Jugend wurde wiederhergestellt (BerR 47,2). Sie gilt als ṣadæqæt̲, „Gerechte" (BerR 45,9). Sara wird von den Rabbinen als vorbildliche jüdische Frau dargestellt, die ihren Mann ehrt.[10] Während ihres ganzen Lebens waren die Türen von Saras Haus in Gastfreundschaft offen. Ihr Teig vermehrte sich auf wunderbare Weise. Von Freitag abend bis Freitag abend brannte bei ihr ein Licht, und die Wolke (der sch^ek̲înāh, der „göttlichen Einwohnung") ruhte auf ihrem Zelt (BerR 60,16).

2.2. Hagar

Hagar kommt sowohl im AT als auch im Frühjudentum meistens in Zusammenhang mit Sara vor. Im AT tritt sie in den zwei Parallelerzählungen Gen 16 und 21 und in einer genealogischen Notiz Gen 25,12 auf. Die Bezeichnung für Hagar als Saras Sklavin ist in Gen 16,1–3.5 f.8 schiphḥāh und in Gen 21,10.12 f. ʾāmāh.[11] Sie ist Ägypterin (Gen 16,1).

In Gen 16 wird der Streit der beiden Frauen dadurch ausgelöst, daß Hagar Sara „gering achtet" (Gen 16,4), weil sie selbst schwanger ist. Hagar steht im Spannungsfeld zwischen Bedrückung und Befreiung: Die Bedrückung der Hagar durch Sara wird dreimal mit derselben Wurzel ʿnh ausgedrückt: „Als Sarai sie bedrückte (watᵉʿannæha), floh sie vor ihr" (v. 6); „beuge dich (wᵉhiṯʿannî) unter ihre Hand" (v. 9); „Gott hat deine Bedrückung (ʿŏnjeḵ) gehört" (v. 11). Andererseits ist Hagar die einzige Frau der Genesis, die eine Nachkommensverheißung (zarʿeḵ Gen 16,10) empfängt. Ihr wird die Namengebung für den Sohn aufgetragen, den sie nach ihrer Erfahrung jischmaʿel (Gott hört) nennen soll, weil Gott ihre Bedrückung hört (Gen 16,11). Die alten Ätiologien eines Gottesnamens – ʾel roʾî („Gott meines Sehens", Gen 16,13) – und eines Brunnens – bᵉʾer laḥaj roʾî („Brunnen des Lebendigen, der mich sieht" Gen 16,14) – sind mit ihrer Gottesbegegnung verbunden. Hagar ist die Mutter von Abrahams erstgeborenem Sohn Ismael (Gen 16,15).

In Gen 21,8–21 ist der Konflikt um das rechtmäßige Erbe Ausgangspunkt für die Vertreibung der Hagar: „Sara sah den Sohn der Hagar, der Ägypterin, den sie dem Abraham geboren hatte, (mit ihrem Sohn Isaak)[12] scherzen (mᵉṣaḥeq). Da sagte sie zu Abraham: Vertreibe diese Magd und ihren Sohn, denn der Sohn dieser Magd soll nicht mit meinem Sohn, dem Isaak, erben" (Gen 21,9 f.).

In der frühjüdischen Literatur wird die Spannung zwischen Hagar und Sara unterschiedlich interpretiert: Philo (All 3,244; Congr 1–24) deutet Sara und Hagar allegorisch: Hagar symbolisiert die „Allgemeinbildung" und Sara die „vollkommene Tugend". Abraham zeugt zuerst mit Hagar ein Kind und dann erst mit Sara, weil die „Beigesellung"[13] zu den allgemeinbildenden Wissenschaften Voraussetzung für ein Leben in vollkommener Tugend ist. Daß Sara Hagar schlecht behandelt, ist durch ihre höhere Einsicht, die Weisheit der Tugend, der echten Philosophie motiviert. Nach Philo (Abr 251) sagt Sara über ihre Dienerin (therapainē) Hagar, daß sie zwar körperlich eine Sklavin (doulē), aber in ihrer vornehmen Haltung wie eine Freie (eleuthera) ist. Josephus (Ant 1,215–219) erklärt die Sara- und Hagar-Geschichte rein menschlich: Abraham ist ein guter Mensch, der über Saras Unfruchtbarkeit traurig ist, Sara ist eine gute Gattin, die ihm zum Trost ihre Magd gibt. Hagars Unverschämtheit bessert sich nach ihrer

Rückkehr, erst wegen der Rivalität der Söhne wird sie – nach langer Überlegung Abrahams – noch einmal verstoßen.

Die Auslegung von mᵉṣaḥeq,[14] dem „Scherzen/Spielen/Spotten" Ismaels
(Gen 21, 9), hat Einfluß auf das Verhältnis von Hagar und Sara: In Jub 17, 4
wird mᵉṣaḥeq positiv gedeutet: „Sara sah Ismael spielen und tanzen und
Abraham hocherfreut." Saras Eifersucht darüber ist der Anlaß für die Vertreibung der Hagar. In der rabbinischen Tradition dagegen wird Gen 21, 9
so interpretiert, daß im mᵉṣaḥeq Ismaels böse Absichten liegen: Aus anderen Bibelstellen, an denen die Form mᵉṣaḥeq in negativer Bedeutung vorkommt, leiten die Rabbinen ab, daß Ismael Unzucht und Götzendienst
trieb, Blut vergoß oder Pfeile nach Isaak schoß (BerR 53, 11). Sara handel-
te daher mit der Vertreibung von Hagar und Ismael klug, weil sie als Prophetin durch ihre visionäre Gabe die Gefahren voraussah, die Israel durch
Ismaels Neigung zu Götzendienst und Unzucht drohten. In der rabbinischen Literatur wird Hagar nicht zu den vier Müttern gezählt. Sie wird als
schiphḥat malôg („Magd zur Nutznießung") beschrieben, d. h. eine Magd,
zu deren Unterhalt die Besitzer und Besitzerinnen verpflichtet waren und
die sie nicht verkaufen durften. Sie gilt als Tochter des Pharao.[15]

2.3. Rebekka

In Gen 24 wird ausführlich berichtet, wie Abrahams Knecht in seiner
Heimat Mesopotamien eine Braut für Isaak sucht und Rebekka findet, die
sich in ihrer Schönheit, Jungfräulichkeit, Gastfreundschaft, Tierliebe und
in ihrer Herkunft aus der richtigen Familie als die von Gott vorherbe-
stimmte Frau erweist. Ihre Familie entläßt Rebekka mit einem Segen
(Gen 24, 60): „Unsere Schwester, du werde zu Tausenden von Zehntausen-
den; deine Nachkommenschaft (zarᵉek) erbe das Tor derer, die sie hassen."
In der Begegnungsszene zwischen Isaak und Rebekka Gen 24, 62–67 fällt
die Verschränkung mit den Erzmüttern Hagar und Sara auf: Rebekka begegnet Isaak am Brunnen Lahai-Roi, den Hagar nach ihrer Rettungserfahrung Gen 16, 13 benannt hat, und Isaak bringt Rebekka in das Zelt seiner
Mutter Sara „und wurde so über ihren Tod getröstet" (Gen 24, 67).[16]

Wie alle Erzmütter ist Rebekka zunächst unfruchtbar. Nach einem Ge-
bet Isaaks zu JHWH wird sie schwanger. „Aber die Kinder stießen sich in
ihrem Inneren, und sie sagte: Wenn das so ist, warum das? Und sie ging,
JHWH zu befragen. Und JHWH sagte zu ihr: Zwei Völker sind in deinem
Bauch, und zwei Stämme werden sich aus deinem Schoß trennen; der eine
Stamm wird den anderen Stamm überwältigen, und der Ältere wird dem
Jüngeren dienen" (Gen 25, 22f.). Mit Rebekkas Zwillingssöhnen Jakob
und Esau wird seit der frühen Königszeit das spannungsreiche Verhältnis

von Israel und Edom verbunden (vgl. Gen 36; 2Sam 8,13 f.; 2Kön 8,20–22). Aufgrund des Geburtsorakels ist Jakob Rebekkas Lieblingssohn: Sie hilft ihm, sich durch Betrug den Segen Isaaks zu holen (Gen 27,1–29).

Die frühjüdische Literatur schmückt die Gestalt der Rebekka aus: Nach Jub 19,15–31 stimmt Rebekka in ihrer größeren Liebe zu Jakob mit Abraham überein: Abraham, der nach der biblischen Erzählung zu diesem Zeitpunkt schon tot ist (Gen 25,8), trägt Rebekka auf, Jakob zu bevorzugen. Nach Jub 25,11–23 spricht neben Isaak auch Rebekka – bevollmächtigt durch den „Geist der Wahrheit" – einen ausführlichen Segen über Jakob. Rebekka spielt eine wichtige Rolle als Vermittlerin zwischen Jakob und Esau (Jub 35,18–27).

In der rabbinischen Literatur wird an Rebekka – ausgehend von Gen 25,20 – ihre Aufrichtigkeit hervorgehoben (BerR 63,4). Rebekkas Unfruchtbarkeit wird damit begründet, daß die Segenssprüche ihrer Mutter und ihres Bruders nicht ernst, sondern „Segenssprüche der Gottlosen und daher Verfluchungen" waren (BerR 60,13). Gen 24,67 wird in der Aggada so ausgelegt, daß mit Rebekka die Wolke der sch^ekînāh, die zu Lebzeiten Saras immer über ihrem Zelt schwebte, dorthin zurückkehrte.[17] In BerR 63,6 f. wird erzählt, daß Rebekka in ihrer Schwangerschaft schwere Schmerzen hatte, weil ihre beiden Zwillingssöhne schon in ihrem Leib ihren lebenslangen Streit begannen. So oft sie an einer Synagoge oder einem Lehrhaus vorbeiging, versuchte Jakob aus dem Mutterleib auszubrechen, während Esau dasselbe tat, so oft sie an einem heidnischen Tempel vorüberging. Im Lehrhaus erfuhr sie, daß zwei einander bekämpfende Völker in ihrem Körper waren. Rebekka nahm schon früh Jakobs Besonderheit wahr. Je öfter sie seine Stimme beim Studium hörte, um so tiefer wuchs ihr Gefühl für ihn (BerR 63,10). Rebekka war nicht anwesend, als Isaak Esau bat, ihm das Linsengericht zu bringen, damit er ihn segnete; Isaaks Auftrag wurde ihr durch den Heiligen Geist geoffenbart, weil sie ja Prophetin war (BerR 67,9). Deshalb bestand sie darauf, daß Jakob Isaaks Segen erhalten sollte. Ihr Motiv war nicht nur ihre Liebe zu Jakob, sondern auch ihr Wunsch, Isaak von der Untat abzuhalten, Esau zu segnen (BerR 65,6).

2.4. Rahel

Bekannt ist Jakobs langjährige Brautwerbung um die Hirtin Rahel (Gen 29). Rahel wird als „schön von Gestalt und von schönem Aussehen" (Gen 29,17) beschrieben, sie wird von Jakob mehr geliebt als Lea (Gen 29,30). Rahels Lebensproblem ist ihre Unfruchtbarkeit (Gen 29,31). Rahel ergreift wie Sara die Initiative, und bei ihr gelingt – im Gegensatz zu Sara – das stellvertretende Gebären der Sklavin Bilha, deren Kinder auch als ihre eigenen gelten. Im „Gebärwettstreit" (Gen 29,31–30,24) kämpfen die Schwestern um das, was sie nicht haben – Lea um die Liebe Jakobs, Rahel um Kinder –, sie bauen mit ihren Mägden das Haus Israel auf, in die Namensnennungen der Kinder fließen ihre Erfahrungen ein. Rahels Kinderwunsch bestimmt ihr Leben (Gen 30,1). Erst das Eingreifen Gottes befreit sie von ihrer Unfruchtbarkeit (Gen 30,22–24). Bei der Geburt ihres zweiten Sohnes, Ben-Oni/Benjamin, stirbt Rahel (Gen 35,16–21; vgl. Gen 48,7).

Außerhalb der Genesis kommt Rahel an drei Stellen im AT vor: Jer 31,15 – „Klagegeschrei ist zu hören in Rama, bitteres Weinen; Rahel weint über ihre Kinder und läßt sich nicht trösten über ihre Kinder, denn sie sind nicht mehr" – ist eine Anspielung auf den Untergang des Nordreiches. Jer 31,15 ist ein Beispiel für inner-alttestamentarische Rezeption, die Rahels eigenen Tod in Rama, ihren Kinderwunsch und Exilserfahrungen miteinander verbindet. Außerdem wird Rahel in Rut 4,11 im Hochzeitssegen für Boas als Erzmutter Israels erwähnt: „JHWH mache die Frau, die in dein Haus kommt, wie Rahel und Lea, die beide das Haus Israel bauten; und sei stark in Efrata, und dein Name werde gerufen in Betlehem." Nach 1Sam 10,2 liegt Rahels Grab „an der Grenze Benjamins".[18]

Im Frühjudentum wird Rahel v. a. im Zusammenhang mit ihrem „Gebärwettstreit" mit Lea genannt (Jub 28,9–21; Demetrios bei Euseb, Praep Ev 9,21,1–19). In der rabbinischen Literatur wird sie wie die anderen Erzmütter positiv dargestellt. Labans Betrug (Gen 29,23–25) wird in der Aggada so gedeutet, daß Rahel Lea die Zeichen, die sie mit Jakob für die Hochzeitsnacht vereinbart hatte, verriet, um sie als die Ältere nicht zu beschämen; als Verdienst dafür stammt Saul von Rahel ab (bMeg 13b). Gen 30,1, Rahels Eifersucht auf Lea, wird so ausgelegt: „Sie (d. h. Rahel) beneidete sie (d. h. Lea) wegen ihrer guten Werke, denn sie sagte sich: Wenn sie (Lea) nicht gerecht wäre, hätte sie nicht geboren (BerR 71,6)." Über die Unfruchtbarkeit wird eine Verbindung zwischen Sara und Rahel hergestellt.[19] Beide wurden (wie Hanna) zu rôsch hā-schānāh, zum Neujahrsfest, von Gott heimgesucht und von ihrer Unfruchtbarkeit erlöst (BerR 73,1). Weil auch Rahel Prophetin war (BerR 67,9), wußte sie, daß Jakob 12 Söhne bestimmt waren. Als sie Josef, den 11. Sohn, gebar, betete sie nur noch um einen Sohn (Tan, Va-Yeze 20). Der Midrasch stellt eine Verbindung zwischen Gen 35,19 und Jer 31,15 her.[20] Jer 31,15, die Klage der Rahel um ihre Kinder, gilt im Judentum als Inbegriff für die Trauer um Verfolgungen und Ermordungen des Volkes Israel (vgl. Fackenheim, Jewish Bible 74–82).

Die Erzmütter Israels Sara, Rebekka, Rahel und Lea werden im AT und in der frühjüdischen Tradition als aktiv Handelnde dargestellt, die gemeinsam mit Abraham, Isaak und Jakob die jüdische Geschichte und Tradition aufbauen, wobei Volksgeschichte nicht von Familiengeschichte zu trennen ist.

Für den gesamten Kontext der Erzelternerzählungen ist die Spannung zwischen Unfruchtbarkeit und Verheißung reicher Nachkommenschaft ein wichtiges Thema, die Erzmütter sind zunächst unfruchtbar, obwohl oder vielleicht gerade weil sie gleichzeitig die Trägerinnen der Verheißungslinie sind. Gott ist der Verursacher der Unfruchtbarkeit (z. B. Gen 16,2; 30,2), aber auch der, der sie beendet. Die zeitweilige Unfruchtbarkeit läßt das Eingreifen Gottes und die Geburt der Kinder großartiger erscheinen. Neben der anfänglichen Unfruchtbarkeit ist ein weiteres verbindendes Merkmal der Frauen in der Verheißungslinie ihre Schönheit (Gen 12,11; 24,16; 29,17).[21]

Aufgrund der „Verdienste der Vorfahren" dauert jüdisches Leben bis in die Gegenwart an. Bis heute spielen die Erzeltern in der jüdischen religiösen Praxis eine bedeutende Rolle: Am Freitag abend segnen Eltern ihre Kinder nach dem Gottesdienst: für Knaben sprechen sie den Segen: „Gott lasse dich werden wie Efraim und Manasse!" und für Mädchen: „Gott lasse dich werden wie Sara, Rebekka, Rahel und Lea!" und für alle zusätzlich den aaronitischen Segen (Num 6,24–26; vgl. Levinson, Saras Töchter 38).

3.   Die Erzmütter im Neuen Testament

3.1.   Sara

3.1.1.   „Abgestorbensein" (Röm 4,19)

Für die neutestamentliche Rezeption der Sara sind v. a. Gen 17; 18 und der Sara und Hagar Gen 16 und 21 relevant.

In Röm 4, einem v. a. in der protestantischen Theologie vieldiskutierten Kapitel, in dem Paulus in einer ausführlichen, midraschartigen Auslegung von Gen 15,6 anhand der Gestalt Abrahams seine Gedanken zur Glaubensgerechtigkeit entfaltet, wird Sara einmal (Röm 4,19) genannt. Röm 4, 17–25 beschreibt Paulus exemplarisch das Wesen des Glaubens am Glauben Abrahams als beharrliches Vertrauen in die zugesagte Verheißung, „gegen Hoffnung auf Hoffnung hin" (Röm 4,18).

In diesem Kontext steht die Erwähnung Saras: „Und nicht schwach werdend im Glauben, achtete er (d. h. Abraham) auf seinen schon abgestorbenen (nenekrōmenon) Körper – er war schon fast hundert Jahre alt – und das Abgestorbensein (nekrōsin) der Mutter Sara" (Röm 4,19). Eine ganze Reihe späterer Textzeugen liest: „(…) achtete er nicht auf seinen schon abgestorbenen Körper": d. h., Abrahams Glaubensstärke liegt nach dieser Variante gerade darin, daß er über sein und der Sara hohes Alter hinwegsieht. Die älteren und besseren Handschriften lassen dieses erklärende „nicht" weg. Abrahams starker Glaube liegt gerade darin, daß er sein und Saras „Abgestorbensein" durchaus beachtet und trotzdem – gegen alle Vernunft – an die Erfüllung der Verheißung glaubt.

Röm 4,19 enthält kein wörtliches Zitat aus dem AT, aber inhaltliche Anspielungen auf Gen 17,17 und Gen 18,11, Abrahams und Saras Erstaunen angesichts ihres hohen Alters. Paulus betont nicht ihr ungläubiges Lachen, sondern gerade den Glauben, auch wenn alle äußeren Anzeichen dagegen sprechen: Zielpunkt seiner Auslegung ist Röm 4,22, die Glaubensgerechtigkeit. Die Zusage von Nachkommenschaft in Gen 15,5 steht in krassem Gegensatz zu Abrahams und Saras hohem Alter, zu seinem „abgestorbenen Körper" und zur „Abgestorbenheit" Saras, die nach menschlichem Ermessen zu Zeugung und Geburt nicht mehr fähig sind.

Sara wird in Röm 4,19 auf ihre Mutterrolle reduziert, das „Abgestorbensein" ihres Körpers bzw. ihres Mutterschoßes, das Ende ihrer Gebärfähigkeit, wird pars pro toto auf sie bezogen. Aus Saras Lachen (Gen 18,12) wird eine lapidare Bemerkung über ihr „Abgestorbensein". Ihre Unfruchtbarkeit ist eine Prüfung für Abrahams Glaubensstärke.

3.1.2. Mutter der Verheißungslinie (Röm 9,9)

Sara wird an einer zweiten Stelle im Röm erwähnt, im Zusammenhang von Röm 9,6–13, einem Text, in dem alttestamentliche Beispiele in den neutestamentlichen Text hineinverwoben sind. Grundthese ist in diesem Briefabschnitt, daß das Wort Gottes nicht hinfällig geworden ist (v.6a), daß also die Tora weiterhin Gültigkeit hat. Diese These entfaltet nun Paulus: „Nicht alle aus Israel sind Israel" (v.6b), sondern nur die Isaak-Linie der Nachkommen Abrahams wird zu den Kindern gezählt (v.7). Paulus unterscheidet die „Kinder der Verheißung" (ta tekna tēs epangelias) von den „Kindern des Fleisches" (ta tekna tēs sarkos), eine Unterscheidung, die er auch in Gal 4,21–31 trifft. „Das heißt: Nicht die Kinder des Fleisches sind die Kinder Gottes, sondern die Kinder der Verheißung werden zur Nachkommenschaft gezählt (logizetai eis sperma)" (v.8). Als alttestamentlichen Beleg für diese Aussage gilt Paulus das „Wort der Verheißung" Röm 9,9: „Denn das Wort der Verheißung (epangelias) ist dieses: ‚Um diese Zeit werde ich kommen, und Sara wird einen Sohn haben.'" Röm 9,9b ist ein zusammenfassendes Zitat aus Gen 18,10.14 nach der LXX, wobei Paulus hebr. ʾaschûḇ („ich werde [wieder-]kommen") aus Gen 18,10.14 – im Unterschied zu anastrepsō in der Septuaginta – mit eleusomai wiedergibt. Kata ton kairon touton („um diese Zeit") (LXX, Röm 9,9) entspricht nicht genau dem ka'eṯ ḥajjäh („um die Zeit ihres Lebendigseins", „um die Zeit, wann sie wieder aufgelebt sein wird") des hebräischen Textes. Es ist die Verheißung einer Geburt gegen alle natürlichen Voraussetzungen. Paulus nimmt hier die älteste Form der Sohnverheißung an Sara auf. Der Begriff epangelia („Verheißung") kommt weder in der LXX vor, noch gibt es ein hebräisches Pendant, er wird erst von Paulus eingeführt.

Problematisch ist an dieser Stelle, daß sie im Lauf der Kirchengeschichte auf das Verhältnis Judentum–Christentum ausgelegt wurde, die Juden und Jüdinnen zu „Kindern des Fleisches" und die Christen und Christinnen zu „Kindern der Verheißung" wurden und damit eine lange Tradition des Antijudaismus begründet wurde. Es ist wichtig, gegen diese Auslegungstradition wahrzunehmen, daß Paulus diese Unterscheidung innerhalb Israels vornimmt, daß er an Ismael und Isaak denkt und daß das Wort Gottes, d. h. die Tora, gerade nicht hinfällig geworden ist. Die Interpretation von Röm 9,9 ist in den weiteren Kontext der Exegese von Röm 9–11 zu stellen, einem Abschnitt, der wie kein anderer in den Briefen des Paulus von alttestamentlichen Zitaten geprägt ist. Wenn hier von Verheißungen die Rede ist, so sind diese Aussagen im Kontext von Röm 9,4 f. zu verstehen, wonach die Israeliten die „Kindschaft, die Ehre, die Bünde, das Gesetz, die Verheißungen und die Väter haben, von denen Christus dem Fleisch nach abstammt".

Die Rolle der Sara ist hier, daß sie als Mutter Isaaks die Mutter der Verheißungslinie ist, obwohl Hagar als Mutter Ismaels, des Erstgeborenen, „dem Fleisch nach" Priorität hätte. Paulus will damit zeigen, daß die Verheißung Gottes mitunter das traditionelle Erstgeburtsrecht umkehren kann und daß sie sich auch dort erfüllt, wo sie nur ungläubiges Lachen auslöst, weil alle körperlichen Gegebenheiten dagegen sprechen. Paulus hebt damit den Grundsatz nicht auf, wonach man durch Geburt zu Israel „dem Fleisch nach" gehört, und wertet diese Zugehörigkeit nicht ab.[22]

3.1.3. Beispiel des Glaubens (Hebr 11,11)

In Hebr 11,11 wird Sara neben Abraham als Beispiel des Glaubens genannt: „Aus Glauben empfing selbst die unfruchtbare Sara die Kraft, Nachkommenschaft hervorzubringen, trotz ihres Alters; denn sie hielt den für treu, der es verheißen hatte."

Hebr 11,11 ist ein vieldiskutierter Vers, zu dem es mindestens vier verschiedene Textvarianten gibt. Umstritten ist v. a. die Frage, ob Sara oder Abraham Subjekt dieses Verses ist. Schon die griechische Textbasis ist nicht eindeutig, zahllos sind Übersetzungs- und Auslegungsmöglichkeiten. Die textkritische Entscheidung ist eng mit syntaktischen und semantischen Überlegungen verknüpft.

Das Grundproblem der Exegese seit den Anfängen der Überlieferung ist: dynamin eis katabolēn spermatos, „Kraft zur Hervorbringung/Begründung/Einsenkung von Samen/Nachkommenschaft". An der Übersetzung dieses Versteils und der Textkritik der Bemerkung autē Sarra steira, „die unfruchtbare Sara selbst", entscheidet sich, ob Abraham oder Sara Subjekt dieses Verses ist, da die Verbformen beides ermöglichen. Katabolē heißt „Grundlegung, Anfang, Begründung", häufig in Kombination mit kosmou „Anfang der Welt" (z. B. Mt 25,34). Katabolē spermatos ist sonst nur in außerbiblischen Parallelen anzutreffen und begegnet dort als Fachausdruck für das „Einsenken des Samens, Befruchten". Wenn man für Hebr 11,11 diese Bedeutung annimmt, kann Sara nicht Subjekt dieses Verses sein. So läßt eine Lesart des Textes autē Sarra steira weg. Eine andere Möglichkeit ist, Sara als Dativ der Gemeinschaft aufzufassen, da die Handschriften sowohl die Lesart als Dativ als auch als Nominativ zulassen. So kommt z. B. Gräßer zur Übersetzung: „Durch Glauben empfing er, zusammen mit Sarah, die unfruchtbar war, auch Kraft zum Samenerguß (...)" (Gräßer, Hebräer 3, 121; vgl. 3, 131 f.). Andere Ausleger (z. B. van der Horst, Sarah's Seminal Emission 112–134) weisen darauf hin, daß es in griechischen und jüdischen Paralleltexten durchaus auch die Theorie gab, daß Frauen eine Art Samen haben. Im AT könnte Lev 12,2 Beleg für eine derartige Vorstellung sein: „Eine Frau, die Samen hervorbringt (tazrîaʿ) und ein männliches Kind gebiert, soll 7 Tage unrein sein, die Zeit ihrer Menstruation soll sie unrein sein."[23]

Es ist aber gar nicht nötig, eis katabolēn spermatos auf den männlichen Samen zu beschränken. Es läßt sich auch im umfassenderen Sinn geschlechtsneutral als „Hervorbringen von Nachkommenschaft" verstehen (vgl. z. B. Lk 1,55; Röm 4,13; 11,1; Hebr 2,16; 11,18). Für diese Übersetzung spricht auch, daß zᵉraʿ im Hebräischen durchaus im Zusammenhang mit Frauen vorkommt (vgl. z. B. Gen 16,10; 24,60). Da die Textbelege für autē Sarra steira alt und verläßlich sind, besteht kein Grund, diesen Versteil aus dem Text zu streichen, auch wenn in den vv. 8–10 und v. 12 Abraham das Subjekt ist.

Deutlich sind in Hebr 11,11 die Anspielungen auf Gen 17,19 und Gen 21,1: Für das hohe Alter von Abraham und Sara wird in Hebr 11,11 zwar kairon „Zeitpunkt" aus Gen 21,2 LXX verwendet, aber das Wort für „Alter" ist hēlikia, anders als eis to geras (Gen 21,2 LXX) oder presbyteroi (Gen 18,11 LXX).

Sara ist wie Abraham ein Vorbild für den Glauben, weil sie trotz ihrer Kinderlosigkeit und ihres hohen Alters an Gottes Verheißung festhält.

3.1.4. Unterordnung als Schmuck (1Petr 3,6)

In 1Petr 3,5f. wird Sara im Rahmen einer Haustafel den christlichen Frauen als Vorbild für ein Verhalten der Unterordnung vorgeführt, das der wahre Schmuck der Frauen sein soll: „Denn so schmückten sich auch damals die heiligen Frauen, die auf Gott hofften: sie ordneten sich ihren eigenen Männern unter, wie Sara dem Abraham gehorchte, den sie ‚Herr‘ (kyrion) nannte, deren Kinder ihr geworden seid, wenn ihr Gutes tut und kein Erschrecken fürchtet.“[24]

Daß Sara „auf Gott hofft“, ist eine Umschreibung ihres in der Genesis geschilderten lebenslangen Vertrauens in die Verheißungen. Kyrion ist eine Anspielung auf Gen 18,12, wo Sara von Abraham als ʾaḏonî („mein Herr“) spricht, das die LXX mit ho kyrios mou übersetzt. Die Bezeichnung „mein Herr“ in Gen 18,12 ist nichts Außergewöhnliches und hat keinerlei ethische Qualität. Der Kontext ist Saras Lachen wegen ihres Zweifels über die Nachkommensverheißung, von ihrer Unterordnung ist dort nicht die Rede. Im Gegenteil, sie redet in diesem Vers sehr selbstbewußt von ihrer „Liebeslust“, und an anderer Stelle, in Gen 21,12, trägt Gott Abraham sogar auf: „In allem, was Sara dir sagt, höre auf ihre Stimme.“

Die Methodik des 1Petr hat Parallelen im Midrasch, der Sara als vorbildliche jüdische Frau darstellt. Auch hier wird ein Verhalten, das dem Verfasser des 1Petr für seine Zeit passend erscheint, als altes, biblisches Ideal aus den alttestamentlichen Texten abgeleitet. Im Midrasch ist zwar von Ehrung die Rede, nicht aber von Unterordnung. Darin, daß Sara zu den „heiligen Frauen“ gezählt wird, könnte die rabbinische Tradition der Prophetinnen anklingen. Die Predigt der Schmucklosigkeit steht aber in einem gewissen Gegensatz zur Betonung der Schönheit der Sara in der rabbinischen Literatur (s. o. 2.1.).

Sara wird in 1Petr 3,5f. als Vorbild der sich dem Mann als ihrem Herrn unterordnenden Frau dargestellt, was sie weder im AT noch in den Midraschim des frühen Judentums ist. Diese Mahnung zur Unterordnung ist im Kontext der Haustafeltradition zu sehen, die das geduldige Hinnehmen von patriarchalen Strukturen in vielen Lebensbereichen als opportunes Verhalten ansieht, um Konflikte mit der heidnischen Umwelt zu vermeiden.

3.2. Hagar und Sara

In Gal 4,21–31 stellt Paulus Hagar und Sara einander gegenüber: Eingeleitet mit der Zitierungsformel gegraptai gar hoti („denn es steht geschrieben, daß“), folgt kein Zitat aus dem AT, sondern Gal 4,22f. eine Zusammenfassung von Gen 16,15 und Gen 21,2f.9 nach der LXX: „Abraham hatte zwei Söhne, einen von der Sklavin (ek tēs paidiskēs) und einen von der Freien (ek tēs eleutheras). Aber der von der Sklavin wurde gemäß dem Fleisch (kata sarka) gezeugt, der von der Freien dagegen gemäß der Verheißung (di' epangelias)." Paulus deutet nun in Gal 4,24–26 diese beiden Frauen allegorisch-typologisch: „Was allegorisch gemeint ist:[25] denn diese sind zwei Testamente, das eine (stammt) vom Berg Sinai, das zur Sklaverei gebiert, das ist Hagar. Hagar bedeutet den Berg Sinai in Arabien;[26] er entspricht dem jetzigen Jerusalem, denn es befindet sich mit seinen Kindern in Knechtschaft. Das obere Jerusalem aber ist die Freie, die unsere Mutter ist." Zur Begründung dieser Aussage bezieht Paulus ein Trostwort an das obere Jerusalem aus Jes 54,1 nach der LXX auf Sara, die aber nicht explizit erwähnt wird: „Freue dich, Unfruchtbare, die nicht geboren hat, juble und schreie, die nicht in Wehen gelegen ist! Denn viele sind die Kinder der Einsamen, mehr (Kinder hat sie) als die, die den Mann hat." Gal 4,30 zitiert Paulus Gen 21,10 nach der LXX: „Aber was sagt die Schrift?, 'Vertreibe die Magd und ihren Sohn. Denn der Sohn der Sklavin soll nicht mit dem Sohn der Freien erben.'" Paulus macht aus dem meta tou huiou mou Isaak („mit meinem Sohn Isaak") ein meta tou huiou tēs eleutheras („mit dem Sohn der Freien"), um den Text besser seiner Allegorie anzupassen.

Die Deutung des Paulus enthält sowohl allegorische als auch typologische Elemente. Die beiden Frauen sind in diesem Abschnitt nicht als Personen interessant, sondern sie dienen dem Schriftbeweis des Paulus, seiner Argumentation für die Freiheit der Christusgläubigen. Paulus interessiert einerseits ihr Stand: Sklavin und Freie, wobei die Charakterisierung der Hagar als Sklavin Gen 16 (schiphḥāh) und Gen 21 ('āmāh) entnommen ist, während die Beschreibung von Sara als eleuthera („Freie") paulinische Deutung ist.[27] Andererseits sind die beiden Frauen für Paulus wegen ihrer Söhne von Bedeutung, deren Geburt er als kata sarka und di' epangelias deutet. Hagar wird zweimal mit Namen genannt (vv. 24 f.), Sara gar nicht. Paulus vereinfacht mit seiner Interpretation die komplexen Erzählungen der Genesis und deutet sie allegorisch-typologisch. Der Gegensatz kata sarka – di' epangelias kommt so im AT nicht vor. Von einer Verfolgung Isaaks durch Ismael weiß die Gen nichts, im Hintergrund dieser Deutung könnten die oben erwähnten rabbinischen Auslegungen in BerR 53,11 stehen, wonach Ismael Unzucht und Götzendienst trieb, Blut vergoß oder Pfeile nach Isaak schoß: Ihre schriftliche Fixierung ist zwar später zu datieren als Gal, geht aber auf mündliche Traditionen zurück, die Paulus gekannt haben könnte. Paulus ignoriert, daß auch an Hagar eine Verheißung von Nachkommenschaft und Segen gegeben ist, wenn auch ohne Bund (Gen 16,10–12). Er benutzt die Texte von Gen 16 und 21 für seine gegenwärtige Situation.

Problematisch ist an diesem Text (ähnlich wie in Röm 9, 6 ff.), daß im Laufe der christlichen Wirkungsgeschichte die Linie Hagar – Sinai – jetziges Jerusalem – Knechtschaft auf das Judentum und die Linie Sara – oberes Jerusalem – Freiheit auf das Christentum ausgelegt wurde. Gal 4, 21–31 gilt dann als paulinische Legitimation für die christliche Verwerfung und Enterbung des Judentums.[28] Paulus deutet die beiden Frauen aber nicht explizit auf das Verhältnis Judentum – Christentum, die es in dieser Abgegrenztheit noch nicht gibt, sondern er kämpft in den eigenen Gemeinden, die sich in einem Übergangsstadium zwischen Judentum und Christentum befinden, für beschneidungsfreie Heidenmission; aus dieser Situation heraus ist seine Polemik gegen Leute zu sehen, die Beschneidung und Übernahme der Tora verbindlich und zur Vorbedingung für die Zugehörigkeit zur Gemeinschaft der Christusgläubigen machen wollen.

Die Auslegungsmethode des Paulus hat Parallelen in der rabbinischen Literatur, seine Deutung von Hagar und Sara ist ein Midrasch: Der Umgang mit dem Bibeltext ist weitgehend assoziativ, ohne dogmatische Festlegung, mehrere widersprüchliche Auslegungen können nebeneinander stehen.

3.3. Rebekka

Rebekka wird an einer einzigen Stelle im NT erwähnt, in Röm 9, 10–13: „Aber nicht nur (Sara), sondern auch Rebekka, die von einem schwanger war (ex henos koitēn echousa), Isaak, unserem Vater; denn bevor sie (die Söhne) geboren waren und weder Gutes noch Böses getan hatten – damit Gottes erwählender Vorsatz bleibe, nicht durch Werke, sondern durch den, der beruft, – wurde ihr[29] gesagt: ‚Der Größere wird dem Kleineren dienen‘ (Gen 25, 23 LXX), wie geschrieben steht (kathōs gegraptai): ‚Den Jakob habe ich geliebt, den Esau aber gehaßt‘“ (Mal 1, 2 f. LXX).

Wörtliches Zitat des LXX-Textes und paulinische Deutung sind hier eng ineinander verwoben. Rebekka ist nach Sara das zweite Beispiel aus der Verheißungslinie Israels, ein Beispiel für die lange Zeit unfruchtbaren Erzmütter, die aufgrund von Gottes Verheißung Kinder bekommen. Daß Rebekka von Isaak schwanger wurde, wird in der Gen nicht explizit berichtet, Paulus führt hier die Wendung ex henos koitēn echousa ein: Ex henos, „mit einem“, soll betonen, daß Jakob und Esau Zwillingsbrüder sind, die zugleich gezeugt wurden. Während es bei Sara möglich ist, von den zwei unterschiedlichen Müttern Sara und Hagar auf unterschiedlichen Stand der Nachkommen zu schließen, haben Esau und Jakob denselben Vater und dieselbe Mutter. Im Hintergrund steht Gen 25, 21 ff. Paulus spricht hier, wie in Röm 4, 1 als Israelit von Isaak, „unserem“ Vater.

Rebekkas Schwangerschaft ist ein Beispiel für Gottes freies Auswahlhandeln in der Geschichte Israels, das sich hier in einer Umkehrung des traditionellen Erstgeburtsrechts äußert. Daß in der Genesis noch vor Esaus und Jakobs Geburt Rebekka das weitere Schicksal ihrer Söhne verheißen wird, deutet Paulus als Beispiel für Gottes Freiheit der Berufung, unabhängig von menschlichen Taten.

Rebekka wird hier als Mutter und Empfängerin der doppelten Sohnverheißung rezipiert.

3.4. Rahel

Rahel kommt im NT einmal vor, in einem Zitat aus Jer 31,15: Im Zusammenhang mit dem Kindermord des Herodes, der alle Knaben in Betlehem und Umgebung vom Zweijährigen an abwärts umbringen läßt (Mt 2,16), heißt es Mt 2,17 f.: „Damals wurde erfüllt, was durch den Propheten Jeremia vorausgesagt worden war, der sprach: ‚Eine Stimme wurde in Rama gehört, Weinen und viel Klagen; Rahel beweint ihre Kinder, und sie wollte sich nicht trösten lassen, weil sie nicht (mehr) sind.‘"

Das „Erfüllungszitat" Mt 2,18 ist kein wörtliches Zitat von Jer 31,15, sondern eine Mischung aus LXX, Übersetzung des masoretischen Textes und eigenständiger Verkürzung des hebräischen Textes. Damit soll gezeigt werden, daß der Kindermord des Herodes schon im AT vorausgesagt ist.

Interessanterweise wird im ganzen NT von Rahel nur die Jeremia-Tradition rezipiert, die ausführlichen Erzählungen der Genesis werden nicht zitiert, nur indirekt wird auf den Kinderwunsch der Rahel und den Tod bei der Geburt ihres zweiten Sohnes angespielt. Der Zusammenhang dieses Jeremia-Zitats ist assoziativ: Weinen um tote Kinder und Betlehem. In der Lokalisierung besteht eine Spannung zwischen dem Kindermord des Herodes und der Rahel-Grab-Tradition in Betlehem und Rahels Klage bei Jeremia in Rama, nördlich von Jerusalem (s. Anm. 18).

Von Rahel wird hier also das Klagen über den Tod unschuldiger Kinder rezipiert.

4. Zusammenfassung

Die Erwähnungen der Erzmütter im NT sind äußerst knapp, meist handelt es sich um kurze Zitate aus dem AT oder inhaltliche Anspielungen auf die Erzmütter. Gal 4,21–31 ist die einzige ausführlichere Auslegung. Das Spannungsverhältnis zwischen Unfruchtbarkeit und Nachkommensverheißung ist sowohl im AT als auch im NT im Zusammenhang mit den Erzmüttern ein zentrales Thema.

Im AT werden in den Erzelternerzählungen Gen 12–36 ausführliche Lebensgeschichten der Erzmütter berichtet. Die Erzmütter werden facettenreich in ihrer ganzen Menschlichkeit – z. B. Saras Lachen – gezeigt, sie handeln durchaus aktiv – z. B. indem Sara und Rahel selbst die Initiative zur Beendigung ihrer Unfruchtbarkeit ergreifen. In der frühjüdischen Literatur, v. a. in den rabbinischen Midraschim, gibt es umfangreiche Auslegungen zu den Erzmüttern. Sie gelten als Prophetinnen und als vorbildliche Jüdinnen.

Im Vergleich dazu sind die Erwähnungen der Erzmütter im NT äußerst knapp: Sara ist die einzige, die an mehreren Stellen im NT vorkommt: Bei Paulus geht es um die Spannung zwischen ihrer Unfruchtbarkeit und der Verheißung reicher Nachkommenschaft, Sara ist als Erzmutter der Verheißungslinie wichtig. In Hebr 11 ist sie Vorbild des Glaubens, in 1Petr 3 wird sie den christlichen Frauen als Vorbild für ein Verhalten der Unterordnung dargestellt. In Gal 4 werden Hagar und Sara allegorisch-typologisch zu Chiffren für Knechtschaft und Freiheit. Rebekka wird als Mutter ihrer zwei Söhne und Verheißungsempfängerin erwähnt. Von Rahel wird nur die Jeremia-Tradition rezipiert, ihre Klage über den Tod ihrer Kinder. Es wird also jeweils ein Aspekt aus dem Leben der Erzmütter hervorgehoben und zur biblischen Unterstützung unterschiedlicher Anliegen neutestamentlicher Autoren verwendet. Die Ausführlichkeit der alttestamentlichen und frühjüdischen Erzählungen wird bei ihrer neutestamentlichen Rezeption auf kurze Anspielungen reduziert.

Diese Reduzierung der Erzmütter kann auf zweierlei Weise gedeutet werden: Entweder ist sie der Beginn einer Verfallsgeschichte, Indiz patriarchaler Rezeption, die an weiblichen Charakteren nicht viel Interesse hat – eine Deutungsweise feministischer Exegese;[30] oder sie könnte ein Hinweis darauf sein, daß den damaligen Hörern und Lesern diese knappen Anspielungen auf Sara und Hagar, Rebekka oder Rahel genügten, daß sie automatisch den alttestamentlich-jüdischen Kontext mithörten bzw. -lasen, der uns heute abhanden gekommen ist, daß es die neutestamentlichen Autoren – wie in rabbinischer Literatur – also aus diesem Grund nicht für notwendig hielten, ausführlicher auf die alttestamentlichen Erzmütter einzugehen.

Die Methodik der neutestamentlichen Autoren hat Parallelen in der rabbinischen Literatur: Das zeigt sich z. B. in den Einleitungsformeln zu Zitaten aus dem AT[31] oder in der Kombination von Texten aus der Tora und den Propheten.[32] Bibelstellen aus verschiedenen Kontexten werden zur Unterstützung der eigenen Position verwendet. Die „Schrift" gilt als Autorität, gleichzeitig ist der Umgang mit ihr wie im Midrasch spielerisch,

assoziativ. Neu ist der hermeneutische Schlüssel, die Deutung der Erzelternerzählungen vom Christusgeschehen her: Den Christusgläubigen soll
mit Beispielen aus dem AT ihre legitime Herkunft von den Erzeltern Israels bewiesen werden.

Die Rezeption alttestamentlicher Gestalten im NT ist Teil eines Prozes-
ses der ständigen Interpretation, der schon im AT selbst beginnt und sich
bis heute fortsetzt. Das Neue, die Interpretation des Christusereignisses,
wird im Horizont des Alten dargestellt, mit dem Bezug auf die Verheißungslinie Israels soll die Kontinuität betont werden. Bei aller Kürze ihrer
Erwähnungen werden die Erzmütter durchaus positiv bewertet, sie haben
Vorbildcharakter, nur Hagar wird zur Negativfolie.

Für eine Biblische Theologie im Kontext des jüdisch-christlichen Dialogs
erscheint es mir nicht ausreichend, die christliche Rezeption des AT im NT
auf das „vetus testamentum in novo receptum" (vgl. Hübner, Theologie
1, 66 ff.) zu reduzieren. Vielmehr geht es gerade darum, die Fülle alttestamentlicher Erzählungen auch im NT mitzuhören, weil sie auch für die
frühchristlichen Autoren und Rezipienten im Hintergrund standen. Für die
heutige Interpretation der Erzmütter im Bereich christlicher Theologie
und Kirche ist es durchaus bereichernd, das AT nicht nur in dem im NT
rezipierten Umfang wahrzunehmen, sondern darüber hinaus den alttestamentlichen und frühjüdischen Kontext mitzubedenken.

Anmerkungen

[1] Die Bezeichnung „Erzmütter" ist ein in der feministischen Exegese verbreite-
ter Terminus – vgl. z. B. Wacker, 1. Mose 16 und 21, 25 u. a.

[2] Diese Bezeichnung wird v. a. von Fischer, Erzeltern geprägt: sie untersucht
speziell die „Frauentexte" in den „Erzelternerzählungen".

[3] Die komplexen form- und literarkritischen Überlegungen zu diesen Texten, an
denen sich die Quellentheorien der Pentateuchforschung entwickelt haben, sollen
hier ausgeklammert bleiben – vgl. dazu die gangigen Kommentare; neuere literar-
kritische Ansätze vgl. Blum, Komposition; Fischer, Erzeltern.

[4] Textbelege werden v. a. aus BerR angegeben, einem exegetischen Midrasch, der
in der 2. H. des 5. Jh. n. Chr. in Palästina endredigiert wurde, aber ältere mündliche
Traditionen aufnimmt und karteikartenartig ganz unterschiedliche Stoffe zu den
einzelnen Bibelversen sammelt.

[5] ᶜædnāh kommt nur hier im AT vor; die Wurzel ᶜdn hat mit „wohl leben/es sich
wohl sein lassen" (Neh 9, 25) zu tun, sie steckt auch in der „Wonne/Üppigkeit"
Gottes (ᶜaḏānǣḵa) (Ps 36, 9) und im „Garten (in) Eden" (ḡan-ᶜeḏǣn) (Gen 2, 15 u. a.).

[6] Im hebräischen ʾibānǣh stecken beide Übersetzungsmöglichkeiten.

[7] Z. B. Codex Hammurabi § 146; im AT kommt diese Vorgangsweise noch in
zwei Fällen vor – bei Rahel und Lea –, aber weder in Erzähltexten außerhalb der

Genesis noch in Rechtstexten. An den drei Stellen, wo sie vorkommt, wird es dennoch nie für notwendig befunden, diese Vorgangsweise zu erklären. Das AT setzt also die außerbiblisch belegte altorientalische Rechtssituation des stellvertretenden Gebärens einer Sklavin für die Hauptfrau als üblich und bekannt voraus, übernimmt sie aber nicht in sein kodifiziertes Recht. – Vgl. Fischer, Erzeltern 97–101.

[8] Vgl. 1QGenAp 20, 7 f.: „Über aller Frauen Schönheit steht ihre Schönheit, ihre Schönheit übertrifft sie alle. Und mit all dieser Schönheit ist viel Weisheit (verbunden) und alles, was sie hat, ist liebreizend."

[9] Vgl. bYev 64 ab: „R. Ammi sagte: Abraham und Sara waren Verstopfte, wie es heißt: Schaut auf den Fels, aus dem ihr gehauen seid, und auf die Brunnenhöhle, aus der ihr gegraben seid (Jes 51,1), und es steht geschrieben: Schaut auf Abraham, euren Vater, und auf Sara, die Euch geboren hat (Jes 51,2). R. Nachman hat gesagt: Rabbah b. Abuha hat gesagt: Sara war eine Unfruchtbare, wie gesagt ist: Sara war unfruchtbar und hatte kein Kind (Gen 11,30). Nicht einmal eine Gebärmutter (wörtl.: das Haus für ein Kind) hatte sie."

[10] Vgl. Tan, Chajje Sara 2 (zu Gen 24,1 a): „Den Abraham ehrte seine Frau und nannte ihn mein Herr, wie geschrieben steht (Gen 18,12): Und mein Herr ist alt."

[11] Schiphḥāh ist eine Sklavin, die der Frau zugeordnet ist und in einem persönlichen Vertrauensverhältnis zu ihr steht, während ʾāmāh dem Mann gehört; zur Diskussion um die Unterschiede zwischen beiden Bezeichnungen vgl. Fischer, Erzeltern 91–97.

[12] Erst die LXX ergänzt hier meta Isaak tou huiou autēs, im masoretischen Text fehlt das Objekt.

[13] Philo bringt den Namen hāgār mit ger („Fremdling, Beisasse") in Zusammenhang.

[14] Piʿel der Wurzel ṣḥq, die auch dem Namen jiṣḥaq zugrunde liegt.

[15] Vgl. BerR 45,1: „R. Schimeon ben Jochai erklärte: Hagar war die Tochter des Pharao; weil der Pharao die Taten sah, die der Sara in seinem Haus geschahen, nahm er seine Tochter und gab sie ihr, weil er sich sagte: Es ist besser, daß meine Tochter Magd in diesem Haus ist als Herrin in einem anderen Haus. Denn es steht geschrieben: Sie hatte eine ägyptische Magd, die Hagar hieß (Gen 16,1): Er erklärte: hā ʾagrîḵ, hier hast du deinen Lohn." – Der Name Hagar wird als Zusammenziehung aus dem Aramäischen hā ʾagrîḵ erklärt.

[16] Zahlreich sind an dieser Stelle die Versuche von Exegeten, Sara aus dem Text hinaus- und Abrahams Tod hineinzuschreiben. – Vgl. dazu den textkritischen Apparat der BHS; Frettlöh, Isaak 441–447.

[17] Vgl. BerR 60,16: „Und Isaak brachte sie (i. e. Rebekka) in das Zelt seiner Mutter Sara (Gen 24,67). Alle Tage, die Sara lebte, hing die Wolke (der göttlichen „Einwohnung") über der Tür ihres Zeltes; als sie starb, verschwand diese Wolke; als Rebekka kam, kehrte dieselbe Wolke zurück." Auch in bezug auf die Türen, die immer weit offenstanden, den Segen, der auf ihrem Teig lag, und das Licht, das von Freitag abend zu Freitag abend in ihrem Haus brannte, wird Rebekka als genauso tugendhaft beschrieben wie Sara.

[18] Für die Lokalisierung von Rahels Grab gibt es zwei Traditionen: Nach der älteren liegt es ca. 10 km nördlich von Jerusalem – in Rama, heute er-ram (Jer 31,15), „an der Grenze von Benjamin" (1Sam 10,2) –, nach einer jüngeren süd-

lich von Jerusalem, „auf dem Weg nach Ephrata, das ist Bethlehem" (Gen 35, 19), wo sich bis heute eine heilige Stätte befindet. Gen 35, 16, wonach Rahel „auf dem Weg nach Ephrata" gebar, ist in seiner Lokalisierung etwas unklar. Der Aufbruch aus Bet-El am Anfang des Verses könnte auch für den Ort Rama sprechen.

[19] Vgl. BerR 45, 2: „Gehe doch zu meiner Magd, vielleicht werde ich durch sie auferbaut (Gen 16, 2). Es wurde gelehrt: Jeder, der kein Kind hat, ist gleichsam tot, er ist gleichsam niedergerissen: Gleichsam tot wegen Gen 30, 1: Und sie (d. h. Rahel) sagte zu Jakob: Schaffe mir Kinder, wenn nicht, dann sterbe ich. Gleichsam niedergerissen wegen Gen 16, 2: Vielleicht werde ich durch sie auferbaut: Man baut nicht etwas auf, wenn es nicht vorher niedergerissen ist."

[20] Vgl. BerR 82, 10: „Unser Vater Jakob begrub Rahel auf dem Weg nach Ephrata, weil er voraussah, daß die Exilierten dort vorüberziehen würden. Darum wurde sie dort begraben, damit sie für diese um Erbarmen flehen konnte."

[21] Vgl. dazu in der frühjüdischen Literatur z. B. JosAs 1, 5, wo es über Asenat heißt: „Sie war groß wie Sara, hübsch wie Rebekka und schön wie Rahel."

[22] Vgl. bSan 10, 1: „Ganz Israel hat Anteil an der zukünftigen Welt."

[23] Der samaritanische Pentateuch und die LXX vokalisieren ṭizzāraʿ Nifʿal, „eine Frau, die Samen empfängt/befruchtet wird".

[24] Mē phoboumenai mēdemian ptoēsin „kein Erschrecken fürchtet" könnte in der Wortwahl eine Anspielung auf Spr 3, 25 nach der LXX sein.

[25] Allēgoroumena kommt nur hier in der urchristlichen Literatur vor.

[26] V. 25 a ist ein textkritisch und inhaltlich problematischer Vers.

[27] Sowohl in der Allegorisierung als auch in der Gegenüberstellung Magd – Freie könnte eine Parallele zu Philo, Abr 251 vorliegen: Philo verwendet allerdings andere Bezeichnungen für Sklavin (therapainē, doulē) und bezieht beide Charakterisierungen auf die Beschreibung der Hagar – s. o. 2.2.

[28] Auf diese Problematik hat z. B. Haacker, Paulus 111, aufmerksam gemacht.

[29] In einigen Handschriften und Übersetzungen wird autē („ihr") weggelassen. Darin könnte ein Beispiel der fortschreitenden Unsichtbarmachung von Frauen in der biblischen Wirkungsgeschichte liegen.

[30] So weist z. B. McKay, Remnant 42 f., darauf hin, daß das Spezifische der Bestimmung der alttestamentlichen Frauen im NT verlorengeht; weibliche Personen werden verkürzt, reduziert dargestellt; starke Charakterzüge, Spuren von Stärke in der alttestamentlichen Darstellung werden entfernt, Frauen werden nur als Hintergrund-Szenerie verwendet und auf ihre Mutterrolle reduziert. Feministische Exegese hat die Erzmütter des AT „wiederentdeckt" und versucht, sie von einer Auslegungstradition zu befreien, die Frauen marginalisiert und ihr großes Aktionspotential, das sie in den Texten der Genesis durchaus haben, mindert. Aber sie hat sich noch wenig mit der Rezeption der Erzmütter im NT befaßt.

[31] Vgl. z. B. ukᵉṯîḇ „es steht geschrieben, daß" (bYev 64 a) und gegraptai gar hoti „denn es steht geschrieben, daß" (Gal 4, 22).

[32] Die Praxis des Paulus, zwischen Zitaten aus der Tora und solchen aus den Propheten Verbindungen herzustellen, wie z. B. zwischen Gal 4, 27, dem eher fernliegenden Zitat aus Jes 54, 1 LXX, und Gal 4, 30, einem Zitat von Gen 21, 10 LXX, könnte Parallelen in der rabbinischen Praxis der pᵉṯîḥāh, der „Eröffnung" der Synagogenpredigt, haben.

Literatur

Neben den gängigen Kommentaren und Lexikonartikeln zu AT und NT wurde folgende Literatur verwendet:
Erhard Blum, Die Komposition der Vätergeschichte, WMANT 57, Neukirchen-Vluyn 1984. – Elizabeth A. Castelli, Allegories of Hagar. Reading Galatians 4.21–31 with Postmodern Feminist Eyes, in: The New Literary Criticism and the New Testament, edd. E. Struthers Malbon/E. V. McKnight, JSNT. S 109, Sheffield 1994, 228–250. – Frank Crüsemann, Wie alttestamentlich muß evangelische Theologie sein?, EvTh 57 (1997), 10–18. – Emil Fackenheim, The Jewish Bible after the Holocaust, Bloomington–Indianapolis 1990. – Irmtraud Fischer, Die Erzeltern Israels. Feministisch-theologische Studien zu Genesis 12–36, BZAW 222, Berlin–New York 1994. – dies., Gottesstreiterinnen. Biblische Erzählungen über die Anfänge Israels, Stuttgart–Berlin–Köln 1995. – Magdalene L. Frettlöh, Isaak und seine Mütter. Beobachtungen zur exegetischen Verdrängung von Frauen am Beispiel von Gen 24,62–67, EvTh 54 (1994), 427–452. – Erich Gräßer, An die Hebräer, EKK 17/3, Zürich u. a. 1997. – Klaus Haacker, Paulus und das Judentum im Galaterbrief, in: Gottes Augapfel. Beiträge zur Erneuerung des Verhältnisses von Christen und Juden, edd. E. Brocke/J. Seim, Neukirchen-Vluyn 1986, 95–111. – Rachel Monika Herweg, Die jüdische Mutter. Das verborgene Matriarchat, Darmstadt 1994. – Pieter W. van der Horst, Sarah's Seminal Emission. Hebrews 11.11 in the Light of Ancient Embryology, in: A Feminist Companion to the Hebrew Bible in the New Testament, ed. A. Brenner, Sheffield 1996, 112–134. – Hans Hübner, Biblische Theologie des Neuen Testaments, Bd. 1: Prolegomena, Göttingen 1990. – ders., Vetus Testamentum in Novo, Bd. 2: Corpus Paulinum, Göttingen 1997. – Heather A. McKay, „Only a Remnant of Them Shall Be Saved." Women from the Hebrew Bible in New Testament Narratives, in: Brenner, Feminist Companion, 32–61. – Max Küchler, Schweigen, Schmuck und Schleier. Drei neutestamentliche Vorschriften zur Verdrängung der Frauen auf dem Hintergrund einer frauenfeindlichen Exegese des Alten Testaments im antiken Judentum (NTOA 1), Freiburg–Göttingen 1986. – Pnina Navè Levinson, Was wurde aus Saras Töchtern? Frauen im Judentum, Gütersloh 1989. – Dirk U. Rottzoll, Rabbinischer Kommentar zum Buch Genesis. Darstellung der Rezeption des Buches Genesis in Mischna und Talmud unter Angabe targumischer und midraschischer Paralleltexte, SJ 14, Berlin–New York 1994. – Philipp Vielhauer, Paulus und das Alte Testament (1969), in: ders., Oikodome. Aufsätze zum Neuen Testament, Bd. 2, TB 65, München 1979, 196–228. – Marie-Theres Wacker, 1. Mose 16 und 21: Hagar – die Befreite, in: Feministisch gelesen, edd. E. R. Schmidt u. a., Bd. 1, Stuttgart 1990³, 25–32.

Die Führer Israels: Mose, Josua und die Richter

Von Martin Hasitschka

1. Einleitung

Schon die Tatsche, daß sein Name im Neuen Testament 80mal genannt wird, weist auf die überragende Bedeutung des Mose hin. Am häufigsten wird er in den Evangelien und in der Apostelgeschichte erwähnt (57mal), mehrfach in Briefen des Paulus (9mal) sowie im Hebräerbrief (11mal), darüber hinaus in Offb 15,3; 2Tim 3,8 und Jud 9. Die folgende Untersuchung dieser Stellen[1] ist vor allem von der Frage geleitet, welches Mosebild die einzelnen neutestamentlichen Autoren vermitteln. Die wichtigsten Texte für diese Untersuchung sind das Johannesevangelium und der Hebräerbrief.

Josua, der Nachfolger des Mose, wird nur an zwei Stellen genannt. In Apg 7,45 wird daran erinnert, daß unter seiner Führung Israel das Land der „Heidenvölker" in Besitz nahm. Hebr 4,8 spricht davon, daß Josua das Volk noch nicht an den eigentlichen Ort der Ruhe brachte. Von der Epoche der Richter insgesamt ist in Apg 13,20 innerhalb eines knappen heilsgeschichtlichen Überblicks die Rede. Vier Einzelgestalten – Gideon, Barak, Simson und Jiftach – stellt Hebr 11,32 in die große Reihe der Glaubenszeugen. Aber dem Verfasser des Hebräerbriefes „fehlt die Zeit" (Hebr 11,32), ausführlicher auf sie zu sprechen zu kommen. Weil Josua und die auf ihn folgenden charismatischen Führergestalten Israels im Neuen Testament also kaum eine Rolle spielen, ist meine Untersuchung ganz der Person des Mose gewidmet.

2. Mose im Alten Testament und im frühen Judentum

Vom Buch Exodus an ist Mose zentrale Gestalt im Pentateuch. Sowohl in den meisten Erzählungen als auch in den Gesetzestraditionen spielt er eine herausragende Rolle. Was ihn vor allem kennzeichnet, ist eine singuläre Gotteserfahrung (brennender Dornbusch, Sinaitheophanie). Er ist von Gott berufen und gesandt, Israel aus der Knechtschaft Ägyptens zu befreien. Durch ihn ergeht Gottes Wort und Weisung an das Volk. Sowohl in der Führung des Volkes als auch in der Auslegung des Gotteswortes kommt ihm besondere Autorität zu. Man betrachtet ihn als prophetische Gestalt und als „Knecht" JHWHs.

Außerhalb des Pentateuch wird Mose zwar nicht mehr so häufig erwähnt, aber er behält – wie es programmatisch bereits in Jos 1,7 gesagt wird – seine Autorität als Mittler der Tora, die alle Lebensbereiche Israels bestimmt und an der auch die Könige gemessen werden. Am Abschluß der Sammlung der Schriften der Propheten stellt Mal 3,22 einen Rückbezug der prophetischen Botschaft zur Autorität des Mose her: „Haltet im Gedächtnis das Gesetz meines Knechtes Mose." Auch innerhalb der Prophetenbücher ist gelegentlich von Mose die Rede, z. B. in Jes 63,11–14 (Mose ist beim Exodusgeschehen „Hirt" seines Volkes). Mose kommt weiterhin in den Psalmen vor, vor allem im vierten Psalmenbuch (Ps 90–106), z. B. in Ps 103,7 (Mose als Vermittler der Offenbarung Gottes).

Bei der Darstellung der Exodusereignisse im Weisheitsbuch (Weish 11,5–19,22) wird Mose zwar nicht namentlich genannt, aber es ist klar, daß mit dem von Weisheit erfüllten Diener des Herrn (Weish 10,16) und dem heiligen Propheten (Weish 11,1) er gemeint ist. Auf der Linie der weisheitlichen Reflexion über die Gestalt des Mose liegt auch, was Jesus Sirach innerhalb seines Lobes der Väter Israels (Sir 44,1–50,24) über die Größe des Mose sagt (Sir 45,1–5).

Außerkanonische Schriften des frühen palästinischen Judentums zeichnen Mose als Empfänger und Vermittler weiterer Offenbarungen. Im „Jubiläenbuch" (109–105 v. Chr.) wird dem Mose am Gottesberg durch einen Engel die in besondere Epochen gegliederte Heilsgeschichte vom Uranfang bis zur Gegenwart erzählt und gedeutet. In der Apokalypse „Himmelfahrt des Moses" (1. Jh. n. Chr.) erscheint Mose als Visionär, der dem Josua Weissagungen über die kommenden Geschicke Israels mitteilt.

In den Schriften des hellenistischen Judentums ist eine Idealisierung und Heroisierung der Mosegestalt sowie eine legendäre Ausschmückung seiner Vita erkennbar. Mose wird zum Idealbild des antiken Menschen. Der Tragiker Ezechiel formt in seinem Werk „Exagogē" (= Herausführung) (ca. 250 v. Chr.) Exodusereignisse zu einem Drama mit Mose in der Hauptrolle um.

Philo beginnt sein zweibändiges Werk „De Vita Mosis" mit dem programmatischen Satz: „Das Leben des Moses beabsichtige ich zu schildern, … eines Mannes, der in jeder Beziehung der größte und vollkommenste Mensch war" (VitMos 1,1). Ausführlich und mit anderen Akzenten beschreibt auch Josephus Flavius in seinen Antiquitates das Leben des Mose (Ant 2,201–4,331). Beide Autoren gehen ziemlich frei mit den alttestamentlichen Vorlagen um.

Im frühen Judentum scheint auch die Verheißung des Mose in Dtn 18,15–18, daß Gott einen Propheten wie ihn erwecken wird, eine Rolle gespielt zu haben, etwa bei den Samaritanern oder in Qumran (CD 6,7; 4Q175,5–7).

Für das rabbinische Judentum bleibt Mose der große Gesetzgeber, und zwar nicht nur im Hinblick auf das geschriebene Gesetz, sondern auch in bezug auf die mündliche Überlieferung, die gleichfalls im Sinaigeschehen verankert wird.

3.   Mose im Neuen Testament

Die Untersuchung beschränkt sich auf die Stellen, an denen Mose namentlich genannt wird, und klammert umfassendere Fragestellungen (z. B. die Mosetypologie in Mt 1–2) aus.

3.1.   Mose in den synoptischen Evangelien und in der Apostelgeschichte

Die meisten Ereignisse im Leben Jesu, bei denen Mose eine Rolle spielt, sind im wesentlichen – freilich mit bestimmten Akzentsetzungen – von allen drei Synoptikern überliefert. Darüber hinaus macht vor allem Lukas in seinem Evangelium und speziell in der Apostelgeschichte weitere Aussagen über Mose.

3.1.1.   Gemeinsamkeiten der Synoptiker

Die einschlägigen Evangeliumsperikopen lassen sich nach drei Gesichtspunkten gliedern:

3.1.1.1.   Jesu Wirken und Lehren im Rahmen des Gesetzes des Mose

In der Perikope von der Heilung des Aussätzigen (Mt 8,1–4; Mk 1,40–45; Lk 5,12–16) gibt Jesus dem Geheilten die Anweisung, sich dem Priester zu zeigen und ein Opfer darzubringen, wie es Mose angeordnet hat.[2] Jesus erachtet die durch ihn bewirkte Heilung (Reinigung) als einen von Mose vorgesehenen Fall (vgl. Lev 13–14). Er hält sich an das Gesetz und anerkennt die Autorität des Mose. Ähnlich wird auch in Lk 2,22 die Autorität des Mose im kultischen Bereich respektiert. Diese Stelle betont, daß Jesu Leben von Anfang an im Einklang mit dem Gesetz des Mose steht.

3.1.1.2. Mose in Jesu Gesprächen mit Pharisäern und Sadduzäern

In der Frage der Ehescheidung (Mt 19,3–9; Mk 10,2–12; bei Lk fehlt diese Perikope) argumentieren die Pharisäer mit Mose, um Jesus auf die Probe zu stellen. Im Sinne von Mose ist Scheidung möglich. Dabei soll eine Scheidungsurkunde ausgestellt werden (vgl. Dtn 24,1.3). Kann Jesus dies in Einklang bringen mit seiner eigenen Eheauffassung? Jesus führt jedoch einen überraschenden Grund für die Weisung des Mose an: Wegen der „Herzenshärte" der Menschen läßt er Scheidung zu. Die im Plan des Schöpfers (Gen 1,27; 2,24) verankerte Auffassung Jesu hinsichtlich der unauflöslichen Gemeinschaft von Mann und Frau liegt auf einer anderen Ebene und steht damit nicht im Widerspruch zu den Weisungen des Mose.

Mit Mose (Dtn 25,5 f.) argumentieren die Sadduzäer im Gespräch mit Jesus zum Thema der Auferstehung der Toten (Mt 22,23–33; Mk 12,18–27; Lk 20,27–40). Gleichfalls mit Mose, der für die Sadduzäer maßgeblichen Autorität, antwortet Jesus, und zwar auf völlig überraschende Weise. Er weist nach, daß die Hoffnung auf Auferweckung der Toten bereits in der Gotteserfahrung des Mose beim brennenden Dornbusch (Ex 3,6) grundgelegt ist.

3.1.1.3. Mose bei der Verklärung Jesu

Die bedeutsamste Stelle in bezug auf Mose findet sich innerhalb der Erzählung von Jesu Verklärung (Mt 17,1–9; Mk 9,2–10; Lk 9,28–36). Da diese Erzählung eine Reihe von Motiven enthält, die an die Gotteserscheinung am Sinai erinnern ([hoher] Berg [vgl. Ex 24,12 f.], leuchtendes Antlitz Jesu [Mt 17,2; Lk 9,29 – vgl. Ex 34,29–35], Wolke [vgl. Ex 24,15 f.], Himmelsstimme [vgl. Ex 24,16], Zelte [vgl. Ex 33,7–11 – Zelt der Begegnung]), legt es sich nahe, auch Mose und Elija, die Jesus und den drei Jüngern „erscheinen" (ōphthē), mit dem Thema der Theophanie zu verbinden. Jene beiden Gestalten sind in dieser Situation in erster Linie nicht als Repräsentanten von Gesetz und Propheten zu interpretieren, sondern als Menschen, denen eine Theophanie auf dem Gottesberg zuteil wurde. Ihnen kommt damit besondere Zeugnisfunktion zu: Ihre Anwesenheit ist ein weiterer Hinweis darauf, daß Jesu Verklärung im Grunde ein Theophanieereignis ist.

Auch die Himmelsstimme am Berg der Verklärung, das Bekenntnis Gottes zu seinem geliebten Sohn, stellt einen Bezug zu Mose her. Sie endet mit dem Imperativ: „Auf ihn hört!" Dieser Imperativ ist ein Anklang an Verheißung, die Mose in Dtn 18,15 dem Volk gibt: „Einen Propheten wie mich wird dir JHWH, dein Gott, aus deiner Mitte, aus deinen Brüdern erstehen lassen. Auf ihn sollt ihr hören." Jesus kann somit auch als der von Mose verheißene Prophet betrachtet werden.

Die Verklärungsperikope vermittelt jedenfalls die Vorstellung, daß Mose eine (bei Gott) lebende Person ist, die zum Zweck des Zeugnisses für Jesus einen Augenblick lang auf Erden erschienen ist.

3.1.2. Besonderheiten bei Matthäus, Markus und Lukas

Nur Mt 23,2 enthält das Bild von der Kathedra (Sitz, Lehrstuhl) des Mose. Nur Mk 7,10 gibt den Dekalog als Worte des Mose aus. Im Sondergut des Lukas treffen wir an mehreren Stellen auf die Wendung „Mose und die Propheten" (Lk 16,29.31; 24,27.44; Apg 26,22; 28,23). Sie treten an diesen Stellen (andeutungsweise auch schon in Lk 16,29.31) als Zeugen für die Passions- und Osterereignisse auf.

In der Apostelgeschichte schildert Lukas Probleme in der Urkirche beim Übergang zur Heidenmission, die verbunden waren mit der Frage, ob das Gesetz des Mose noch Heilsbedeutung hat.[3] Darüber hinaus zeichnet Lukas ein Mosebild, das stark geprägt ist durch die Verheißung von Dtn 18,15–18. Ein wörtliches Zitat von Dtn 18,15 in bezug auf Jesus bringt Petrus in seiner Rede auf dem Tempelplatz (Apg 3,22). Die „Erweckung" (anistēmi) eines Propheten wie Mose wird auf das Ereignis der Auferwekkung Jesu bezogen (anistēmi – Apg 3,26). Auch alle Propheten haben „diese Tage" (= das Christusereignis von der Auferweckung Jesu bis zur Parusie) angekündet (Apg 3,24).

Dtn 18,15 bildet auch einen Höhepunkt der Stephanusrede (Apg 7,1–53), die zum größten Teil der Gestalt des Mose gewidmet ist (Apg 7,17–43). In Anlehnung an die Moseüberlieferung im Pentateuch (hauptsächlich im Buch Exodus) schildert Lukas das in drei Abschnitte von je 40 Jahren gegliederte Wirken des Mose und setzt dabei besondere Akzente.

Der von Geburt an Gott wohlgefällige Mose wird „mächtig in Wort und Tat" (Apg 7,22 – vgl. Lk 24,19!). Im Alter von 40 Jahren reift in ihm der Wunsch, seine Brüder zu „besuchen" (episkeptomai – Apg 7,23, vgl. Lk 7,16). Das Volk versteht nicht, daß Gott durch seine Hand „Rettung" (sōtēria) schenken will (Apg 7,25; vgl. Lk 1,77; 19,9). Nachdem Mose bei dem Versuch, unter Streitenden Frieden zu stiften, „weggestoßen" (apōtheomai) wird, ergreift er die Flucht. Nach 40 Jahren wird er beim brennenden Dornbusch beauftragt, das leidende Volk aus Ägypten zu retten (Apg 7,30–34). Im Blick auf das durch Mose bewirkte Exodusgeschehen und seine 40 Jahre dauernde Führung des Volkes in der Wüste, formuliert Lukas drei programmatische Aussagen. Zunächst betont er, daß Gott gerade „diesen Mose", den das Volk „verleugnet" hat (arneomai – vgl.

Apg 3,13 f.!), als „Herrscher (archōn) und Befreier" sendet (Apg 7,35).
Weiterhin wird hervorgehoben, daß „dies der Mose ist", der den Söhnen
Israels verheißt, daß Gott ihnen einen Propheten wie ihn erwecken wird
(Apg 7,37 – zweites wörtliches Zitat von Dtn 18,15). Schließlich betont
Lukas, daß Mose dem Volk „Worte des Lebens" vermittelt (Apg 7,38 –
Anspielung an die Sinaitheophanie). Nicht zufällig steht die Verheißung
des Propheten im Sinne von Dtn 18,15 in der Mitte dieser drei Aussagen.

Die ausführliche Darstellung des Wirkens des Mose in der Stephanus-
rede schließt mit einem Blick auf das Verhalten des Volkes. Nicht nur die
aus der Exoduserzählung vertraute Hinwendung zum Götzenkult wird dabei getadelt (Apg 7,40–43), sondern in erster Linie die Tatsache, daß die
Väter Mose nicht gehorchen wollen und ihn sogar „wegstoßen" (apōtheomai – Apg 7,39; vgl. 7,27).

Der besondere Akzent im Mosebild dieser Rede liegt in dem Gedanken,
daß Mose vom Volk Israel abgelehnt, verleugnet und sogar verworfen wird.
Dennoch ist gerade er von Gott erwählt, sein Volk zu retten und ihm
„Worte des Lebens" zu geben. Dieses Mosebild ist bereits eine Vorankündigung sowohl des Leidensgeschickes, das Jesus, „ein Prophet mächtig in
Tat und Wort" (Lk 24,19), zu ertragen hat, als auch der durch ihn geschenk-
ten Rettung. Gerade „diesen Jesus" (vgl. Apg 2,36), den das Volk vor Pilatus „verleugnet" (Apg 3,13 f.) und der gekreuzigt wird, macht Gott zum
„Anführer (archēgos) des Lebens" (Apg 3,15). Diesen erhöht Gott zu seiner Rechten als „Anführer und Retter" (Apg 5,31).

Daß Lukas zweimal aus Dtn 18,15–18 zitiert, zeigt, wie wichtig ihm diese
Verheißung des Mose von einem kommenden Propheten ist. Er sieht sie
speziell in der Auferweckung Jesu von den Toten erfüllt.

3.2.   „Über mich hat jener geschrieben" –
        Das Mosebild im Johannesevangelium

Das Johannesevangelium erwähnt Mose in sieben Textabschnitten. Die
verschiedenen Aussagen über ihn stehen nicht beziehungslos nebeneinander, sondern sind wie Einzelzüge an einem für dieses Evangelium charakteristischen Gesamtbild von Mose.

3.2.1. Mose im Johannesprolog – Joh 1,17

Der Prolog (Joh 1,1–18), der hymnusartig zentrale theologische Themen
des Evangeliums behandelt, enthält auch die Namen von drei historischen
Personen: Johannes (Joh 1,6.15), Mose und Jesus (Joh 1,17). Im Anschluß

an die in Joh 1,16 ausgedrückte Gewißheit, daß „wir alle" aus der „Fülle" des Mensch gewordenen Wortes (logos) „Gnade über Gnade" empfangen haben in verschwenderischem Reichtum, wird in Joh 1,17 erneut von der Gnade gesprochen, und zwar in folgender Gegenüberstellung: „Denn das Gesetz wurde durch Mose gegeben, die Gnade und die Wahrheit ist durch Jesus Christus geworden." Die Gnade ist nicht nur Gabe des Mensch gewordenen Wortes (Joh 1,16), sondern sie ist sogar (zusammen mit der Wahrheit) durch Jesus „geworden".[4]

Mit der Nennung von Mose wird erstmals die Geschichte Israels thematisiert, die im weiteren Verlauf des Johannesevangeliums eine große Rolle spielt. Bezeichnenderweise wird Mose nicht etwa als Befreier gesehen, sondern in erster Linie als Vermittler des „Gesetzes" (nomos), das „gegeben" wird, und zwar durch Gott (passivum divinum). Das Johannesevangelium hat insgesamt ein positives Verständnis vom Gesetz als einer Gabe Gottes. Ihm kommt im weiteren Verlauf des Evangeliums besondere Hinweis- und Legitimationsfunktion für Jesus zu.[5]

Daß Jesus an der Stelle, wo er zum ersten Mal genannt wird, nicht isoliert erscheint, sondern in Verbindung mit Mose, ist für das Christusverständnis des Johannesevangeliums m. E. nicht unbedeutend. Es wird sich zeigen, daß Jesus in seinem messianischen Anspruch nicht verstehbar ist ohne Mose. Die Gegenüberstellung beider Gestalten bedeutet nicht, daß Mose und das Gesetz abgewertet werden. Sie läßt vielmehr Gemeinsamkeiten erkennen, aber auch charakteristische Unterschiede.

Gemeinsamkeiten zeigen sich vor allem dann, wenn man annimmt, daß der Johannesprolog mit der Gestalt des Mose auch die Gesamttradition von Ex 33 f. aufgreift.[6] Mit der Aussage über die Gabe des Gesetzes durch Mose wird dann auch an den Zusammenhang erinnert, in dem dies geschah, nämlich an die Sinaitheophanie, eine einzigartige Erfahrung der Nähe des lebendigen Gottes. Gemeinsam ist Mose und Jesus demnach einerseits eine singuläre Gotteserfahrung und andererseits die Aufgabe, Gottes Weisung und Wort zu vermitteln.

Jesus unterscheidet sich jedoch von Mose, insofern er mit dem Mensch gewordenen Wort Gottes identifiziert wird. Er vermittelt nicht etwa ein neues Gesetz, sondern „Gnade" (dies bedeutet: der Mensch findet Gunst bei Gott) und „Wahrheit" (dies bedeutet: Gott erschließt dem Menschen sein Innerstes, sich selbst). Er ist auch nicht nur Geber von Gnade und Wahrheit, sondern gleichsam ihre Verkörperung. Ein Unterschied zu Mose liegt weiterhin darin, daß Jesus der „Einzige" ist, der Gott kennt wie keiner sonst und deshalb zuverlässige „Kunde bringt" von ihm (Joh 1,18).

3.2.2. Mose in der narrativen Eröffnung des Evangeliums –
Joh 1,19–2,11

Auch wenn Mose in Joh 1,21.25 (Johannes wird gefragt: „Bist du der Prophet?") nicht ausdrücklich genannt wird, kann der Titel „der Prophet" als Wiederaufnahme von Dtn 18,15–18 verstanden werden. Dazu ist ein Blick auf den Befund im übrigen Johannesevangelium erforderlich. Die determinierte Bezeichnung „der Prophet" findet sich noch in Joh 6,14 (Bekenntnis des Volkes nach der Speisung der Fünftausend) und in Joh 7,40.52 (unterschiedliche Auffassungen über Jesus am Laubhüttenfest).[7] Die Annahme, daß das Bekenntnis in Joh 6,14 die Verheißung von Dtn 18,15 aufgreift, legt sich deshalb nahe, weil es einerseits vor dem Hintergrund des Brotwunders geschieht und weil andererseits darauf die Brotrede folgt, in der von Mose und dem Manna gesprochen wird. Joh 7,40 steht im Anschluß an Jesu Verheißung in Joh 7,37–39, die mit dem Bild vom Wasser für Dürstende möglicherweise auch die Exodustradition aktualisiert (vgl. Ex 17,6; Num 20,7–11; Ps 78,15f.; 1Kor 10,4). Die Vermutung, daß die Bezeichnung „der Prophet" die Verheißung des Mose in Dtn 18,15–18 aktualisiert, kann sich schließlich auch auf Joh 5,46 stützen, wo betont wird, daß Mose über Jesus schreibt.

In Joh 1,45 bezeugt Philippus dem Nathanael: „Den, von dem Mose im Gesetz schrieb und die Propheten, haben wir gefunden." Bei der Interpretation dieses Wortes, das auf dem Hintergrund vorausgehender Zeugnisse steht (Joh 1,36 [Johannes]: „Siehe, das Lamm Gottes"; Joh 1,41 [Andreas]: „Gefunden haben wir den Messias, das ist übersetzt: Gesalbter"), drängen sich folgende Fragen auf: Sind Stellen im Gesetz des Mose gemeint, die (ähnlich wie die Propheten) auf einen Gesalbten verweisen (Gen 49,10; Num 24,17)? Oder ist eher an die Verheißung von Dtn 18,15–18 gedacht? Das Verständnis von Joh 5,46 in einem weiten Sinn (s. u. 3.2.4.) kann die Beantwortung dieser Fragen erleichtern.

3.2.3. Mose und die eherne Schlange im Nikodemusgespräch – Joh 3,14

Joh 3,14 steht innerhalb des dritten Abschnittes des Gespräches zwischen Jesus und Nikodemus (Joh 3,9–21). Nikodemus, „der Lehrer Israels" (Joh 3,9), der Jesu Worte nicht versteht, wird durch den Verweis auf Mose an eine anerkannte Autorität erinnert. In Joh 3,14f. wird eigentlich nicht Mose, sondern die eherne Schlange (Num 21,4–9) dem „Menschensohn"[8] gegenübergestellt. Dennoch legt sich auch ein Vergleich zwischen Jesus und Mose nahe. Mit der auf einer Stange „erhöhten" ehernen Schlange gibt Mose dem Volk in lebensbedrohlicher Situation ein Rettungszeichen (SapSal 16,6: symbolon sōtērias). Auch Jesus als der (am Kreuz) „erhöhte" Menschensohn gibt den vom Tod bedrohten Menschen ein Rettungszeichen. Eine Überbietung zeigt sich einerseits darin, daß Jesus nicht bloß ein Rettungszeichen gibt, sondern es gleichsam verkörpert, andererseits im Verständnis des Lebens, das gerettet wird. Während durch Mose das Volk in der Wüste vor dem Verlust des Lebens im irdischen Sinn bewahrt bleibt, verheißt Jesus den an ihn Glaubenden Leben über den Tod hinaus.

3.2.4. Argumentation mit Mose in der ersten Verteidigungsrede Jesu – Joh 5,45 f.

Jesus hält diese Rede (Joh 5,19–47) vor „den Juden", die danach trachten, ihn zu töten, „weil er nicht nur den Sabbat auflöste, sondern auch Gott (den) eigenen Vater nannte, sich Gott gleich machend" (Joh 5,18). Der Verweis auf Mose steht am Ende der Rede (Joh 5,45–47). Zur Interpretation dieser Stelle ist auch ein Blick auf Joh 5,37–40 erforderlich, wo Jesus die fehlende Aufnahmebereitschaft „der Juden" für ihn, den vom Vater Gesandten, thematisiert: „Ihr erforscht die Schriften, weil ihr meint, in ihnen ewiges Leben zu haben. Und jene sind die, die Zeugnis geben über mich. Und ihr wollt nicht zu mir kommen, damit ihr Leben habt" (Joh 5,39 f.). Leitmotiv beim Erforschen der Schriften ist die Suche nach ewigem Leben. Genau in dieser Hinsicht geben die Schriften jedoch Zeugnis über (peri) Jesus, den Vermittler jenes Lebens.

Nicht nur die Schriften allgemein, sondern auch der als Schriftautorität geltende Mose geben Zeugnis über Jesus. Davon spricht Jesus in Joh 5,45–47: „Meint nicht, daß ich euch anklagen werde beim Vater. Der euch Anklagende ist Mose, auf den ihr eure Hoffnung gesetzt habt. Wenn ihr nämlich Mose glaubtet, würdet ihr mir glauben. Über mich nämlich schrieb jener. Wenn ihr aber seinen Schriften nicht glaubt, wie werdet ihr meinen Worten glauben?" Die singuläre Aussage, daß die Juden auf Mose ihre Hoffnung setzen, läßt sich im Blick auf Joh 5,39 f. mit der Hoffnung auf ewiges Leben verbinden, wovon auch seine Schriften handeln. Der Anklagepunkt in Joh 5,45–47 ist der mangelnde Glaube gegenüber Jesus und seinen Worten, der im fehlenden Glauben gegenüber Mose und seinen Schriften wurzelt. Daß Mose über (peri) Jesus schreibt, betrifft m. E. nicht bloß eine Einzelverheißung wie Dtn 18,15–18, sondern ist umfassend zu verstehen. Von daher empfiehlt es sich, den Schriftverweis in Joh 1,45 nicht nur auf Einzelstellen, sondern auch auf die Schrift (Gesetz und Propheten) insgesamt zu beziehen, insofern sie als Ganzes für das durch Jesus vermittelte Leben und damit für ihn selbst empfänglich macht.

3.2.5. Mose und Manna in der Brotrede – Joh 6,32

Die Brotrede (Joh 6,25–59) weist dialogische Struktur auf. Im dritten Redeabschnitt (Joh 6,30–33) kommen Jesu Dialogpartner auf das Manna zu sprechen (Joh 6,31), ein Thema, das nun den weiteren Gesprächsverlauf bestimmt (Joh 6,49 f.58). Ihre Bereitschaft, an Jesus zu glauben, knüpfen sie an die Bedingung, daß er ein „Zeichen" tut. Erwarten sie von ihm, den sie für „den Propheten" halten (Joh 6,14), ein ähnliches Zeichen wie jenes, das einst dem Volk auf dem Weg durch die Wüste durch Mose gegeben wurde?[9]

Auf den Hinweis der Gesprächspartner, daß die Väter das Manna gegessen haben in der Wüste gemäß dem Schriftwort: „Brot vom Himmel gab er ihnen zu essen" (Joh 6,31 – vgl. Ex 16; Ps 78,24 f.; Ps 105,40; Weish 16,20 f.26), antwortet Jesus: „Amen, amen ich sage euch: Nicht Mose hat euch das Brot vom Himmel gegeben, sondern mein Vater gibt euch das wahre Brot vom Himmel. Denn das Brot Gottes ist der vom Himmel Herabsteigende und der Welt Leben Gebende" (Joh 6,32 f.). Eine eigentümliche Spannung zeigt sich in der Gegenüberstellung: nicht Mose (Geschehen in der Vergangenheit), sondern mein Vater (Ereignis in der Gegenwart). Mit der Nennung des Mose verweist Jesus jedenfalls (wie in Joh 3,14) auf eine anerkannte Autorität.

Die Brotrede läßt sich mit dem Nikodemusgespräch vergleichen. Mit der Wiederaufnahme der Tradition von der ehernen Schlange (Joh 3,14) und vom Manna (Joh 6,32) wird jeweils auch an ein Tun des Mose erinnert. Dieses hat im Sinne einer Vorabbildung bereits Bezug zu Jesus, dem Menschensohn. Der Überbietungsgedanke betrifft jeweils die Thematik des Lebens. In lebensbedrohlichen Situationen in der Wüste (Giftschlangen, Hunger) geschah durch Mose Rettung (Erhöhung der ehernen Schlange, Gabe des Manna). Durch Jesus („erhöhter" Menschensohn; Gabe des „wahren" Brotes vom Himmel, das er verkörpert [Joh 6,51]) wird nicht nur Leben im irdischen Sinn bewahrt und gerettet, sondern wird Leben über den Tod hinaus, ewiges Leben, vermittelt. Mit beiden Traditionen aus der Exoduszeit (eherne Schlange, Manna) verbindet das Johannesevangelium auch die Lebenshingabe des Menschensohnes und den Glauben an Jesus als die einzige Voraussetzung, um das unvergängliche Leben zu erlangen.

3.2.6. Mose in Jesu Rede während der Mitte des Laubhüttenfestes – Joh 7,19.22 f.

Im Hinblick auf die Absicht der Leute, ihn zu töten, argumentiert Jesus mit Mose: „Hat nicht Mose euch das Gesetz gegeben? Und niemand von euch tut das Gesetz" (Joh 7,19). Das Gesetz „tun" – das sollte sich in der Aufgeschlossenheit für Jesus und sein Wirken zeigen.

Im anschließenden Redeabschnitt (Joh 7,20–24) kommt Jesus erneut auf Mose zu sprechen, und zwar unter Bezugnahme auf das „eine Werk" der Heilung am Sabbat (vgl. Joh 5,2–16): „Mose hat euch die Beschneidung gegeben – nicht daß sie von Mose ist, sondern von den Vätern –, und am Sabbat beschneidet ihr einen Menschen. Wenn Beschneidung empfängt ein Mensch am Sabbat, damit nicht aufgelöst wird das Gesetz des Mose, mir zürnt ihr, weil ich einen ganzen Menschen gesund machte am Sabbat?" (Joh 7,22f. – wörtlich übersetzt).

Ähnlich wie in Joh 7,19 verweist Jesus in Joh 7,22 auf Mose als die allgemein akzeptierte Autorität. Die in Joh 7,22 genannte Einschränkung (das Beschneidungsgebot geht im Grunde auf die Väter zurück, vgl. Gen 17,10–12; Lev 12,3) unterstreicht nur, wie wichtig es für Jesus ist, Mose ins Spiel zu bringen. Mose selbst nämlich, die höchste Instanz in bezug auf das Sabbatgebot (vgl. Ex 20,8–11), relativiert dieses. Die Beschneidung (der Knabe muß am 8. Tag beschnitten werden, auch wenn dieser auf einen Sabbat fällt) hat (als das Bundeszeichen) gleichsam Vorrang vor dem Sabbat. Die Steigerung in Joh 7,23 (einen Menschen beschneiden – einen ganzen Menschen gesund machen [Schlußfolgerung a minori ad maius]) basiert auf dem Gedanken, daß im Kontext der Beschneidung auch Heilung (einer Wunde) geschieht.

Mose legitimiert jedenfalls die Sabbatheilung Jesu. Diese ist nicht – wie man Jesus in Joh 5,18 vorwirft – ein Auflösen (lyō) des Sabbats. Sie entspricht vielmehr der eigentlichen Intention des Gesetzes. Es käme umgekehrt einem Auflösen (lyō) des Gesetzes gleich, würde Jesus wegen des Sabbats die Heilung nicht wirken.

Ein letztes Mal wird Mose bei der zweiten Sabbatheilung erwähnt:

3.2.7. Bekenntnis zur Jüngerschaft des Mose anläßlich der Heilung des Blindgeborenen – Joh 9,28f.

Im zweiten Gespräch zwischen den Pharisäern und dem Geheilten, in welchem dieser erneut jenen verteidigt, der ihn geheilt hat, insbesondere gegenüber der wiederholt geäußerten Beschuldigung, daß dieser den Sabbat verletzt und ein Sünder ist, kommt auch das Thema der Jüngerschaft zur Sprache. Auf die überraschende Frage des Geheilten an die Pharisäer, ob auch sie Jünger dessen werden wollen, der ihn geheilt hat (Joh 9,27), beschimpfen sie ihn: „Du bist ein Jünger (mathētēs) von jenem, wir aber sind Jünger (mathētēs) des Mose. Wir wissen, daß zu Mose Gott geredet hat, von diesem aber wissen wir nicht, woher er ist" (Joh 9,28f.). Die anschließende weitere Verteidigung des Geheilten gipfelt in der Aussage: „Wenn dieser nicht von Gott her wäre, könnte er gar nichts tun" (Joh 9,33). Die Bezeichnung „Jünger des Mose" ist singulär.[10] Gemäß Joh 9,28 f. und dem Kontext der beiden Gespräche zwischen den Pharisäern und dem Geheilten ist der Gedanke der Jüngerschaft verbunden mit einem besonderen Wissen in bezug auf den Meister. Die Pharisäer wissen, daß Gott zu Mose geredet hat (vgl. Num 12,8); der Geheilte weiß, daß jener, der ihn geheilt hat, kein Sünder sein kann und von Gott her ist. Das Wissen des Jüngers betrifft in beiden Fällen die Gottesbeziehung des Meisters.

Mose ist nicht nur Geber des Gesetzes, sondern hat auch Jünger. Jüngerschaft des Mose bezieht sich jedoch (anders als Jüngerschaft des Johannes oder Jesu) im übertragenen Sinn auf eine Gestalt der Vergangenheit. Die Frage in Joh 9,27 („wollt etwa auch ihr seine Jünger werden?") stützt – unter anderem Vorzeichen gelesen – den Gedanken: Als Jünger des Mose sind die Pharisäer und „die Juden" (Joh 9,16) grundsätzlich dazu bestimmt und disponiert, Jesu Jünger zu werden.

3.2.8. Ergebnisse

1. An vier von den sieben Stellen kommt Jesus innerhalb einer Rede selbst auf Mose zu sprechen (Joh 3,14; 5,45 f.; 6,32; 7,19.22 f.), und zwar jeweils auch im Zusammenhang mit dem sich ankündigenden Leidensgeschick.

2. Das Johannesevangelium vermittelt ein für die Zeitgenossen Jesu selbstverständliches Mosebild mit folgenden Zügen: Mose gilt als allgemein anerkannte Autorität. Gott hat zu ihm geredet (Joh 9,29) und gibt durch ihn das Gesetz (Joh 1,17 – Erinnerung an die Sinaitheophanie). Gott hat durch ihn rettend an seinem Volk gehandelt (eherne Schlange, Manna). Die Pharisäer bzw. Juden verstehen sich als seine Jünger (Joh 9,28) und setzen auf ihn ihre Hoffnung (Joh 5,45). Seine Schriften weisen auch auf eine messianische Gestalt hin (Joh 1,45).

3. Auf diesem Hintergrund wird Jesu spezielle Sicht von Mose um so besser erkennbar. Sie läßt sich unter drei Aspekten skizzieren: a) Mose und das Gesetz verweisen bereits auf ihn, bezeugen seinen Anspruch und bestätigen sein Wirken (Sabbatheilung). b) Daß Mose über Jesus schreibt, ist nicht nur punktuell im Sinne einzelner Schriftstellen (vor allem Dtn 18,15–18) zu verstehen, sondern betrifft die Schriften des Mose insgesamt. Insofern Mose im Gesetz Gottes Wort vermittelt, schreibt er bereits über Jesus, der Gottes Wort in seiner Person verkörpert. c) Indem Mose Lebensrettung bewirkt (eherne Schlange, Manna), weist er bereits auf den hin, der ewiges Leben schenken kann.

4. Eine Gegenüberstellung von Mose und Jesus muß vor dem Horizont der Frage nach Gott (wer kann zuverlässige Auskunft über Gott geben?) und der Theophaniethematik (wo/wie wird Gott in unserer Welt erfahrbar?) geschehen. Dabei lassen sich sowohl Gemeinsamkeiten als auch zwei überbietende Unterschiede erkennen. Mose übermittelt Gottes Gesetz und Wort (Joh 1,17; 9,29) und ist auch gleichsam Instrument für Gottes Rettungshandeln. Jesus hingegen bringt zuverlässige Kunde von Gott (Joh 1,18), weil er in einzigartiger Weise von Gott her ist (Joh 9,33). Er verkörpert Gottes Wort, ebenso wie er Gottes Rettung verkörpert.

5. Methodische Hilfe bei einer Gegenüberstellung beider Gestalten leistet nicht nur das Denkmodell von Entsprechung und Überbietung, sondern vor allem der johanneische Begriff von Zeugenschaft. Mose ist vor allem zu sehen in der Rolle des Zeugen. Angesichts des Unverständnisses und Unglaubens gegenüber Jesus, der ihm widerfahrenden weitgehenden Ablehnung sowie seines Passionsgeschicks braucht es Zeugen, die auf ihn hinweisen und für ihn eintreten, damit erkannt werden kann, wer er wirklich ist.

Mose steht letztlich auf der Seite dessen, der im Namen des Gesetzes als Gotteslästerer verurteilt wurde (Joh 19,7). Zusammen mit Abraham (Joh 8,56 – er sieht den Tag Jesu) und Jesaja (Joh 12,41 – er redet über [peri] Jesus) befindet sich Mose in der Reihe der alttestamentlichen Christuszeugen.

3.3. Mose in den Paulusbriefen

Obwohl der Begriff Gesetz (nomos) im Denken und in der Theologie des Paulus eine große Rolle spielt, wird nur an zwei Stellen ausdrücklich gesagt, daß es das Gesetz des Mose ist (Röm 5,13f.; 1Kor 9,9). Paulus findet in Mose vor allem Hilfe in der schweren Frage nach dem Heil Israels und eine Modellgestalt zur Deutung Jesu und der christlichen Existenz.

3.3.1. Mose im Dienst der Rettung ganz Israels – Röm 9–11

Bei seinem Ringen mit dem dunklen Rätsel der Ablehnung Jesu durch einen Teil des Volkes Israel und bei seinem Bemühen, die Hoffnung auf endgültige Rettung ganz Israels in seinem Gottes- und Christusverständnis zu verankern, stützt sich Paulus im Römerbrief auch auf die Gestalt des Mose. Um zu zeigen, daß Gott sowohl in seiner Erwählung als auch in seinem Erbarmen frei und souverän ist, greift Paulus in Röm 9,15 Gottes Selbstkundgabe vor Mose auf: „Ich werde mich erbarmen, wessen ich mich

erbarme, und ich werde Mitleid haben, mit wem ich Mitleid habe"
(Ex 33,19). Mose wird zum Zeugen für Gottes Unverfügbarkeit, aber auch
für sein unergründliches Erbarmen. In Röm 10,5 wird mit Mose argumentiert, um zu verdeutlichen, daß die „Gerechtigkeit" (= rechte Gottesbeziehung) im Grunde nicht durch das Gesetz, sondern durch den Glauben an
Christus vermittelt wird. Röm 10,19 schließlich verankert das für Paulus
wichtige Eifersuchtsmotiv (Gott „provoziert" Israel durch die Berufung
der Heiden) bereits bei Mose (Dtn 32,21).

3.3.2. Mose als Modellgestalt für Christus und die Christen
in den Korintherbriefen

1Kor 10,1–5 stellt den Lesern Ereignisse aus der Exoduszeit als Vorbild
und Modell (typos – 1Kor 10,6) für Zukünftiges, nämlich für das durch
Christus bewirkte neue Heilsgeschehen, vor Augen. 1Kor 10,2 entwirft die
Vorstellung, daß die Israeliten beim Durchzug durchs Rote Meer „auf
Mose getauft wurden in der Wolke und im Meer". Handelt es sich dabei
um eine Vorabbildung der Taufe auf Christus (Gal 3,27) und auf seinen Tod
(Röm 6,3f.)? Diese Frage wird man bejahen dürfen, wenn man davon ausgeht, daß im Sinne von 1Kor 10,3f. die Gabe von Speise und Trank in der
Exoduszeit Vorausdarstellung der Gaben Christi sind (vgl. 1Kor 10,16f.;
11,17–34 [Feier des Herrenmahles]). Wie aber ist Taufe auf Mose näherhin
zu verstehen? Das Verbum „taufen" (baptizō – eigentlich: „eintauchen,
untertauchen") in Verbindung mit den Präpositionen „in" und „auf" (eis
mit Akkusativ) verwendet Paulus auch in 1Kor 12,13: „In einem (einzigen)
Geist wurden wir alle auf (eis mit Akkusativ) einen (einzigen) Leib hin
getauft." An beiden Stellen begegnet uns die Vorstellung, daß der Mensch
in ein bestimmtes Element eingetaucht oder in einen besonderen Bereich
hineingenommen wird (1Kor 10,2: „Wolke" [Bild für die Nähe Gottes] und
„Meer" [Sinnbild für Gottes rettendes Handeln]; 1Kor 12,13: „Geist"). Mit
der Wendung „taufen auf" ist an beiden Stellen der Gedanke der Zugehörigkeit verbunden (1Kor 10,2: Mose und das zu ihm gehörende Volk;
1Kor 12,13: der „Leib" als Bild für die zu Christus gehörende Kirche). Die
Zugehörigkeit des Exodusvolkes zu Mose kann als Typos der Verbunden-
heit der Christen mit Christus verstanden werden. Diese führt sogar zu
größtmöglicher Angleichung an ihn (Gal 3,27; Röm 6,3f.).

Neben der dunklen Stelle 2Kor 3,14f., an der die Wendung „Vorlesen des
alten Bundes" synonym ist mit „Mose vorlesen", an der also Mose als die
hinter dem Buch des – erstmals so bezeichneten – Alten Testaments stehende Autorität gesehen wird, bringt der 2. Korintherbrief eine Gegenüberstellung von Mose und den Christen, die zugleich ins Zentrum seiner Theologie

führt. Sie findet sich innerhalb des Abschnittes von 2Kor 3, 4 – 4, 6, in welchem Paulus sich und seine Mitarbeiter und im Grunde die Christen insgesamt als „Diener des neuen Bundes" (2Kor 3, 6) beschreibt. Diese stellt er Mose gegenüber, dem exemplarischen Diener des alten Bundes. Unter Aufnahme der Tradition von der Gottesbegegnung des Mose und des Bundesschlusses am Berg Sinai (Ex 34, insbesondere 34, 27–35) entfaltet Paulus den Gedanken einer Steigerung hinsichtlich der „Herrlichkeit" des Dienstes. „Herrlichkeit" (doxa) ist ein Zentralbegriff des ganzen Abschnittes.

Ausgangspunkt ist das in 2Kor 3, 7 skizzierte Bild: „Die Söhne Israels konnten nicht hinblicken auf das Angesicht des Mose wegen der Herrlichkeit seines Angesichtes, der (doch) vergehenden." Darin wird die Szene aufgegriffen, da Mose vom Berg Sinai herabsteigt mit den beiden steinernen Tafeln in seinen Händen, auf die er die „Worte des Bundes" geschrieben hatte. Sein Angesicht leuchtet, weil er mit Gott geredet hatte, und die Söhne Israels fürchten sich, zu ihm heranzutreten (Ex 34, 29). Daß die Herrlichkeit auf dem Antlitz des Mose „vergeht", wird in Ex 34 nicht gesagt. Dieser Gedanke ist für Paulus aber wichtig. In 2Kor 3, 13 bringt er ihn nochmals, und zwar in Verbindung mit dem Motiv von der Hülle, das gleichfalls aus jener Erzählung vom Abstieg des Mose vom Gottesberg stammt (Ex 34, 33.35): „Mose legte eine Hülle auf sein Angesicht, damit die Söhne Israels nicht hinblicken auf das Ende des Vergehenden." Der vergehenden, vergänglichen Herrlichkeit des Mose stellt Paulus – im Blick auf die Auferweckung Jesu – eine größere und bleibende Herrlichkeit gegenüber, die die Christen erfahren und die ihren Dienst kennzeichnet (2Kor 3, 7–9.11).

Als Kontrastbild zum verhüllten Angesicht des Mose zeichnet Paulus anschließend das enthüllte Angesicht der Christen. Erneut bringt er damit den Gedanken der Überbietung zum Ausdruck. „Wir alle aber, mit enthülltem Angesicht die Herrlichkeit des Herrn wie in einem Spiegel schauend,[11] werden in dasselbe Bild verwandelt von Herrlichkeit zu Herrlichkeit" (2Kor 3, 18). Bei der Interpretation dieser Stelle darf man davon ausgehen, daß Christus der Spiegel ist, in dem Gottes Herrlichkeit erscheint, ebenso wie er das Bild (eikōn) ist, in dem der unsichtbare Gott erkennbar wird (2Kor 4, 4; vgl. Kol 1, 15). Mit der Vorstellung, daß Jesus „Spiegel" bzw. „Bild" ist, in dem sich Gottes Herrlichkeit offenbart, läßt sich die Aussage von 2Kor 4, 6 verknüpfen, wonach die Christen befähigt sind zur „Erkenntnis der Herrlichkeit Gottes im Angesicht Jesu Christi".

2Kor 3, 18 führt noch einen Gedankenschritt weiter, nämlich indem von der (bereits jetzt beginnenden!) Verwandlung der Christen in das Bild (eikōn) Jesu gesprochen wird (vgl. Röm 8, 29). Ähnlich wie bei der behandelten Stelle zur Taufthematik im 1. Korintherbrief treffen wir auch hier auf den Aspekt der Angleichung an Christus.

Auch im 2. Korintherbrief wird Mose nicht degradiert. Hingegen hilft er zur Deutung christlicher Existenz. Im Blick auf Mose bestärken sich die Christen in der kühnen Gewißheit, daß ihre religiöse Erfahrung einer einzigartigen Theophanie gleichkommt, nämlich der Erfahrung der Gegenwart des lebendigen Gottes in Christus.

3.4. Vorbild des Glaubens – Das Mosebild im Hebräerbrief

An allen Stellen, an denen der Hebräerbrief auf Mose verweist, kommt mehr oder weniger ausdrücklich dessen Beziehung zu Jesus zur Sprache. Der Schwerpunkt des Schreibens liegt im Bereich der Christologie. Der Blick auf Mose soll seinen Adressaten zu einem vertieften Christusverständnis verhelfen.

3.4.1. Mose, Jesus und das Haus Israel – Hebr 3,1–4,13

Der Großabschnitt Hebr 3,1–4,13 appelliert an die Adressaten, sich Jesus, „den Gesandten und Hohenpriester", vor Augen zu stellen (Hebr 3,1), um dadurch zum Festhalten an der „Zuversicht" (parrēsia) und der anfänglichen Glaubenshaltung (Hebr 3,6.14) motiviert zu werden.

Hebr 3,1–6 richtet das Augenmerk in erster Linie auf Jesu Gottesbeziehung. Er ist dem, der ihn „gemacht" (poieō)[12] hat, treu (pistos), „wie auch Mose in seinem ganzen Haus" (Hebr 3,2). In Anspielung an Num 12,7 wird Mose eingeführt als Modellgestalt für die Haltung der Treue und Zuverlässigkeit. Mit dem Stichwort „Haus" (Gottesvolk) verbindet sich ein erster Überbietungsgedanke. Jesus wird nämlich „größerer Herrlichkeit" gewürdigt als Mose, gemäß der Überlegung, daß der Erbauer des Hauses größere Ehre hat als das Haus selbst (Hebr 3,3). Dieser Gedanke geht davon aus, daß auch Mose „Herrlichkeit" (doxa) erfuhr (vgl. Ex 33,18.22; 34,6; Num 12,8). Der Grund für die „größere" Herrlichkeit liegt darin, daß Jesus nicht nur wie Mose zum Haus gehört, sondern zugleich dessen Erbauer ist.

Noch ein zweites Mal werden unter Aufnahme von Num 12,7 Mose und Jesus einander gegenübergestellt: „Mose (ist) zwar treu in seinem (= Gottes) ganzen Haus als Diener zum Zeugnis für das, was geredet werden wird, Christus aber (ist treu) als Sohn über sein (= Gottes) Haus" (Hebr 3,5f.). Dieses Haus – so wird anschließend gesagt – „sind wir", die Glaubenden. Bei beiden, Mose und Jesus, richtet sich die Haltung der Treue auch auf das Gottesvolk. Jesu Stellung im Haus Gottes (vgl. auch Hebr 10,21) überbietet jedoch jene des Mose, und zwar wegen seiner einzigartigen Gottesbeziehung. Während Mose nur „Diener" ist „im" Haus, ist Jesus „Sohn", der „über" das Haus gesetzt ist, das durch ihn auch erbaut wurde.

Der Überbietungsgedanke betrifft schließlich noch das Offenbarungsgeschehen. Mose, der „Diener", ist dazu bestimmt, das zu bezeugen, was durch Gott „geredet werden wird". Versteht man dies als Hinweis auf Num 12,8 (Gott redet mit Mose „von Mund zu Mund"), so legt sich die Vorstellung von Mose als Offenbarungsmittler nahe. Demgegenüber wird Jesus gesehen als „Sohn", durch den Gott „in diesen letzten Tagen zu uns geredet hat" (Hebr 1,2). Jesus schaut auch nicht nur wie Mose „die Gestalt JHWHs" (Num 12,8), sondern er ist in seinem ganzen Wesen „Abglanz der Herrlichkeit" Gottes (Hebr 1,3).

Um die Notwendigkeit des Festhaltens an der Zuversicht zu unterstreichen, beschäftigt sich Hebr 3,7–4,13 unter Wiederaufnahme von Ps 95, 7–11 eingehend mit dem Verhalten der Wüstengeneration. Dieses wird als warnendes Beispiel hingestellt. Jene, die unter Mose aus Ägypten ausgezogen sind (Hebr 3,16), haben nämlich wegen Glaubensschwäche und mangelnder Hörbereitschaft gegenüber Gott das Ziel nicht erreicht, den „Ruheort" (katapausis – vgl. auch Dtn 12,9; 1Kön 8,56; Ps 132,14). Wieder treffen wir auf das Thema der Überbietung. Es betrifft hier das Verständnis von Ruheort bzw. Ruhe. Wie Mose bahnt auch Jesus seinem Volk einen Weg (vgl. Hebr 6,10; 10,20), der zu einem Ruheort führt. Dieser ist jedoch nicht wie für die Wüstengeneration eine irdische, sondern eine himmlische und endzeitliche Ruhestätte. Mit der räumlichen Heilsvorstellung ist auch eine personale verbunden, nämlich Teilhaber/Gefährte (metochos) Christi zu sein (Hebr 3,14; vgl. auch 3,1).

Mose und Jesus werden einander gegenübergestellt als zwei Autoritäten im Gottesvolk, nicht um einen Gegensatz aufzuweisen, sondern um Entsprechung und zugleich Überbietung hervorzuheben. Beide entsprechen einander in der Haltung der Treue gegenüber Gott und dem Gottesvolk. Die in Num 12,7 gezeichnete Haltung des Mose ist Vorabbildung einer auch für Jesus charakteristischen Gesinnung, der erhöht und zum Hohenpriester eingesetzt wird. Bereits Hebr 2,17 betont, daß Jesus der treue (pistos) Hohepriester ist. Hinsichtlich der Herrlichkeit, der Beziehung zu Gott, der Stellung gegenüber dem Gottesvolk sowie der Mittlerschaft von Offenbarung wird Mose jedoch von Jesus übertroffen.

3.4.2. Mose als Hinweis auf Jesus – Hebr 7–10

Vier weitere Texte stellen Mose und Jesus zwar nicht so deutlich einander gegenüber wie Hebr 3,1–4,13, behandeln Mose aber dennoch nicht isoliert, sondern (mehr oder weniger ausdrücklich) unter christologischer Rücksicht.

Innerhalb der Ausführungen über Herkunft und Würde des Priestertums Jesu (Hebr 7,1–28) wird unter Verweis auf Mose als Autorität in bezug auf Gesetze und Satzungen nachgewiesen, daß Jesus nicht aufgrund seiner irdischen Abstammung Priesterwürde besitzt (Hebr 7,14). Indirekt erscheint Mose bereits als Zeuge für das wahre Priestertum Jesu, das in seiner Auferweckung von den Toten grundgelegt ist.

In der anschließenden Gegenüberstellung des „ersten" und des „zweiten" Bundes (Hebr 8,1–13) wird Mose als Errichter des Zeltheiligtums gesehen. Er macht dabei alles nach dem Modell (typos), das ihm auf dem Berg Sinai gezeigt wurde (vgl. Ex 25,9.40). Diese Tätigkeit des Mose hat bereits einen Bezug zu Jesus, insofern sie darauf verweist, daß das irdische Heiligtum und der damit verbundene Priesterdienst nur „Abbild und Schatten" (Hebr 8,5) des himmlischen und „wahren" (Hebr 8,2) Heiligtums und des dazugehörenden Priestertums ist, welches nur einem Einzigen, nämlich dem auferstandenen Jesus zukommt. Wenn von diesem zugleich gesagt wird, daß er Mittler (mesitēs) des „besseren" zweiten und zugleich „neuen" Bundes ist (Hebr 8,6.8–12), so impliziert diese Aussage den (nicht abwertend zu verstehenden) Gedanken, daß Mose der Mittler des ersten Bundes war, der nun „veraltet" ist (Hebr 8,13).

Auch in den folgenden Ausführungen über den alten und neuen Kult (Hebr 9,1–28) wird Jesus als Mittler eines „neuen" Bundes (Hebr 9,15) indirekt Mose gegenübergestellt, der den „ersten" Bund durch den Ritus der Blutbesprengung besiegelt hat (Hebr 9,19 – vgl. Ex 24,3–8). Das Bild der Blutbesprengung verwendet der Hebräerbrief sodann für einen gedanklichen Sprung: Mose besprengt auch das Zeltheiligtum und gottesdienstliche Geräte mit Blut (Hebr 9,21 f.). In diesem Reinigungsritus nimmt Mose bereits die Tätigkeit der Hohenpriester vorweg, die alle Jahre mit Blut von Opfertieren ins Heiligtum eintreten (Hebr 9,25). Mose gibt damit bereits einen Vorverweis auf Jesus, der ein für allemal ins himmlische Heiligtum eingetreten ist, und zwar nicht mit fremdem, sondern mit eigenem Blut (Hebr 9,12.24–26).

Unter dem Leitmotiv „werft eure Zuversicht nicht weg!" (Hebr 10,35), nämlich die Zuversicht, durch Jesus einzigartigen Zugang zu Gott zu haben (Hebr 10,19 f.), warnt der Abschnitt Hebr 10,19–39 vor der Gefahr des Abfalls und des vorsätzlichen Sündigens. Auf Mose wird dabei Bezug genommen, um der Warnung durch den Gedanken einer Steigerung (a minori ad maius) Nachdruck zu verleihen. Wenn bereits einer, der das Gesetz des Mose „für ungültig erklärt", mit dem Tod bestraft werden muß (vgl. Dtn 17,6), eine „wieviel härtere" Strafe hat dann derjenige verdient, der den Sohn Gottes „mit Füßen tritt" (Hebr 10,28 f.). Der Verweis auf die

Autorität des Mose erhöht, wenngleich auf drastische Weise, die Autorität Jesu.

Gemeinsam ist diesen vier Stellen: In seinem Verhalten und seiner Funktion ist Mose – direkt oder indirekt – bereits Hinweis auf Jesus. Er hilft, die Bedeutung der Person Jesu tiefer zu erfassen.

3.4.3. Mose als Glaubensvorbild – Hebr 11,23–28

In Hebr 11, der großangelegten Darstellung der „Wolke der Zeugen" (Hebr 12,1), nämlich der Glaubensvorbilder in der Geschichte Israels, ist Mose neben Abraham die wichtigste Glaubensgestalt. Hebr 11,23–28 zeichnet dies in vier Bildern aus dem Leben des Mose.

Bereits das erste Bild (Hebr 11,23), die dreimonatige Verbergung des Mose nach seiner Geburt (vgl. Ex 2,1f.) aufgrund des Glaubens seiner Eltern, deutet an, daß das Leben des Mose von Anfang an ein Glaubensweg ist. Der Glaube der Eltern stützt sich darauf, daß sie die körperliche Anmut des Kindes „sehen" und somit dessen besondere Bedeutung erahnen, und er bewährt sich in der Furchtlosigkeit gegenüber der Anordnung des Königs (vgl. Ex 1,22).

Das zweite und wichtigste Bild (Hebr 11,24–26) handelt vom herangewachsenen Mose. Dieser „verweigert" es, Sohn einer Tochter des Pharao genannt zu werden – ein Detail, das sich in Ex 2,11 nicht findet (vgl. aber Jos. Ant 2,233) –, da er es „lieber vorzieht", zusammen mit dem Volk Gottes „mißhandelt" (sygkakoucheomai) zu werden, und weil er „die Schmach (oneidismos) des Christus" für einen größeren Reichtum erachtet als die Schätze Ägyptens. Der Verzicht auf eine privilegierte Stellung im Königshaus und die Bereitschaft, mit dem Volk Leid und Schmach zu teilen, da dies sogar einen hohen Wert darstellt, ist freilich nur erklärbar, weil Mose „hinblickt" auf eine besondere himmlische „Belohnung" (misthapodosia).

Das dritte Bild (Hebr 11,27) zeigt Mose, wie er Ägypten „verläßt". Die Frage, ob diese Szene auf die Flucht des Mose zu beziehen ist (Ex 2,15), was sich aber schwer in Einklang bringen läßt mit der Aussage, daß Mose sich vor dem „Zorn des Königs" nicht fürchtet, oder ob sie bereits summarisch das Exodusgeschehen insgesamt darstellt, bei dem Mose eine führende Rolle spielt, kann hier offenbleiben. Ähnlich wie im ersten Bild ist Glaube mit Furchtlosigkeit gegenüber dem König verbunden. Der Grund für diese Furchtlosigkeit liegt darin, daß Mose standhaft bleibt „wie ein den Unsichtbaren Sehender". Wie im ersten Bild beruht Glaube auf einem tieferen Sehen.

Im vierten Bild (Hebr 11,28) feiert Mose das Pascha, wobei besonders der Blutritus hervorgehoben wird. Er ist zeichenhafter Ausdruck des Glaubens, daß Israel vor dem Tod der Erstgeborenen verschont bleibt. Diese Überzeugung lenkt zurück zum ersten Bild. Mose selbst ist ein Beispiel dafür, daß der Glaube an den schützenden Gott nicht enttäuscht wird.

In der anschließenden Schilderung vom Durchzug durch das Rote Meer (Hebr 12,29) wird Mose nicht mehr eigens erwähnt, sondern nun ist vom Glauben des ganzen Volkes die Rede. Es zieht durch das Meer „wie über trockenes Land". Wie im dritten Bild wird zur Beschreibung der Glaubenshaltung die Vergleichspartikel „wie" verwendet. Es geht darum, so an Gott zu glauben, als wäre er selbst und seine Rettung bereits sichtbare Realität.

Die Gestalt des Mose, der es vorzieht, zusammen mit seinem Volk „mißhandelt" zu werden, ist im Sinne des Hebräerbriefes Ermutigung für Christen, die einen Leidenskampf durchstehen und unter „Schmähungen" (oneidismos) zur Schau gestellt werden, die sich als Gefährten der in gleicher Weise Bedrängten verstehen, die mit Gefangenen mitfühlen, als wären sie mitgefangen, und die sich solidarisch mit jenen verbunden wissen, die „mißhandelt" (kakoucheomai) werden (Hebr 10,32–34; 13,3). Der Glaube des Mose gibt ihnen ein Beispiel der Furchtlosigkeit vor Obrigkeit (1. und 3. Bild). Mose, der standhaft bleibt, indem er den Unsichtbaren vor Augen hat, als sähe er ihn wirklich (3. Bild), ist ihnen weiterhin ein Beispiel für den Glauben, der nach Hebr 11,1 auch „Überzeugtsein[13] von Dingen, die nicht gesehen werden", bedeutet. Wie Mose leben die Christen schließlich auch in der Hoffnung auf künftige „Belohnung" (misthapodosia) (Hebr 10,35).

Indem Mose bereit ist, sich mit dem Volk zusammen „mißhandeln" zu lassen und so die „Schmach Christi" auf sich zu nehmen, gibt er bereits eine Vorahnung von der Gesinnung des mitfühlenden Hohenpriesters, der in allem und insbesondere im Leidensgeschick seinen „Brüdern" gleich geworden ist (Hebr 2,17; 4,15), und wird zum Vorläufer der Glaubenshaltung und Leidensbereitschaft des Messias. Von Jesus wird anschließend ja gesagt, daß er „Schande mißachtend" das Kreuz auf sich nahm (Hebr 12,2). Mose, die Autorität Israels, hilft leidgeprüften Christen, vertrauensvoll den Blick auf Jesus zu richten, „den Anfänger[14] und Vollender des Glaubens" (Hebr 12,2).

Das im Sinne von Hebr 11,22 bereits die Zeit des Exodus kennzeichnende Thema der „Schmach Christi" steht auch über dem Leben der Christengemeinde. Diese ist im Sinne von Hebr 13,13 f. das wandernde Gottesvolk, das das sichere „Lager" verläßt und „seine (= Jesu) Schmach (oneidismos) tragend" den Weg sucht zur „zukünftigen" Stadt. Nicht nur hier, sondern auch in Hebr 13,20 klingt die Exodusthematik an: Gott hat Jesus, den „großen Hirten" der Schafe von den Toten „heraufgeführt" (anagō) „im Blut eines ewigen Bundes". In Überbietung zum Exodus der Mosezeit (vgl. Jes 63,11 – Mose, der „Hirt") handelt es sich um einen Exodus aus dem Bereich des Todes und um einen „ewigen" Bund.

3.4.4. Mose und die Theophanie – Hebr 12,18–24

Zum letzten Mal wird Mose erwähnt in der Gegenüberstellung von Sinai und Zion als Sinnbilder für zwei verschiedene Gotteserfahrungen (Hebr 12,18–24). Die Christen treten nicht hin zum Berg Sinai, wo sich eine so gewaltige und „furchtbare" Theophanie ereignete, daß selbst Mose sagte: „ich bin voll Angst und Schrecken" (Hebr 12,21), sondern zum Berg Zion, dem himmlischen Jerusalem und zu Jesus, dem „Mittler eines neuen Bundes" (Hebr 12,24). Nochmals kann man von Entsprechung und Überbietung sprechen, und zwar unter dem Aspekt des Theophaniegeschehens.

3.5. Mose in der Offenbarung des Johannes

Mose wird in diesem Buch im Rahmen des himmlischen Gottesdienstes am Beginn der Sieben-Schalen-Vision (Offb 15,1–16,1) namentlich genannt. An dem „gläsernen Meer" stehen jene, die das „Tier" (Sinnbild für politische Herrschaft mit diabolischen Zügen, unter der die Christen leiden) besiegt haben. „Sie singen das Lied des Mose, des Knechtes Gottes, und das Lied des Lammes" (Offb 15,3). Nicht nur der Sieg über das „Tier" und das Stehen am „Meer" ist ein Anklang an den einstigen Exodus Israels aus der versklavenden Herrschaft Ägyptens, sondern auch die Bezeichnung „Lied des Mose". Sie erinnert an den Lobpreis des Mose nach Israels Zug durch das Rote Meer (Ex 15,1–19). Mose wird die aus dem Alten Testament vertraute Bezeichnung „Knecht Gottes" gegeben (vgl. Ex 14,31; Num 12,7; Dtn 34,5; Jos 1,1 f.7; 14,7; 2Chr 1,3), womit im Sinne der Offenbarung des Johannes auch eine prophetische Gestalt gemeint ist. Die Rettung Israels unter der Führung des Mose ist zugleich prophetische Vorausdarstellung des rettenden Handelns Gottes durch das „Lamm", nämlich Jesus. Im Blick auf den Inhalt des Liedes, die wunderbare Rettung durch Gott, rücken Mose und Jesus nahe zusammen. Im Unterschied zur einstigen Befreiung aus Ägypten handelt es sich nun jedoch um umfassende Rettung vor dem Bösen und sogar um Befreiung aus dem Machtbereich des Todes. In der Auferweckung Jesu ist diese endzeitliche Rettung bereits sichtbar geworden. Das ist für die Christen Grund, in der Hoffnung auf ihre eigene Auferweckung aus dem Tod jetzt schon in das Lied des Mose einzustimmen, das durch Jesus neue und tiefere Bedeutung gewonnen hat.

4. Schlußbemerkung

In zweifacher Hinsicht sind die neutestamentlichen Autoren an Mose interessiert, nämlich in bezug auf das Gesetz und im Blick auf seine Person. Seine Autorität in Fragen, die das Gesetz betreffen, ist allgemein anerkannt. Auch Jesus bekundet Gesetzestreue. In manchen Fällen erhebt er zugleich den Anspruch, wahrer Ausleger des Gesetzes zu sein (Frage der Ehescheidung, Sabbatheilung), und begründet seine eigene Überzeugung mit Mose (Auferstehungsfrage). Das Gesetz des Mose ist sogar Zeuge für Jesus (Johannesevangelium). Eine Stelle aus dem Gesetz, nämlich die Verheißung in Dtn 18,15–18, hat im Neuen Testament spezielle Aktualität (Perikope von der Verklärung Jesu, Apostelgeschichte, Johannesevangelium).

Das Interesse richtet sich aber auch auf die Person des Mose, sein Wirken und Geschick. Sowohl in der Stephanusrede als auch im Hebräerbrief trägt Mose bereits Züge des Christusbildes. In unterschiedlicher Weise schildern beide Texte den Weg des Mose als Vorankündigung des Leidensweges Jesu. Die Stephanusrede erblickt auch hinsichtlich des Rettungsgeschehens in Mose den Vorläufer Jesu. Im Hebräerbrief erscheint Mose überdies als Glaubensvorbild für die Christen.

Mit Mose verbinden sich weiterhin die Ereignisse beim Exodus. Auch diese – und dazu zählt speziell der Bundesschluß (2. Korintherbrief, Hebräerbrief) – sind in verschiedener Weise Vorausdarstellung der durch Jesus bewirkten Heilsereignisse (Johannesevangelium, Korintherbriefe, Hebräerbrief, Offenbarung des Johannes).

Vor allem aber gibt Mose hinsichtlich seiner Gotteserfahrung eine Vorahnung von der einzigartigen Nähe Gottes in Jesus. Wiederholt spricht das Neue Testament von Mose im Zusammenhang mit dem Thema der Theophanie (Verklärung Jesu, 2. Korintherbrief, Hebräerbrief).

Die Wiederaufnahme der Gestalt des Mose im Neuen Testament steht letztlich im Dienst der Christologie. Mose, eine bekannte Größe, hilft zur Deutung des Wirkens und der Person Jesu, der weithin nicht erkannt, ja sogar abgelehnt wird. Der Blick auf Mose hilft vor allem dazu, die Gegenwart und das rettende Handeln des lebendigen Gottes in Jesus zu erkennen. Der Gott, der einst Mose erschienen ist, kommt nun in Jesus in neuer Weise den Menschen nahe.

Wenngleich das Verhältnis zwischen Mose und Jesus in mehrfacher Hinsicht von Überbietung geprägt ist, hat Mose bleibende Bedeutung. Wir können ohne Mose die Person und Sendung Jesu nicht verstehen.

Anmerkungen

[1] Nicht behandelt werden 2Tim 3,8 und Jud 9, Stellen, die Einfluß aus zwischentestamentlicher jüdischer Überlieferung erkennen lassen, sowie – aus textkritischen Gründen – Joh 8,5.

[2] Jesus verbindet diese Anweisung mit dem Zusatz, daß der Geheilte sie „ihnen zum Zeugnis" ausführen soll. Die Frage, ob sich dieser Zusatz auf die öffentliche Bestätigung und Besiegelung der wiedererlangten Reinheit bezieht oder auf die Gesetzestreue Jesu, kann hier offenbleiben.

[3] In Apg 6,11.14 werfen angestiftete falsche Zeugen dem Stephanus vor, gegen Mose zu reden. Paulus sagt in Apg 13,38, daß das Gesetz des Mose nicht zur Rechtfertigung führen kann. Die in Apg 15,1.5 erhobene Forderung, die Heidenchristen müssen die Beschneidung und damit das Gesetz des Mose auf sich nehmen, ist Anlaß für das Apostelkonzil, dessen Beschlüsse sogar mit Mose begründet werden (Apg 15,21). In Apg 21,21 vernimmt Paulus in der Jerusalemer Urgemeinde von dem Gerücht, er lehre den Abfall von Mose.

[4] Das mit „werden" übersetzte Verbum ginomai hat hier wie in Joh 1,3 und 1,10 die Bedeutung von „gemacht/geschaffen werden".

[5] Die wichtigsten Stellen bezüglich dieser Auffassung vom Gesetz sind Joh 1,45 (ebenso wie die Propheten weist auch das Gesetz auf Jesus hin); 7,19 (jene, die die Absicht haben, Jesus zu töten, „tun" im Grunde nicht das durch Mose gegebene Gesetz); 10,34 (das Gesetz legitimiert den göttlichen Anspruch Jesu); 12,34 (das Gesetz ist Zeuge für das unvergängliche Leben des Messias).

[6] Gründe für diese Annahme sind: 1. In Joh 1,14 wird gesagt, daß das Mensch gewordene Wort unter uns „zeltet" (in einem Zelt wohnt). Dies erinnert an Ex 33,7–11 („Zelt der Begegnung"). 2. In Joh 1,14 ist weiterhin von seiner „Herrlichkeit" die Rede, die wir schauen. Dies kann in Beziehung gebracht werden zu Ex 33,18f. (Mose bittet Gott: „Laß mich doch deine Herrlichkeit sehen"). 3. Joh 1,17 (Gabe des Gesetzes durch Mose) erinnert an Ex 34,1–4.28 (Mose übermittelt auf den steinernen Tafeln die „Worte des Bundes", die „zehn Worte"). 4. Die Begriffe Gnade und Wahrheit (Joh 1,14.17) können zumindest als Anklang an Ex 34,6 (JHWH, „barmherzig und gnädig, langmütig, reich an Huld und Treue") verstanden werden. 5. Wenn Joh 1,18 betont: „Gott hat niemand jemals gesehen", so erinnert dies an Ex 33,20f. („kein Mensch kann mich sehen und am Leben bleiben").

[7] In Joh 4,19 (Frau am Jakobsbrunnen) und 9,17 (Blindgeborener) wird Jesus als ein Prophet (ohne Artikel) bezeichnet. In Joh 4,44 vergleicht Jesus sich selbst mit einem Propheten.

[8] Dieser ist vom Himmel herabgestiegen (Joh 3,13) und somit der einzige, der Gott wirklich kennt.

[9] Als frühjüdische Belege für die Vorstellung, daß in der Heilszeit sich das Mannawunder der Urzeit wiederholt, können Apokalypse des Baruch 29,8 und Sib 7,148f. betrachtet werden.

[10] Eine annähernde Vorstellung von Jüngerschaft des Mose vermittelt Philo, VitCont 63. Der Ausdruck mathētēs wird allerdings nicht verwendet.

[11] Das im Neuen Testament nur hier vorkommende Verbum katoptrizomai ist

m. E. nicht mit „widerspiegeln", sondern mit der Wendung „schauen wie in einem Spiegel" zu übersetzen. Vgl. J. Kremer, Art. katoptrizomai, in: EWNT 2, 677 f.

[12] Die Frage, ob das Verbum „machen" in der Bedeutung von „schaffen" oder von „einsetzen" zu interpretieren ist, kann hier offenbleiben.

[13] Das Substantiv elegchos kann im subjektiven Sinn mit „Überzeugtsein", „Nichtzweifeln" oder (zutreffender) im objektiven Sinn mit „Beweis" übersetzt werden.

[14] Auf das exegetische Problem, ob archēgos an dieser Stelle den „Anfänger" meint oder den „Urheber"/„Begründer" oder den „Anführer", kann hier nicht eingegangen werden.

Literatur

Dale C. Allison, The New Moses. A Matthean Typology, Edinburgh 1993. – Marie-Émile Boismard, Moise ou Jésus. Essai de Christologie Johannique (BEThL 84), Leuven 1988 [= Marie-Émile Boismard, Moses or Jesus. An Essay on Johannine Christology (BEThL 84-A), Leuven 1993]. – Francois Bovon, La Figure des Moise dans l'œuvre de Luc, in: La Figure de Moise. Écriture et relectures, Genf 1978, 47–65. – Hubert Frankemölle, Mose in Deutungen des Neuen Testaments, KuI 9, 1994, 70–86. – Matthias Gawlick, Mose im Johannesevangelium, BN 84, 1996, 29–35. – Thomas F. Glasson, Moses in the Fourth Gospel, SBT 40, London 1963. – Erich Gräßer, Mose und Jesus. Zur Auslegung von Hebr 3, 1–6, ZNW 75, 1984, 2–23. – Scott J. Hafemann, Paul, Moses, and the History of Israel: The Letter/Spirit Contrast and the Argument from Scripture in 2 Corinthians 3, WUNT 81, Tübingen 1995. – Otfried Hofius, Das Gesetz des Mose und das Gesetz Christi, ZThK 80, 1983, 262–286. – ders., Gesetz und Evangelium nach II Kor 3, in: ders., Paulusstudien, WUNT 51, Tübingen 1989, 75–120. – Siegfried Kreuzer, „Wo ich hingehe, dahin könnt ihr nicht kommen". Joh 7, 34; 8, 21; 13, 33 als Teil der Mosetypologie im Johannesevangelium, in: Die Kirche als historische und eschatologische Größe. FS Kurt Niederwimmer, edd. Wilhelm Pratscher/Georg Sauer, Frankfurt a. M. 1994, 63–76. – Wayne A. Meeks, The Prophet-King. Moses Traditions and the Johannine Christology, NT. S 14, Leiden 1967. – Dieter Sänger, „Von mir hat er geschrieben" (Joh 5, 46). Zur Funktion und Bedeutung Mose im Neuen Testament, KuD 41, 1995, 112–135. – Tadashi Saito, Die Mosevorstellungen im NT, EHS. T 100, Frankfurt a. M. u. a. 1977.

Das alttestamentliche Priestertum und die tragenden Priestergestalten: Melchisedek, Levi, Aaron

Von ROBERT OBERFORCHER

Wer sich zum Thema Priestertum an das Neue Testament wendet, sieht sich zunächst mit einem für das christliche Durchschnittsverständnis seltsamen, ja irritierenden Befund konfrontiert. Zwar arbeitet die urchristliche Verkündigung, Katechese und theologische Reflexion durchaus mit priesterlichen und kultischen Kategorien – es werden auch die drei oben erwähnten Priestergestalten genannt und für die urchristlichen Interessen ausgewertet –, doch zeigt sich einerseits Jesus selbst gar nicht daran interessiert, für seine Botschaft die traditionellen sakralen und priesterlichen Bilder und Denkformen auszuwerten. Er greift vielmehr intensiv auf die profane und alltägliche Lebenswelt zurück.

Andererseits, und angesichts besonders des katholischen wie orthodoxen Kirchenverständnisses höchst überraschend, verzichtet das gesamte Neue Testament auf das religionssoziologisch-sakrale Rollenprofil und die sprachliche Bezeichnung „Priester (hiereus)", um eine urchristliche Vorsteher-, Sprecher-, Ämter-, Mittlerrolle auszudrücken. „Priester" als sakrale Rollenträger innerhalb institutioneller Kirchlichkeit gibt es im Neuen Testament gerade nicht![1] Diesem Befund entspricht die terminologische Konsequenz, wonach der deutsche Ausdruck „Priester" sich nicht vom griechischen Wort hiereus („Priester", so das lateinische Grundwort sacerdos) ableitet, sondern von presbyteros (Ältester). Diese terminologische Weichenstellung signalisiert unmißverständlich, daß sich das jesuanische und das urchristliche Selbstverständnis nicht an der Kategorie des sakralen Priestertums ausrichtet. „Weder Jesus noch seine Jünger nahmen den Titel ‚Priester' für sich in Anspruch noch übten sie faktisch die vom Alten Testament her mit diesem Titel verbundenen Funktionen aus."[2]

Dennoch wird man der folgenden Feststellung nur zögernd zustimmen: „Es ist richtig, daß sich im Bereich der ‚priesterlichen Welt' anscheinend die größte Distanz zwischen Altem und Neuem Bund auftut" (Fabry ebd.). Denn auf der einen Seite weist das semantische Universum und die theologische Symbolik dieser „priesterlichen Welt" ins Zentrum der alttestamentlichen Offenbarungsreligion, in deren heilsgeschichtlichen Großhorizont sich auch das Christusereignis gestellt sieht. Und auf der anderen

Seite greift die theologische Reflexion über den Erlösungsanspruch Christi immer wieder auf kultische und sakrale Aspekte und Topoi zurück. Schließlich ist auch damit zu rechnen, daß die neutestamentliche Nennung von Levi und Aaron sowie Melchisedek als Kurzzitate zu gewichten sind, so daß mit den Namen von priesterlichen Urgestalten auch die priestertheologische Perspektive zum Tragen kommt. Es wird deshalb von Gewinn sein, sich zunächst Rechenschaft zu geben über den sakralen Diskurs des alttestamentlichen Priestertums und seiner neutestamentlichen Resonanz, ehe die Priestergestalten selbst zur Sprache kommen.

1. Geschichte und Bedeutung des Priestertums

1.1. Grundzüge des alttestamentlichen Priestertums

Ins historische Dunkel entziehen sich frühe Ursprünge und Herkunftssituation. Richtig lokalisieren die Patriarchenerzählungen die erste priesterliche Funktion bei den Sippenhäuptern im Clanverband (Altargründung, Anrufung des Gottesnamens, vgl. Gen 12,8; 22,9; 35,7). Ein für die Herleitung der JHWH-Verehrung wichtiges Zwischenglied bietet die Beziehung Moses zum midianitischen Priester Jitro (Ex 18,12). Vielleicht wurde auch das Zelt der Begegnung als Orakelstätte, an der Mose den Gotteswillen für Israel erfragte, verstanden (Ex 33,7ff.). In der Richterzeit gab es Lokalheiligtümer mit zugehörigem Kultpersonal (Schilo, Dan, Bet-El). So wurde der junge Samuel bei der Priesterfamilie Elis in Schilo eingestellt (1Sam 1–2). Aber auch sakrale Opferhöhen, Bamah genannt, entstanden (wie Rama, Gibea, Gibeon), an denen in der Königszeit vor allem Leviten tätig waren. In dieser Epoche stand „nicht das Opfer im Vordergrund, sondern die Orakelweisung" (Schrenk, ThWNT 3,259).

Erst mit dem Königtum entwickelte sich die Institution der Priesterschaft, wobei zu besonderen Anlässen der König selbst kultisch agieren konnte (1Kön 8,5; 12,33; vgl. aber das spätere Verbot für König Usija 2Chr 26,16–21). Eine bedeutsame Weichenstellung vollzog sich bei der Übernahme des einst jebusitischen Heiligtums in Jerusalem durch David, der dort nun seinerseits den Opferkult initiierte (2Sam 24,25). Zudem übernahm er offenbar dessen Oberpriester Zadok. Dieser erhielt nun eine religionspolitische Führungsposition. Von ihr leitet sich das zadokidische Priestertum ab, das lange Jahrhunderte in Juda führend blieb. Diese zum politischen Machtbereich gehörende und wirtschaftlich florierende Elite am Reichsheiligtum war bald berufsspezifischen Formen religiöser Deformation ausgesetzt, wie sie besonders die prophetische Opposition schonungslos zur Sprache brachte.

Nach dem Zusammenbruch des Nordreichs 722 v. Chr. suchten zahlreiche Priester und Levitengruppen in Juda ein neues Tätigkeitsfeld und eine Anstellung am Jerusalemer Heiligtum. Die soziale Problematik arbeitsloser Leviten wurde durch die Reform und die Kultzentralisation Joschijas massiv verstärkt, da die Höhenheiligtümer zerstört wurden. Sie „durften nur von den ungesäuerten Broten inmitten ihrer Brüder essen" (2 Kön 23, 9; hingegen bietet Dtn 18, 1–8 eine viel weitergehendere Integration der Levitenpriester an; s. u.!). Mit dem nachexilischen Neubeginn Ende des 6. Jh. v. Chr. stellt sich massiv die Frage nach der Kontinuität priesterlicher Rollenkompetenz (vgl. Esr 2, 36–39).

Jetzt tritt auch die Gestalt des Hohepriesters in den Vordergrund, zumal es keine königliche Führungsautorität mehr gibt. Zugleich wird die iuridisch-genealogische Rückbindung in die Aaronlinie immer wichtiger, wobei Aaron bald zur idealtypischen Urgestalt des Priestertums aufsteigt. Das offizielle Priestertum ist nun aaronidisch! Der erste Hohepriester (hakohen hagādol) nach dem Exil ist Jeschua (Hag 1, 1.12; Sach 3, 1), neben dem Davididen Serubbabel die wichtigste Autorität. Die spätisraelitische Priesterherrschaft für die persische Provinz Jahud bleibt noch bis in die hellenistische Zeit bestimmend. Einen der bedeutendsten Repräsentanten des Hohepriesteramtes, Simeon, feiert Sir 50, 1–21 (mit Schilderung einer feierlichen Liturgie). Unter den Auswirkungen rücksichtsloser Hellenisierungspolitik unter Antiochus IV. Epiphanes im 2. Jh. v. Chr. bricht mit der Ermordung Onias III. und der Flucht Onias IV. nach Unterägypten (mit Gründung eines Exiltempels in Leontopolis!) die zadokidische Linie ab. Die Hasmonäer übernehmen nun selbst die Hohepriesterposition unter Simon, der die drei Führungsämter vereint (1 Makk 14, 41 f.). Dies war wohl der Startschuß für den Exodus oppositioneller Priesterkreise und für den Beginn der Essenerbewegung unter dem „Lehrer der Gerechtigkeit" (nach manchen der legitime Hohepriester; vgl. Stegemann, Essener 205 ff.). In Qumran entsteht das Alternativmodell der heiligen JHWH-Gemeinde unter priesterlicher Führung.

Nach der Entmachtung des Hohepriesters durch Herodes setzte unter der ersten römischen Prokuratur ab 6 n. Chr. ausgerechnet für die Zeit Jesu und der Urgemeinde ein unerwarteter Aufschwung und eine Renaissance hohepriesterlicher und sadduzäischer Macht ein. Vor allem die aristokratischen Priesterfamilien der Boethusianer und des Hannas (mit Kajafas) setzten rücksichtslos ihre Machtinteressen durch.[3] So gerät die sadduzäische Priesterelite mit den Hohepriesterfamilien in Verruf, während man für das Priestertum auf der mittleren und unteren Ebene, das in 24 Priesterklassen gegliedert einen turnusmäßigen Tempeldienst absolvierte (vgl. Lk 1, 5!), ein ähnliches Urteil nicht fällen kann.

1.2. Das jüdische Priestertum im Neuen Testament

Unter den wenigen neutestamentlichen Bezugnahmen auf das jüdische Priestertum sind folgende Fälle erwähnenswert (singulär ist die Nennung eines heidnischen Priesters Apg 14,13): Mk 1,44 par fordert Jesus den vom Aussatz Geheilten auf: „Zeige dich dem Priester!" Das Reinigungsopfer (Lev 14,10ff.) integriert den Kranken wieder in die Kultgemeinde. Zugleich ist dies eine öffentliche Bestätigung des Wirkens Jesu. Im Kontext prophetischer Kultkritik (Hos 6,6: „Barmherzigkeit will ich, nicht Opfer!") steht das Gleichnis vom barmherzigen Samariter (Lk 10,30–35), der als dem Judentum Entfremdeter gegenüber dem Priester und dem Leviten, die in gestufter Nahposition zum Heiligtum stehen, dennoch die große Toraweisung (Dtn 6,5 und Lev 19,18) erfüllt. In positiver Wertung wird der Priesterdienst des Zacharias bei der Geburtsankündigung des Täufers erwähnt (Lk 1,5), so wie auch die rituelle Reinigung der Mütter Elisabet und Maria am Tempel vollzogen wird (2,22–24) oder die Urgemeinde weiterhin ins Heiligtum ging (24,53; Apg 2,46). Schließlich ist das Wachstum der Urgemeinde durch den Zuzug „einer großen Schar von Priestern" (Apg 6,7) zu erwähnen, während der feindselige Unterton bei der Befragung des Täufers durch „Priester und Leviten" (Joh 1,19) unüberhörbar ist.

2. Theologische und spirituelle Akzente des Priestertums

2.1. Die alttestamentliche und frühjüdische Deutung des Priestertums

Wo die Kategorie des Priestertums auf Christus und auf die Gläubigen übertragen wird, spielen theologische Grundzüge des Priestertums eine wichtige Rolle. Während in älterer Zeit Priester zu ihrem Amt eingesetzt wurden („Füllen der Hände" als Fachausdruck Ri 17,5; Ex 32,29; 1Kön 13,33), bildete sich seit dem Exil die Konzeption eines exklusiven männlichen Erbpriestertums heraus. Levitisches, aaronidisches, zadokidisches Priestertum tradieren ihr Amt im Familienverband. (Aus Priesterfamilien stammen aber auch berühmte Propheten: Jesaja, Jeremia, Ezechiel!) Schließlich entstand eine umgreifende genealogische Konstruktion der gemeinsamen Rückführung auf den priesterlichen Ahnen Levi (dazu unten).

Der religionsphänomenologische Grundzug priesterlicher Existenz ist die Befähigung zur Vermittlung zwischen dem Heiligen und dem Profanen, zwischen Gott und Mensch. Die so verstandene Kultkompetenz gefahrloser Kontaktnahme (Lev 10,1–3) und die Begegnung mit dem Göttlichen erfordert eine spezifische Heiligkeit des Priesters: „Heilig seien sie für

ihren Gott und nicht dürfen sie profanieren den Namen ihres Gottes!"
(Lev 21,6). Um das semantische Netz der biblischen Kulttheologie zu begreifen, muß man von der fundamentalen Gleichung ausgehen: abgesondert (pārûsch-hibdîl) = rein (ṭāhôr) = heilig (qāḏôsch). Absonderung bis
hin zu Erwählung und Berufung nimmt den Menschen für den Dienst am
Heiligen heraus aus der profanen Welt. Reinheit schafft die innere Dispo-
sition und Heiligung die religiöse Qualität für die Begegnung mit dem
Göttlichen. So „gelte als feste Regel ...: Ihr sollt zwischen heilig und profan, zwischen unrein und rein unterscheiden!" (Lev 10,10 sowie Ez 44,23).
   Um dies zu vollziehen, bedarf es des innerpriesterlichen Berufswissens.
Die gesamte Alltagswelt des Menschen wird unter diesem fundamentalen
Kriterium von rein – unrein differenziert: Raum (Heiligtum), Zeit (Festta-
ge), Kleidung (Ornat), Gestik (Opfer-, Segenssymbolik), Speisen (Mehl,
Öl), Tiere (Opfertiere: Lamm, Widder, Stier) usw. Nicht nur profan, sondern unrein (und damit kultunfähig, d. h. Gott gegenüber begegnungsun-
fähig!) macht Krankheit (Ausfluß, Aussatz), Gebrechen (Blindheit), der
Leichnam. Die genannten Beispiele machen zeitweise bzw. dauernd kultunfähig, für Priester bedeutet dies Berufsunfähigkeit. Besonders der Kontakt mit Blut ist speziell geregelt: Einerseits wird das Blutvergießen streng
verboten, rituelle Schächtung der Tiere vorgeschrieben, Menstruation und
Wöchnerinnenzeit als Kulthindernis betrachtet, andererseits ist aber der
Blutbesprengungsritus in der Liturgie von zentraler Bedeutung. Darin
zeigt sich etwas von der eigentlichen Motivation des Kultgesetzes (was
auch für neutestamentliches Denken hochbedeutsam bleibt!). Wenn Blut
als Lebenskraft in den Lebewesen für Menschen tabu ist (Gen 9,4;
Dtn 12,16), dann enthält das Kultgesetz ein Bekenntnis, daß Gott allein die
Kompetenz des Lebens zukommt, sowie die Symbolik, durch die Reinigung im Blut von Gott her neu Zugang zum Leben zu finden. Auf diesem
Hintergrund gelten dann die Tieropfer als stellvertretender Lebenseinsatz
für die Menschen. Indem die Priester in der kultischen Symbolhandlung
vor Gott agieren, stehen sie im Dienst der Lebensvermittlung. Von daher
ist auch zu verstehen, daß Formen der Magie und Zauberei sowie der
sexuellen Ekstase als unüberwindlich unrein und für den Kult geächtet
gelten, da diese Praktiken der Umwelt Israels Gottes Hoheitsrecht über
das Leben zu usurpieren suchen.
   Den kulttheologischen Höhepunkt erreicht Israel in der nachexilischen
Dominanz der Sühneopferliturgie mit dem Höhepunkt des Versöhnungstages (Lev 16). Deren religiöse Pointe liegt jedoch darin, daß es Gott selbst
ist, der diesen Raum der Sühne und Versöhnung initiativ schafft und den
sündigen Menschen im Sühneritual den Vollzug der Umkehr zum Bundesgott vorzeichnet (vgl. Oberforcher, Sühneliturgie 23 ff.). Ferner ist an das
priesterliche Segensritual zu denken, das ebenfalls voller Lebensmetapho-

rik ist (Aaronsegen Num 6,22 ff.; Dtn 10,8). Eine weitere Vertiefung priesterlicher Existenz zeigt sich am spezifischen Priesterbund, wie er als Folge des engagierten Einsatzes von Pinhas und seinem Eifer für den einen Gott proklamiert wird: „Mein Bund des Friedens soll sein für ihn und seinen Nachkommen ein Bund ewigen Priestertums (bᵉrît kᵉhunat ʿôlām)" (Num 25,12 f.). Dieses Motiv wird über Ps 110 im Hebräerbrief aufgegriffen!

Dieser eminente Dienst priesterlicher Vermittlung[4] gewinnt bei den großen Festen Israels noch eine weitere Dimension. Wenn Pesach/Ostern, Sukkot/Laubhüttenfest, Wochenfest/Pfingsten (aber auch der wöchentliche Sabbat) als liturgische Erinnerung gefeiert werden, dann geht es dabei um die Vergegenwärtigung heilsgeschichtlicher Rettungserfahrung (Exodus, Sinaitora) und die Neuorientierung auf den Bundesgott. Es liegt auf der Hand, daß dieser ganze Symbolhintergrund priesterlichen Wirkens[5] zahlreiche Vertiefungsmöglichkeiten für die Christologie und Soteriologie bereithält: Jesu Lebenseinsatz Mk 10,45; Kreuz als Kaufpreis für die Sünder; eucharistische Memoria; „Gott hat ihn als Sühne (hilastērion) gegeben … in seinem Blut" (Röm 3,25); „Einer ist Mittler (mesitēs) Gottes und der Menschen … der sich als Lösegeld für alle gab" (1 Tim 2,5 f.). Paulus selbst kann seine ganze Mission in priesterlicher Terminologie metaphorisch beschreiben: „daß ich Kultdiener (leitourgos) Christi sei …, dienend (leitourgōn) dem Evangelium Gottes, damit die Opfergabe der Heiden wohlgefällig sei, geheiligt …" (Röm 15,16)!

Eine letzte Beobachtung, welche die verbreitete Tendenz zur Isolation, Abwertung und Irrelevanz von Kult und Priestertum zu überwinden vermag, gilt dem theologischen Gefälle der Konzeption des Priestertums. Wenn das kultische Priestertum eminent im Dienst der Vermittlung zwischen Gott und Mensch steht, dann zielt dieser Auftrag letztlich auf die umfassende Heiligung der Menschen. Dann aber ist die ganze Reinheitsmetaphorik der Kultinstitution offen für die Erschließung dieser Berufung Israels zur Heiligkeit in der Bundesgemeinschaft mit dem heiligen Gott.[6] Priesterliches Tun wird so zum Paradigma für das Ringen um Heiligung der Menschen. Nicht zufällig stehen die entscheidenden Aussagen im Buch Levitikus, das vom Aufbau der Institution des Kultes handelt. Indem der Priester den Kontakt mit dem heiligen Gott herstellt, bringt er die Menschen in Beziehung zum Bereich des Heiligen: „Seid heilig, denn ich, JHWH, bin heilig!" (Lev 19,2 – Kap. 19 entfaltet diese heilige Existenz in konkreter Bundesethik!).

Lev 11,44 f. wird die Heiligkeitsforderung als Konsequenz der Exoduserfahrung verstanden, in der Gott Israel abgesondert hat von der unreinen Welt. Geradezu programmatisch wird Israels Selbstverständnis bei der Ankunft am Sinai formuliert:

„Nun, wenn ihr ganz auf meine Stimme hört und meinen Bund bewahrt, dann
werdet ihr mir sein zum Eigentum aus allen Völkern … Und ihr werdet mir sein
ein Königreich von Priestern (mamlæchæt koh^{a}nîm) und ein heiliges Volk"
(Ex 19,5 f. vgl. auch Dtn 7,6).

Zu diesem Basistext findet sich ein spätes Echo: das gerettete Volk erhielt von Gott „das Erbe, die Königsherrschaft, das Priestertum (hierateuma) und die Heiligung" (2Makk 2,17; vgl. Paulus Röm 9,4!). Zuletzt ist
noch die eschatologisch-messianische Perspektive zu nennen, wenn nach
der endgültigen Restitution Israels verkündigt wird: „Ihr aber werdet ‚Priester des Herrn' genannt, man sagt zu euch ‚Diener unseres Gottes'"
(Jes 61,6).

2.2. Die Christen als Priester

In dieser kulttheologischen Linie ist nun der einzige neutestamentliche
Beleg für die Anwendung des Priestertums auf die christliche Existenz zu
verstehen:

„Ihr, laßt euch wie lebende Steine aufbauen als geistiges Haus zu einem heiligen
Priestertum (hierateuma hagion), darzubringen geistige Opfer (thysias) wohlgefällig
Gott durch Jesus Christus" (1Petr 2,5).

Man beachte die durchgängige Kultterminologie, die jedoch metaphorisch transformiert wird, aber noch immer geeignet erscheint, präzise
christliche Existenz zu benennen! In endzeitlicher Perspektive spricht die
Johannesoffenbarung vom priesterlichen Charakter der Christusgläubigen:

„Würdig bist du …, denn erworben hast du für Gott in deinem Blut … und sie
gemacht für unseren Gott zu einem Königtum und zu Priestern!" (Offb 5,9 f. sowie
20,6; 1,6).

Auch hier ist die wirkungsgeschichtliche Linie von Ex 19,6 her und die
kulttheologische Denkform deutlich faßbar.[7] Wie schon zu Anfang betont,
wird die kultische Priesterrolle von der Beschreibung urkirchlicher Autorität strikt und ausnahmslos ferngehalten. Man spricht vielmehr von Pres-
bytern/Ältesten (Apg 11,30), Vorstehern (1Thess 5,12), Episkopen und
Diakonen (Phil 1,1) sowie unterschiedlichen Charismenträgern. Hinter
dieser urchristlichen Sprachregelung, die durch die frühchristliche Ämter-
frage allmählich aus- und umgebaut wurde, steht offensichtlich ein kult-
theologischer Grundgedanke des Alten Testaments, nun aber christologisch
transformiert: Priestertum bedeutet Vermittlung zwischen Gott und
Mensch; Priester sein heißt, in kultischer Kompetenz und Heiligkeit die
Begegnung mit dem heiligen Gott zu ermöglichen, ohne Gottes Transzen-
denz frevlerisch zu verletzen. All dies aber leistet für das Neue Testament

ausschließlich und „ein für allemal" Jesus Christus, wie dies unter Auswertung der biblischen Kulttheologie dann vor allem der Hebräerbrief entfaltet. So zieht die Erlösergestalt Christi das ganze Priesteramt an sich, die Christen können demnach nicht mehr in der Priesterrolle kultmittlerisch tätig werden. In diesem bibeltheologischen Horizont einer bleibenden und gültigen Kultsymbolik[8] sind nun die Priestergestalten Levi und Aaron sowie Melchisedek[9] in ihrer neutestamentlichen Transformation darzustellen.

3.   Levi und das levitische Priestertum

3.1. Levi im Alten Testament und im frühen Judentum

Wenn man sich ein Bild machen will von der alttestamentlichen Position des levitischen Priestertums und seiner Urgestalt Levi, dann findet man sich schnell auf dem schwankenden Grund historischer Hypothesenbildung. Weder läßt sich die historische Existenz des Stammes Levi nachweisen noch die in den Texten behauptete levitische Legitimation allen Priestertums bestätigen. Doch kann gezeigt werden, welche theologischen Überzeugungen und tragenden Kultvorstellungen die Texte damit verbinden. Obwohl die neutestamentliche Verwendung des Namens Levi beinahe vernachlässigbar ist, trägt der biblische und frühjüdische Hintergrund für die neutestamentliche Auseinandersetzung mit dem Priestertum einiges bei.

Die alte Tradition in Ri 17 f. von der Anstellung eines „Leviten" aus Betlehem deutet darauf hin, daß mit der Bezeichnung Levi kaum ein Stamm, sondern eher eine Genossenschaft engagierter JHWH-Verehrer (vgl. Rekabiter, Naziräer) gemeint ist. Darauf weist auch die Szene von Moses Einsatz der Leviten zur Bestrafung des am Sinai abgefallenen Volkes (Ex 32, 26 – 29). Historisch waren Levitengruppen vor dem 7. Jh. stärker mit den Höhenheiligtümern verbunden. Nach deren Zerstörung durch Joschija strömten die sog. Landleviten nach Jerusalem, was zu scharfer Rivalität und Konkurrenz mit den etablierten Priesterkreisen am Tempel führte. Neben aaronidischen und zadokidischen gab es somit auch levitische Priester. Ablehnung bzw. Integration wird in den theologischen Entwürfen der Priesterschrift, Ezechiels (Kap. 40 – 48) und der Chronik in je anderer Ausrichtung theologisch reflektiert. Dabei werden die Leviten zu einem clerus minor mit unterschiedlichen Diensten am Tempel (beim Chronisten auch als Sänger, Torwächter usw.).

Dagegen plädiert die deuteronomistische Darstellung für volle Gleichberechtigung und spricht von „Priesterleviten". Wenn die Leviten in eine Reihe mit „Witwen, Waisen, Fremden" gestellt werden (Dtn 26, 12 f.) und vom Zehnten des Volkes leben sollen, dann weniger aus caritativen Gründen, sondern weil die Leviten als JHWH-Stamm land- und grundbesitzlos sein sollen: „So erhielt Levi nicht wie seine Brüder Landanteil und Erbbesitz. Denn JHWH ist sein Erbe" (Dtn 10,9 sowie 18,1–8). JHWH ist die Existenzbasis des levitisch-priesterlichen Daseins, so daß der Mosesegen für Levi eine dichte Aufgabenbeschreibung des Priestertums bietet:

„Sie wachen über deinen Bund. Sie lehren Jakob deine Rechtsvorschriften, Israel deine Toraweisung. Sie legen Weihrauch auf … legen das Ganzopfer auf deinen Altar" (Dtn 33,9f., vgl. Mal 2,7).

Diese exklusive Beanspruchung der Priesterleviten für Gott findet ihren eigentümlichen Ausdruck darin, daß Levis Erwählung und Aussonderung aus dem Volk zugleich dessen Substitution aller Erstgeburt darstellt. Sie sind des Volkes Erstlingsgabe an JHWH: „Mir gehören die Leviten!" (Num 3,11f.). Damit erreichen diese Texte eine hohe priesterliche Spiritualität: nicht nur deren Opfergaben, sondern sie selbst sind das Opfer Israels an Gott (was bereits auf Hebr 7,27 vorausweist). Dieses exklusive Bindungsverhältnis der Leviten zu JHWH steht auch hinter dem „Bund mit Levi" (Jer 33,21 in Parallele zum Davidbund!). Im Kontext einer scharfen Kritik Maleachis an den Priestern wird der Levibund in Erinnerung gerufen: „Ihr habt zunichte gemacht den Bund Levis!" (Mal 2,8). Von diesem gilt: „Meinen Bund habe ich mit Levi … Er bedeutet für ihn Leben und Frieden" (vv.4f.).

Gewiß gibt es einen eigenen Priesterbund, doch Maleachi kennt bereits das Endstadium der Verbindung der levitischen und der aaronidischen Linie. Dies wird schließlich in der genealogischen Konzeption der Stammlinie Zadok–Aaron–Levi zu jenem Legitimationsnachweis allen Priesterseins,[10] der für die frühjüdische und neutestamentliche Epoche maßgeblich wird. Dieser Ursprung des Priestertums beim Patriarchensohn Levi ist als selbstverständlich im Werk der „Testamente der zwölf Patriarchen" vorausgesetzt. Hier kommt auch das Modell einer doppelten Führungsautorität Israels in den Blick, das in Qumran zu den zwei Messiassen führt. Juda spricht: „Mir gab der Herr das Königtum, jenem (Levi) das Priestertum. Und er ordnete das Königtum dem Priestertum unter" (TestXII. Jud 21,2f.; vgl. TestXII. Rub 6,7). TestXII. Lev greift die Hauptzüge des Priesterbildes so auf, daß bereits Levi als Urpriester ein komplettes Priesteramt repräsentiert. In doppelter Investitur wird Levi betraut mit dem Priestertum (8,1ff.). Er ist der große Segensmittler (5,2, vgl. auch die Vision von einem endzeitlichen „Neuen Priester" 18,1ff.). Auch das Jubiläenbuch weiß um diese priesterliche Gründungsgestalt (Jub 30,18; 31,12–17). Er wird zum „Priester des höchsten Gottes" (32,1). Levi ist aber ebenso der große Toramittler: „Er gab alle seine Schriften seiner Väter seinem Sohn Levi, daß er sie bewahre und erneuere für seine Söhne bis auf diesen Tag" (45,16).

In den Qumrantexten, die ja für die endzeitliche Gemeinde hierokrati-
sche Strukturen und immerwährende kultische Reinheit fordern, wird das
levitische Priestertum in der Gliederung „Priester, Leviten, das ganze
Volk" (1QS 2,19f.) als eine „Art von Heiligkeit und von Söhnen eines
ewigen Kreises" (Z. 25) genannt. Die Damaskusschrift spricht von Levis
Versuchung durch die „drei Netze Beliars: ... Unzucht, ... Reichtum ...
Verunreinigung des Heiligtums" (CD 4,15f.). Auf dem Kampfschild gegen
das Böse in der Endzeit stehen die „Namen Israel und Levi und Aaron
und die zwölf Stämme" (1QM 5,1). Sonst kommt Levi häufig zusammen
mit den Jakobsöhnen vor, doch sind theologische Bezugnahmen selten.[11]

3.2. Levi im Neuen Testament

Die Nennung Levis im Neuen Testament ist selten. Wie der Priester im
Gleichnis vom barmherzigen Samariter (Lk 10,32) geht auch der Levit am
Verletzten vorbei. Ist es ihre Selbstverständlichkeit, wie sie dem Heiligtum
Priorität geben vor der Hilfe am Mitmenschen, die Jesus hinterfragt? (Zur
Nennung von „Leviten" Joh 1,19 s. o.). Der bekannteste Levit der Urge-
meinde ist „Josef Barnabas, ein Levit cyprischer Herkunft" (Apg 4,36). Ein
Bezug zum Priestertum oder zum Stammvater Levi ist nicht erkennbar.
Ohne solche Konnotation sind auch die beiden Levi unter den Vorfahren Jesu
(Lk 3,24.29). So bleibt noch der Zöllner „Levi, Sohn des Alfäus" (Mk 2,14 par
– in Mt 9,9 mit Matthäus identifiziert!). Hier könnte man zwischen der prie-
sterlichen Konnotation von Levi und dem pharisäischen Protest gegen Jesu
Tischgemeinschaft mit unreinen „Zöllnern und Sündern" (v. 11) ein gewis-
ses Spannungselement erkennen. Offb 7,7 nennt bei den zwölf Stämmen
Israels auch „aus dem Stamm Levi 12000 Bezeichnete". Die zwei Nennungen
Levis im Hebräerbrief (dazu unten) beschränken sich ganz auf die typologische
Überlegenheit Melchisedeks über Abraham, der jenem den Zehnten entrichtet
(Hebr 7,4–10). Wenn auch Levi, „noch in des Vaters Lenden, in Abraham
den Zehnten" entrichtet (v. 9f.), dann kann es keine „Vollendung durch das
levitische Priestertum (levitikē hierosynē)" geben (v. 11). Levi steht hier für
„die Ordnung Aarons", was nun weiter zu entfalten ist.

4.   Die Gestalt Aarons und sein Hohepriestertum

4.1. Aaron im Alten Testament und im frühen Judentum

Wie oben dargestellt, spiegelt sich in den Namen Levi, Aaron und Zadok
für lange Zeit die Präsenz verschiedener, miteinander in Konkurrenz und

Rivalität stehender priesterlicher Gruppierungen mit unterschiedlicher Legitimationsbasis. Dies zeigt sich noch in den großen Literaturwerken und ihrer priestertheologischen Konzeptionen (Deuteronomium: „Priesterleviten"; Priesterschrift: „die Söhne Aarons"; Ezechiel: „die Söhne Zadoks"; der Chronist verbindet beide). Als Priestergestalt tritt Aaron nur allmählich aus dem Dunkel der biblischen Geschichte, und erst seit dem Exil gewinnt er als priesterlicher Ahnherr Profil und Autorität. In den vorexilischen Erzähltexten ist das Verhältnis Aarons zu Mose ambivalent und teilweise noch ohne priesterliche Attribute (Ex 17, 10 ff.). Solche sind nicht einmal bei der Szene vom Goldenen Stierkalb (Ex 32) direkt faßbar. Hier wie im Kompetenzstreit zwischen Mirjam/Aaron und Mose (Num 12) dürften oppositionelle Kreise an der Zurückstufung Aarons interessiert sein. Umgekehrt wird die Familie Aarons beim Bundesmahl am Sinai unter den Repräsentanten des Volkes genannt (Ex 24,9 u. 18,12). Hingegen verbinden jüngere Bearbeitungen immer nachdrücklicher Aaron mit Moses Führungsautorität.

Die Priesterschrift zeigt mit der konsequenten Profilierung „Aarons und seiner Söhne" ein ausgeprägtes Erkenntnisinteresse (mit gezielter Abwehr levitischer bzw. zadokidischer Kompetenzansprüche am Heiligtum!). Altes priesterliches Berufswissen und Ritualvorschriften werden in die Sinaiperikope integriert, in der mit dem Begegnungszelt auch die Institution des Priestertums geschaffen wird. In feierlichem Ritual vollzieht sich die Weihe Aarons durch Mose auf Gottes Anordnung. So geschieht die Investitur zum Priesteramt:

„Bekleide Aaron mit Leibrock, Efodmantel, Efod und Lostasche … Turban und dem heiligen Diadem. Nimm Salböl … und salbe ihn … Gürte Aaron und seine Söhne …! So gehöre ihnen das Priestertum (k^{e}hunāh) zu ewigem Anrecht. Fülle die Hände Aarons und seiner Söhne … Sieben Tage lange dauere ihre Einsetzung!" (Ex 29,5 – 9.35 sowie Lev 8 f.).

Auch im Blick auf die christologische Transformation alttestamentlicher Kult- und Priestertheologie sei ein wichtiges kompositorisches Detail festgehalten. Am Ende der Offenbarung von Bundeszelt und Priesteramt (Ex 25 – 29 u. 35 – 40 sowie beim Heiligkeitsgesetz Lev 16 – 25) steht jeweils die Aussage des Einzugs bzw. der Präsenz JHWHs im Heiligtum. Aarons Priesteramt und Gottes Wohnen mitten unter seinem Volk mit der Exodusmemoria gehören zusammen (Ex 29,44 – 46). So tritt das Priestertum Aarons in unlösbare Nähe zur Exoduserfahrung und dem Sinaibund. Wenn Israel zu Gott ins Heiligtum kommt, trifft es auf den Exodusgott, der den Versklavten die volle Menschenwürde wiedergibt: „Ich habe eure Jochstangen zerbrochen und euch wieder aufrecht gehen lassen" (Lev 26,13). Schließlich wird durch die Parallelisierung von Aarons Tod (nach der Investitur seines Sohnes und Nachfolgers Eleasars) mit dem Tod Moses und des nur ihnen gemeinsamen dreißigtägigen Trauergedenkens (Num 20,29 und Dtn 34,8) die zweifache Führungsautorität festgehalten.

Angesichts der theologischen Stilisierung Aarons als priesterliche Urgestalt und als Hohepriester wird der religionspolitische Ausgleich mit der konkurrierenden Gruppe der Zadokiden in Jerusalem unausweichlich. Dies geschieht vor allem über genealogische Legitimierung, in der durch verwandtschaftliche Herkunftsbeziehung sachlich-theologische Geltung sichergestellt wird. In Ex 6,16–25 wird die levitische und die aaronidische Linie zusammengeführt: „Levi … + Aaron/Mose + Eleasar + Pinhas." Die Zadoklinie kommt in der Hohepriestergenealogie 1Chr 5,27–41 hinzu, welche einen Zeitraum von der Väterzeit bis zum Exil umfaßt. Mit der Hierokratie im Israel der nachexilischen Zeit wird der Hohepriester zur dominanten Führungsrolle, ehe die Hasmonäer seit Simon diese mit der politischen Autorität verschmelzen.

Im Blick auf den Hebräerbrief sind hier nochmals die theologischen Akzente dieses Amtes festzuhalten. In der ikonographischen Ausgestaltung des Hohepriesterornats wird die Übertragung von Königsattributen und -insignien erkennbar. „… Auf seiner Stirn ist die Aufschrift: ‚Heilig für JHWH'" (Ex 28,36). Diese Heiligkeit bringt seine Verantwortung für die Bundesintegrität Israels zum Ausdruck. Darum ist er extremen Reinheitsmaßnahmen unterworfen (vgl. Lev 21,10). Die 12 Stämmenamen auf dem Brustschild repräsentieren ganz Israel. In der Spätzeit werden ihm auch messianische Attribute zuerkannt (Sach 3,8; 6,12f.; Jer 23,5 und 4QFlor 1,11). „Ihm wurde ein ewiger Bund gewährt" (Sir 45,15 u. der Hymnus auf den Hohenpriester Simeon 50,1–21). Er ist „der Fürst des Hauses Gottes" (2Chr 31,11)! Vor allem die große Sühneliturgie des Versöhnungstages (Lev 16) steht ganz unter der rituellen Handlung des Hohepriesters: einmaliger Eintritt ins Allerheiligste, Aussprechen des JHWH-Namens, Blutritus an der Sühneplatte (Kapporät), stellvertretendes Sündenbekenntnis für das Volk und Entsündigung durch den Sündenbock. Hier verbinden sich sakrale Würde, einzigartige Mittlerrolle und soteriologische Qualität des Hohepriesters. Darauf wird sich der Hebräerbrief mit seiner ausgeprägten Hohepriester-Christologie gezielt berufen.

In Qumran mit seiner hierarchischen Gemeindeordnung dominiert die hohepriesterliche Gestalt Zadoks, hinter der vielleicht der Lehrer der Gerechtigkeit als verfolgter Hohepriester steht. Hier gilt die Erwartung einer doppelten Messiasgestalt: „bis zum Eintreffen … der Gesalbten Aarons und Israels" (1QS 9,11 sowie CD 12,23f.; 19,10f.; 20,1 u. vielleicht 1QSa 2,12). Höchst bemerkenswert ist, daß die priesterliche Urgestalt Aaron zum eschatologisch-messianischen Heilsmittler, dem „Gesalbten Aarons", transformiert wird!

4.2. Aaron im Neuen Testament

Im Neuen Testament kommt Aaron sehr selten vor (Zadok gar nicht, öfter aber die sadduzäischen Hohepriester!). Die Erwähnung Aarons mit dem Goldenen Kalb in der Stephanusrede (Apg 7,40) steht in tempelkritischem Kontext. Ohne Analogie ist der Sprachgebrauch: Elisabet „aus den Töchtern Aarons" (Lk 1,5). In theologischer Perspektive wird das aaronidische (Hohe-)Priestertum nur im Hebräerbrief aufgenommen. Beim Aufbau des singulären christologischen Titels „Hoherpriester" arbeitet der Autor mit Gegensatzbildungen. Einerseits besteht durchaus eine Parallelisierung zwischen der Berufung/Sendung Christi zum Hohepriester und dem jüdischen Hohepriester, „der berufen wird von Gott wie auch Aaron" (Hebr 5,4f., vgl. Ex 28,1). Andererseits wird Christi Priesteramt scharf abgesetzt gegenüber dem „levitischen Priestertum … nach der Ordnung Aarons" (7,11), d. h. in legitimer Erbfolge (v. 16). Hingegen wird Christus „nach der Ordnung Melchisedeks" (vv. 11.17) den theologischen Anspruch des aaronidischen Priestertums beerben und eschatologisch überbieten.[12]

5. Das singuläre Priesteramt Melchisedeks

5.1. Melchisedek im Alten Testament und im frühen Judentum

Im Unterschied zu den bisherigen Themenbereichen kommt die Gestalt Melchisedeks im Alten Testament ganz selten und fast kontextlos vor, wird aber im Hebräerbrief (und nur hier) intensiv typologisch und christologisch aufgenommen. Je nachdem, welchen religionsgeschichtlichen Bezugsrahmen man voraussetzt, ist die Nennung Melchisedeks in Gen 14,18–20 oder Ps 110 ursprünglich. Die Datierung hängt davon ab, ob archaische oder archaisierende Züge vorherrschen. Heute tendiert man stark zu letzterem, so daß man für Gen 14,18ff. an nachexilischen Einbau und für Ps 110 an die Königszeit denkt. Dennoch können sich beide unabhängig voneinander auf eine alte Melchisedektradition berufen, die gar bis in die Zeit des jebusitischen Heiligtums in Jerusalem (wo vielleicht auch Zadok amtierte) zurückging, dessen Kultmodell von David und Salomo in die gesamtisraelitische Königsstadt übernommen wurde.

Die Kultätiologie Gen 14,18–20 unterscheidet sich völlig vom rahmenden Erzählkontext.[13] Urplötzlich betritt Melchisedek, „König von Salem" (v. 18) die Bühne. Alles konzentriert sich auf das Zusammentreffen mit dem siegreichen Abraham, ehe der Priesterkönig wieder spurlos die Bühne verläßt. (Genau diese „Kontextlosigkeit" des Königs entzündet später die theologische Phantasie!) Auch wenn Abraham die Stadt Salem-Jerusalem

(Ps 76,3) selbst nicht betritt, will die Erzählung doch die Welt der Patriarchen mit Israels Hauptstadt und dem Zion verknüpfen. Mit Brot und Wein begrüßt Melchisedek Abraham, wobei die Konnotationen der Königsbenennung akzentuierend einfließen: des Königs „Gerechtigkeit (sædæq)" und sein „Friede (schālôm-Salem)". Dies spricht eine feierliche Würdigung Abrahams aus: er wird gepriesen im Namen Gottes, der ihm den Sieg über seine Feinde verleiht (v. 20). Die priesterliche Akzentuierung dieser Segenshandlung wird ausgebaut durch Abrahams Bereitschaft, ihm „den Zehnten von allem zu geben" (v. 20). Ferner ist hervorzuheben die Gottesbezeichnung „Gott, der Höchste (ʼel ʻæljôn)" (nur noch Ps 78,35) und das Attribut „Gründer von Himmel und Erde" (altorientalischer Religionshintergrund dieser Schöpfungsprädikation!). Ein faßbarer Situationshintergrund für diese Episode ist wahrscheinlich die konkrete Absicht der Legitimierung des davidisch-salomonischen Heiligtums bzw. der priesterlichen Führungsautorität Zadoks.[14] So gewinnt die nur schwer greifbare Gestalt Melchisedeks als Priesterkönig eine mythische Aura, die zu typologischer Vertiefung einlädt.[15]

Der Königspsalm 110 (wohl aus der früheren Königszeit[16] mit Blick auf das Inthronisationszeremoniell, kultprophetisches Heilsorakel) nimmt einige Akzente jenes Basistextes auf. In v. 4 wird ebenso Melchisedek als „Priester" apostrophiert. Auch wird für den König ein großer Segen Gottes und Verheißung der Feindüberwindung ausgesagt. Schließlich wird ihm eine außerordentliche Würdestellung Gott gegenüber zugesprochen. In feierlicher Schwurformel wird dem König gesagt: „Du, Priester bist du auf ewig (lᵉʻôlām) in der Weise Melchisedeks" (v. 4). Das heißt nicht, daß der König als Priester fungiert, vielmehr geht es „um das Fortbestehen einer Ordnung für die Davididen im Sinne der Dynastie".[17] Obwohl auf aktuelle Feindbedrohung bezogen, ist die (in der Folge eschatologisch gedeutete) Überwindung aller Feinde durch JHWH die tragende Sinnlinie.[18]

Das Zukunftspotential der Melchisedekgestalt gewinnt im Frühjudentum deutliche Konturen. Philo greift das Motiv des herkunftslosen Priesterkönigs auf, um die Ursprünglichkeit des Priestertums als selbsterlernt (automathē) und selbstangeeignet (autodidakton) zu qualifizieren (Congr 99). In großartiger religionsphilosophischer Allegorese definiert er Melchisedek: er sei „das Wort als Priester (hiereus logos)" (All 3,82). Josephus betont die Ursprünglichkeit und Priorität dieses Priestertums. Vor allem die Entdeckung von 11Q13 (= 11QMelch) scheint die theologische Vorstellung eines himmlischen Melchisedek zu untermauern. Zugleich wird diese Qumranhandschrift[19] (ca. 75–25 v. Chr.) zum wichtigsten frühjüdischen Bezugstext für den Hebräerbrief![20] In diesem eschatologischen Midrasch, der neun Bibeltexte (mit den für die Christologie wichtigen Jes 52,7 und 61,1) aktualisierend interpretiert, ist der fünfmal genannte

Melchisedek die Hauptfigur eines endzeitlichen kosmischen Gerichts Gottes über das Böse. In der zehnten Jubiläenwoche geschieht universale Versöhnung und Befreiung aller „Söhne Gottes". Es ist der himmlische Melchisedek (in analoger Weise gezeichnet wie Michael!), der zusammen mit den Engeln Beliar bekämpft und überwindet. „Und Malkizedek vollzieht die Rache der Gerichte Gottes an diesem Tag und rettet sie aus der Hand Belials ..." (Z. 13). So erscheint „Melchisedek als eine in den Himmel erhobene Erlöser-Gestalt" (Fitzmyer, Qumran 203).

In den jüdischen Apokryphen wird die Gestalt Melchisedeks nur im Slawischen Henochbuch (Kap. 71 f.) aufgenommen und in einer Art mythischer Biographie mit wunderbarer Geburt dargestellt. Dies wirkt in mehrere Richtungen: während die Kirchenväter Melchisedek als Engel sehen, Texte der Gnosis ihn als himmlischen Offenbarer der Lichtwelt begreifen (NHC 9,1), die häretischen Melchisedekianer ihn gar Christus überordnen, scheinen die rabbinischen Gelehrten wohl in Abwehr christlicher Vereinnahmung dieses „Urpriesters" Melchisedek bewußt zurückzustufen. Erstens wird er mit Sem, „in dessen Zelten Gott wohnt", identifiziert. Zweitens bleibt sein Priestertum folgenlos, während Abraham (Priesterrolle bei der Opferung Isaaks Gen 22!) das Urpriestertum weitergab. Aber es wird auch die exklusive Würde des Priesterkönigs betont, wenn er neben dem Messias ben David, Messias ben Josef und Elija die vierte Endzeitfigur darstellt (bSuk 52 b). Ein später Text[21] greift schließlich die Linie von 11QMelch so auf, daß Melchisedek und Michael direkt identifiziert werden.

5.2. Melchisedek im Hebräerbrief

Unter den vielen Transformationen der Gestalt Melchisedeks[22] hat die Rezeption im Hebräerbrief wegen ihrer christologischen Kontextualisierung ihre ganz unverwechselbare Eigenprägung. Dieser urchristlichen Paraklese (13,22) gelingt mit dem Hoheitstitel „Hoherpriester (archiereus)" eine eindrucksvolle theologische Innovation. Dabei wird die Priestergestalt ganz im Kontext der Metaphorik und Symbolik des alttestamentlichen Kultes einer kritischen Relecture unterworfen. Das epochal neue und singuläre Erlösungswirken Christi wird im bibeltheologischen Großhorizont mit einer Reihe von Gegensatzbildungen herausgearbeitet: nicht die Engel (Kap. 1–2), nicht Mose und die Sinaitora (Kap. 3–4), nicht das irdische Heiligtum, nicht der alte Bund, vor allem aber nicht der Hohepriester am Versöhnungstag (Kap. 5–7), sondern Christus als Hohepriester und Sühneopfer in einem bringt den Menschen unwiderrufliche und endgültige Entsühnung und Erlösung.

Die ganze bisherige Darstellung der Heilsinstitution des Priestertums in seinen drei Repräsentanten ist bestimmt durch den Grundvorgang der Vermittlung, welche die Kulttheologie zutiefst prägt. Diese Kategorie der Vermittlung wird nun christologisch neu definiert. Um im einzelnen darzulegen, daß Christus exklusiv „Mittler (mesitēs) eines neuen Bundes" (8,6; 9,15; 12,24) ist, greift der Autor auf das im Hohepriester personalisierte Kultpriestertum zurück, um diesem den besseren Priesterdienst (leitourgia) entgegenzusetzen (8,6). In einem weitausladenden kultkritischen Diskurs (Kap. 5–10) entfaltet sich der Argumentationsgang über Ps 110 (12mal zitiert), dem Gen 14,18–20 zugeordnet ist. Schon mit Ps 110,1 mit dem „Sitzen zur Rechten" (1,3.13; 10,12) wird die Position des neuen, thronenden Hohepriesters (8,1) allem irdischen Priestertum gegenübergestellt. Zentral ist jedoch Ps 110,4 mit der Qualifikation „Priester auf ewig" und der „Ordnung (taxis) des Melchisedek". Dies hebt die Berufung Christi auf eine ganz neue Stufe (5,5 mit dem Zusatzzitat Ps 2,7: „Mein Sohn bist du, heute habe ich dich gezeugt"). Hinter dieser Berufung Christi steht der Schwur Gottes mit seiner unwiderruflichen Zusage des ewigen Priesteramtes (7,21). Jedes bisherige Priestertum ist durch Kontingenz, Gebrechlichkeit und Versagen in seiner Vorläufigkeit bestimmt. Dem „levitischen Priestertum (levitikē hierosynē)" insgesamt „nach der Ordnung (taxis) Aarons" (7,11) steht also die „Ordnung Melchisedeks" gegenüber.

Diese qualitative Überlegenheit kann mit Hilfe von Gen 14,18–20 präzisiert werden, wenn man das Priestertum Aarons mit dem des Melchisedek Zug um Zug vergleicht. Der midraschartige Gedankengang in 7,1–10 konzentriert sich auf zwei Zentralaussagen. Erstens zeigt die erzählte Szene eine klare Überordnung Melchisedeks über Abraham, denn letzterer gibt ersterem den Zehnten. Dazu kommt, daß der Segnende dem Gesegneten immer überlegen ist (vv. 6 f.)! Bedenkt man nun, daß Levi Nachkomme Abrahams ist („er war noch in den Lenden seines Ahnen" v. 10), dann ist zugleich das Priestertum und die Segenskompetenz Melchisedeks dem gesamten levitischen Priestertum über- und vorgeordnet. Zudem muß dieses eigens durch Satzung (vv. 12.14) und durch Genealogie (v. 23) legitimiert werden. Zweitens ist Melchisedeks Priestertum wie seine Gestalt sui generis und analogielos. In großartiger Stilisierung wird seine Kontextlosigkeit ausgesprochen: „vaterlos, mutterlos, herkunftslos (apatōr, amētōr, agenealogētos)" (7,3). Für diesen Urpriester entfällt jede legitimatorische Funktion von Genealogien,[23] er verdankt sein Amt keiner Autorität von Vorfahren (wie das Priesteramt Levis und Hohepriesteramt Aarons!). Ja noch mehr: „weder hat er einen Beginn der Tage noch ein Lebensende". Sein Priestertum ist also in jeder Hinsicht ursprünglich, nicht abkünftig. Dies gilt nun in unüberbietbarer Weise für das neue Priestertum Christi, der als

„der Sohn" (1, 2; 4, 14 u. ö.), von Gott „heute gezeugt" (5, 5), ohne jede genealogische Einbindung, darum ein „ewiges Priestertum" repräsentiert. Eine letzte Pointe in dieser Gedankenführung ist die Abwehr des nun naheliegenden Mißverständnisses, daß Christi Priestertum dem des Melchisedek nach- und untergeordnet wäre. Vielmehr wird gesagt: dieser war ein „angeglichener an den Sohn Gottes" (v. 3).

Zugleich besteht der Hebräerbrief bei aller Kritik am levitischen Priestertum und seiner Kultinstitution darauf, daß dies alles wie ein innerer Sinnpfeil vorausweist auf das priesterliche Versöhnungswirken Christi.[24] Was dieser „ein für allemal (ephapax)" (7, 27; 9, 12; 10, 10 – immer auf den Sühneopferakt bezogen) an endgültiger Erlösung leistet, hat seine innerbiblische Vorgeschichte, die es allerdings mit Hilfe der Denkfigur „nach der Ordnung Melchisedeks" neu zu dynamisieren gilt. Der Autor kennt keine Hemmungen, die ganze Vielfalt an kultischen, ja kulttechnischen Einzelzügen auszuwerten und theologisch zu überhöhen für die christologische wie soteriologische Erfassung des Werkes Christi. Im Zentrum dieses Repertoires der Symbole steht das liturgische Hineingehen des Hohepriesters in das Allerheiligste am großen Versöhnungstag. An dessen Kultsymbolik entlang wird die Erlösungstat Christi als das alles Bisherige überbietende Sühnehandeln dargestellt, indem durch das Selbstopfer des Opfernden (9, 11 f.) jedes bisherige und künftige Opfer bedeutungslos und das Allerheiligste für immer offen und zugänglich wird als der Innenraum Gottes selbst.

So kann der oben entfaltete theologische und symbolische Sinnhorizont einer umfassenden kultbezogenen Erlösungsgeschichte mit Hilfe der drei Kurzzitate von Levi, Aaron und Melchisedek einen Einstieg besonderer Art bieten, um den großen testamentsübergreifenden Zusammenhang bei aller neutestamentlichen kritischen Aufnahme, Vertiefung und Radikalisierung bejahen zu können.

Anmerkungen

[1] Das Christentum ist eine „tempel-, altar-, priester- und opferlose Gemeinschaft", Hoffmann, Priestertum 280.

[2] Fabry, Altes Testament 37. In generalisierender Charakterisierung stellt Schrenk fest: so „weist das Wort Jesu als Ganzes vom priesterlichen Typos weit fort und zum prophetischen Worte hin" (ThWNT 3, 263 f.).

[3] Auf diesen Erfahrungshintergrund bezieht sich das kritische rabbinische Urteil: „Weh mir wegen des Hauses Boethus, weh mir wegen ihrer Lanze! ... Weh mir wegen des Hauses Hanin, weh mir wegen ihres Getuschels! Weh mir wegen des Hauses Jishmael ben Phiabi, weh mir wegen ihrer Faust! Denn sie sind Hohepriester, ihre Söhne Schatzmeister und ihre Schwiegersöhne Tempelaufseher, und sie schlagen das Volk mit Stöcken" (bPes 57 a). Ein theologisch akzentuiertes Urteil

über das Hohepriesteramt am Ende des Zweiten Tempels formuliert Rabbi Meir: „Ein Nichtjude, der sich mit der Tora befaßt, ist wie ein Hoherpriester" (bSan 59 a u. ö.). Kleruskritisch auch die priesterlose Tradentenkette zur pharisäisch-rabbinischen Überlieferungskontinuität (Av 1,1)!

⁴ „Die verschiedenen priesterlichen Aufgaben haben als gemeinsamen Grund die Mittlerfunktion: Der Priester vertritt durch Orakel und Unterweisung Gott vor den Menschen, durch das Opfer und die Fürbitte die Menschen vor Gott" (Dommershausen, ThWAT 4,73).

⁵ Neben der spezifischen Kultkompetenz ist ein weiterer wichtiger Praxisbereich des Priestertums die Vermittlung des Gotteswillens durch Orakelgabe, Toraweisung, Instruktion des Rechts, so daß z. B. Jer 18,18 eine religionsgeschichtlich wertvolle Funktionsbeschreibung bieten kann: „Nicht versiegt die Toraweisung vom Priester, der Rat vom Weisen, das Wort vom Propheten" (vgl. Ez 7,26). Durch die spätatl. Ausprägung schriftgelehrter Kreise tritt das Wort und das Opfer immer weiter auseinander, so daß für das Neue Testament die Priesterrolle auf den Opferkult beschränkt und die Toraweisung und ihre Interpretation Domäne der Pharisäer und Schriftgelehrten ist.

⁶ Eine eindrucksvolle Gesamtcharakteristik bietet Walter Eichrodt: „Der Kultus wird zur in sich geschlossenen Ausdrucksform der Sonderstellung des Gottesvolks auf dem sicheren Grunde der erwählenden Gnade und zugleich zur widerstandsfähigen Lebensform des empirischen Volkes auch da, wo alle politischen Stützen dahinfallen" (Theologie 293). Dabei „übernimmt das Priestertum in Israel eine ebenso lebenswichtige Funktion wie das Prophetentum" (294).

⁷ Zur christologischen Verwendung der Priesterrolle (als Hoherpriester) im Hebräerbrief s. u.!

⁸ Die ntl. Aussage, daß durch Christi Heilswirken das atl. Kultgesetz außer Kraft gesetzt wurde (Hebr 7,18; 8,13), verleitete oftmals zu dem gefährlichen Mißverständnis, daß damit zugleich die gesamte biblische Kulttheologie und die Glaubensaussage im semantischen Universum des Kultpriestertums gleichfalls erledigt und zu eliminieren sei. Dem gegensteuern wollten auch die bisherigen Ausführungen.

⁹ In dieser, vom Titel abweichenden Reihung kommt besser zum Ausdruck, daß vor allem der Hebräerbrief den theologischen Kontrast zwischen aaronidischem Priestertum und dem Priesterkönig von Salem profiliert.

¹⁰ Theologisch leitend ist „das Ziel, gegen die Realität eine der Einheit des Jahwekults entsprechende Einheit der jahwistischen Priesterschaft zu konstituieren" (Albertz, Religionsgeschichte 345).

¹¹ Für 11QT und 1QM kommt Robert C. Stallman zum Ergebnis: „Examination of these references to Levites … has shown them in striking prominence, most notably in material concerning the future, be it cultic service, combat, or community life and organization" (Levi 189).

¹² Eine interessante Deutung bietet Philo von Alexandrien (manche sehen den Hebr von ihm beeinflußt!), der die Gestalt des Hohepriesters metaphorisch überhöht. Im Sinn der Logoslehre wird die Mittlerfunktion eminent gesteigert: „So sagen wir, daß der Hohepriester nicht ein Mensch, sondern göttlicher Logos sei" (Fug 108)! Als Mittler nicht nur Israels, sondern der ganzen Welt ist er geradezu ein „Mikrokosmos (brachys kosmos)" (VitMos II,135). Dahinter steht Philos Grund-

intention vom Offenbarungswort, das selbst in priesterlicher Funktion tätig ist: das Wort als Priester (hiereus logos)!

[13] Vgl. die Charakteristik Westermanns: „Die Sprache dieser Szene hat einen ausgesprochen kultischen Klang" (Genesis 223 f.).

[14] Manche denken wegen der ätiologischen Rückbindung der Zehntenregelung an spätere Zeiten (vgl. Num 18,21).

[15] „So sehen wir Abraham sich vor dem Platzhalter des künftigen Gesalbten verneigen" (v. Rad, 1. Mose 139). Westermann stellt diese bibeltheologische Verbindung her: Es entspreche „der universale Charakter des Heilswerkes Christi der universalen Weite des Segens des ‚Höchsten Gottes', den Abraham von Melchisedek empfängt" (Genesis 246).

[16] Anderen ist der Legitimierungsanspruch des hasmonäischen Königtums plausibler – mit äußerster Spätdatierung dieses Hymnus im 2. Jh.! Immerhin ist auffällig, daß der Titel „Priester auf ewig" sich nur im ideell und zeitlich nahestehenden 1Makk 14,41 findet!

[17] Seybold, Psalmen 439. Hingegen betont Hans-Joachim Kraus die eschatologische Perspektive, da dieses weltüberwindende Reden JHWHs als Verheißung den „jeweils inthronisierten König, sein Amt und sein Wirken, weit transzendiert" (Psalmen 2,937).

[18] Neben Melchisedek greift der Hebräerbrief auch das Motiv vom Sitzen zur Rechten und die Feindüberwindung auf (1,13; 10,13).

[19] Die neueste und gut zugängliche Textrekonstruktion bietet Johann Maier, Die Qumran-Essener: Die Texte vom Toten Meer Bd. I, UTB 1862, München 1995, 361–363. Die Grundzüge der Interpretation von van der Woude (Melchisedek) werden mit Ausnahme einer völligen Identifizierung mit Michael heute durchwegs akzeptiert. Wenn man bisweilen sagt, daß die Priesterrolle beim endzeitlichen Melchisedek ausgeblendet sei, ist doch zu beachten, daß er den kosmischen Endkampf am Versöhnungstag und als Vollzug des Jobel einleitet (Z. 7). Die öfters lancierte These von der endzeitlichen Polarität „Malki-Sedeq – Malki-Resha" leidet daran, daß 11Q13 die böse Gegenmacht gerade nicht Malkiresha, sondern Beliar nennt.

[20] Der zweite Beleg zu Melchisedek, das aramäische „Genesisapokryphon" (1Q20 22,14–17), bietet einen fast identischen Text wie Gen 14,18ff.

[21] Zitiert bei van der Woude, Melchisedek, 372.

[22] Dazu die treffende Zusammenstellung bei Nel: „In the OT he is a Canaanite priest-king; in Qumran an angelic being; in the NT a non-Levite priest; in Josephus the founder of the temple of Jerusalem; in Philo a self-taught high priest; in the Rabbinical sources identified with Shem ... amongst Christian heretics ... superior to Christ and in Gnostic speculations the receiver of the light of the archons" (Psalm 110,1).

[23] S. o. den Beitrag zu den Genealogien Jesu, wo die Argumentationsfigur der Einbindung des Messias Jesu in die Davidlinie eine geradezu entgegengesetzte Aussagerichtung verfolgt!

[24] Hier gilt es gegenüber einer plakativen, oftmals antijüdisch akzentuierten, Verneinung jeglicher Relevanz der atl. Kulttheologie und ihres ganzen semantisch-symbolischen Universums ein differenziertes Urteil zu erarbeiten. Der Autor des Hebräerbriefes vertritt eine „komparative Hermeneutik (Entsprechung, Andersartig-

keit, Überbietung), (so) daß er dem Gesetz trotz aller Inferiorität einen Hinweis-
charakter auf die endgültige Versöhnung in Christus beläßt" (Gräßer, Hebräer
2,51). „Was vordergründig wie antijudaistische Polemik aussieht, ist ... eine theologisch grundsätzliche Reflexion über Vorläufigkeit und Endgültigkeit des Heils" (75).
– Noch mehr: auch das Judentum hat dazu ein entsprechendes Problembewußtsein
und seinen eschatologischen Vorbehalt!

Literaturverzeichnis

Rainer Albertz, Religionsgeschichte Israels in alttestamentlicher Zeit, Teil 1.2,
GAT 8,1.2, Göttingen 1992. – Alphons Deissler, Das Priestertum im Alten Testament. Ein Blick vom Alten zum Neuen Bund, in: ders. (ed.), Der priesterliche
Dienst, I. Ursprung und Frühgeschichte, QD 46, 1970, 9–80. – Werner Dommershausen, Art. kohen, in: ThWAT 4, 68–79. – Walter Eichrodt, Theologie des Alten
Testaments, 1. Teil, Stuttgart 1968. – Hans-Jörg Fabry, Altes Testament und Priester-
bild, BiLi 63, 1990, 37. – Joseph Fitzmyer, Qumran: Die Antwort. 101 Fragen zu den
Schriften vom Toten Meer, Stuttgart 1993. – Erich Gräßer, An die Hebräer, 2. Teil-
band Hebr 7,1–10,18, EKK XVII/2, Zürich–Neukirchen 1993. – Paul Hoffmann,
Priestertum und Amt im Neuen Testament. Eine kritische Bestandsaufnahme, 1987,
in: Studien zur Frühgeschichte der Jesus-Bewegung, SBAB 17, Stuttgart 1994, 274–
325. – Dieter Kellermann, Art. lewî, ThWAT 4, 499–521. – Hans-Joachim Kraus,
Psalmen, 2. Teilband, Psalmen 60–150, BK XV/2, Neukirchen-Vluyn 1978[5]. – Philip
J. Nel, Psalm 110 and the Melchizedek Tradition, JNWSL 22, 1996, 1–14. – Robert
Oberforcher, Sühneliturgie und Bußfeier im Alten Testament und im Frühjudentum,
in: Gottesdienst der Kirche. Sakramentliche Feiern I/2, edd. H. B. Meyer u. a., Re-
gensburg 1992, 23–48. – Gerhard von Rad, Das 1. Buch Mose. Genesis, ATD 2/4,
Göttingen 1972[9]. – Gottlob Schrenk, Art. hiereus/archiereus, ThWNT 3, 257–284. –
Klaus Seybold, Die Psalmen, HAT I/15, Tübingen 1996. – Robert C. Stallmann, Levi
and the Levites in the Dead Sea Scrolls, in: Qumran Questions, ed. James H. Char-
lesworth, Sheffield 1995, 164–190. – Hartmut Stegemann, Die Essener, Qumran,
Johannes der Täufer und Jesus, Herder Spektrum 4128, Freiburg 1994[4].– Hans-Friedrich Weiß, Der Brief an die Hebräer, KEK 13, Göttingen 1991. – Claus Westermann,
Genesis, 2. Teilband, Gen 12–36, BK I/2, Neukirchen-Vluyn 1989[2]. – Adam Simon
van der Woude, Melchisedek als himmlische Erlösergestalt in den neugefundenen
eschatologischen Midraschim aus Qumran Höhle XI, OTS 14, 1965, 355–373.

Die Könige Israels: Saul, David und Salomo

Von Konrad Huber

1. Einleitung

Die Könige Israels insgesamt sind im Neuen Testament kaum präsent. Mit der Ausnahme von David gilt das auch für die großen Gestalten am Beginn der Königszeit, deren Taten und Widerfahrnissen im Alten Testament umfangreiche, ineinander verwobene Erzählkomplexe, ja ganze Bücher gewidmet sind und allein schon dadurch heilsgeschichtliche Bedeutung zugemessen ist. Die Gestalt Sauls, mit der das stets auch umstritten gebliebene Königtum in Israel literarisch seinen Anfang nimmt, wird nur an einer einzigen Stelle im Neuen Testament namentlich genannt, im Zusammenhang mit der in der Apostelgeschichte überlieferten Missionsrede des Apostels Paulus im pisidischen Antiochien in Apg 13,21. Der König Salomo, unter dessen Herrschaft für das Großreich Israel eine politische, kulturelle und wirtschaftliche Blüte berichtet wird, kommt zwar immerhin zwölfmal mit Namen vor. Sieht man aber von seiner Nennung im Stammbaum Jesu (Mt 1,6f.)[1] und in der Ortsbezeichnung „Halle Salomos" (Joh 10,23; Apg 3,11; 5,12) ab, so reduziert sich der Befund auf zwei Aussprüche Jesu innerhalb der Bergpredigt (Mt 6,29 par Lk 12,27) bzw. der Antwort auf die Zeichenforderung gegnerischer Gruppen (Mt 12,42 par Lk 11,31) sowie auf eine knappe Erwähnung seiner Person als Erbauer des Tempels in der Rede des Stephanus vor dem Hohen Rat (Apg 7,47). Einzig für David, den Nachfolger Sauls und Vater Salomos, läßt sich mit insgesamt 59 Vorkommen eine umfangreichere und mehrgestaltige Rezeption im Neuen Testament ausmachen, vor allem durch die Evangelien und die Apostelgeschichte,[2] aber auch in der Briefliteratur und Apokalypse (Röm 1,3; 4,6; 11,9; 2Tim 2,8; Hebr 4,7; 11,32; Offb 3,7; 5,5; 22,16). Das Interesse an der Gestalt Davids konzentriert sich dabei – wie noch näher auszuführen sein wird – zum einen auf seine Funktion als inspirierter Verfasser der Psalmen, auf die z. B. zur Schriftargumentation (vgl. Mk 12,36) oder als Hinweis auf die Erfüllung prophetisch-autoritativer Schriftworte (vgl. Apg 1,16; 2,25) zurückgegriffen wird. Zum anderen steht die Nennung Davids besonders häufig im Zusammenhang mit der Messiasthematik und der damit verbundenen Frage nach der Herkunft des Messias aus dem Haus bzw. Geschlecht Davids, die verdichtet in der Verwendung des Titels „Sohn Davids" zum Ausdruck kommt bzw. diskutiert wird. Auf den ersten Blick läßt sich darin also auch für David eine selektive, auf einige wenige Einzelaspekte seiner Person hinzielende Aufnahme durch das Neue Testament feststellen, der eine facettenreiche Charakterisierung innerhalb des Alten Testaments und in weiterer Folge auch im frühjüdischen und rabbinischen Schrifttum gegenübersteht.

Trotz und gerade wegen des beinahe vollständigen Fehlens von Saul und der offensichtlichen Beschränkung der neutestamentlichen Schriften auf bestimmte Züge im Bild des David und Salomo kann die Frage nach der Art und Weise ihrer Rezeption und nach der inhaltlichen Bedeutung und Funktion ihrer namentlichen Nennung im Neuen Testament gestellt werden. Darin kommt nicht zuletzt auch eine Verhältnisbestimmung und Standortfestlegung gegenüber den damit angesprochenen Traditionsbereichen zum Ausdruck.

2. Saul, David und Salomo im Alten Testament und frühen Judentum

Die alttestamentlichen Ausführungen zu den Königsgestalten des Anfangs sind sehr komplex und weitreichend. Ausgangspunkt sind die Erzählungen über Saul, David und Salomo in den beiden Samuelbüchern und im ersten Buch der Könige (1Sam 9 – 1Kön 11). Das sogenannte chronistische Geschichtswerk greift in den Chronikbüchern diese Traditionen auf und bietet eine zum Teil alternative Sichtweise und Charakterisierung, die ihrer restaurativen und kultorientierten Darstellungsabsicht entsprechen (1Chr 10 – 2Chr 9). Erwähnungen finden sich daneben auch bei den Schriftpropheten. Besonders von Bedeutung ist dann aber, daß die Psalmen und weite Teile der Weisheitsliteratur aufs engste mit der Person Davids bzw. Salomos in Verbindung gebracht und ihnen zugeschrieben werden.

Als Beginn des Königtums in Israel erzählt 1Sam die Geschichte Sauls als eine tragische Geschichte des Zerbrechens an jenem Anspruch, der mit der Tatsache, daß an sich einzig JHWH selbst als Herrscher über Israel steht, für das König-Sein insgesamt gegeben ist. Auserwählt von Gott und gesalbt bzw. eingesetzt zum ersten König, steht seine Herrschaft an der Schwelle von der Richter- zur Königszeit und ist geprägt von den kriegerischen Unternehmungen zur Befreiung Israels von den Philistern (vgl. 1Sam 9,16).[3] Der Ungehorsam Sauls führt schließlich dazu, daß er von Gott als König wieder verworfen wird (1Sam 15,10–23) und ein böser, von JHWH kommender Geist von ihm Besitz ergreift (1Sam 16,14). Ein Wechselspiel von Schwermut, Niedergeschlagenheit, Angst, Wut, Raserei und Eifersucht prägt in der Folge die Darstellung seines Charakters, wobei die Phase des Niedergangs seiner Herrschaft bis hin zu seinem Tod in der

Schlacht von Gilboa (1Sam 31) aufs engste mit der Aufstiegsgeschichte seines Nachfolgers David verknüpft wird.

David gilt von Anfang an als ein „Mann nach dem Herzen Gottes" (1Sam 13,14), dessen wechselvolle Geschichte des Aufstiegs[4] und der Herrschaft als König über ein in seiner Person geeintes Israel und Juda mit Jerusalem als Zentrum bis hin zu den Auseinandersetzungen rund um seine Thronfolge (2Sam 9–20; 1Kön 1–2) stets auch im Lichte der bewahrenden Führung Gottes gesehen wird.[5] Trotz des deutlich apologetischen Charakters der breit angelegten Textkomposition zeichnet das deuteronomistische Geschichtswerk für David aber keineswegs ein einheitliches und idealisiertes Bild. Der Musiker David, dessen Emotionalität besonders in seinen Klageliedern zum Ausdruck kommt, steht neben dem Söldner und unbezwingbaren Kriegshelden. Dem Herrscher David, der dem Königtum in Israel seine endgültige Prägung gibt und zu einer Art Urbild des Königs schlechthin wird, korrespondiert ein in entscheidenden politischen Situationen unentschlossener, in privaten Angelegenheiten demgegenüber rigoros vorgehender Mann. Die Ambivalenz in der Person Davids kulminiert einerseits in der Zusage eines unverbrüchlichen Bundes Gottes mit dem Haus Davids und der Verheißung ewigen Bestandes für seinen Königsthron durch den Propheten Natan in 2Sam 7 und andererseits in seinem Ehebruch mit Batseba und der faktischen Ermordung ihres Mannes Urija in 2Sam 11. Es ist auffallend und für die sukzessive Stilisierung der Gestalt Davids richtunggebend, daß gerade die negativen Aspekte in der weiteren alttestamentlichen und frühjüdischen Tradition kaum mehr Erwähnung finden,[6] wohingegen andere Momente verstärkt werden.

Ähnlich gilt das dann auch für die Schilderung der Gestalt Salomos, für die in 1Kön durchaus noch ihre Schattenseiten zur Sprache gebracht sind (z. B. religiöser Synkretismus), wenn auch bereits dort die Herrschaft Salomos insgesamt als die eines Friedenskönigs gezeichnet wird und neben seiner Rolle als Erbauer des Tempels und des Königspalastes vor allem seine alles übertreffende Weisheit (z. B. 1Kön 3; 5,9–14; 10,1–13) und sein großartiger Reichtum (z. B. 1Kön 10,14–29) herausgestrichen werden. Die sprichwörtliche Weisheit Salomos ist u. a. ausschlaggebend dafür, daß er als Autor einer Reihe von weisheitlichen Texten des Alten Testaments (Spr; Koh; Hld; Weish) sowie der außerkanonischen Literatur (PsSal; OdSal) bezeichnet wird. Die damit verbundene umfangreiche Kenntnis der Natur (vgl. 1Kön 5,13) führt dann dazu, daß Salomo in der Tradition heilende und magische Kräfte zugesprochen werden, um die sich wieder weiterreichende Sagen und Legenden bilden (vgl. z. B. Jos. Ant 8,44f.).

Entgegen dieser Tendenz findet sich für die Gestalt Sauls in der späteren Überlieferung keine nennenswerte Rezeption mehr. Sein Verworfen-Sein durch Gott erfährt also auch in der Literatur selbst entsprechenden

Niederschlag. So ist z. B. in den Chronikbüchern für Saul lediglich dessen Tod berichtet (1Chr 10), während gerade die chronistische Darstellung für David und Salomo die angesprochene idealisierende Absicht deutlich zu erkennen gibt. David wird dort als makelloser Held und idealtypischer König gezeichnet, der vor allem auch als religiöser Führer hervortritt. Nach 1Chr vervollständigt David z. B. selbst den Bauplan für den Tempel, den Salomo dann zur Ausführung bringt, er organisiert das Tempelpriestertum und die Einrichtung der Tempelmusik (vgl. auch Sir 47,8–10) und erscheint so insgesamt als Begründer des Kultes. Entsprechend wird dann für Salomo in 2Chr neben Reichtum und Weisheit v. a. seine Rolle als Erbauer des Tempels betont, negative Aspekte seiner Person werden dagegen verschwiegen.

Wird Salomo mit der Weisheitsliteratur in Verbindung gebracht, so gilt der König David als Psalmensänger und Verfasser eines Großteils der Psalmen; eine Linie, die bereits in den Samuelbüchern ihren Ausgang nimmt (z. B. 2Sam 1,17–27) und nach-alttestamentlich konsequent ausgezogen wird.[7] Im Psalmenbuch selbst wird David oft in den Überschriften genannt, nicht selten mit einem Hinweis auf die biographische Gegebenheit, in der der Psalm entstanden sein soll (z. B. Ps 3; 34 …). Zur Darstellung Davids in diesen Situationseinleitungen gehören auch die Momente von Bedrängnis, Leid, Verfehlung und Sünde. Davon abgehoben ist das Rekurrieren auf David in den einzelnen Psalmenkorpora, für die „die historische, individuelle Person David … fast gleichgültig" und nur noch „zu einer Chiffre für die Verheißung Gottes"[8] wird. In diesem Zusammenhang sprechen die Psalmen dann z. B. vom Knecht, vom Auserwählten, vom Gesalbten und Gerechten Gottes, dessen Herrschaft ein immerwährender Bund zugesagt ist, und leisten darin einer auf die Zukunft hin ausgerichteten, messianischen Sichtweise und Konnotation der Gestalt Davids wesentlich Vorschub.[9] Eng verbunden damit ist das Verständnis der Psalmen als prophetische Texte,[10] so daß im Zuge einer konsequenten Davidisierung des Psalters auf David wie auf einen der kanonischen Propheten zurückgegriffen werden kann[11] und so die Psalmen auch von daher in den Kontext von Verheißung hineingenommen sind.

An die Gestalt Davids, die mehr und mehr zum Idealbild des Herrschers wie auch des Frommen[12] stilisiert wird, knüpft sich schließlich die frühjüdische Erwartung eines königlichen Messias aus dem Geschlecht und nach dem Vorbild Davids. Ausgangs- und Haftpunkt dafür bildet die bereits angesprochene Weissagung des Propheten Natan in 2Sam 7,5–16, in der aufgrund göttlicher Zusage seinem Königtum in der Person eines Nachkommen ewiger Bestand verheißen wird. Dieser Text, der an zahlreichen alttestamentlichen Stellen aufgegriffen und aktualisiert wird (z. B. Ps 18; 89; 132 …) und auch hinter der nachexilischen Erwartung eines „Wurzelsprosses

Isais" (Jes 11,1.10) bzw. „Sprosses Davids" (Jer 23,5; 33,15; Sach 3,8; 6,12)
steht,[13] bekommt gerade in Zeiten und angesichts des konkret erfahrenen
Scheiterns aktueller Herrscher, Gesalbter Israels besonderes Gewicht (vgl.
Ps 89). Auf diesem Hintergrund sind wohl auch die messianischen Aussagen in den zur Hasmonäerzeit entstandenen, apokryphen Psalmen Salomos, v. a. in PsSal 17 (vgl. PsSal 18,5–9) zu sehen, die ausdrücklich auf die
Natansweissagung Bezug nehmen. Die komplexere Sicht der Qumrantexte
nennt neben einem priesterlichen Messias eine königliche Messiasgestalt
aus dem Hause Israel (1QS 9,11), für die ebenfalls auf die alttestamentlichen Verheißungen davidisch-messianischer Prägung zurückgegriffen wird.
In PsSal 17,21 begegnet dann erstmals der titulare Gebrauch des Aus-
drucks „Sohn Davids" im Sinne einer Messiasbezeichnung,[14] der für die
Zeit des Neuen Testaments im Spektrum der insgesamt vielgestaltigen
messianischen Hoffnungen des Frühjudentums fest verankert ist und der
im späteren rabbinischen Schrifttum nahezu ausschließlich zur Bezeichnung des Messias gebraucht ist (z. B. bSan 97 a; 98 a).

Von den drei Königsgestalten also, die an den Beginn des monarchisch
strukturierten Israel gestellt sind, erfährt der König David sicherlich die
weitreichendste Fortschreibung und interpretative Akzentuierung. Vor allem die an seiner Person zur Sprache gebrachte messianische Tiefendimension, die nicht unwesentlich auch von einem politisch-nationalen Charakter
geprägt ist, läßt ihn dabei zu einer Chiffre für eine Verheißungslinie der
alttestamentlich-frühjüdischen Tradition werden, die inhaltlich mit der ursprünglichen Darstellung in den historisierenden Ausgangstexten der Sa-
muelbücher nicht mehr viel zu tun hat. Dieser vielgestaltige und mehr
oder weniger stark gefilterte Traditionshintergrund – sowohl für David wie
auch für Saul und Salomo – ist vorauszusetzen und zu beachten, wenn die
Frage nach ihrer Rezeption in den neutestamentlichen Texten erhoben
wird.

3. Saul, David und Salomo im Neuen Testament

So eng die Erzählkomplexe über die Könige Saul, David und Salomo
anfänglich miteinander verbunden sind und als zusammengehörend dargestellt werden, so differenziert und je eigen verläuft die spätere Rezeption
dieser Gestalten. Diese Beobachtung gilt auch für die Situation im Neuen
Testament. Eine gemeinsame Behandlung rechtfertigt sich also allein aufgrund der alttestamentlichen Ausgangslage und kann für das Neue Testament nicht von vornherein auf einheitlich zutreffende Ergebnisse hoffen.
Im folgenden kann daher die Untersuchung für die drei Königsgestalten
Israels je für sich vorgenommen werden.

3.1. Saul

Die singuläre Erwähnung des Königs Saul in Apg 13,21 bestätigt auch
für das Neue Testament das bereits festgestellte geringe Interesse der
Überlieferung an seiner Person. Wenn die Apostelgeschichte an den Beginn der Rede des Paulus in der Synagoge von Antiochien eine Art Rückblick auf Gottes Großtaten in der Geschichte Israels stellt (13,17–25) und
darin zahlreiche Anspielungen auf das Alte Testament bringt, dann wirkt
selbst in diesem Zusammenhang die Nennung Sauls in der Reihe der aufgezählten Ereignisse eher wie zufällig. Die Ausführungen gipfeln eindeutig
in der Erhebung Davids zum König (v. 22) bzw. in dessen Funktion als
Träger der entscheidenden Verheißung Gottes, die in Jesus zur Erfüllung
gelangt (v. 23).

Um so mehr überrascht es, daß Saul, der hier den Beginn der Königszeit
im Anschluß an den Propheten Samuel markiert, durch nähere Angaben
besonders gekennzeichnet wird. Hinsichtlich seiner Herkunft wird er als
der „Sohn des Kisch" (vgl. 1Sam 9,3; 10,21) und als „ein Mann aus dem
Stamm Benjamin" (vgl. 1Sam 9,1; 10,20f.) vorgestellt. Vor allem der ausdrückliche Hinweis auf seine Stammeszugehörigkeit legt die Vermutung
nahe, daß damit bewußt eine Verbindung zum Apostel Paulus angezeigt
ist, der selbst den Namen Saul trägt (Apg 9,4.17; 22,7.13; 26,14) und ebenfalls dem Stamm Benjamin angehört (Röm 11,1; Phil 3,5). Diese an sich
positive Konnotation bleibt aber nicht ohne Schwierigkeiten angesichts der
weiteren Aussagen zu Saul, die neben einer Dauer von vierzig Jahren[15] vor
allem die heilsgeschichtlichen Eckdaten seiner Herrschaft ansprechen. In
v. 22 ist eben auch von seiner Verwerfung durch Gott die Rede und nicht
nur davon, daß Gott ihn dem Volk Israel als ersten König gegeben hat. Die
Nennung Sauls von daher aber im Sinne eines ausschließlichen Kontrasts
zur nachfolgenden Zeichnung Davids zu verstehen, greift ebenfalls zu kurz,
steht doch auch sie trotz ihres schillernden Charakters im Kontext des in
der Rede des Paulus angesprochenen Heilshandelns Gottes.

Im Grunde bereits mit der namentlichen Nennung der Person selbst,
dann aber auch aufgrund der zusätzlichen Angaben zu Saul in Apg 13,21 f.,
werden die alttestamentlichen Texte rund um seine Person insgesamt in
Erinnerung gerufen und das dort erzählte Geschehen im Kontext der Missionsrede lebendig gemacht. Die Schriften Israels erweisen sich darin als
der selbstverständlich vorausgesetzte und in Anspruch genommene Bezugsrahmen für den neutestamentlichen Autor, die von ihm geschilderte
nachösterliche Verkündigungspraxis und letztlich das darin angesprochene
Jesusgeschehen selbst, und zwar im Sinne von Verheißung, die im Auftreten
Jesu ihre Erfüllung findet. Zusammen mit den anderen in Apg 13,17–25
aufgezählten alttestamentlichen Ereignissen und Personen (letztlich bis

hin zu Johannes dem Täufer in vv. 24 f.) ist auch Saul Teil dieser auf Erfüllung hin angelegten Verheißung an die Väter Israels.

3.2. David

In ihrer Grundsätzlichkeit gilt die für Saul getroffene Feststellung auch
für die Rezeption Davids, die Art und Weise, wie dieser Aussagegehalt
jedoch deutlich gemacht wird, liegt weitgehend auf einer anderen Ebene.

3.2.1. Der „biographische" David

Nur sehr wenige Stellen im Neuen Testament rekurrieren im Zusammenhang mit der namentlichen Nennung Davids in analoger Weise wie bei
Saul auf die alttestamentlich-biographischen Erzählungen über diese Kö-
nigsgestalt. Der bereits angesprochene Text von Apg 13 ist auch hier zu
nennen. In v. 22 ist davon die Rede, daß Gott nach der Verwerfung des
Saul den David zum König „erweckt"[16] hat und als idealen Herrscher bezeugt, ein Zeugnis, das anhand einer Zusammenstellung verschiedener
Schriftworte erfolgt. Wenn David darin als Sohn Isais (2Sam 23,1) und von
Gott „gefunden" (Ps 89,21) vorgestellt wird, als Mann nach dem Herzen
Gottes (1Sam 13,14), der dessen ganzen Willen tun wird,[17] dann entspricht
das der Linie der Tradition, seine positiven Züge zu betonen. Die Blickrichtung geht aber letztlich über David hinaus auf den verheißenen Retter
aus dessen Geschlecht (vv. 23 f.). Vergleichbar ist die Nennung Davids in
der Stephanusrede der Apostelgeschichte (Apg 7,45 f.), wo – ebenfalls eingebettet in einen vor allem an der Tempelthematik orientierten heilsgeschichtlichen Rückblick – die Gestalt Davids für den Beginn einer neuen
Phase steht, die allerdings erst im Bau des Tempels durch Salomo ihr Ziel
findet. Ausdrücklich wird dabei an die in 2Sam 7,2 berichtete Absicht Davids erinnert, für Gott ein Haus errichten zu wollen.[18]
   In Hebr 11,32 wird der Kontext der alttestamentlichen Davidsgeschichte ebenfalls angedeutet, wenn David zusammen mit anderen Gestalten der
Schrift ohne weitere Angaben namentlich genannt wird und als einziger
König Israels der „Wolke" (Hebr 12,1) der in der Heilsgeschichte als beispielhaft aufgewiesenen Glaubenszeugen zugerechnet wird.[19] David als historische Gestalt wird dann auch im Stammbaum Jesu erwähnt,[20] und neben diversen Einleitungsformeln zu Psalmzitaten, die ihn als deren Verfasser charakterisieren, ist dieser Aspekt für die Argumentation hinsichtlich
der Auferweckung Jesu in Apg 2,29 und 13,36 grundlegend.
   In diesem Zusammenhang ist schließlich der Rückgriff Jesu auf die

Davidsgeschichte in der Perikope vom Ährenraufen am Sabbat zu nennen (Mk 2,23–28 par Mt 12,1–8 par Lk 6,1–5). Jesus antwortet dort in Form einer Gegenfrage auf den Vorwurf der Pharisäer und vergleicht das Tun seiner Jünger mit dem Essen der den Priestern vorbehaltenen Schaubrote durch David und seine Gefährten (vgl. 1Sam 21,1–7). Zwar nimmt das Beispiel Davids nicht auf den Sabbat Bezug,[21] die auffallenden inhaltlichen Nuancierungen im Unterschied zur Erzählung von 1Sam 21[22] lassen aber die beabsichtigte Korrespondenz der beiden Situationen deutlich werden. Es geht um eine grundlegend von Freiheit geprägte Haltung gegenüber dem Gesetz, für die als Schriftargument und damit als Legitimation das Tun Davids herangezogen wird. David wird so zum Typos für Jesus, wobei die Pointe dieser Parallelisierung im Grunde auf eine Überbietung Davids durch Jesus zielt. Bedenkt man die messianische Dimension, die für den Verweis auf David sicherlich mit ausschlaggebend war, dann kommt in seiner Antwort letztlich ein impliziter christologischer Anspruch Jesu zum Ausdruck.

3.2.2. Der „prophetische" David

Ein wesentlicher Aspekt in der Rezeption Davids im Neuen Testament ist – wie bereits angedeutet – seine Funktion als Verfasser der Psalmen. Vor allem in den Reden der Apostelgeschichte wird dieses Motiv aufgegriffen und David in der Einleitungswendung zu entsprechenden Schriftzitaten namentlich genannt. Wenn an diesen Stellen über die bloße Namensnennung hinaus davon die Rede ist, daß durch seinen Mund der Heilige Geist (Apg 1,16) bzw. durch den Heiligen Geist eigentlich Gott selber redet (Apg 4,25; 13,35), und wenn David ausdrücklich als Prophet bezeichnet wird (Apg 2,30), dann unterstreicht das die Autorität seiner Person und damit den Charakter der mit ihm in Verbindung gebrachten Schrifttexte als inspirierte, prophetische Verheißungsworte. Entsprechend kommt den zitierten Psalmstellen die Funktion von Erfüllungszitaten bzw. Schriftargumenten für das jeweils angesprochene Ereignis zu.

In der Petrusrede im Zusammenhang mit der Nachwahl des Matthias (Apg 1,15–26) wird so das Geschick des Judas, der als Anführer derer bezeichnet wird, die Jesus gefangengenommen haben, als Erfüllung eines bestimmten, von David vorausgesagten Schriftwortes charakterisiert (v.16). Gemeint ist damit wahrscheinlich nicht, wie gerne vermutet, eine Anspielung auf Ps 41,10,[23] sondern wohl die in v.20 ausdrücklich zitierte Kombination aus Ps 69,26 und Ps 109,8, anhand deren sowohl das drastische Ende des Judas als auch die Übernahme seines Dienstes durch einen anderen als dem Willen Gottes entsprechend ausgewiesen wird.

Als Schriftbeweis werden David zugesprochene Psalmverse dann in der ersten öffentlichen Rede des Petrus, in der sogenannten Pfingstpredigt, herangezogen, wenn es um die Auferstehung und die Erhöhung Jesu geht (Apg 2,22–36).[24] In Apg 2,25–28 fungiert die Septuagintaversion von Ps 16,8–11, in der die Hoffnung des Beters auf Errettung aus dem Bereich des Todes ausgesprochen ist, als alttestamentliches Zeugnis für die Auferstehung Jesu.[25] Voraussetzung für ein derartiges Verständnis ist die Ansicht, daß David in diesem Psalm nicht über sich selber spricht, sondern vorausschauend den Messias, den „Heiligen" Gottes (v. 27) meint. Begründet wird das in v. 29 mit der Feststellung, daß David[26] gestorben ist und sein Grab „unter uns ist". Das Wort von Ps 16, wo davon die Rede ist, daß er weder die Unterwelt noch die Verwesung schauen wird, kann demnach nicht auf ihn selbst zutreffen. Als Prophet und Empfänger einer Verheißung (vgl. 2Sam 7) spricht David vielmehr von der Auferstehung des Messias und bezeugt darin die Auferstehung Jesu. Mit derselben Argumentationsfigur wird in der Folge auch die Erhöhung Jesu und seine himmlische Inthronisation als Erfüllung von Ps 110,1 („Setze dich zu meiner Rechten …") ausgewiesen (vv. 33–35), nachdem das Grab Davids ja vorhanden ist, dieser also – anders als Jesus (vgl. Apg 1,9–11) – nicht in den himmlischen Bereich „hinaufgestiegen" (v. 34) ist.

Psalm 16 wird ähnlich wie in der Pfingstrede des Petrus auch in der ersten öffentlichen Missionsrede des Paulus in Apg 13 im Zusammenhang mit der Auferstehung Jesu als Schriftzeugnis zitiert (Apg 13,35).[27] Auch hier wird Jesus als der Heilige Gottes, der Messias, ausgewiesen, in dessen Auferstehung sich die Verheißung von Ps 16,10 erfüllt hat, da er im Gegensatz zu David die Verwesung nicht geschaut hat. Steht mit dem Verweis auf Ps 16 die Auferstehung Jesu im Blick, so wird seine Identität als Messias aber bereits im Vorfeld anhand eines anderen Psalmwortes, nämlich Ps 2,7 („Mein Sohn bist du, heute habe ich dich gezeugt") festgehalten (v. 33).[28] Im Unterschied zur begrenzten Funktion des David (v. 36) kommt in Jesus durch die Auferweckung schließlich auch die unverbrüchliche Heilszusage an David im Sinne einer immerwährenden Herrschaft des von Gott erwählten königlichen Gesalbten zur Erfüllung (vgl. das Zitat von Jes 55,3 in Apg 13,34), so daß zumindest indirekt auch in der Paulusrede die Erhöhung Jesu mit in den Blick genommen ist.

Mit der Auferstehung Jesu, vor allem aber mit seiner Erhöhung passiert im Verständnis der Apostelgeschichte also letztlich das, was in der Rede des Herrenbruders Jakobus beim Apostelkonvent mit dem Wort aus Am 9,11 f. ausgedrückt ist: die Wiederaufrichtung der „zerfallenen Hütte Davids" (Apg 15,16–18). Die an David bzw. an sein Haus, sein Geschlecht ergangene Verheißung erfährt in der Person des erhöhten Christus ihre endgültige Realisierung. Eng verbunden mit dieser Prophetie ist der Ge-

danke der Sammlung des heiligen Restes Israels.[29] Folge davon ist die Ermöglichung des Hinzukommens auch der Heidenvölker in die Gemeinschaft des Gottesvolkes, das im Heilsplan Gottes von Anfang an grundgelegt ist (v. 18). Die Heidenmission des Paulus wird so durch den Judenchristen Jakobus als übereinstimmend mit den Worten der Propheten
gewertet.[30]

Nicht nur Auferstehung und Erhöhung Jesu, auch sein Leiden bzw. die
Anfeindung gegen ihn, die seine Passion zur Folge hat, sieht die Apostelgeschichte durch David prophetisch angekündigt. Im Rahmen des Gebets
der jungen Gemeinde im Anschluß an die Freilassung des Petrus und Johannes wird diesbezüglich in Apg 4,25 die von Gott durch den Mund Davids[31] gegebene Weissagung in Ps 2,1 f. in Erinnerung gerufen. Ursprünglich „von der Niederschlagung der Feinde des davidischen Messiaskönigs
durch Jahwe" (Roloff, Apg 86) ausgesagt, wird hier das Psalmwort als Voraussage des Leidens des Gesalbten Gottes und indirekt wohl auch der
Verfolgungssituation der christlichen Gemeinde (vgl. v. 29) verstanden. Die
in Apg 4,27 f. angeschlossene Auslegung macht das deutlich, wenn die einzelnen Elemente des Psalmverses direkt auf die Personen (Herodes; Pontius Pilatus) und die Volksgruppen (Heiden; Volksstämme Israels) der Passion Jesu übertragen werden und Jesus ausdrücklich als „heilig" und von
Gott „gesalbt" (chriō) bezeichnet und damit mit dem in Ps 2,2 genannten
„Gesalbten" (christos) identifiziert wird.

Ein Großteil der David-Stellen der Apostelgeschichte bringt diese Gestalt also im Kontext des christologischen Schriftbeweises. David wird –
wie einer der Propheten – gezeichnet als einer, der in den Psalmen das
Jesusgeschehen im voraus angekündigt hat. In der Funktion eines Zeugen
verweist er u. a. auf die Passion des Messias Jesus, auf seine Auferstehung
und Erhöhung. Konsequent wird dabei die bereits für die Psalmen selbst
angesprochene und in ihnen angelegte Spannung zwischen dem „biographischen" David der Einleitungswendungen und der stilisierten Gestalt in
den Texten weitergedacht und argumentativ die Schlußfolgerung gezogen,
daß David in ihnen nicht von sich selber, sondern nur von einer für die
Zukunft verheißenen messianischen Gestalt sprechen kann, die im Verständnis des Neuen Testaments auf die Person Jesu zu deuten ist.[32] Diese
Differenzierung steht dann auch hinter der Argumentation Jesu mit
Ps 110,1 im Kontext der Perikope von der Davidssohnfrage (Mk 12,35–37
par), auf die noch näher einzugehen sein wird.

Neben den genannten Stellen begegnet David als autoritativer Verfasser
der Psalmen noch zweimal im Römerbrief (4,6; 11,9) und im Hebräerbrief
(4,7). In Röm 4,6–8 fungiert er als Zeuge für die Rechtfertigung des Menschen unabhängig von Werken, indem die Seligpreisung von Ps 32,1 f. sachlich mit der Gerechtigkeit Abrahams in Verbindung gebracht und als „her

meneutische[s] Mittel" (Wilckens, Röm 1,263) für die christliche Interpretation von Gen 15,6 herangezogen wird. In Röm 11,9 f. liefert ein Wort Davids, das geradezu den Charakter eines Fluchspruches hat (Ps 69,23 f.), neben einer Zitatkombination aus Gesetz (Dtn 29,3) und Propheten (Jes 29,10) die Schriftbegründung für die von Gott bewirkte Verstockung Israels. Im Hebräerbrief schließlich, in einem ähnlichen thematischen Kontext wie in Röm 11, ist David als derjenige bezeichnet, durch den Gott selber Worte aus Ps 95 gesprochen hat.[33] Schon in Hebr 4,3.5 – allerdings ohne ausdrücklichen Verweis auf David – liefert derselbe Ps 95 das Zeugnis für das Israel geltende Verwehren Gottes, in seine Ruhe gelangen zu können (Ps 95,11), der dann in v. 7 das erneute Verheißungsangebot Gottes als schriftgemäß ausweist und im betonten „Heute" (Ps 95,7 f.) letztlich zu einem christologischen Argument wird.

3.2.3. Der „messianische" David: „Sohn Davids"

Der aufgezeigte Rekurs auf David im Sinne einer prophetischen Gestalt hat bereits mehrfach einen zusätzlichen Aspekt mit anklingen lassen, nämlich das spezifisch messianische Moment, das in seiner Person angesprochen bzw. mit ihr eng verbunden ist (z. B. im Kontext von Mk 2,23–28; Apg 13,22 f.). Diese Linie ist für die neutestamentliche Nennung Davids insgesamt, vor allem für die Erwähnung in den synoptischen Evangelien, besonders kennzeichnend und prägend. Dabei geht es im Grunde nicht mehr um die Gestalt Davids selbst,[34] sondern um die an ihm aufgehängte, bereits in der Tradition deutlich heraustretende Erwartung eines Nachkommens Davids, in dem die davidische Verheißung eines königlichen Gesalbten zu ihrer Erfüllung kommt. Verdichtete Ausdrucksweise dafür ist z. B. der titulare Gebrauch der Bezeichnung „Sohn Davids", aber auch in verwandten Ausdrücken steht David mehr oder weniger nur mehr in der Funktion einer Chiffre bzw. eines idealisierten „Prototyps" für diese Vorstellung.

Insgesamt betrachtet, findet die zeitgenössische Davidssohnerwartung im Neuen Testament verhältnismäßig wenig Niederschlag; zu einem Gutteil wohl aufgrund der darin angesprochenen politisch-nationalen Implikationen, die im Jesusgeschehen so keinen Anhaltspunkt haben. Der Titel „Sohn Davids" z. B. begegnet nur bei den Synoptikern (v. a. bei Matthäus) und abgesehen von Mt 1,1.20 immer als Anrede Jesu durch Außenstehende, wenn auch der Hinweis auf die Sache selbst nicht darauf beschränkt bleibt.

Vor allem in den Kindheitsgeschichten der Evangelien wird versucht, die davidisch-messianische Verheißungslinie für die Person Jesu einzuholen. Das Matthäusevangelium legt dabei besonders großes Gewicht auf den

Aufweis der Davidssohnschaft Jesu. Bereits im Eröffnungssatz in Mt 1,1 wird Jesus Christus programmatisch mit „Sohn Davids" betitelt, und dieser Anspruch wird im darauffolgenden, kunstvoll gestalteten Stammbaum, in dem der Gestalt Davids in ihrer messianischen Tiefendimension eine Schlüsselposition und -funktion zukommt (Mt 1,6.17),[35] genealogisch entfaltet und verankert. Über die Gestalt Josefs, der in der Folge selbst vom Engel Gottes als Sohn Davids angesprochen wird (Mt 1,20), gehört Jesus (auch juridisch-genealogisch) in die Davidlinie und damit in die über die Daviddynastie laufende Verheißungslinie der Heilsgeschichte Israels hinein (vgl. auch Lk 3,23–38).

Die lukanische Kindheitsgeschichte betont ebenfalls die Herkunft Jesu aus dem Haus Davids und aktualisiert im Blick auf seine Person Traditionen über den davidischen Messiaskönig. Zum einen: Der Hinweis „aus dem Haus Davids" (Lk 1,27) bzw. „aus dem Haus und dem Geschlecht (patria) Davids" (2,4) ist nähere Charakterisierung für Josef und ausdrückliche Begründung für den Aufenthalt in der Davidstadt Betlehem, die so zum Geburts- und Herkunftsort Jesu wird (Lk 2,6f.11; vgl. auch Mt 2,1). Zum anderen: Innerhalb der an alttestamentlichen Motiven reichen Texte von Lk 1–2 wird bereits in der Geburtsankündigung durch den Engel Gabriel das verheißene Kind als der erwartete Messias aus dem Haus Davids beschrieben. Im Sinne der Erfüllung prophetischer Worte ist dort davon die Rede, daß Gott ihm „den Thron seines Vaters David" (1,32; vgl. 2Sam 7) geben und seine Herrschaft von ewiger Dauer sein werde (v. 33). Der hymnische Lobgesang des Zacharias gebraucht dann messianisch das andeutende Bild vom Erweckt-Werden (egeirō) eines „Horns der Rettung[36] im Hause Davids, seines Knechtes" (1,69), und in der Botschaft des Engels an die Hirten wird vollends deutlich, daß mit Jesus dieser Retter, der als Messias und Herr identifiziert wird, in der Stadt Davids (!) geboren ist (2,11). Von Anfang an ist auch bei Lukas also für Jesus die davidisch-messianische Erwartung in Anspruch genommen, dabei aber stärker auf die inhaltliche, funktionale Dimension dieser Verheißung abgehoben.

Matthäus zeigt auch im übrigen Evangelium ein auffallendes Interesse an der Bezeichnung Jesu mit „Sohn Davids". Während sich nämlich bei Markus und parallel dazu bei Lukas dieser Titel lediglich in der zweimaligen Anrede Jesu durch den blinden Bartimäus findet (Mk 10,47f. par Lk 18,38f. par Mt 20,30f.), legt ihn Matthäus darüber hinaus den beiden Blinden in 9,27 und der kanaanäischen Frau, die für ihre besessene Tochter bittet, in 15,22 in den Mund und erzählt als Reaktion auf die Heilung eines Besessenen die erstaunte Anfrage der Menschenmenge, ob dieser Jesus etwa der Sohn Davids sei (12,23). Es ist bemerkenswert, daß der königliche Davidssohn an diesen Stellen ausschließlich im Kontext von Wunderge-

schichten (besonders Blindenheilungen) als Anrede an den Wundertäter
Jesus begegnet und mit der Erwartung von Erbarmen, Rettung und Heilung von der Krankheit in Verbindung gebracht ist.[37] Als Davidssohn ist
Jesus vor allem im Verständnis des Matthäus der heilende Messias Israels,
was gleichzeitig eine gewisse Nuancierung der auf einen davidischen König
hoffenden Erwartung bedeutet. Matthäus verwendet den Titel „Sohn Davids" dann auch in der Akklamation des Volkes beim Einzug Jesu in Jerusalem („Hosanna[38] dem Sohn Davids!" 21,9), wo Markus etwas zurückhal-
tender von der „kommenden Königsherrschaft unseres Vaters David"
(Mk 11,10) spricht, und wiederholt diese Akklamation unmittelbar darauf
bei der Tempelreinigung (21,15), in deren Kontext einzig bei Matthäus von
der Heilungstätigkeit Jesu die Rede ist (Heilung von Lahmen und Blinden!).

Jesu genealogische Zugehörigkeit zum Geschlecht Davids ist für die synoptischen Evangelien unbestritten und u. a. Aufweis für seinen messianischen Anspruch (anders Joh 7,42). Wenn nach zeitgenössischer Auffassung
aber der eschatologische Gesalbte Gottes, der Messias, als erwarteter Davidssohn, als kommender Heilbringer und Herrscher im künftigen davidischen Weltreich mit religiös-nationalpolitischer Konnotation gesehen wird,
dann erfährt das für das Verständnis der Person Jesu eine entscheidende
Korrektur. Ausdrücklich thematisiert wird dies an jener Stelle, in der bei
den Synoptikern zum letzten Mal (wenn auch nicht eigentlich titular) vom
„Sohn Davids" die Rede ist, in der Perikope Mk 12,35–37 par, wo Jesus
die Frage nach der Davidssohnschaft des Messias zur Diskussion stellt.
Diese Perikope enthält gleichzeitig auch die einzige Stelle in den Evangelien, in der von David als prophetisch-inspiriertem Verfasser der Psalmen
gesprochen wird[39] und der Ausspruch Davids im zitierten Ps 110,1 als Gültigkeit beanspruchendes Verheißungswort über den Messias ausgewiesen
wird. Die beiden angesprochenen Aspekte der Davidrezeption im Neuen
Testament – David in der Funktion des Propheten und David als Typos für
den Messias – sind in dieser Perikope also zusammengeführt und einander
zugeordnet.

In Form einer Streitfrage spricht Jesus in Mk 12,35–37 par der den
Schriftgelehrten zugeschriebenen Meinung, der erwartete Messias sei seiner Art und Qualität nach „Sohn Davids",[40] die innere Berechtigung ab,
indem er vollmächtig auf das Schriftwort in Ps 110,1 als ein Wort Davids
selbst verweist. Dort – so die Voraussetzung – spricht David vom Messias,
und er bezeichnet ihn eingangs als seinen „Herrn", hält für ihn also eine
dem David selbst übergeordnete Stellung fest, die eine Prädizierung mit
„Sohn Davids" zumindest als unzulänglich erweist. Letztlich bedeutet das
eine Infragestellung bzw. Zurückweisung der Einordnung des Messias in
den beschriebenen zeitgenössischen Erwartungshorizont eines irdischen

Heilskönigs nach dem Muster und Vorbild Davids. Der in Ps 110,1 angesprochene Herr muß demnach mehr als Davids Sohn sein. Für seine qualitative Näherbestimmung gibt dann vor allem der Inhalt der zitierten Gottesrede von Ps 110 entscheidende Hinweise, wonach dieser Messias in einem außerordentlichen, einzigartigen und engen Beziehungsverhältnis zu
Gott stehend und als zur Rechten Gottes Sitzender in überlegener und
machtvoller Stellung zu sehen ist.[41]

Die alttestamentlich-frühjüdische Vorstellung zur Herkunft des Messias
aus dem Geschlecht Davids ist auch im Johannesevangelium präsent, wenn
auch nur an einer einzigen Stelle, die gleichzeitig die einzige namentliche
Nennung Davids bei Johannes enthält. Als Reaktion auf die Meinung des
Volkes, Jesus sei der Messias, findet sich in Joh 7,41 f. die kritische Rück-
frage, ob der Messias denn, wie für Jesus angenommen, aus Galiläa kommen könne, wo doch die Schrift (vgl. 2Sam 7,12; Mich 5,1) davon spreche,
daß der Messias „aus dem Samen Davids" (ek tou spermatos Dauid) und
aus Betlehem, dem Ort, wo David lebte, kommt. Die Formulierung macht
deutlich, daß Johannes anders als die Synoptiker offensichtlich weder die
Geburt Jesu in Betlehem noch seine genealogische Zugehörigkeit zur davidischen Linie voraussetzt.[42]

Demgegenüber unterstreicht Paulus in Röm 1,3 f. mit derselben Wendung (ek spermatos Dauid – aus dem Samen Davids) die davidische Abstammung des irdischen Jesus, wobei auch bei ihm in dieser Formulierung
die messianische Dimension mit anklingt. Er nimmt an dieser Stelle eine
traditionelle christologische Bekenntnisformel auf, die in parallelisierender
Weise einem irdischen Stadium des Weges Christi „nach dem Fleisch" (Davidssohn) ein in der Auferstehung begründetes himmlisches Stadium „nach
dem Geist" (Gottessohn) gegenüberstellt. Dabei ist aber nicht an eine Unterscheidung zweier verschiedener Existenzweisen gedacht, Paulus selbst
„sieht auch in dem irdischen Jesus den praeexistenten Gottessohn, der
durch das endzeitliche Auferstehungsgeschehen in die Schlüsselpositionen
eschatologischer Macht eingesetzt worden ist" (Wilckens, Röm 1,61). Derselben Traditionslinie ist die Formulierung in 2Tim 2,8 zuzurechnen, die,
obwohl in einem nachpaulinischen Briefkorpus, vielleicht sogar eine ältere
Version dieses kerygmatischen Bekenntnisses erhalten hat. Auf gleiche
Weise wie in Röm 1,3 f. wird auch dort Jesu genealogische Herkunft aus
dem Geschlecht Davids ausgedrückt („aus dem Samen Davids"), wobei
aber stärker der Akzent darauf gelegt wird, daß Jesus als Auferweckter der
Messias Israels ist.

Die messianische Davidssohnschaft Jesu wird schließlich noch in der
Offenbarung des Johannes angesprochen. In Offb 5,5 wird durch einen der
Ältesten vor dem Thron Gottes jener angekündigt, der würdig ist, das Buch
mit den sieben Siegeln zu öffnen. Jesus ist dabei nicht namentlich genannt,

sondern anhand von zwei alttestamentlichen Bildern identifiziert, die indirekt seine messianische Würde umschreiben und ihn als den seit langem Verheißenen kennzeichnen. Zum einen ist vom „Löwen aus dem Stamm Juda" (vgl. Gen 49,9 f.) die Rede, zum anderen dann von „der Wurzel/dem Wurzelsproß (rhiza) Davids". Derselbe Ausdruck „Wurzelsproß Davids" findet sich noch einmal in Offb 22,16 als Selbstbezeichnung Jesu, ergänzt durch den Hinweis auf das „Geschlecht" (genos) Davids: „Ich bin der Wurzelsproß und das Geschlecht Davids" (22,16). Mit dem Bild vom Wurzelsproß ist die messianische Verheißung von Jes 11,1.10 aufgenommen, in der ein Sproß aus der Wurzel Isais angekündigt ist. Ausdrücklich vom „Wurzelsproß Isais" (hē rhiza Iessai) ist im Neuen Testament demgegenüber nur in Röm 15,12 die Rede, wo Jes 11,10 in einer Reihe von begründenden Zitaten aus allen Teilen der Schrift im Zusammenhang mit der Feststellung der heilsgeschichtlichen Sendung Christi an Israel (v. 8) wörtlich angeführt ist.[43] Die verwendeten Bilder bringen jedenfalls auch im Verständnis der Apokalypse zum Ausdruck, daß sich in der Person Jesu Christi die David und seinem Geschlecht gegebenen Verheißungen erfüllen. Das unterstreicht auch die dritte Nennung Davids in Offb 3,7, wo im Sendschreiben an die Gemeinde in Philadelphia in der sogenannten Botenformel Christus als derjenige bezeichnet wird, der „den Schlüssel Davids" hat. Das aus Jes 22,22 entnommene Bild erfährt in dieser Wiederaufnahme eine gewisse Umdeutung und bezeichnet die unwiderrufliche Entscheidungsvollmacht Jesu über die Zugehörigkeit zum „Haus" Davids, zu Israel, seinem Volk, und damit letztlich „zugleich über die Zugehörigkeit zur Königsherrschaft Gottes" (Roloff, Offb 61).[44]

3.2.4. Zusammenfassung zur Rezeption Davids

Der Blick auf die insgesamt 59 Vorkommen des Namens David hat eine vielschichtige Rezeption dieser alttestamentlichen Königsgestalt bestätigt. Sie reicht von der Anspielung auf im Alten Testament beschriebene Begebenheiten zur Person Davids über die in der Verfasserschaft der Psalmen grundgelegte Funktion als Zeuge vor allem für den Messias Jesus bis hin zur Verwendung im Zusammenhang mit jener messianischen Verheißungslinie, als deren Ausgangs- und Haftpunkt die Weissagung an David gilt und deren Erfüllung das Neue Testament in Jesus Christus ausweist.[45] Die neutestamentlichen Autoren nehmen darin die in der alttestamentlich-frühjüdischen Davidtradition angelegten und entwickelten Motive auf, in ihrer christologischen Anwendung bleibt es aber nicht einfach bei einer bloßen Weiterführung, sondern wird auf eine Überbietung im Sinne des Erfüllungsgedankens abgehoben.

3.3. Salomo

Trotz der wenigen Vorkommen des Königs Salomo im Neuen Testament begegnen die wesentlichen, bereits in der Tradition betonten Aspekte seiner Person: seine Funktion als Erbauer des Tempels, sein übermäßiger Reichtum und seine hervorragende Weisheit. Dazu kommt, daß mit der Nennung Salomos im Stammbaum des Matthäus (1,6 f.; nicht aber bei Lukas) dieser als ein Glied der heilsgeschichtlich bedeutsamen Ahnenreihe Jesu ausgewiesen ist, über das die davidische Königsdynastie letztlich auf Jesus als den Messias zuläuft. Wenn für ihn dabei nicht nur sein Vater David, sondern ausdrücklich auch seine Mutter („die Frau des Urija" 1,6) genannt wird, dann ruft das die wenig ruhmreiche Vorgeschichte der königlichen Abstammung Salomos (vgl. 2Sam 11), vielleicht auch das massive Vorgehen seiner Mutter zugunsten seiner Thronfolge (vgl. 1Kön 1,1–2,25) in Erinnerung, unterstreicht aber in jedem Fall eine gewisse, im Stammbaum an mehreren Stellen auszumachende Irregularität bzw. Unerwartbarkeit, die für das heilsgeschichtliche Handeln Gottes an Israel veranschlagt wird. Als unmittelbarer Sohn Davids und Nachfolger auf dessen Thron ist aber auch Salomo Vorfahre und Stammvater des in 2Sam 7,12 verheißenen, eigentlichen „Sohnes Davids".

Als Erbauer des Tempels wird Salomo ausdrücklich in Apg 7,47 bezeichnet, in dem bereits angesprochenen erwählungsgeschichtlichen Abriß innerhalb der Rede des Stephanus, der im Bau des Gotteshauses seinen Zielpunkt findet. Dort erfährt der Tempel bzw. eine an ihm festgemachte Absolutsetzung der Gottesgegenwart zugleich auch eine grundlegende Relativierung, insofern v. 48 davon spricht, daß „der Höchste nicht in dem wohnt, was von Menschenhand gebaut ist", ein Gedanke, den schon Salomo selbst in seinem Tempelgebet zum Ausdruck bringt (vgl. 1Kön 8,27). Bekräftigt wird diese Feststellung schließlich durch ein Zitat aus Jes 66,1 f., das das „Nichtgebundensein Gottes an Raum und Zeit und damit auch seine Nichtverfügbarkeit durch den Menschen" (Zmijewski, Apg 327)[46] erneut festhält (vv. 49 f.). An den Tempelbau durch Salomo erinnert implizit auch die Ortsbezeichnung „Halle Salomos", die im Neuen Testament dreimal vorkommt und eine entlang der östlichen Mauer des Tempelbezirks sich erstreckende Halle meint. Sie ist nicht nur der Ort der Verkündigungstätigkeit Jesu am Tempelweihfest in Joh 10,23, in ihr spielt auch die Predigt des Petrus im Anschluß an die Heilung eines Gelähmten im Tempel (Apg 3,11), und in Apg 5,12 wird sie überhaupt als der bevorzugte Versammlungsort der Urgemeinde bezeichnet. Dabei ist im Sinne der Apostelgeschichte mit dem Verweis auf die Halle Salomos wohl an den Tempel insgesamt zu denken, der auch sonst in besonderer Weise als Lehrstätte der Apostel gezeichnet wird (z. B. Apg 5,20 f.25.42). Er steht in lokaler

Hinsicht gewissermaßen paradigmatisch für die in der Urgemeinde praktizierte Kontinuität mit der Heilsgeschichte Israels und dem damit zum
Ausdruck gebrachten Anspruch.

Auf den sprichwörtlichen Reichtum Salomos spielt eine Äußerung Jesu
innerhalb der Bergpredigt des Matthäus und ihrer Parallele bei Lukas an.
Im Kontext der Warnung vor der Sorge um Essen, Trinken oder Kleidung
(Mt 6,25–34 par Lk 12,22–31), die ein grundlegend notwendiges Vertrauen
Gott, dem Schöpfer und Erhalter des Lebens, gegenüber einmahnt, unterstreicht Jesus den unübertrefflichen Wert des Menschen vor Gott und ver-
anschaulicht das hinsichtlich der Sorge um die Kleidung anhand des Beispiels von den Lilien auf dem Feld: Obwohl diese einfachen Feldblumen
weder arbeiten noch spinnen, also eigentlich von sich aus nichts dazu bei-
tragen, ist jede einzelne von ihnen dennoch weit prächtiger gekleidet als
„Salomo in seiner ganzen Herrlichkeit" (Mt 6,29 par Lk 12,27), womit wohl
mehr gemeint ist als nur seine Kleidung. Der Verweis auf Salomo setzt das
Wissen um die Größe seines Reichtums insgesamt, wie sie bereits im Alten
Testament und dann im Frühjudentum ausgemalt wird (z. B. 1Kön 9,26–
10,29; 2Chr 9,13–28; Koh 2,1–11; Jos. Ant 8,39–41), voraus und dient hier
– wohl im Sinne eines positiven Vergleiches – zur entsprechenden Verstär-
kung der Aussage über die von Gott gegebene „Kleidung" der Feldblumen.[47] Wie schon in v. 26 (Beispiel von den Vögeln) wird in der Folge in
v. 30 auch dieses Beispiel mit dem Schluß „a minore ad maius" ausgewertet.
Von der Fürsorge Gottes um das an sich wenig bedeutsame und rascher
Vergänglichkeit ausgelieferte „Gras des Feldes" (v. 30), hinter dessen
Schmuck allerdings selbst Salomo zurückbleibt, läßt sich für die Zuhörer
Jesu („ihr") auf ein unvergleichliches „Mehr" (pollō mallon; Mt 6,30)
schließen, das dementsprechend uneingeschränktes Vertrauen rechtfertigt.

Ein weiteres Mal begegnet Salomo im Neuen Testament in einem Doppelspruch, der bei Matthäus und Lukas nahezu gleichlautend im Zusammenhang mit der Antwort Jesu auf die Forderung gegnerischer Gruppen
nach einem Zeichen überliefert ist (Mt 12,38–42 par Lk 11,16.29–32).
Während in der Darstellung des Markusevangeliums Jesus diese Forderung mit einer definitiven Zeichenverweigerung zurückweist (Mk 8,11–
13), in einer parallelen Version bei Matthäus dann für „diese Generation"
das in seiner Bedeutung umstrittene „Zeichen des Jona" zugesagt wird
(Mt 16,1–4), bringen die beiden Textfassungen in Mt 12 und Lk 11 im
Anschluß an das Wort vom Jonazeichen noch eine je unterschiedliche
Deutung dieses Zeichens (Mt 12,40/Lk 11,30) und schließen mit einem
Doppelwort über Jona und Salomo (Mt 12,41 f./Lk 11,31 f.).[48] Der parallel
aufgebaute Spruch nennt einmal die Niniviten als diejenigen, die im eschatologischen Gericht gegen „diese Generation" aufstehen und sie verur-
teilen werden, weil jene auf die Botschaft des Jona hin umgekehrt sind,

und macht dann dieselbe Aussage für die Königin des Südens, die von den Enden der Erde gekommen ist, um die Weisheit Salomos zu hören, wobei die beiden Worte jeweils in der Bemerkung gipfeln, „hier" sei mehr als Jona bzw. mehr als Salomo. Im Sinne eines Droh- und Gerichtswortes mit der Intention, Appell und dringende Aufforderung zur Umkehr zu sein, wird so im Falle des Salomo auf die Begebenheit in 1Kön 10,1–13 (vgl. 1Chr 9,1–12) und damit auf den Aspekt seiner Weisheit (sophia[49]) angespielt und das Verhalten der Königin des Südens,[50] die wie die umkehrbereiten Niniviten zu den Heiden gehört, als beispielhaft hingestellt. Mit dem Verweis auf König Salomo als den in der Tradition ausgewiesenen Weisheitslehrer schlechthin wird – wie für die Gestalt des Propheten Jona in der Perikope insgesamt[51] – indirekt eine Parallelisierung mit dem letztlich in Frage gestellten Jesusgeschehen vorgenommen und als Folge eine positive Stellungnahme dazu (radikale Umkehr bzw. Einsatz- und Hörbereitschaft) gefordert. Analog zur Nennung Jonas geht das Wort Jesu aber auch für Salomo mit der abschließenden Wendung „Hier ist mehr als Salomo" (Mt 12,42 par Lk 11,31) über eine reine Parallelisierung mit dem alttestamentlichen Geschehen hinaus und formuliert darin eine nicht näher präzisierte Überhöhung bzw. Überbietung. Für das unbestimmte „Hier" (hōde) ist dabei wohl an das gesamte Wirken Jesu, an seine Person, in der das Kommen des Reiches Gottes Realität wird, zu denken, so daß auch an dieser Stelle die Argumentation auf eine christologische Aussageabsicht zuläuft.[52] Unter Rückgriff auf die Gestalt des königlichen Weisen Salomo einerseits wie auf die Gestalt des Propheten Jona andererseits wird Jesus – diese transzendierend – implizit charakterisiert als „der eine (königliche) Weisheitslehrer und entscheidende Prophet" (Schürmann, Lk 2,286).[53] Insofern Salomo hier paradigmatisch für die Weisheit insgesamt steht (wie Jona für die Prophetie), ist in diesem Doppelspruch letztlich auch eine entsprechende Verhältnisaussage des Neuen Testaments zu den weisheitlichen (und prophetischen) Schriften Israels bzw. zur darin entfalteten Heilsgeschichte angezeigt.

4. Zusammenfassung

Die neutestamentliche Rezeption der israelitischen Königsgestalten Saul, David und Salomo erfolgt – wie sich gezeigt hat – je eigen, in unterschiedlichem Ausmaß und mit differenzierten Gewichtungen. Für ihre jeweilige Einordnung und ihr Verständnis ist der Hintergrund der inneralttestamentlichen und nicht unmaßgeblich auch der frühjüdischen Traditionsbildung, die den vorausgesetzten und in Anspruch genommenen Bezugsrahmen darstellt, notwendig zu beachten.

Bei aller nicht einfach auf einen Nenner zu bringenden Vielgestaltigkeit dieses Rezeptionsvorgangs wird hinsichtlich der Beziehung zum neutestamentlichen Christusgeschehen jedenfalls eine grundlegende Linie deutlich. Geht es nämlich um die Verkündigung der Person Jesu Christi, so wird diese auch aufgrund dieser Rezeption als auf der Grundlage der Schriften Israels stehend und als deren selbstverständliche Fortführung gesehen und bewertet, bzw. umgekehrt die Schriften Israels für die christologische Aussageabsicht in Anspruch genommen, sei es im Sinne einer Weiterführung, einer typologischen Vorabbildung oder idealisierten Chiffre, sei es im Sinne von Schriftargumentation oder Schriftzeugnis, sei es im Sinne von Überbietung oder im Sinne von Erfüllung einer prophetischen Verheißung.

Anmerkungen

[1] Im Stammbaum des Lukasevangeliums wird Salomo als Sohn des David überhaupt nicht aufgeführt und statt dessen Natan genannt (Lk 3,31).

[2] Mt 17mal, Mk 7mal, Lk 13mal, Joh 2mal, Apg 11mal.

[3] Das Wirken Sauls erscheint zunächst noch ganz im Rahmen und nach dem Muster der Richterzeit.

[4] Die Aufstiegsgeschichte Davids scheint insgesamt nach dem Muster einer typischen Erfolgsgeschichte gestaltet. Eine ähnliche Erfolgsgeschichte findet sich z. B. in der akkadischen Inschrift des Königs Idrimi von Alalakh.

[5] Der abschließende Psalm in 2Sam 22 (vgl. Ps 18) kann diesbezüglich zu Recht als Interpretationshilfe für die gesamte Davidserzählung gewertet werden. Vgl. z. B. Ballhorn, David 17–19.

[6] 1Chr erzählt z. B. sein Vorgehen im Zusammenhang mit Batseba und Urija nicht mehr. In der rabbinischen Literatur ist dieses Vergehen Davids zwar nicht vergessen, es wird aber entschuldigt (z. B. bShab 56a; bSan 107a).

[7] Der Qumrantext 11QPs^a 27,2–11 spricht davon, daß David insgesamt 4050 Psalmen komponiert hat. Für die Rabbinen ist David der ausschließliche Psalmist und als solcher unter dem Einfluß der Schechina (z. B. bPes 117a; bBB 14b).

[8] Ballhorn, David 29, der daraus folgert: „In seinen Einzelschicksalen ist David Identifikationsfigur für den einzelnen, als Person der Verheißung ist er Typus für das Heilshandeln Gottes an seinem Volk."

[9] Nach Ballhorn, David 30, bietet der Psalter in der Verbindung dieser Davidbilder sogar die (im Blick auf das Neue Testament interessante) Möglichkeit, „die Konzepte von Leiden und Messianität zusammenzubringen".

[10] Auch dieses Element nimmt bereits in den Samuelbüchern seinen Ausgang (vgl. 2Sam 23,1–7).

[11] Im Frühjudentum gibt es u. a. auch die Tendenz David mit Mose zu vergleichen (z. B. ShemR 15,22; DevR 2,26f.).

[12] Die Rabbinen betonen z. B. Davids beispielhaften Einsatz für das Studium der Tora. Vgl. z. B. Bassler, Man 161f.

[13] In Jer 30,9; Ez 34,23 f.; 37,24 f.; Hos 3,5 ist darüber hinaus z. B. einfach nur von der Erwartung eines anderen David die Rede.

[14] Der Sache nach haben dieser Titel und die damit verbundene messianische Hoffnung zwar im Alten Testament ihren Ursprung, dort findet sich der Ausdruck aber lediglich in genealogischem Sinn (im Singular nur für die leiblichen Söhne Davids gebraucht, z. B. für Salomo in 1Chr 29,22; 2Chr 1,1; 13,6 . . .).

[15] Davon spricht das Alte Testament nicht. Jos. Ant 6,378 nennt ebenfalls 40 Regierungsjahre des Saul, in Ant 10,143 allerdings nur 20 Jahre.

[16] Dasselbe Verbum (egeirō) wird in den Versen 30 und 37 dann für die Auferweckung Jesu verwendet.

[17] Ob darin eine Anspielung an Jes 44,28 gegeben ist (dort wird diese Aussage von Kyrus gemacht, der in Jes 45,1 auch als Gesalbter JHWHs bezeichnet wird) oder eine Vermischung von Septuaginta- und Targumtext zu 1Sam 13,14 (vgl. z. B. Barrett, Acts 1,636), muß offenbleiben.

[18] In v. 46 ist eine Anspielung auf Ps 132,5 gegeben. Anstelle von „Haus Jakobs" lesen daher viele Handschriften in Anlehnung an diese Psalmstelle die Wendung „Gott Jakobs".

[19] Eine Zuordnung der im summarisch katalogartigen Abschlußteil von Hebr 11 aufgezählten Glaubenstaten (vv. 33–40) zu den einzelnen Gestalten kann allerdings nicht eindeutig vorgenommen werden.

[20] Im Stammbaum des Matthäus wird David in Mt 1,6 zum einen mit dem für die Gesamtaussage wichtigen Zusatz „der König" versehen, zum anderen findet sich mit dem Hinweis auf „die (Frau) des Urija" als Mutter Salomos – im Neuen Testament einzigartig – eine negative Seite des Davidbildes (sein Vergehen) angesprochen.

[21] Erst die jüdische Auslegung von 1Sam 21 verlegt das Ereignis auf einen Sabbat (vgl. z. B. bMen 95 b).

[22] Nach 1Sam 21 geht David nicht selbst in das Heiligtum, sondern bittet den Priester Ahimelech in Nob um fünf Brote. Auch das Essen seiner Gefährten ist nicht erwähnt. – Mk 2,26 spricht irrtümlich vom Hohepriester Abjatar; Mt und Lk sowie einige Handschriften des Mk lassen diese Angabe weg.

[23] „Auch mein Freund, dem ich vertraute, der mein Brot aß, hat die Ferse gegen mich erhoben" (Ps 41,10). Liegt in Apg 1,16 eine Anspielung auf diese Stelle vor, dann wäre hier der Verrat Jesu prophetisch durch David angekündigt.

[24] Bereits Lk 24,44 macht deutlich, daß auch in den Psalmen über Jesus geschrieben ist.

[25] Im Unterschied dazu spricht der hebräische Text von der Bewahrung vor dem Tod und läßt sich daher weniger gut auf die Auferstehung beziehen.

[26] David wird hier mit dem Ehrentitel „Patriarch" bezeichnet, der sonst im Neuen Testament nur für die zwölf Söhne Jakobs (Apg 7,8 f.) und für Abraham (Hebr 7,4) gebraucht ist.

[27] Apg 2,25–28 und Apg 13,35 sind die einzigen neutestamentlichen Stellen, an denen Ps 16 als Zeugnis für die Auferstehung Jesu zitiert wird.

[28] Ps 2,7 fungiert hier – trotz der sprachlichen Verbindung – nicht in erster Linie als Auferstehungszeugnis.

[29] Vgl. dazu das Verständnis der Qumrangemeinde, die Am 9,11 f. ebenfalls zitiert (z. B. CD 7,16; 4QFlor 1,12).

[30] Das Schriftzitat ist eine Mischung aus Am 9,11 f., Sach 1,16, Jer 12,15 und Jes 45,21 und erhält erst durch die Zitation der Septuagintaversion überhaupt Beweiskraft. Vgl. Zmijewski, Apg 568.

[31] David wird hier in v. 25 „unser Vater" und „Knecht Gottes" genannt. V. 27 bezeichnet Jesus als „heiligen Knecht Gottes" (evtl. ein Verweis auf eine typologische Sicht Davids?).

[32] Bassler, Man 168, hält in diesem Zusammenhang fest, daß David nicht nur über Jesus, sondern geradezu als Jesus spricht, wenn neutestamentlich einzelne Psalmen z. B. als Kommentierung des Passionsgeschehens gewertet werden (Ps 22; 69).

[33] Auch an anderen Stellen im Hebräerbrief begegnen Psalmzitate, als deren Sprecher Gott selber zu gelten hat. Auffallend schillernd ist die Sprecherrolle dabei z. B. auch in Hebr 5,5 f.: die hohepriesterliche Würde Christi wird vom Sprecher von Ps 2,7 und Ps 110,4 übertragen.

[34] Rein grammatikalisch ist das auch daran zu erkennen, daß der Name David in diesem Zusammenhang fast ausschließlich in Wortverbindungen gebraucht ist (z. B. Haus Davids, Thron Davids, Sohn Davids).

[35] Zum theologischen Aussageprofil der matthäischen Genealogie (Mt 1,1–17) vgl. den Beitrag von R. Oberforcher.

[36] Vgl. Ps 17,3 LXX. Wahrscheinlich ist das Bild schon alttestamentlich messianisch verstanden worden, vgl. 1Sam 2,10; Ez 29,21; Ps 132,17. Vgl. dazu auch die 15. Benediktion des Achtzehn-Gebetes: „Den Sproß Davids laß eilends aufsprossen, und sein Horn erhebe sich durch deine Hilfe."

[37] Dieser Zug steht in der Davidssohnvorstellung an sich nicht im Vordergrund. David selbst wird im Judentum aber auch mit Heilungen in Verbindung gebracht (vgl. Jos. Ant 6,166.168) und für die messianische Zeit werden auch Wunder erwartet.

[38] Der Hosanna-Ruf steht in seiner ursprünglich-wörtlichen Bedeutung ebenfalls im Kontext von Rettung: „Hilf/Rette doch!"

[39] Der Ausdruck „im Heiligen Geist" im Zusammenhang mit der Einleitung zu einem Schriftzitat findet sich bei den Synoptikern nur an dieser Stelle.

[40] M. E. ist in der Frage Jesu der Ausdruck „Sohn Davids" weder im Sinne einer genealogischen Abstammung zu verstehen noch einfachhin titular gebraucht. Zur Interpretation von Mk 12,35–37 insgesamt vgl. Huber, Jesus 332–427.

[41] Die besondere Würde dessen, von dem David hier spricht, zielt letztlich auf ein Verständnis im Sinne der Gottessohnschaft und ist in der Folge indirekt für Jesus selbst in Anspruch genommen. Vgl. Huber, Jesus 389–392.

[42] Um den Anspruch auf Messianität zu erheben, war es auch im Judentum zur Zeit Jesu nicht in jedem Fall notwendig, eine genealogische Abstammung von David nachweisen zu können. Vgl. z. B. Daly-Denton, Shades 39 ff.

[43] Außerhalb der messianisch gefärbten Zitation in Röm 15,12 wird Isai im Neuen Testament nur noch viermal und immer als Vater Davids erwähnt: im Stammbaum Jesu (Mt 1,5 f.; Lk 3,32) und im Zusammenhang mit dem bereits behandelten Hinweis auf David in Apg 13,22.

[44] In Jes 22,22 ist die Befugnis des königlichen Wesirs, den Zugang zum königlichen Palast freizugeben oder zu verschließen, angesprochen.

[45] Neben der namentlichen Nennung Davids gibt es auch eine Reihe von Moti-

ven und Elementen im ntl. Jesusbild und -geschehen, die versteckte Parallelen und Analogien zu David aufweisen. Vgl. z. B. zum Johannesevangelium neuerdings Daly-Denton, Shades 9–47. Darauf kann aber hier nicht weiter eingegangen werden.

[46] Die nicht selten vertretene Ansicht, daß in den Ausführungen des Stephanus der Tempel grundsätzlich verworfen bzw. mit dem Bau durch Salomo ein unheilvoller Umschwung und Abfall von Gott angezeigt sei, trifft m. E. nicht die Aussageabsicht des Textes.

[47] Daß der Verweis auf Salomo – wie z. B. Carter, Solomon 3–25, aufzuzeigen versucht – von den Zuhörern Jesu als negatives Beispiel verstanden worden sei, insofern Salomo im Gegensatz zu den inaktiven Blumen durch ausbeuterische, unterdrückerische Maßnahmen ängstlich um die Erreichung eines außerordentlichen Reichtums allein für sich selbst bemüht gewesen ist, geht m. E. ebenso über die Anspielungsabsicht des Jesuswortes hinaus wie ein Hinweis auf besonders positive Züge im Bild Salomos als Ursache seines Reichtums.

[48] Der unverbundene Anschluß, die unterschiedliche Reihenfolge bei Mt und Lk sowie der unvermittelte, im Kontext wie zufällig wirkende Hinweis auf Salomo unterstützen die Vermutung, daß es sich hier um eine Einfügung eines ursprünglich selbständigen Herrenwortes handelt. Die Zusammenstellung von Jona und Salomo ist auch in der jüdischen Fastenliturgie Taan 2,4 bezeugt.

[49] Das Wort sophia findet sich auch in der Septuagintaversion von 2Chr 9, während 1Kön 10 phronēsis („Gesinnung") verwendet.

[50] Im Alten Testament ist nicht von der Königin des Südens, sondern von der Königin von Saba die Rede. In Testament Salomos 19,3; 21,1 wird die Königin von Saba ausdrücklich auch Königin des Südens genannt.

[51] Die insgesamt neun namentlichen Vorkommen des Propheten Jona im Neuen Testament konzentrieren sich allesamt auf diese eine Perikope. Zur neutestamentlichen Rezeption der Jonagestalt und ihrer bibeltheologischen Relevanz vgl. Huber, Zeichen 77–94.

[52] Ähnliche Aussagen finden sich z. B. in Mt 12,6; 11,21–24; Lk 4,25–27; Joh 4,12; 8,53.

[53] Eduard Lohse, Art. Solomōn, in: ThWNT 7,459–465, bemerkt in diesem Zusammenhang abschließend: „... denn dem Davidssohn von einst ist der Davidssohn der Endzeit ungleich überlegen".

Literatur

Angeführt wird ausschließlich die im Beitrag ausdrücklich zitierte Literatur. Für repräsentative Zusammenstellungen der äußerst umfangreichen Literatur zu Saul, David und Salomo sei u. a. auf einschlägige Lexika und Kommentare verwiesen. Egbert Ballhorn, „Um deines Knechtes David willen" (Ps 132,10). Die Gestalt Davids im Psalter, BN 76, 1995, 16–31. – Charles K. Barrett, A Critical and Exegetical Commentary on the Acts of the Apostles. Volume 1, ICC, Edinburgh 1994. – Jouette M. Bassler, A Man for All Seasons. David in Rabbinic and New Testament Literature, Interp. 40, 1986, 156–169. – Warren Carter, 'Solomon in all his Glory': Intertextuality and Matthew 6.29, JSNT 65, 1997, 3–25. – Margaret Daly-Denton, Shades of David in the Johannine Presentation of Jesus, PIBA 19, 1996, 9–47. – Konrad

Huber, Jesus in Auseinandersetzung. Exegetische Untersuchungen zu den sogenannten Jerusalemer Streitgesprächen des Markusevangeliums im Blick auf ihre christologischen Implikationen, FzB 75, Würzburg 1995. – ders., „Zeichen des Jona" und
„mehr als Jona". Die Gestalt des Jona im Neuen Testament und ihr Beitrag zur
bibeltheologischen Fragestellung, Protokolle zur Bibel 7, 1998, 77–94. – Jürgen Roloff, Die Apostelgeschichte, NTD 5, Göttingen 1988². – ders., Die Offenbarung des
Johannes, ZBK. NT 18, Zürich 1984. – Heinz Schürmann, Das Lukasevangelium.
Zweiter Teil, Erste Folge: Kommentar zu Kapitel 9, 51–11, 54, HThK III 2/1, Freiburg
i. Br. 1994. – Ulrich Wilckens, Der Brief an die Römer. 1. Teilband: Röm 1–5, EKK
6/1, Neukirchen-Vluyn 1987². – Josef Zmijewski, Die Apostelgeschichte, RNT, Re-
gensburg 1994.

Elija und Elischa

Von Markus Öhler

1. Das Vorkommen im Neuen Testament

Der am häufigsten im Neuen Testament erwähnte Prophet ist Elija.[1] Er wird 29mal mit Namen genannt, davon 25mal bei den Synoptikern, 2mal bei Johannes (1,21.25) sowie je einmal bei Paulus (Röm 11,2) und im Jakobusbrief (5,17). In den synoptischen Texten begegnet er in unterschiedlichen Zusammenhängen. In Verbindung mit Johannes dem Täufer wird er in Mk 9,11–13 (davon abhängig Mt 17,10–12) sowie in Mt 11,14 und Lk 1,17 erwähnt. Als mögliche geheime Identität Jesu (Mk 6,15 par Lk 9,8; Mk 8,28 par Mt 16,14 und Lk 9,19) wird unter anderen Möglichkeiten auch Elija genannt. Während der Verklärung erscheinen Elija und Mose (Mk 9,4f. par Mt 17,3f. und Lk 9,30.33) und reden mit Jesus. Spötter unter dem Kreuz meinen, Jesus rufe nach Elija (Mk 15,35f. par Mt 27,47.49). Gemeinsam mit Elischa, der nur an dieser Stelle im Neuen Testament namentlich erwähnt wird, wird Elija darüber hinaus von Jesus in seiner Predigt in Nazaret als alttestamentliches Vorbild angeführt (Lk 4,25–27).

Über diese ausdrücklichen Nennungen Elijas hinaus gibt es noch eine Menge von Texten, in denen auf sein Wirken oder auf weitere Prophezeiungen über ihn möglicherweise angespielt wird. Einige von ihnen werden im Verlauf dieses Beitrages noch eine Rolle spielen, die wichtigsten seien darum schon hier genannt: die Beschreibung des Wirkens von Johannes dem Täufer (Mk 1,2.6 par Mt 3,4; Mt 3,7–12 par Lk 3,7–9.16f. Q; vgl. auch Mt 11,7–11 par Lk 7,24–28 Q), Nachfolgesprüche (Mt 8,19–22 par Lk 9,57–62 Q), Wunderberichte (Lk 7,11–17; Mk 6,32–44: Elischa!), die Aufnahme Jesu in den Himmel (Apg 1,1–12), Elija und Elischa als Beispiel des Glaubens (Hebr 11,34–38) sowie das Wirken der beiden Zeugen in Offb 11,3–13.

2. Elija und Elischa im Alten Testament und im frühen Judentum

2.1. Elija und Elischa in den Königsbüchern

Die beiden Erzählkreise von Elija, dem Tischbiter, und Elischa, seinem Nachfolger, reichen von 1Kön 17,1 bis 2Kön 13,21, wobei ihre Verknüp-

fung mit Hilfe der Geschichte von der Auffahrt Elijas in den Himmel
(2Kön 2,1–18) erreicht wird. Durch Elija, den Nordreichpropheten, voll-
streckt JHWH das Gericht: Dürre (1Kön 17,1; 18,1.41–46), Hinrichtung
der Götzenpriester (1Kön 18,19–40), Feuer vom Himmel (1Kön 18,36–
38; 2Kön 1,9–15). In klassisch-prophetischer Weise verkündet Elija den
Untergang des Hauses Ahab (1Kön 21,17–29) und konkretisiert dies
durch das Todesurteil über Ahasja (2Kön 1,4.16 f.). Eine andere Seite Elijas
begegnet uns im 19. Kapitel des 1. Buches der Könige: Der verfolgte Prophet (1Kön 19,1–3) wird mutlos: „Es ist genug. Nun, JHWH, nimm mein
Leben dahin! Denn ich bin nicht besser als meine Väter" (1Kön 19,4).
Doch Elija wird von einem Engel gestärkt (1Kön 19,5–9; vgl. auch 17,2–
6), ja, JHWH begegnet ihm am Gottesberg Horeb sogar selbst „als leises
Wehen" (1Kön 19,10–18). Im Kontrast dazu steht sein Wirken als Wundertäter: Elija kann Mehl und Öl wundersam vermehren (1Kön 17,7–16), ein
totes Kind wieder ins Leben rufen (1Kön 17,17–24), eine unwahrschein-
lich lange Strecke so schnell laufen wie ein Pferdewagen (1Kön 18,46) und
den Jordan mit seinem Mantel teilen (2Kön 2,8). Dies alles gipfelt aber
darin, daß Elija nicht stirbt, sondern auf einem feurigen Wagen lebendig
in den Himmel fährt (2Kön 2,1–14). Elischa, der von Elija selbst zum
Nachfolger berufen wird (1Kön 19,19–21), übertrifft vor allem in den
Wundertaten seinen Vorgänger oftmals.[2]

Die Schilderung Elijas offenbart aber insgesamt ein prägendes Vorbild:
Mose ist es, dem das kanonische Elijabild vieles verdankt. Die Begegnung
mit Gott, die dauernde Bedrängnis durch das eigene Volk, die Verzweif-
lung, aber auch die Wundermacht, ja sogar das eigentümliche Ende ihrer
irdischen Wirksamkeit haben diese beiden Charismatiker gemeinsam.[3]

2.2. Die Nachgeschichte Elijas im Alten Testament und im Judentum

Bereits im Alten Testament hat Elija eine Wirkungsgeschichte. Ein Brief
Elijas an Joram, den König des Südreiches, wird in 2Chr 21,12–15 erwähnt,
wohl, um eine Verknüpfung des Nordreichpropheten mit Juda herzustellen.
Wirklich bedeutend ist aber jener Text geworden, der am Schluß des Pro-
phetenbuches Maleachi und damit am Ende des Prophetenkanons steht:
„Siehe, ich sende euch den Propheten Elija, bevor der Tag JHWHs kommt,
der große und furchtbare. Und er wird das Herz der Väter zu den Söhnen
und das Herz der Söhne zu ihren Vätern umkehren lassen, damit ich nicht
komme und das Land mit dem Bann schlage" (Mal 3,23 f.). Damit wird
eine Verheißung aus Mal 3,1 („Siehe, ich sende meinen Boten, daß er den
Weg vor mir her bereite") auf Elija hin konkretisiert. Daß diese Erwartung
gerade auf Elija gerichtet war, lag daran, daß er nicht gestorben, sondern

entrückt worden war. Bereits bei Jesus Sirach wird diese Hoffnung auf
Elija weiter ausgemalt, da nun nicht mehr nur die Bewahrung vor dem
Zorn, sondern auch die Sammlung der 12 Stämme aus der Zerstreuung
(vgl. Jes 49,6) von dem wiedergekommenen Elija erwartet wird (Sir 48,10).

In der zwischentestamentarischen Zeit beschäftigen sich allerdings nur
wenige Texte mit Elija und Elischa. Es finden sich einige historische Rück-
blicke (Sir 48,1–14; 1Makk 2,58; Vitae Prophetarum 9,2 f.; 10,6; 21,1–3;
22,1–3), und auch Josephus erzählt die Elija- und Elischa-Geschichten neu
(Ant 8,319–9,185; Bell 4,460). Die Wiederkehr des Elija taucht abgesehen
von Sir 48,10 nur vereinzelt auf. In Pseudo-Philos Liber Antiquitatum Bi-
blicarum 48,1 wird die Erwartung ausgesprochen, daß Elija mit allen anderen Entrückten vor dem Ende kommen werde, um tatsächlich zu sterben
(vgl. auch 4Esr 6,26). Im 2. Sibyllinenbuch wird Elija als apokalyptischer
Bote angekündigt (187–189), doch ist christliche Herkunft hier nicht auszuschließen. In Qumran (4Q558) wird Mal 3,23 auf aramäisch teilweise
zitiert, der Kontext ist allerdings unklar. Die Elija-Apokalypse aus dem
3. Jh. n. Chr., die jüdische Traditionen aufnimmt, erwartet eine zweimalige
Rückkehr Elijas gemeinsam mit Henoch. Sie werden mit dem großen
eschatologischen Gegenspieler, dem „Sohn der Gesetzlosigkeit", kämpfen
(4,7–20) und ihn schließlich töten (5,32 f.). Bei allen diesen Belegen, die
wohl zum Großteil die Gestalt der Elijaerwartung zur Zeit Jesu widerspiegeln, fällt auf, daß der Tischbiter nicht als Vorläufer des Messias, sondern
selbst als eschatologische Gestalt erwartet wurde. Die uns im Neuen Testament begegnende Anschauung, Elija würde als Wegbereiter des Messias
kommen, stellt offenbar erst eine spätere Entwicklung dar.[4]

In der rabbinischen Literatur entfaltet sich eine Fülle von Aussagen und
Geschichten über Elija.[5] Gelobt werden vor allem sein Eifer für Gott und
seine machtvollen Taten. In der Diaspora-Synagoge von Dura-Europos aus
der Mitte des 3. Jh. n. Chr. ist Elija auf insgesamt fünf der noch erhaltenen
Bilder immer als Wundertäter dargestellt. Neben der Hochschätzung steht
aber auch Tadel, weil Elija Israel am Horeb vor Gott angeklagt habe
(ShirR 1,6), ja, sogar seine Entrückung kann ihm abgesprochen werden
(bSuk 5 a; MekhY zu Ex 19,20). Viel wichtiger ist allerdings, was der ent-
rückte Elija in seiner himmlischen Existenz vollbringt. Er wirkt am Ge-
richtshandeln Gottes mit, z. B. indem er die Taten der Menschen auf-
schreibt (WaR 34,8 zu 25,39), und greift auf Erden in Notsituationen rettend ein. Gerade letzteres hat die Kreativität der Überlieferung zum
Blühen gebracht und spielt vielleicht im Zusammenhang mit Mk 15,35 f.
eine Rolle: Hinter dem Mißverständnis, daß Jesus nach Elija rufen würde,
könnte der Glaube stehen, der himmlische Prophet würde auch sonst rettend eingreifen (dazu Öhler, Elia 139 ff.). In den rabbinischen Erzählungen erscheint Elija in verschiedenen Verkleidungen bis hin zur Dirne

(bAZ 18b) und bewahrt vor allem Rabbiner in Bedrängnis. Letzteren steht er auch in Lehrfragen immer wieder zur Seite, so daß Elija geradezu als letzte Instanz bei offenen Rechtsproblemen gilt, was durch die Formel ʿad schǽjjabʾo ʾelîjahû ("bis zur Rückkehr Elijas") zum Ausdruck gebracht wurde (Sheq 2,5; BM 1,8; 2,8; 3,4f.). Mit Seder Elijahu Rabba und Zutta führen sich ganze Schriften auf die Inspiration durch Elija zurück und bis heute ist für ihn ein Thron bei der Beschneidung reserviert.[6] Im eschatologischen Zusammenhang wird schließlich auch im talmudischen und späteren jüdischen Schrifttum von Elija als dem Vorläufer des Messias gesprochen (der älteste Beleg dafür ist bEr 43ab), doch auch hier kann Elija selbst die entscheidende Gestalt bleiben (bereits in der Mischna: Ed 8,7; Sot 9,15; später z. B. MMish 19,21, wo Elija mit dem Messias identifiziert wird).

3.   Elija im Neuen Testament

Die beiden Aspekte der Elijagestalt – der historische im Blick auf die Berichte in den Königsbüchern und der eschatologische im Blick auf die Verheißung in Mal 3,23f. – werden auch im Neuen Testament wiederaufgegriffen. Es bietet sich daher an, dies als Gliederung für den folgenden Abschnitt heranzuziehen.

3.1.   Elija und Elischa unter historischem Blickwinkel

Der erste neutestamentliche Autor, der sich mit Elija zumindest am Rande beschäftigte, war Paulus. In Röm 11,1–6 setzt er sich wie schon zuvor mit der Frage auseinander, ob denn Gott sein Volk verstoßen habe (11,1–2a). Um dies zu widerlegen, verweist er auf Elija. Dieser hatte auch gemeint, als einziger Aufrechter noch am Leben zu sein (1Kön 19,10.14) und damit Israel angeklagt (vgl. ShirR 1,6). Doch Gott wies ihn zurecht: 7000 Aufrechte hatte er selbst bewahrt (1Kön 19,18; Röm 11,4). Diesem damaligen Rest steht der Rest aus Israel zur Zeit des Paulus in Analogie gegenüber, also die Judenchristen, zu denen er sich selbst zählt (v.1b). Das Vorhandensein eines Restes steht so für die Aufrechterhaltung der Erwählung Israels durch Gott.

In Jak 5,17f. wird Elija namentlich als Vorbild für das wirkungsvolle Gebet (vgl. 1Kön 18,42) hingestellt.[7] Hebr 11,34–38 präsentiert ihn gemeinsam mit Elischa, anderen Propheten und den Frauen, die auf sie vertrauten (vgl. v. a. 2Kön 4,18–37), als Vorbild des Glaubens.

In Offb 11,3–13 wird vom Auftreten zweier Zeugen erzählt, die als Propheten wirken und etliche Werkzeuge haben, um sich gegen die Angriffe der Welt zu wehren (vv. 5 f.). Darunter befindet sich auch die Macht, den Himmel zu verschließen, womit ein Wunder Elijas aufgenommen wird (vgl. 1 Kön 17,1).[8] Besonders auffällig ist, daß Lukas sich an vielen Punkten an den Erzählungen über Elija orientiert hat. Es beginnt bereits bei der Predigt Jesu in Nazaret (Lk 4, 16 – 30). Jesus erfährt dort Zweifel an seiner Mission und Ablehnung und stellt fest: „Der Prophet ist in seiner Vaterstadt nicht angesehen" (v. 24). Um die Folgen dieser Ablehnung zu dokumentieren, verweist er auf seine Vorgänger: Elija und Elischa (vv. 25 – 27). Auch Elija wurde von Gott zu einer heidnischen Witwe nach Sarepta geschickt (1 Kön 17, 8 f.), obwohl es genügend Bedürftige in Israel gegeben hätte. Und Elischa heilte ausgerechnet den heidnischen General Naaman (2 Kön 5, 1–14), obwohl es viele Aussätzige in Israel gab. Lukas verweist damit über die Ereignisse in Nazaret hinaus: Der Prophet Jesus bzw. seine Botschaft wird – wie seine Vorbilder – über Israel hinausgehen. Das Evangelium, das von den Juden abgelehnt werden wird, wird zu den Heiden gebracht werden.

In Lk 9, 51 – 56 wird Elija zwar nicht namentlich erwähnt,[9] doch steht eine seiner Taten im Hintergrund. Die Leute aus einem Dorf in Samarien lehnen Jesus, der auf dem Weg nach Jerusalem ist, ab. Als Reaktion schlagen Jakobus und Johannes vor, das Dorf mit Feuer vom Himmel zu strafen, wie es seinerzeit auch Elija mit den Soldaten aus Samaria getan hatte (2 Kön 1, 9 –12). Jesus lehnt dies ab und geht mit seinen Jüngern in ein anderes Dorf, wo sie Aufnahme finden (vv. 55 f.). Der Zorn des Elija entspricht nicht seinem Wirken.

Innerhalb der Verklärungsgeschichte (Mk 9, 2 – 8 par Mt 17, 1 – 8 und Lk 9, 28 – 36) erscheinen den Jüngern Mose und Elija. Während in der mk. Vorlage des Lukas nur allgemein von einem Gespräch der beiden himmlischen Gestalten mit Jesus berichtet wurde, kann uns Lukas auch mehr über dessen Inhalt mitteilen. Mose und Elija unterhalten sich hier mit Jesus bereits über sein Lebensende. Es ist jedoch mit dem ungewöhnlichen Terminus exodos „Ausgang" nicht allein der Tod gemeint, sondern der Blick richtet sich auch auf die Aufnahme in den Himmel. Gerade in diesem Punkt sind Mose und Elija die richtigen Gesprächspartner, da sie ebenfalls als bedrängte Propheten von Gott in den Himmel aufgenommen wurden. Sie sind für Lukas so Vorbilder Jesu, die mit ihm ein analoges Schicksal – Bedrängnis und Entrückung – teilten. Daß sich darin die Bedeutung Jesu nicht erschöpft, zeigt die Gottesstimme an: Jesus ist der auserwählte Sohn (Lk 9,35) und übertrifft damit bei weitem seine Vorläufer.

Auch in die Geschichte von der Erweckung des Jünglings von Nain (Lk 7, 11–17) baut Lk versteckte Anspielungen auf Elija ein. Ein junger

Mann wird, als Jesus sich mit seinen Jüngern dem Dorf nähert, von einer trauernden Menge aus der Stadt getragen. Wie bei dem Bericht über die Totenerweckung durch Elija (1 Kön 17, 17–24) handelt es sich um den einziggeborenen Sohn einer Witwe.[10] Jesus, dem die weinende Mutter leid tut, tritt zur Bahre und ruft den Jüngling ins Leben zurück (v. 14). Als Demonstration des Wunders setzt sich der Jüngling auf und redet. Elija vollzog an dem Toten seinerzeit eine ausführliche Wunderhandlung, indem er Gott anrief und sich dreimal auf das Kind legte (1 Kön 17, 20 f.).[11] Erst danach schreit das Kind (1 Kön 17, 22 LXX), womit seine Rückkehr ins Leben demonstriert wird. Sowohl bei Jesus als auch bei Elija steht am Ende des eigentlichen Wunders die Übergabe des Auferweckten an die Mutter, wobei Lk 7, 15 und 1 Kön 17, 23 LXX wörtlich übereinstimmen.[12] Die Jesus zusehende Menge beginnt sich zu fürchten und Gott zu loben (v. 16), denn ein großer Prophet wäre unter ihnen aufgestanden, ja Gott habe sein Volk gnadenhaft heimgesucht (vgl. Lk 1, 68.78). Auch die Witwe von Sarepta hatte an dem Wunder erkannt, daß jener Prophet „ein Mann Gottes ist" und das Wort des Herrn verkündige (1 Kön 17, 24). Einige dieser Parallelen zwischen Jesus und Elija lagen Lukas schon in dem Bericht vor, der seinem Sondergut entstammt. Sie beruhen zum Teil auch darauf, daß viele Elemente von Wundererzählungen stereotyp sind, wie etwa die Schilderung der Trauer oder die Demonstration des Erfolges. Manches stammt aber vom Evangelisten selbst, der wie jene, die diese Geschichte als erste schriftlich festhielten, offenbar – und das ist nur zu verständlich – an die Elijageschichte erinnert wurde. Analoge Ereignisse waren dort und bei Jesus vorgefallen, wenn auch nicht ohne Unterschiede. Der entscheidendste von ihnen: Jesus handelt aus eigener Vollmacht, während Elija Gott um Hilfe anruft, der das Wunder bewirkt.

Daß sich Lk der Analogie bestimmter Wunderberichte zu atl. Ereignissen bewußt war, zeigt er auch in der Apostelgeschichte. Sowohl die Erweckung der Tabita (Apg 9, 36–43) als auch die des Eutychus (Apg 20, 7–12) bieten auffallende Parallelen zu den Berichten über Elija und Elischa. Als ein mit der Septuaginta so eng vertrauter Autor kann Lukas bei der Gestaltung der Geschichte Jesu und seiner Apostel nicht an den atl. Vorbildern vorübergehen.

Auch beim Bericht über die Entrückung Jesu in den Himmel (Apg 1, 1–12) greift Lk auf die atl. Tradition zurück, ohne freilich deshalb auf andere Elemente zu verzichten. Die Rolle des Entrückungsberichtes von Elija (2 Kön 2, 1–18), der einzigen entsprechenden Erzählung im Alten Testament, wird verschieden beurteilt. Während etliche Exegeten davon sprechen, Lk habe „sich besonders an der in Gegenwart Elischas stattfindenden Entrückung Elias II Reg 2, 11 f. orientiert" (Betz, TRE 9, 688), sind andere m. E. zu Recht vorsichtiger, weil mögliche Anspielungen sich nicht

direkt auf 2Kön 2,1–18 zurückführen lassen (dazu Öhler, Elia 214 f.). Tatsächlich atl. Sprachgebrauch verdankt sich die Verwendung des Wortes
analambanomai („hinaufgenommen werden" Apg 1,2.11.22; vgl. Lk 9,51;
1Tim 3,16), mit dem Lk das Ereignis bezeichnet (vgl. 2Kön 2,9–11;
1Makk 2,58; Sir 48,9 für Elija, für andere atl. Gestalten: Sir 49,14; griechische Esra-Apokalypse 1,7; TestAbr rec. brev. 7,16.18; 8,2 f.). Die meisten
Elemente der Himmelfahrtserzählung lassen sich dagegen allgemein auf
Entrückungsberichte zurückführen, aber immerhin wird dadurch eine
Gleichordnung mit Vorbildern aus dem Judentum wie Elija und Mose (vgl.
Lk 9,30 f.), aber auch mit jenen aus dem Hellenismus wie Herakles oder
den Kaisern ermöglicht.

3.2. Die Rückkehr des eschatologischen Elija

Wie wir bereits gesehen haben, waren nicht nur die hervorragenden
Taten Elijas für seine Nachwelt interessant, sondern noch viel bedeutender
war, daß mit seiner Wiederkunft gerechnet wurde. Im Neuen Testament
kommt dies im Zusammenhang sowohl mit Johannes dem Täufer als auch
mit Jesus immer wieder zur Sprache. Für die folgende Erörterung beginnen
wir dabei mit dem älteren der beiden, mit Johannes.

3.2.1. Johannes der Täufer und die Wiederkunft Elijas

Zunächst wollen wir uns jenen Texten widmen, in denen ausdrücklich
eine Verbindung von Johannes und Elija ausgesprochen wird: die Geburtsankündigung an Zacharias, den Vater des Johannes (Lk 1,13–17), die Ablehnung der Elijarolle durch den Täufer (Joh 1,21.25), das Gespräch nach
der Verklärung (Mk 9,9–13 par Mt 17,9–13) und die ausdrückliche Bezeichnung des Täufers als Elija durch Jesus bei Matthäus (11,14).
Beginnen wir bei der Vorgeschichte des Johannes, genauerhin bei der
Geburtsankündigung an seinen Vater durch den Engel Gabriel (Lk 1,13–
17). Zacharias wird über seinen Sohn mitgeteilt: „Er wird viele der Söhne
Israels bekehren zu dem Herrn ihrem Gott und selbst vorhergehen vor
ihm im Geist und in der Kraft des Elija, um die Herzen der Väter zu
bekehren zu den Kindern und Ungehorsame zur Gesinnung der Gerechten, um dem Herrn ein vorbereitetes Volk herzustellen" (Lk 1,16 f.). Johannes wird hier erstens als der Vorläufer Gottes bezeichnet, wie der Zusammenhang ersichtlich macht. Daraus wird schon deutlich, daß wir es hier
nicht mit der klassischen christlichen Sichtweise zu tun haben, wonach
Johannes der Vorläufer Jesu ist, sondern daß der Täufer hier selbst als

eigenständige eschatologische Gestalt angesehen wird. Hieraus können wir weiter schließen, daß der Text wahrscheinlich von Anhängern des Täufers stammt. Der Evangelist Lukas hat ihn von ihnen übernommen und in seinen Zusammenhang eingebaut. Das zweite Element des Textes ist in unserem Zusammenhang aber noch wichtiger: Johannes wird als der neue Elija angekündigt. Daß es nicht nur um eine Ähnlichkeit der beiden Propheten geht, zeigt die explizite Anlehnung an Mal 3,24 und Sir 48,10 mit der Formulierung, daß er die Herzen der Väter zu den Söhnen wenden werde. Lk 1,17 erlaubt uns also einen kleinen Blick auf die Anhänger des Täufers und ihre Überzeugung, Johannes wäre Elija, der eschatologische Vorläufer Gottes gewesen.

In Joh 1,21.25 lesen wir aber nun das glatte Gegenteil: Johannes ist nicht Elija. Abgesandte aus Jerusalem sind zur Befragung des Täufers an den Jordan geschickt worden, und sie stellen die eine brennende Frage, da sie schon ahnen, daß Johannes etwas Besonderes sein könnte: „Wer bist du?" (Joh 1,19). Da bricht aus Johannes das Bekenntnis heraus: „Ich bin nicht der Messias" (v. 20, vgl. auch 3,28). „Was nun? Bist du Elija?" „Ich bin es nicht." „Bist du der Prophet?" „Nein." Ja, wenn er nicht der Messias, nicht Elija und nicht der Prophet ist, so fragen sie später, wie kann er dann taufen (v. 25)? Und Johannes verweist darauf, daß er doch nur mit Wasser taufe, aber mitten unter ihnen die wirklich wichtige Person – die Lesenden wissen: Jesus – stehe (vv. 26 f.). Drei Identifikationsmöglichkeiten lehnt Johannes also in diesem Text ab. Er ist nicht der Messias, er ist nicht der wiedergekommene Elija, und er ist nicht der Prophet wie Mose.[13] Was ist er dann? „Ich bin die Stimme eines Rufers in der Wüste: Bereitet dem Herrn den Weg" (v. 23: Zitat aus Jes 40,3). Wie es zu diesem Widerspruch etwa zu Lk 1,17 kommt, kann durch einen Blick auf das Johannesevangelium und die dahinter zum Vorschein kommende historische Situation deutlich werden. Das Evangelium dokumentiert an etlichen Stellen, daß die Gemeinde, für die es geschrieben wurde, intensiven Kontakt mit Täuferanhängern hatte (1,1–18; 3,22–4,3; 5,33–36; 10,40–42; 13,2–11). Immer wieder steht dabei die Unterscheidung zwischen Johannes und Jesus im Mittelpunkt: „Er (= Johannes) war nicht das Licht, sondern (er kam), damit er Zeugnis ablege über das Licht" (1,8). „Er (= Jesus) muß wachsen, ich (= Johannes) aber muß abnehmen" (3,30). In unserem Abschnitt geht es darum, daß Johannes alle Ansprüche, die über sein auf Jesus vorbereitendes Wirken hinausgehen, konsequent ablehnt. Hinter dieser Ablehnung steckt aber wahrscheinlich auch, daß gerade diese Attribute Johannes von seinen Anhängern zugesprochen wurden. Bei der Rolle als eschatologischer Elija haben wir anhand von Lk 1,17 gesehen, daß die Täuferanhänger ihren Meister offenbar für den wiedergekommenen Tischbiter gehalten haben. Dies soll nun von Johannes öffentlich geleugnet und damit der

Glaube seiner Anhänger widerlegt werden. Es geht dem Verfasser des Jo-
hannesevangeliums also darum, Johannes explizit jeden eschatologischen
Rang abzusprechen, damit die Bedeutung Jesu nicht verkleinert wird. Der
Täufer wird zur bezeugenden Stimme degradiert.

In Mk 9,9–13 bezeichnet Jesus selbst – so will es zumindest der Evangelist – implizit Johannes als wiedergekommenen Elija. Es beginnt damit,
daß Jesus nach der Verklärung seine Jünger, wohl Petrus, Jakobus und
Johannes, anweist, von dem, was sie eben erlebt hatten, nichts zu erzählen.
Dieses für das Markusevangelium typische Schweigegebot, das dazu dient,
das Geheimnis des Messias während seiner irdischen Wirkungszeit zu be-
wahren, wird nur hier in 9,9 mit einem Limit versehen: Das Schweigen soll
nur dauern bis zur Auferstehung des Menschensohnes. Eigenartigerweise
beginnen in v. 10 die Jünger zu überlegen, was es mit der Auferstehung der
Toten eigentlich auf sich hat, und treten an Jesus mit einem Einwand heran.
Wenn er von der Auferstehung geredet hat, dann steht dem doch entgegen,
daß „die Schriftgelehrten sagen: Elija muß zuerst kommen" (v. 11). Es geht
also um eine Frage bezüglich des eschatologischen Fahrplanes: Da in
Mal 3,23 Elija als unmittelbarer Vorläufer des Gerichtstages Gottes angekündigt wird, und die Auferstehung ja mit diesem Ende zusammenhängt,
muß doch zuerst Elija wiederkommen. Jesus bestätigt dies in v. 12: „Elija
muß zuerst kommen und alles wiederherstellen (apokathistanei panta)."[14]
Doch dabei bleibt es nicht. Mk zeigt uns, daß es um etwas viel wichtigeres
gehen muß als um Elija, nämlich um Jesus, den Menschensohn. Seine Auferstehung steht am Anfang dieses Gesprächs und daher muß sich auch das
Schicksal des Elija an ihm orientieren. Über den Menschensohn, so fährt
Jesus mit seiner Antwort fort, steht geschrieben, daß er vieles erleiden muß,
also gilt dies auch von Elija. Ja, Elija ist schon gekommen und hat schon
erlitten, was Jesus selbst noch bevorsteht.[15] Für die Leser und Leserinnen
des Markusevangeliums wird sofort klar, wer gemeint ist: Johannes der
Täufer, dessen Hinrichtung in Mk 6,17–29 berichtet worden war.

Aufgrund der zentralen Stellung des Menschensohns und seines Leidens
ist anzunehmen, daß das gesamte Wechselgespräch von Mk selbst gestaltet
wurde und Probleme seiner Gemeinde widerspiegelt. Es hat darin offenbar
Leute gegeben, für die die Elijaerwartung noch immer nicht erfüllt war.
Dem kann auch ein Vorwurf der jüdischen Gemeinde zugrunde liegen.[16]
Markus antwortet darauf zweifach: 1. Johannes der Täufer war der wiedergekommene Elija, wie Mk aus alter Überlieferung zu wissen scheint, und
2., die eigentlich wichtige Person ist Jesus. Daher wird der Name des Johannes in diesem Zusammenhang auch gar nicht weiter erwähnt.

Die implizite Identifikation explizit zu machen, blieb Matthäus überlas-
sen. Den Text, den er in 17,9–13 in deutlicher Abhängigkeit von Mk 9
bringt, ergänzt er am Ende durch einen Hinweis für die Leser und Lese-

rinnen: „Da verstanden die Jünger, daß er mit ihnen über Johannes den Täufer sprach" (v. 13). Dasselbe hatte Mt aber sogar schon viel früher ausgedrückt, dort sogar als Wort Jesu: „Und wenn ihr es annehmen wollt, dieser (= Johannes) ist Elija, der kommen soll" (11,14). Im Zusammenhang dieses Textes geht es um die Rolle des Täufers, den Jesus als Endpunkt der Zeit vor dem Anbruch der Gottesherrschaft bezeichnet. Mt ist dies nicht deutlich genug, denn er will unmißverständlich klarmachen, daß die Elijaerwartung erfüllt worden ist. Da selbstverständlich Johannes der Vorläufer Jesu war, gilt für Mt Elija auch als Vorläufer des Messias. Gerade deshalb ist es ihm auch wichtig, die Elijarolle des Täufers zweimal auszusprechen, denn nur wer sie akzeptiert, kann auch an Jesus als Messias glauben. „Wer Ohren hat zu hören, der höre" (Mt 11,15).

Welche Ergebnisse haben wir aus den bisher genannten Texten gewonnen? Wir können festhalten:
– Johannes wurde von seinen Anhängern für den eschatologischen Elija gehalten.
– Bei Markus und Matthäus finden wir von den Evangelisten gestaltete Jesusworte, die die Rolle des Täufers als Elija bestätigen.
– Im Johannesevangelium wird in Auseinandersetzung mit Täuferanhängern diese Identifikation bestritten.

Was hat aber Johannes selbst von sich gedacht? Dazu müssen wir jene synoptischen Texte noch genauer betrachten, in denen ein Bezug des Täufers auf Elija nur in Andeutungen zu finden ist. Unter ihnen sind Mk 1,2–6, Mt 3,7–12 par Lk 3,7–9.16 f. und Mt 11,7–11 par Lk 7,24–28 aus der Logienquelle besonders wichtig.

Das Markusevangelium beginnt nach seiner Überschrift (1,1) mit einem Zitat aus den atl. Propheten: „Siehe, ich sende meinen Boten vor dir her, der deinen Weg bereiten wird. Stimme eines Rufers in der Wüste: Bereitet den Weg des Herrn, macht recht seine Pfade!" (1,2 f.). Mk meint zwar, daß beide Zitate aus Jesaja stammen, doch gilt das nur für v. 3 (Jes 40,3). Der erste Teil stellt ein Mischzitat dar. Den Grundstock bildet die bekannte Verheißung aus Mal 3,1, die in der Traditionsentwicklung auf Elija gedeutet wurde, ergänzt wird sie aber durch Ex 23,20: „Siehe, ich sende meinen Boten/Engel vor dir her, damit er dich bewahre auf dem Weg, damit du eingehst in das Land, das ich dir bereitet habe" (so nach LXX). Der Unterschied zwischen diesen beiden Texten besteht in der Person dessen, für den der Weg vorbereitet werden soll. In Mal 3,1 ist es Gott selbst, der kommt, in Ex 23,20 das Volk Israel, das hinter dem Wort „du" steht und dem die Zusage gilt. Durch die Verknüpfung beider Texte – die methodisch innerhalb der jüdischen Auslegungstradition völlig berechtigt war – gelang es im Neuen Testament, aus der Ankündigung eines Boten vor Gott eine Ankündigung eines Boten vor Jesus zu machen. Damit wurde Johannes zu seinem Vorläufer. Bedenkt man aber, daß Mal 3,1 den Grundstock bildete, dann läßt sich annehmen, daß hinter diesem Text wieder eine Aussage über Johannes steht, die ihm die Rolle des eschatologischen Vorläufers Gottes, also die Aufgabe Elijas zusprach.[17]

Interessant ist, daß sich dieselbe Zitatenkombination auch in der Logienquelle (Mt 11,10 par Lk 7,27) findet. Dies zeigt zum einen, daß sie schon sehr lange bekannt war, zum anderen aber auch, daß sie in verschiedenen Bereichen der christlichen Traditionsbildung wichtig war. Immerhin ging es darum, damit die Zusammenordnung von Johannes und Jesus als Vorläufer und Messias durch die Schrift zu legitimieren.

Aber bevor wir uns weiter mit der Logienquelle beschäftigen, wollen wir noch einen zweiten Blick auf das Markusevangelium werfen. In Mk 1,6 überliefert uns der Evangelist eine alte Nachricht über das tägliche Leben des Täufers: „Und Johannes war bekleidet mit Kamelhaar und einem ledernen Gürtel um seine Hüften und er aß Heuschrecken und wilden Honig." In 2Kön 1 wird, nachdem Elija dem König hatte ausrichten lassen, daß er an seiner Krankheit sterben würde, gefragt, wie denn der namenlose Prophet ausgesehen habe. Die Antwort der Boten: „Es war ein Mann, mit einem haarigen Mantel bekleidet und an seinen Hüften gegürtet mit einem ledernen Schurz" (2Kön 1,8). Der Mantel spielt in den Berichten über Elija eine wichtige Rolle. Er verwendet ihn, um Elischas Berufung zeichenhaft durchzuführen (1Kön 19,19) oder um den Jordan zu teilen (2Kön 2,8), was Elischa mit demselben Mantel, der ihn als Nachfolger Elijas kennzeichnet, auch wiederholen kann (2Kön 2,13f.). Zwischen dem Mantel des Elija und der Kleidung des Johannes läßt sich eine gewisse Parallele herstellen, wenngleich der Mantel insgesamt als Zeichen des Prophetenstandes angesehen werden kann (vgl. Sach 13,4; Offb 11,3). Viel deutlicher ist aber die Parallele zwischen dem Gürtel des Elija und dem des Johannes, ja, die beiden Beschreibungen stimmen sogar wörtlich überein. Daraus wird zumindest deutlich, daß die Kleidung des Johannes der des Elija entsprochen hat.[18] Sollte er sich tatsächlich als wiedergekommener Elija präsentiert haben?[19]

Die Logienquelle nennt an keiner Stelle den Namen Elijas, doch finden wir in ihr sehr altes Material, das zweifelsohne auch für unsere Fragestellung von Bedeutung ist. So sind in der Predigt des Johannes (Mt 3,7–12 par Lk 3,7–9.16f. Q) eine Reihe von auffallenden Parallelen zum dritten Kapitel des Maleachibuches zu finden. „Denn siehe, der Tag kommt, der wie ein Ofen brennt. Da werden alle Frechen und alle, die gottlos handeln, Strohstoppeln sein. Und der kommende Tag wird sie verbrennen, spricht JHWH der Heerscharen, so daß er ihnen weder Wurzel noch Zweig übrigläßt" (Mal 3,19). Und Johannes kündigt Gott als endzeitlichen Richter an: „Seine Worfschaufel ist in seiner Hand und er wird seine Tenne reinigen

und den Weizen in seine Scheune sammeln; die Spreu aber wird er verbrennen mit unauslöschlichem Feuer" (Mt 3,12 par Lk 3,17 Q).[20] Wenn
gerade dieses 3. Kapitel des Maleachibuches „aus der Zeitperspektive des
Johannes geradezu wie seine persönliche Berufungsgeschichte" zu verstehen ist (Stegemann, Essener 300), dann führt uns dies wieder hin zum
Auftreten des Johannes als wiedergekommener Elija, mit dessen Ankündigung das Prophetenbuch ja endet.

Mit Mt 11,7–9 par Lk 7,24–26 Q stoßen wir auf eine Aussage, die wohl
auf den historischen Jesus zurückgeht, da in ihr keine Spur von Unterordnung des Täufers zu finden ist. Johannes wird vielmehr von Jesus besonders
gelobt: Er war kein schwankendes Rohr, kein Mensch, der es sich in
weichen Kleidern gemütlich gemacht hat, er war ein Prophet, ja, er war
„mehr als ein Prophet" (perissoteron profētou, Mt 11,9 par Lk 7,26 Q).
An dieses rätselhafte Jesuswort wurde dann jenes veränderte Zitat aus
Mal 3,1/Ex 23,20 angehängt, das Johannes zum vorbereitenden Elija
macht. Jesus selbst bezeichnet Johannes aber mit perissoteron profētou als
den größten, den letzten, den entscheidenden Propheten und gibt ihm damit die Rolle, die sonst Elija spielte. Hat er also auch selbst gemeint, Johannes wäre der eschatologische Elija?

Wie wichtig die Elijarolle des Johannes für seine Anhänger war, zeigen
ja Lk 1,17 und via negationis auch Joh 1,21.25. Jesus, der sich von Johannes
taufen ließ und sich nie von ihm abgrenzte, ja ihn sogar für den unmittelbaren Vorläufer der Gottesherrschaft hielt (Mt 11,12 f. par Lk 16,16 Q),
wird wohl ebenso gedacht haben. Möglicherweise ist er dadurch auch zu
einer für sein Wirken besonders charakteristischen Überzeugung gekommen, wonach die Gottesherrschaft schon hier wäre (vgl. Mt 12,28 par
Lk 11,20 Q; Lk 17,21). Denn wenn Elija schon da war und durch die Jo-
hannestaufe auch sein Versöhnungswerk zumindest zeichenhaft durchge-
führt hatte, dann lag der Schluß nahe, daß das in Mal 3,23 angekündigte
Kommen Gottes schon angebrochen war. Nur kam Gott nicht zum Gericht,
sondern wie Jesus durch sein eigenes Wirken vor allem als Heiler erkannte,
zum Heil und letzten Umkehrruf. Sollte die Gottesherrschaft aber in ihrer
Vollendung kommen, dann würde das Gericht, mit dem auch Jesus fest
rechnete, unerbittlich eintreffen.

Ergänzend zu den oben bereits angeführten Ergebnissen können wir
also festhalten:
– Johannes hat sich offenbar in Kleidung und Auftreten an Elija orientiert.
– Er hat wesentliche Themen und Bilder seiner Predigt dem mit der Eli-
   javerheißung schließenden dritten Kapitel des Maleachibuches entnommen.
– Er wurde von Jesus als besonderer eschatologischer Prophet bezeichnet,
   womit vielleicht sogar Elija gemeint ist.

Es ist daher durchaus davon auszugehen, daß Johannes als wiedergekommener Elija aufgetreten ist. Sollte dies tatsächlich der Fall gewesen
sein, dann wäre das für seine Zeit nicht ungewöhnlich. Immer wieder traten
Personen auf, die sich selbst mit einer atl. Gestalt gleichsetzten oder von
ihren Anhängern so bezeichnet wurden.[21] Auch Jesus (siehe unten) wurde
für eine wiedergekommene Person aus der glorreichen Zeit gehalten. Besonders interessant ist, daß schon Ende des 2. Jh. v. Chr. Johannes Hyrkanus I. (135–104 v. Chr.) als wiedergekommener Elija gefeiert wurde
(Targum Jerusalem I zu Dtn 33,11).

3.2.2. Jesus und die Wiederkunft des Elija

Auch Jesus wurde als der wiedergekommene Elija verstanden (Mk 6,15
par; 8,28 par). Beide Male handelt es sich um Meinungen, die im Volk über
ihn umliefen. Dabei steht die Möglichkeit, daß er Elija wäre, neben der,
daß mit ihm Johannes der Täufer von den Toten auferstanden oder daß
einer der alten Propheten wieder aufgestanden wäre, bei Matthäus sogar
erweitert um Jeremia (16,14).[22] Diese Identifikationsmöglichkeiten sind
Jesus sicherlich tatsächlich zugetragen worden und werden von den Evangelisten einmütig abgelehnt. Jesus ist nämlich „der Christus" (Mk 8,29),
„der Christus Gottes" (Lk 9,20) bzw. „der Christus, der Sohn des lebendigen Gottes" (Mt 16,16). Die Möglichkeit, Jesus als Elija zu bezeichnen,
ergab sich zum einen aus seiner Wundertätigkeit, zum anderen aus der
Botschaft von der unmittelbar bevorstehenden Gottesherrschaft. Dazu tritt
noch ein drittes Moment: die Wanderexistenz, die Jesus gemeinsam mit
einzelnen berufenen Jüngern führte. Allein die Tatsache, daß Jesus mit
ihnen scheinbar ruhelos durchs Land zog, konnte an die Wanderschaft des
Elija erinnern (vgl. 1Kön 20,35; 2Kön 2,3.5.7.15). Die Nachfolgesprüche in
der Logienquelle (Lk 9,57–62 par Mt 8,19–22 Q) lassen besonders deutlich das Vorbild des Elija spüren. Jener hatte ja Elischa vom Feld weg
berufen (1Kön 19,19–21), indem er ihm seinen Mantel überwarf. Elischa
bat ihn, sich von seinen Eltern verabschieden zu dürfen, erhielt eine etwas
kryptische Antwort[23] und folgte ihm schließlich. Jesus ruft nun in Lk 9,61 f.
wie Elija einen Jünger auf den Weg der Nachfolge, und auch jener bittet,
von seiner Familie Abschied nehmen zu dürfen. Doch Jesus ist unerbittlich:
Wer in der Sache der Gottesherrschaft zurückblickt, der ist dafür ungeeig-
net. Ja, nicht einmal die Pflicht, den Vater zu bestatten, darf erfüllt werden,
wenn der Menschensohn ruft (Lk 9,59 f. par Mt 8,21 f. Q). Diese Unerbitt-
lichkeit der Nachfolgeforderung gehört wahrscheinlich zu jenem Urgestein
der Jesusüberlieferung, das wir mit einiger Sicherheit auf den historischen
Jesus zurückführen dürfen. Und es ist sicherlich richtig anzunehmen, daß

sich Jesus seines Vorbildes Elija dabei durchaus bewußt war. Ein Hinweis darauf, daß er sich als eschatologischer Elija verstand, läßt sich daraus aber nicht entnehmen.

4. Die Verwendung Elijas im Neuen Testament

So vielfältig die Gestalt Elijas im Alten Testament dargestellt wird, so vielfältig ist auch seine Aufnahme im Neuen Testament vorgenommen worden. Im folgenden beschränke ich mich daher auf drei Punkte: die Verwendung Elijas als Beispiel, die Methodik der Analogiebildung bei Lukas, und die matthäische Erfüllungstheologie.

4.1. Elija und Elischa als Beispiel

Die Bezugspunkte sind unter diesem Blickwinkel stets der Elija aus den Königsbüchern und sein Nachfolger. So wird Elija im Jakobusbrief (5,17 f.) als Vorbild für richtiges Beten vorgestellt und im Hebräerbrief als Zeuge aufrechten Glaubens an JHWH (11,34–37). Auch Paulus verwendet eine Geschichte aus den Königsbüchern, um an einem historischen Beispiel zu zeigen, wie Gott handelt: Er läßt sein Volk nicht endgültig vergehen, sondern er bewahrt sich einen Rest, dem das Heil zugesprochen wird (Röm 11,1–6). Die Johannesoffenbarung führt wiederum eine Tat Elijas als historisches Vorbild für die Strafwerkzeuge der eschatologischen Propheten an (11,6). Der grundlegende Gedanke, der in all diesen Texten im Hintergrund steht, ist die Annahme, daß zwischen dem Handeln Gottes in der Vergangenheit Israels und dem, was Gott jetzt und in Zukunft bewirken kann, völlige Kontinuität besteht. Wenn Elija also als Vorbild vorgestellt wird, dann kann das nur sinnvoll sein, wenn das dem Vorbild entsprechende Handeln der Christen dieselbe Wirkung zeitigen wird wie damals. Nach Jakobus bedeutet das Gebetserfüllung, nach dem Hebräerbrief das Erreichen der Verheißung (womit der Überbietungsgedanke impliziert ist). Gottes Wirken wird auch unter den eschatologischen Bedingungen heute und in den letzten Tagen in ähnlicher Weise erwartet wie damals, wie die Erwähnung bei Paulus und in der Offenbarung zeigen. Die Zusagen Gottes werden unter den Bedingungen des Neuen Bundes ebenso eingehalten wie auch sonst in der wechselhaften Beziehung Gottes zu seinem Volk oder zu einzelnen Gerechten.

4.2. Lukas und die Elija-Analogie

Der Verfasser des Doppelwerkes bezieht sich in seiner Beschreibung des Lebens Jesu und der frühen Christenheit viel stärker auf den Elija aus den Königsbüchern als auf die eschatologische Elijaerwartung. Dabei versteht er, dem die Parallelität seiner beiden Bücher zur Septuaginta sehr wichtig ist, wie sich an seinem Sprachgebrauch immer wieder zeigt, auch Elija und Elischa als Darstellungsmittel zu verwenden. An etlichen Punkten, so haben wir gesehen, stellt er das Handeln Jesu und der Apostel in deutliche Analogie zu den Berichten über den Tischbiter und seinen Nachfolger. Ausdrücklich thematisiert wird dies in der Antrittspredigt Jesu (Lk 4), wo der Christus selbst darauf hinweist, daß sein Wirken und die darauf folgende Verbreitung des Evangeliums unter den Völkern analog zu der Hilfe geschieht, die Gott durch Elija und Elischa Heiden gewährt hat. Dieses Prinzip der Analogie greift Lk gerade bei Elija und Elischa auf, weil es sich bei Jesus und den Aposteln direkt nahelegte. Vor allem an zwei Punkten bestehen ja tatsächliche Parallelen zwischen den atl. Propheten und Jesus von Nazaret bzw. den Aposteln: in den Wundertaten und in der wandernden Existenz. Der Evangelist hat dies bewußt ausdrücklich verstärkt, weil seine Leser und Leserinnen aufgrund dieser Analogie auch die Bedeutung Jesu besser erfassen können. Das meint allerdings nicht, daß Jesus nach Ansicht des Lukas der neue Elija gewesen wäre.[24] Johannes ist der, der in Geist und Kraft des Elija wirkte (Lk 1, 17), und Jesus ist nicht Elija, sondern der „Christus Gottes" (Lk 9, 19 f.). An einer Stelle widerspricht Jesus sogar seinem atl. Analogon, wenn er es in Lk 9, 54 f. ablehnt, eine Stadt nach dem Vorbild Elijas zu strafen. Also: Jesus ist nicht Elija, aber er ist in manchen Punkten wie Elija. Diese Analogie läßt sich sogar noch auf weitere Punkte über die bisher genannten ausweiten: Elija und Jesus wurden von ihren Landsleuten abgelehnt (Lk 4, 25 f.; v. 27: Elischa), beide wurden mit dem Tod bedroht (Lk 9, 30 f.) und beide wurden entrückt (Apg 1, 9). Jesus und Elija stehen in einer Schicksalsgemeinschaft und erfüllen dieselbe Funktion gegenüber ihrer Umwelt: Sie waren Wunderpropheten. Genau in dieser Funktion sieht Lukas die Analogie. Sie zu verwenden, war ihm ein probates Mittel, um die Geschichte Jesu und seiner Jünger entsprechend der Heiligen Schrift darzustellen. Die Analogie – genauer: die funktionale Analogie – bedeutet aber keineswegs eine Beschränkung Jesu auf sein atl. Vorbild, vielmehr erlaubt sie eine Überbietung ausdrücklich. Denn wie jede Analogie ist auch diese nicht erschöpfend, sondern nur partiell gültig: Jesu Person übertrifft Elija bei weitem, er ist eben der angekündigte Messias und nicht nur ein Wunderprophet. Die Analogiebildung macht im Gegenteil die Überbietung durch Jesus noch auffälliger.

Lukas hat mit diesem Vorgehen aber auch einen Weg gezeigt, der für die Erarbeitung einer Biblischen Theologie bereits eingeschlagen wurde: die Strukturanalogie (vgl. Preuß, Das Alte Testament 120ff.). Mit ihr kann ein Weg gefunden werden, die atl. Texte mit ihrer Eigenaussage ganz ernst zu nehmen und nach analogen Strukturen zu suchen, in denen sie als Gottes Wort zur Sprache kommen sollen. Lukas hat eine solche Analogiebeziehung zwischen Elija und Jesus gesehen.

4.3. Die Erfüllung der Elija-Erwartung bei Matthäus

Zweimal schärft Matthäus seinen Lesern und Leserinnen ein, wer Johannes der Täufer in Wirklichkeit war: „Wenn ihr es annehmen wollt: Er ist Elija, der kommen soll. Wer Ohren hat zu hören, der höre" (Mt 11,14f.; vgl. 17,13). Bestand daran etwa Zweifel? Der Blick auf das Johannesevangelium zeigt, daß dies tatsächlich der Fall war (1,21). Doch andererseits war bereits im Markusevangelium – wenn nicht ausdrücklich, so doch implizit – klargestellt worden, daß Johannes der endzeitliche Elija war (9,13). Gerade die Anhänger des Täufers teilten diese Ansicht. Warum also die eindringliche Aufforderung bei Matthäus, dies auch zu glauben?

Für den Evangelisten werden an der Erwartung des eschatologischen Elija zwei miteinander eng verbundene Probleme akut: das des Glaubens an den Messias Jesus und das der Erfüllung der Schrift.

In 17,10–13 wird zweimal auf die Schriftbasis der Elija-Erwartung verwiesen (Mal 3,23f.) und ausdrücklich festgestellt, daß mit dem Kommen des Johannes diese Ankündigung eingelöst wurde. Matthäus geht es ja vom Beginn seines Evangeliums an darum, dieses eine zu zeigen: Jesus ist die Erfüllung der Schrift. Dazu gehört aber eben auch die Verheißung des Elija, und sie wird erfüllt durch den Täufer. Johannes ist also eine „Erfüllungsgestalt",[25] die in persona eine atl. Verheißung ebenso erfüllt wie Jesus die Messiasverheißungen. Und darum kann Matthäus im Blick auf Johannes formulieren: „Dieser ist Elija!" (11,14) wie über Jesus selbst: „Dieser ist der Christus" (16,20).

Und es tritt noch ein zweites Motiv hinzu: Für Matthäus kommt der Elija nicht als eigenständige Heilsfigur wie bei Maleachi oder Sirach, sondern er setzt bereits die christlich interpretierte Ansicht voraus, daß Elija als Vorläufer des Messias kommen wird. Die Eindringlichkeit, mit der Matthäus daher darauf drängt, die Identifikation des Täufers mit Elija anzunehmen, hängt damit zusammen, daß die Ankunft des Vorläufers notwendig ist, um auch die Ankunft des Messias verkündigen zu können. „Das Urteil über Johannes ist ein Urteil über Jesus" (Luck, Matthäus 138). Der Glaube an Jesus entscheidet sich auch daran, ob man an Johannes als den Elija glaubt.

Anmerkungen

[1] Jesaja, Hosea, Joel und Daniel werden ausnahmslos nur zur Angabe von Schriftstellen erwähnt; zu Jeremia s. u.

[2] An einigen Punkten sind Verknüpfungen zwischen den beiden Charismatikern vorgenommen worden (1Kön 19,15–17.19–21; 2Kön 2,1–18 und einzelne Wundertaten). Dabei ist wahrscheinlich manches, das ursprünglich nur von Elischa erzählt worden ist, für diese Verknüpfung auf Elija übertragen worden. Zu den verschiedenen literarkritischen Optionen vgl. aber im Überblick Grünwaldt, Elia zeitgeistlich 17 ff.

[3] Mose wurde zwar nach Dtn 34,6 von Gott selbst begraben, in späterer Zeit wurde daraus aber auch auf eine Entrückung geschlossen, etwa bei Philon v. Alexandrien (Quaestiones in Genesim 1,86) oder bei den Zeitgenossen des Josephus (Antiquitates 4,326). Vgl. auch die jüdische Schrift der Himmelfahrt des Mose, die allerdings verloren ist, wenn sie nicht mit dem teilweise erhaltenen Testament des Mose identisch ist.

[4] Zur Diskussion über diese umstrittene Frage vgl. Öhler, Elia 1 ff.

[5] Vgl. neben Bill 4,764 ff. vor allem Wiener, Prophet passim; knapper Oswald, TRE 9,502 ff.

[6] Dies hängt damit zusammen, daß Elija schon früh mit Pinhas, dem Eiferer für die Reinheit des Volkes Israel (Num 25,6–15), identifiziert wurde (so schon in LibAnt 48,1 und später vor allem im Targum). Daraus resultieren dann auch Elijas priesterliche Herkunft (wie in Vitae Prophetarum 21,1) und einige Aufgaben, die von ihm erwartet werden. So soll er nach MekhY zu Ex 16,33 (3. Jh.) drei Besitztümer des 1. Tempels wiederherstellen: die Schalen mit dem Manna, dem Reinigungswasser und dem Salböl.

[7] Dasselbe auch in 4Esr 7,109 innerhalb einer Aufzählung von Gerechten, die für Sünder gebetet haben. Im Kontext der Ermahnungen in Jak 5 findet sich übrigens auch die einzige Erwähnung Ijobs im Neuen Testament, dessen Ausharren im Leid als vorbildhaft geschildert wird (v. 11).

[8] In der Diskussion über mögliche Vorbilder für die Auferstehung Jesu hat dieser Text eine wichtige Rolle gespielt. Voraussetzung dafür ist freilich, daß man davon ausgeht, daß sich hinter dem Text der Johannesoffenbarung eine jüdische Tradition verbirgt, die von Sendung, Tötung und Auferstehung von Elija und einem zweiten Propheten (Henoch? Mose?) gehandelt habe. Dies ist allerdings nicht nachzuweisen.

[9] Etliche alte Handschriften setzen zu Lk 9,54 hinzu: „wie auch Elija getan hat". Dies ist aber zweifellos erst später hinzugekommen.

[10] In LXX hat die Witwe übrigens mehrere Kinder (17,15). Für Lukas unterstreicht die Tatsache, daß es sich um den einzigen Nachkommen handelt, die Tragik des Geschehens. Er fügt dieses Element auch in 8,42 und 9,38 in Erzählungen ein, die er aus Mk übernommenen hat, und die nichts mit Elija zu tun haben.

[11] Noch ausführlicher fällt die Beschreibung bei Elischas Totenerweckung aus: Als sich Elischa das erste Mal auf das Kind legte – Mund auf Mund, Augen auf Augen, Hände auf Hände –, wurde es nur warm, erst beim zweiten Mal schlug der Knabe die Augen auf, nicht ohne vorher siebenmal zu niesen (2Kön 4,33–35).

¹² Dabei wird durch den Wechsel des Subjekts vom erweckten Knaben zu Jesus deutlich, daß dieser kleine Satz vom Evangelisten angehängt wurde. Er fügt diese Formel übrigens auch in 9,42 ein, bei der Heilung des fallsüchtigen Knaben, was zeigt, daß es Lk darum geht, eine schöne Formulierung aus der Schrift an passender Stelle einzubauen.

¹³ In Dtn 18,15.18 wird ein Prophet wie Mose angekündigt. Diese Prophezeiung hat auch im Neuen Testament deutliche Spuren hinterlassen; vgl. dazu den Beitrag von M. Hasitschka.

¹⁴ Die Wiederherstellung aller Dinge stammt aus der LXX, wo das Wort apokathistēmi (Mal 3,23 LXX) verwendet wird. In Apg 3,21 (vgl. 1,6) wird diese Aufgabe von Lukas auf Jesus übertragen. Er läßt daher die Episode aus Mk 9,9–13 in seinem Evangelium fort.

¹⁵ Bei beiden Gestalten findet sich der Rückgriff auf die Schrift, ohne daß wir konkrete Stellen angeben können, die im Hintergrund stehen. Beim Menschensohn handelt es sich wohl um eine allgemeine Bezugnahme auf die Leidenspsalmen des Gerechten, bei Elija um eine Anspielung auf das Geschick des verfolgten Propheten. Einen leidenden Elija gibt es in der jüdischen Literatur nicht. Die Formulierung bei Mk zeigt, daß es viel mehr um die Parallelität Elijas mit dem Menschensohn geht als um Schriftgemäßheit.

¹⁶ Ca. 70 Jahre später muß sich der Apologet Justin erneut mit diesem Vorwurf auseinandersetzen, der ihm von seinem Gegner Tryphon vorgehalten wird (Dialog 8,4; 49,1). Er beantwortet ihn aber damit, daß er von einem zweimaligen Kommen Elijas ausgeht: einmal als Vorläufer des irdischen Jesus, das andere Mal vor der Parusie (49,3).

¹⁷ Dies läßt sich auch sprachlich unterstützen: Mal 3,1 wird offenbar nicht nach der LXX, sondern nach dem hebr. Text zitiert, während Ex 23,20 aus der LXX entnommen wurde. Nur dort wird z. B. der Bote als „mein Bote/Engel" (ton aggelon mou) bezeichnet, während der hebr. Text nur von einem Boten/Engel (mālᵉᶜak) spricht. Besonders auffällig ist für Mal 3,1 das Wort kataskeuazein („vorbereiten"), das im Neuen Testament immer im Zusammenhang mit Mal 3,1.23 und Johannes verwendet wird (Lk 1,17; 7,27 par Mt 11,10 Q).

¹⁸ Für seine Nahrung gilt das übrigens nicht, obwohl auch von Elija besondere Speise erwähnt wird. In 1Kön 17,6 bringen ihm Raben zweimal täglich Brot und Fleisch, in 1Kön 19,6 gewährt ihm ein Engel Brot und Wasser. Wäre es dem Evangelisten Markus darum gegangen, Johannes eindeutig als Elija zu kennzeichnen, wäre eine Angleichung auch in bezug auf die Nahrung nahegelegen. Daß dies nicht geschehen ist, weist eher darauf hin, daß es sich in Mk 1,6 um eine historisch zutreffende Beschreibung des Täufers handelt.

¹⁹ Auch der Wirkungsort, den Johannes für sein Auftreten wählt, könnte in Analogie zu Elija gewählt worden sein. Dabei könnte vor allem „Bethanien jenseits des Jordan" (Joh 1,28) eine wichtige Rolle spielen, da in dieser Gegend Elija entrückt worden war; vgl. dazu Öhler, Elia 93.

²⁰ Das Bildwort von Gott als dem Bauer, der das Getreide drischt und die Streu verbrennt, findet sich im Alten Testament nur in Mal 3,19 als Ankündigung des Gerichts über Israel, ein ähnlicher Text in Obd 18 kündigt das Verbrennen wie Stroh für Edom an. Weitere Parallelen zwischen Maleachi 3 und der Predigt des Johannes

sind der Umkehrruf (Mal 3,7 f.), der ja auch mit Elija verbunden ist (3,24), sowie das Feuergericht, das die Scheidung in Gerechte und Ungerechte bringt (Mal 3,18). Ähnliches bewirkt ja auch die Taufe des Johannes, durch die die Gerechten im Gericht bewahrt werden. Zu denken ist vielleicht auch an die Polemik des Johannes gegen die Ehe des Herodes (Mk 6,18), da Mal 2,15 f. Treulosigkeit an der ersten Frau verurteilt. Auch Herodes hatte sich von seiner ersten Frau getrennt (Jos. Ant 18,109 ff.).

[21] So etwa Theudas (Jos. Ant 20,97–99) mit Mose und Josua oder der Prophet aus Ägypten (Jos. Ant 20,169 ff.; Bell 2,261 ff.) mit Josua, beide Anführer eschatologischer Bewegungen, die im 1. Jh. n. Chr. von den Römern zerschlagen wurden.

[22] Übrigens findet sich Jeremia als Person nur hier im Neuen Testament, zweimal wird er von Mt als Sprecher von Gottesworten genannt (2,17; 27,9). In 16,14 hat ihn der Evangelist wohl eingefügt, weil auch Jeremia ein verfolgter Prophet war.

[23] Der hebräische Text legt nahe, daß sie negativ ausgefallen ist, zur Zeit Jesu wurde sie aber offenbar positiv als Erlaubnis zum Abschiednehmen aufgefaßt, wie Josephus zeigt (Ant 8,354).

[24] Diese Meinung wird pointiert vertreten von Kelly, Christology 688 ff., und Kellermann, Eliamotive 123 ff.: Für Lukas liege „die Folgerung nahe, daß für ihn neben anderen Erwartungen Israels auch die Hoffnung auf den Elia Redivivus einen Verstehenszugang zum vorösterlichen Jesus bildet" (123). Diese „Elia-Typologie" werde auch auf den nachösterlichen Jesus angewendet.

[25] Häfner, Vorläufer 243. Diese Formulierung greift zurück auf die Bezeichnung der atl. Zitate bei Matthäus als „Erfüllungszitate".

Literaturhinweise

Otto Betz, Art. Entrückung 2. Biblische und frühjüdische Zeit, TRE 9,683–690. – Hartmut Gese, Zur Bedeutung Elias für die biblische Theologie, in: Evangelium. Schriftauslegung. Kirche, FS P. Stuhlmacher, edd. J. Ådna/S. J. Hafemann/O. Hofius, Göttingen 1997, 126–150. – Klaus Grünwaldt, Elia zeitgeistlich – Eine kleine Forschungsgeschichte, in: Was suchst du hier, Elia? Ein hermeneutisches Arbeitsbuch, edd. K. Grünwaldt/H. Schroeter, Hermeneutica 4, Rheinbach-Merzbach 1995, 17–26. – ders., Von den Ver-Wandlungen des Profeten. Die Elia-Rezeption im Alten Testament, in: Was suchst du hier, Elia?, 43–54. – Gerd Häfner, Der verheißene Vorläufer. Redaktionskritische Untersuchung zur Darstellung Johannes des Täufers im Matthäusevangelium, SBB 27, Stuttgart 1994. – Ulrich Kellermann, Zu den Elia-Motiven in den Himmelfahrtsgeschichten des Lukas, in: Altes Testament. Forschung und Wirkung, FS H. Graf Reventlow, edd. P. Mommer/W. Thiel, Frankfurt a. M. u. a., 123–137. – Joseph G. Kelly, Lucan Christology and the Jewish-Christian Dialogue, JES 21, 1984, 688–708. – Ulrich Luck, Das Evangelium nach Matthäus, ZBK. NT 1, Zürich 1993. – Markus Öhler, Elia im Neuen Testament. Untersuchungen zur Bedeutung des alttestamentlichen Propheten im frühen Christentum, BZNW 88, Berlin–New York 1997. – Nico Oswald, Art. Elia 2. Judentum, TRE 9, 502–504. – Horst Dietrich Preuß, Das Alte Testament in christlicher Predigt, Stuttgart u. a. 1984.

– Hartmut Stegemann, Die Essener, Qumran, Johannes der Täufer und Jesus. Ein Sachbuch, Herder/Spektrum 4249, Freiburg–Basel–Wien 1994⁴. – Aharon Wiener, The Prophet Elijah in the Development of Judaism. A Depth-Psychological Study, The Littman Library of Jewish Civilization, London–Henley–Boston 1978.

Alttestamentliche Gestalten als negative Beispiele

Von CARSTEN CLAUSSEN

1. Einleitung

Bileam und Balak, Korach, Isebel – wer waren diese Personen, die uns im NT so pointiert als schlechte Beispiele vorgeführt werden? Bileam dient in Jud 11 und unabhängig davon in 2Petr 2,15 zur Kennzeichnung konkreter Irrlehrer. Ähnlich typisiert die Nennung von Bileam und Balak in Offb 2,14 Irrlehrer der Gemeinde in Pergamon. Bileams Lehre wird dadurch zusammengefaßt, daß er Balak gelehrt habe, „er solle die Israeliten dazu verführen, Fleisch zu essen, das den Götzen geweiht war, und Unzucht zu treiben".

Ebenfalls in Jud 11 begegnet der „Aufruhr Korachs", auch hier dient das alttestamentliche Beispiel zur Charakterisierung der Irrlehrer. In 2Tim 2,19 liegt mit der Formulierung „es kennt der Herr die Seinen" (vgl. Num 16,5) eine Anspielung auf das Gottesurteil gegenüber der Rotte Korach und damit eine Markierung zwischen rechter und falscher Lehre vor.

Isebel wird in Offb 2,20 zur symbolischen Namensgeberin für eine in der Gemeinde von Thyatira wohl real existierende Prophetin.

Diesen negativen Randfiguren einzelner Texte aus der Spätzeit des Neuen Testaments gilt unser Interesse im folgenden. Aus welchen Ursprüngen und Traditionen wurden sie auf dem Weg durch Jahrhunderte und Jahrtausende zu diesen Archetypen falscher Lehre und Taten, als die sie uns bis heute vertraut sind?

2. Bileam und Balak

2.1. Bileam und Balak im Alten Testament und im frühen Judentum

Vor allem in Num 22–24 begegnen uns diese beiden Personen. Balak, Sohn Zippors, König von Moab, ruft Bileam zu Hilfe, um die gefürchteten Israeliten zu verfluchen und so für deren kriegerische Niederlage die Grundlage zu legen. Jedoch als die Gesandtschaft des Moabiterkönigs und ebenso der wohl mit ihm verbündeten Midianiter eintrifft, weigert Bileam sich trotz finanzieller Anreize (Num 22,7; vgl. 24,13), den Auftrag zu übernehmen. Gott sei ihm nachts erschienen und habe ihm untersagt, Israel zu verfluchen. Einer neuen, vornehmeren Botenschaft gelingt es jedoch, Bileam zum Mitkommen zu bewegen. Gott gesteht es ihm unter der Bedingung zu, daß der Prophet nur das tun solle, was jener ihm sagen werde (Num 22,20). Als Bileam dann ansetzt, Israel zu verfluchen, kann er in insgesamt vier Anläufen nur Worte des Segens aussprechen (Num 23,7–10.18–24; 24,3–9.15–24). Die berühmte Ankündigung „ein Stern geht in Jakob auf" (Num 24,17) findet sich im vierten Segensspruch.

In diese Grunderzählung ist die Geschichte von Bileam und seiner Eselin eingeschoben (Num 22,22–35). Hier begegnet uns ein Gott, der Bileam zornig ist, weil jener zu Balak geht (Num 22,22). Dem Propheten tritt darum der Engel des Herrn entgegen, den jedoch zunächst nur die Eselin wahrnimmt. Als jene dem Engel ausweicht, schlägt Bileam irritiert und verständnislos auf die Eselin ein, die redend protestiert. Als schließlich auch Bileam den Engel erkennt, wirft er sich zu Boden und tut Buße (Num 22,34). Diese Episode endet mit einer Wiederaufnahme der Bedingung, daß der Prophet nur sagen dürfe, was Gott ihm gebiete (Num 22,35; vgl. 22,20).

Nach dieser ersten negativen Wertung Bileams folgen weitere in späteren Texten: Um dem mit dieser Entwicklung unzufriedenen Balak doch noch zu helfen, habe der Prophet schließlich dem König empfohlen, Israel zum Abfall vom Herrn und zum Götzendienst des Baal-Pegor zu verleiten (Num 31,16). Bileam sei schließlich mit den Midianiterkönigen gemeinsam erschlagen worden (Num 31,8).

Außerhalb von Num 22–24 findet sich Balak im AT dagegen nur noch vereinzelt. In Jos 24,9; Ri 11,25 und Mich 6,5 wird nochmals an ihn erinnert, ebenso wie an Bileam in Dtn 23,5f.; Jos 13,22; 24,9f.; Neh 13,2 und Mich 6,5, – jedoch ohne weitere Informationen hinzuzufügen. Beide sind schon ganz zum stereotypen Negativbeispiel erstarrt.

Als literarisch älteste und primäre Fassung der Bileamüberlieferung gilt gemeinhin Num 22–24. Doch auch diese Tradition ist keinesfalls einheitlich. Einerseits begegnet ein Bileam, der Visionen schaut (Num 24,4.16) und traditionell nach Zeichen (Num 24,1) sucht, bevor er sich verbal äußert. Dieser Bileam läßt sich für seine Bemühungen entlohnen (Num 22,7). Andererseits zeigen sich auch Charakteristika eines typischen JHWH-Propheten. Jener Bileam kann nur Worte weitergeben, die ihm JHWH in den Mund legt und entspricht damit dem Idealbild des deuteronomistischen Prophetengesetzes (Dtn 18,18; vgl. Num 22,38; 23,5.12.16; ähnlich Num 22,8.18–20.35.38; 23,3.15–17.26; 24,13). Gelegentlich werden diese beiden unterschiedlichen, jedoch insgesamt positiv gewerteten Bileambilder verschiedenen Überlieferungssträngen zugeordnet.[1] Im Gegensatz zu jenen positiven Aspekten des Bileambildes begegnet uns in der etwas zwielichtigen Episode von der sprechenden Eselin (Num 22,22–35) durch die

Wertung des Engels und die entsprechende Buße des Propheten ein eher
negatives Bileambild (Num 22,32–34).

Spätere Nennungen reduzieren Bileam auf dessen Engagement zur Ver-
fluchung Israels (Dtn 23,5 b.6; Jos 24,9 f.; Neh 13,2) oder überliefern in Erweiterung des ursprünglichen Erzählgutes, daß jener zum Abfall Israels
vom Herrn entscheidend beigetragen habe (Num 31,16; vgl. 25,1–18) und
daß er eines gewaltsamen Todes gestorben sei (Num 31,8; Jos 13,22). Damit wird Bileam in ein schlechtes Licht gerückt.

Wie erklärt sich dieser bereits im AT zu beobachtende „Bewertungs-
wandel" vom positiven zum negativen Bileamsbild? Falls lediglich unterschiedliche Bileamstraditionen in Israel umliefen, die nicht viel mehr als
der gemeinsame Name des Sehers verband, wäre eine solche Entwicklung
nicht anzunehmen. Die relative Nähe einiger der alttestamentlichen Stücke
der Bileamstradition zueinander weist eher in Richtung der Frage nach
literarischer Abhängigkeit.

Was könnte spätere Exegeten zu einer negativen Einschätzung Bileams
bewogen haben?[2] Auf einer ersten Stufe bietet sich als Begründung an, daß
Bileam sich für seine Dienste entlohnen ließ (Num 22,7; vgl. LXX
Dtn 23,5; Neh 13,2). Ein bezahlter Seher gilt jedoch als qōsēm, als „Wahrsager" (vgl. Jos 13,22 in Erweiterung von Num 31,8), und fällt damit unter
das Verdikt des deuteronomistischen Prophetengesetzes (Dtn 18,10.14; vgl.
Ez 13,19; Am 7,12; Mich 3,5–8). Selbst wenn nun ein solcher Wahrsager,
der für gewöhnlich nur nach Zeichen sucht, plötzlich Israel Segen spendet,
dann kann das nur gegen dessen Willen geschehen sein – so die Deutung
von Dtn 23,5 b.6 (vgl. in Abhängigkeit davon Jos 24,9 f.).

Auf einer zweiten Stufe der Interpretation mag aus der in Dtn 23,5 b.6
vorgenommenen Charakterisierung Bileams als Falschprophet die Konsequenz gezogen worden sein: Ein falscher Prophet habe nach Dtn 13,
2–6 selbstverständlich umgebracht werden müssen. Der Redaktor von
Num 31,8 unterstellt Bileam, beim Abfall Israels zum Götzendienst des
Baal-Pegor seine Hände im Spiel gehabt zu haben, so daß durch Bileam
„die Plage über die Gemeinde des Herrn kam" (Num 31,16). Als Konsequenz wird seine Tötung zusammen mit den aus Num 25,10 ff. entwickelten
fünf Midianiterkönigen berichtet (Num 31,8).

Damit ließe sich eine literarische Entwicklung nachzeichnen, die aus
dem JHWH-Propheten Bileam in der Bewertung späterer Autoritäten einen Falschpropheten, Wahrsager und Verführer zum Götzendienst gemacht hat.

Im Frühjudentum begegnen uns ebenfalls positive und negative Wertungen Bileams.

Ein keineswegs ungünstiges, jedoch frei ausgeschmücktes Bild entwirft
Josephus (Ant 4,104–130), der Bileam als besten Wahrsager (mantis ari-

stos) seiner Zeit (Ant 4,104) anerkennend vorstellt. Überhaupt tritt er uns als sympathische Figur gegenüber: Er empfängt die Gesandten der Midianiter mit besonderer Gastfreundschaft und bewirtet sie (Ant 4,105). Mit dem Ansinnen der Gäste konfrontiert, fragt er Gott um Rat und empfiehlt den Midianitern dementsprechend, ihre Feindschaft gegenüber den Israeliten aufzugeben (Ant 4,106). Auch daß er nach einer nochmaligen Anfrage der Gesandten Balaks schließlich doch loszieht, habe nur einem neuerlichen Rat Gottes entsprochen, der ihn dieses Mal jedoch über die Motive im unklaren gelassen habe (Ant 4,107). Daß Bileam auch bei Josephus Zuwendungen für seine Dienste erhält, fällt hier nicht ins Gewicht: Es habe sich nur um Geschenke (dōrea) gehandelt (Ant 4,118).

Das Erlebnis mit dem Engel und der sprechenden Eselin bleibt Episode: Auch hier habe Gott den Bileam ermutigt, seinen Weg fortzusetzen (Ant 4,111). Der Prophet segnet sodann Israel in vollen Zügen: Landverheißung und zahlreiche Nachkommen im ganzen Erdkreis bilden die Spitzenaussagen (Ant 4,115). Auch ein weiterer Versuch Bileams, Israel zu verfluchen, mißlingt durch das verhindernde Wirken Gottes (Ant 4,114–117). Schließlich kann er nur gegen Gottes Willen den Midianitern empfehlen, ihre Töchter zu den Söhnen Israels zu schicken, um jene zum Abfall zu den Göttern der Midianiter zu verführen, was dann auch tatsächlich geschieht (Ant 4,126–155).

Josephus' Urteil über Bileam bleibt auffallend positiv. Er verzeichnet die Aufnahme der Weissagungen Bileams unter dessen eigenem Namen durch Mose als eine große Ehrung des Sehers, wenngleich er auch jenen schädlichen Rat Bileams nicht verschweigt (Ant 4,157f.). Vom Tode Bileams sagt er nichts.

Josephus interpretiert die Bileamsgeschichte nicht im Lichte späterer negativer Wertungen, wie wir es noch bei Philo beobachten werden. Er trägt positive Aspekte ein. Die Gastfreundschaft Bileams erinnert bei seinem Empfang der midianitischen Gesandten an den Empfang der Gesandten Gottes durch Abraham in Mamre (Gen 18). Auch die Motive der Verheißung Gottes an Abraham – Land und zahlreiche Nachkommen (Gen 12,2.7) – tauchen in Bileams Segen auf. So erscheint Josephus' Interesse an Bileam recht deutlich: Er ist für ihn ein wichtiger Repräsentant göttlicher Verheißung für das Gottesvolk, dessen Prophetien, soweit nicht schon eingetroffen, sich noch erfüllen werden (Ant 4,125).

Philo stellt uns Bileam als einen Vogelschauer vor (Mut 202), als Zeichenschauer (Conf 159), der mit „Zauberkünsten das gotterfüllte Prophetentum verfälscht hatte" und deshalb zugrunde gegangen sei (Mut 203). Bileams Namen übersetzt er mit „nutzloses Volk" (Conf 159; Migr 113; Cher 32: mateios oder mataios laos). Seine angeblichen finanziellen Motive werden ihm besonders angelastet (Migr 114). Erst durch Gottes verwandelndes Eingreifen seien aus Verwünschungen Segnungen geworden (Migr 114 f.). An anderer Stelle sieht Philo das Problem nicht in Bileams Worten, sondern in dessen „Gesinnung, der das Schadenbringende an Stelle des Nützlichen vorschwebte" (Conf 159). Als „Erdengeschöpf (und) kein himmlischer Sproß" sei sein „Seelenauge geschlossen", und er habe den Engel Gottes nicht zu sehen vermocht (Imm 181).

In der großen Paraphrase der Bileamperikope im „Leben Moses" (Vit Mos 1, 264–300) treten diese negativen Wertungen massiv auf: Bileam wird als heidnischer Wahrsager dargestellt (VitMos 1, 264f.; vgl. Jos 13, 22). Die erste Einladung Balaks lehnt er aus Klugheit und Anmaßung ab, weil er für einen ganz bedeutenden Propheten gehalten werden wolle (Vit Mos 1, 266). Die zweite Einladung habe er dagegen um des Lohnes willen angenommen. Das Vorschützen göttlicher Erlaubnis gilt Philo als scheinheilig (VitMos 1, 268). Daß sein Handeln sich jedoch klar gegen Gottes Willen gerichtet habe, zeige sich in der Eselinnenepisode (VitMos 1, 269–274). Ein stumpfsinniges Tier sei ihm an Kognition überlegen gewesen. Daß er den Engel dann schließlich doch erkannt habe, sei nicht als Würdigung seiner selbst, sondern gleichsam zur Läuterung geschehen: „Damit er seinen Unwert und seine Nichtigkeit erkenne" (atimia kai oudeneia: Vit Mos 1, 273; vgl. Num 22, 31). Selbst die Frage, ob er umkehren solle, dient Philo als Nachweis seiner Unaufrichtigkeit, denn eigentlich sei die Antwort klar (VitMos 1, 274).

Gottes prophetischer Geist habe vor jedem Spruch über Bileam geschwebt und „die künstliche geregelte Wahrsagerkunst" (VitMos 1, 277) vertrieben. Das „Versagen" gegenüber Balak entschuldigend, verweist Bileam auf die Eingebungen Gottes (VitMos 1, 281). Selbst daß Bileam trotz der „Mißerfolge" seine Fluchversuche fortgesetzt habe, legt Philo ihm negativ aus: Er sei womöglich noch stärker als Balak vom Fluchwillen beseelt gewesen (VitMos 1, 286). Als alles Fluchen nicht gelingen mag, habe er sich dagegen auf andere Methoden verlegt: Er habe dem Balak geraten, Israel zum Götzendienst des Baal-Pegor zu verführen (VitMos 1, 294).

Philo bietet ein sehr kunstvolles Beispiel seiner Exegese. Genau betrachtet gilt: in dubio contra reum. Sein Urteil steht bereits vor der Beweisaufnahme fest. Und so wird alles von den als dunkel unterstellten Motiven des Bileam aus interpretiert (Conf 159) und in aller Deutlichkeit das Bild eines Falschpropheten gezeichnet. Philos Vorgehen entspricht der redaktionellen literarischen Entwicklung, die zur späteren Abwertung der Motive aus Num 22–24 geführt haben mag: Er deutet die bis auf die Eselinnenperikope keineswegs negative Darstellung des Propheten unter konsequenter Umsetzung seines sich aus anderen alttestamentlichen Texten (Num 31, 8.16; Dtn 23, 5 b.6; Jos 13, 22) ergebenden Vorverständnisses. Dabei verarbeitet Philo vermutlich ältere jüdische Auslegungstraditionen.

Pseudo-Philo dagegen zeichnet ein durchaus sympathisches Bileamsbild (LibAnt 18). Eindeutig auf der Seite Gottes verortet und sich seiner Abhängigkeit von diesem bewußt, durchschaut der Seher Balak von Anfang an (LibAnt 18,3). So hat der Verlauf der Geschichte allenfalls etwas Tragisches. „Ich segnete aber, und ich wurde nicht gesegnet" (LibAnt 18,12), resümiert er schließlich.

In Qumran begegnet Bileam uns in auffälliger Ambivalenz. Zwar erscheint er in einer Liste falscher Propheten (4Q339,2). Teile seiner vierten Weissagung werden jedoch neben Weissagungen Moses, Levis und Josuas in der Testimoniensammlung (4QTest = 4Q175,9–12) aufgeführt. Diese hier positive Aufnahme mag damit zusammenhängen, daß die Verheißung eines „Sterns aus Jakob" für die qumranischen Messiaserwartungen ein wichtiges Element war (vgl. CD 7,19; 1QM 11,6; vgl. darüber hinaus TestXII. Lev 18,3; TestXII. Jud 24,1; yTaan 68d).

Ambivalente Wertungen Bileams sind auch in zahlreichen späteren jüdischen Schriften belegt. Einerseits sind schon in frühen tannaitischen Texten die Motive der negativen Charakterisierung klar ausgeprägt. Ganz im Gegensatz zur Nähe von Bileam zu Abraham bei Josephus werden anderenorts die Jünger Bileams den Jüngern Abrahams kontrastierend gegenübergestellt (Av 5,19): Erstere hätten ein böses Auge, eine gierige Seele und enorme Habgier und würden zur Gehenna herabgehen. Bileam wird immer wieder seine angebliche Geldgier angekreidet (TPsJ Num 22,7; Philo Migr 114; ARN 1,29; BemR 20,10). Er wird für den Abfall Israels (Num 25,1–3) verantwortlich gemacht (LibAnt 18,13; vgl. TPsJ Num 24,14.25; 31,8; ySan 10,28d). Die Begleitumstände seines Todes werden wie folgt erklärt: „Was hatte Bileam dort [also bei den midianitischen Königen] zu schaffen? R. Jonathan sagte: Er kam, um die Belohnung für die Zerstörung der 24000 Israeliten, die er herbeigeführt hatte, zu erhalten" (bSan 106a; vgl. BemR 20,20; 22,5; SifBam 137). So wird Bileam in der jüdischen Tradition vor allem als ein Mann der Habgier angesehen. Aber auch der Vorwurf sexueller Immoralität gegenüber der Eselin findet sich in jüdischer Literatur (TPsJ Num 22,30).

Andererseits wird dessen prophetische Begabung gelegentlich respektiert und Bileam differenziert, jedoch anerkennend mit Mose verglichen und zum Propheten der (Heiden-)Völker hochstilisiert (SifDev 357; BemR 14,20).

2.2. Bileam und Balak im Neuen Testament

Im Neuen Testament begegnet uns nur ein oberflächliches Bild von Bileam, dem Sohn Beors (2Petr 2,15), und Balak. Beide sind schon längst zu stereotyp negativen Figuren geworden. In Jud 11 und dessen Aufnahme in 2Petr 2,15 schwingt vor allem das Motiv des Ungehorsams gegenüber Gott aus finanziellen Gründen mit. Den falschen Lehren der angesprochenen Gemeinde wird eben jene sprichwörtliche Habgier Bileams als Motiv ihres Verhaltens vorgeworfen. In der frühen Kirche wurde das Recht der Wandercharismatiker und Propheten, für ihren Dienst entlohnt zu werden (1Kor 9,4; vgl. Did 13,1), gelegentlich mißbraucht (Röm 16,18, 1Tim 6,5; Tit 1,11; vgl. Did 11,5f.12). Entsprechend häufig werden in den frühen christlichen Schriften Amtsträger gegen den Vorwurf, finanziellen Profit aus ihrer Tätigkeit ziehen zu wollen, in Schutz genommen (Apg 20,33f.; 1Thess 2,9; 2Thess 3,8; 1Tim 3,3.8; Tit 1,7; 1Petr 5,2; vgl. Did 15,1; Polyk 5,2). Wir haben es hier also mit einem äußerst sensiblen Thema zu tun, das eben deshalb gut geeignet erscheint, mutmaßliche Irrlehrer zu diskreditieren.

Götzendienst, hier in Gestalt des Verzehrs von Götzenopferfleisch, und Hurerei wird einer Gruppe von wohl gnostischen Irrlehrern in Offb 2,14 vorgeworfen. Daß dieses unter Hinweis auf Bileam geschehen kann, ist in doppelter Blickrichtung von Bedeutung. Zum einen ist hier der Vorwurf, daß Bileam die Israeliten zu sexuellem Umgang mit den Töchtern Moabs verleitete, möglicher Hintergrund. Zum anderen berufen die Gnostiker selbst sich gern auf alttestamentliche Personen und Traditionen und werden hier gewissermaßen unter Verwendung ihres eigenen Bezugsrahmens diskreditiert.

Jene gnostischen Nikolaiten (Offb 2,6.15) hielten sich nicht an die vom damaligen Heidenchristentum praktizierte Abstinenz gegenüber im heidnischen Kultus geschlachteten Fleisches (vgl. 1Kor 8–10), und ihr sexuelles Verhalten sprengte den Rahmen des in den Gemeinden akzeptierten (Offb 2,20.22).

An mehreren neutestamentlichen Stellen ist zu fragen, ob die Rede von Jesus als Morgenstern nicht die messianisch gedeutete Verheißung Bileams (Num 24,17) vom „Stern aus Jakob" aufnimmt (Mt 2,2; 4,16; Lk 1,78; 2Petr 1,19; Offb 2,28; 22,16). Da es sich allerdings in keinem Fall um echte Zitate handelt, bleibt der konkrete Bezugspunkt fraglich (vgl. Jes 61,1f.; Mal 3,20).

Jedoch nicht nur Bileam und mit ihm Balak finden spätere literarische Aufnahme. Auch ein Esel, der dem Apostel Tomas in Indien sprechend gegenübertritt, weiß sich der Eselin des Sehers familiär verbunden.[3]

3. Korach

3.1. Korach im Alten Testament und im frühen Judentum

Von drei Personen im AT, die den Namen Korach tragen, ist für unseren Kontext nur der Sohn des Leviten Jizhar aus dem Geschlecht Kehats (Ex 6,21.24; Num 16,1 f.; 1Chr 6,7 nennt den Vater Korachs Amminadab), ein Cousin Moses, von Bedeutung (vgl. ansonsten: Gen 36,5.14.16.18; 1Chr 1,35; 2,43). Als Anführer einer Gruppe von „zweihundertundfünfzig führenden Männern aus der Gemeinde, angesehenen Abgeordneten aus der Versammlung" (Num 16,2), lehnt er sich während der Wüstenwanderung gegen Mose und Aaron auf (Num 16). Die Anführer fordern für sich unmittelbaren Zugang zu Gott. Erst in der Reaktion Moses wird deutlich, daß es sich präziser um einen Aufruhr von Leviten handelt, die für sich das Priesteramt fordern (Num 16,8.10). Als Korach und die 250 Mitstreiter am nächsten Morgen zusammen mit Mose und Aaron Räucheropfer am Offenbarungszelt Gottes darbringen, erscheint „der ganzen Gemeinde die Herrlichkeit des Herrn" (Num 16,19). Der Herr befiehlt Mose und Aaron, beiseite zu treten, um die ganze Gemeinde zu vernichten. Jenes kann durch Moses und Aarons Intervention allerdings verhindert werden (Num 16,20–24). Jedoch Korach und dessen engste Mitstreiter Datan und Abiram samt deren drei Familien werden von der Erde verschlungen (Num 16,30–33) und die 250 Männer von Feuer gefressen (Num 16,35). Nach Num 26,11 bleiben die Söhne Korachs jedoch verschont. Später bilden die Korachiten ein Geschlecht der Tempelsänger (1Chr 6,22; vgl. 2Chr 20,19). Sie werden in den Überschriften der Psalmen 42, zu dem auch Ps 43 gehört, 44–49; 84; 85; 87 und 88 genannt. Korachiter waren Schwellen- und Türwächter am Bundeszelt bzw. Tempel (1Chr 9,19; 26,1.19), nach Num 26,58 eine „Sippe Levis" und unterstützten David schon zu jener Zeit, als Saul noch König war (1Chr 12,7). Der Korachiter Mattitja war später mit der Zubereitung der Backwaren für den Tempel betraut (1Chr 9,31).

In Sir 45,18 wird kurz der Aufruhr Korachs und seiner Freunde erwähnt, jedoch schon in sehr verkürzter Form.

Bereits innerhalb des AT zeigt sich eine Tendenz, Korach nicht mehr zu erwähnen. So läßt ihn ein Stammbaum der Nachfahren Kehats in 1Chr 23,18 einfach aus, ganz im Gegensatz zu der dort hervorgehobenen Stellung Moses und Aarons (1Chr 23,13). Dieses mag als Echo auf die Vorkommnisse in Num 16 gesehen werden, deren historischer Ursprung kaum noch zu fassen ist. Die wahrscheinlich älteste Erwähnung Korachs liegt in Ex 6,16–25 vor. Num 16 ist dagegen eine spätere Komposition aus mindestens zwei Erzählsträngen. Mit der Korachtradition, in der es um

religiöse Gleichberechtigung geht, hat sich ein politischer Konflikt ge-
mischt. Datan und Abiram fragen Mose vorwurfsvoll: „Willst du dich auch
noch als unser Herrscher aufspielen?" (Num 16,13). Das levitische Kora-
chitengeschlecht wird dagegen frühestens in nachexilischer Zeit historisch
greifbar. So ist auch eine Identifizierung der Korachiten mit ihrem angeblichen Urahn mit Problemen behaftet. Während nach Num 16,32 Korach
mit allen Verwandten buchstäblich untergeht, wirkt Num 26,11 – „aber die
Söhne Korachs starben nicht alle" – wie eine harmonisierende Glosse.

In vorexilischer Zeit können Priester und Leviten identifiziert werden
(Dtn 18,1–8). „Levitische Priester" meint hier ausdrücklich „der ganze
Stamm Levi" und nicht nur die priesterlichen Nachfahren Aarons, wohingegen nachexilisch streng unterschieden wurde (vgl. Jes 66,21). Einen Ein-
schnitt markiert die josianische Reform: Die Kultzentralisation versammelt
die Landleviten zum Jerusalemer Tempel, wo sie jedoch, als Tempeldiener
von den zadokidischen Priestern unterschieden, nur eine Art clerus minor
bilden (2Kön 23,9). In dieser Funktion begegnen sie in nachexilischer Zeit
(Num 3,5ff.; Ez 44,11 u. ö.) und im NT (Lk 10,30–37).

In diesem Rangstreit zwischen Leviten und Priestern zeigt sich der eigentliche „Sitz im Leben". Der Aufstand der Rotte Korach stellt dagegen
eine historisch kaum mehr zu verortende Ursprungsgeschichte dieses Kon-
fliktes dar. Korach und die Seinen wurden so zum Paradigma religiöser
Karrieristen, deren Scheitern als sicher gilt (Num 17,5).

Im Frühjudentum setzt sich diese Erinnerung fort. Josephus widmet
sich sehr ausführlich der Korachtradition (Ant 4,14–58). Für ihn ist Korach ein von Herkunft und Reichtum bedeutender und rednerisch begabter Hebräer, der dem Stammesverwandten Mose dessen hohe Stellung
und die angeblich größere Gunst Gottes neidet (Ant 4,14). Politische Am-
bition, innerfamiliäre Eifersucht und überhaupt das Kainsmotiv (vgl.
Ant 4,15 mit Gen 4,4f.) zeigen sich hier stärker. Die Übertragung des
Priesteramtes auf Aaron habe Korach als gesetzeswidrig angesehen, da
sie nicht auf einem Volksbeschluß, sondern auf persönlicher Willkür ge-
gründet sei (Ant 4,15.23). Damit wird das aaronitische Priestertum in Frage gestellt. Josephus entlarvt jedoch die angeblich auf das Allgemeinwohl
abzielende Argumentation Korachs und unterstellt ihm, er selbst habe
einfach nur geehrt werden wollen (Ant 4,20).

Philo, der sich in jenem weiteren Kontext mit Menschen beschäftigt, die
suchen, aber nicht finden (Fug 143–165), zieht die Mitglieder des Stammes
Korach als Beispiel heran. Sie seien nicht nur nicht zum Ziel ihrer Wünsche
gekommen, sondern hätten auch das bereits Erlangte preisgeben müssen.
„Denn die Mitglieder des Stammes Korah, die, mit ihrer Stellung als Tempeldiener nicht zufrieden, nach der Priesterwürde strebten, haben wie das
Gesetz sagt, sich um beides gebracht (Fug 145)."

In der späteren jüdischen Tradition gilt Korach als typisches Beispiel antinomistischer Häresie. Dieses wird vor allem durch die künstliche exegetische Verbindung zwischen Num 16 und der unmittelbar vorangehenden Verordnung, Quasten mit einer violetten Purpurschnur zur Erinnerung an die Gebote des Herrn an den Gewändern anzubringen (Num 15,37–41), deutlich (LibAnt 16,1; TPsJ Num 16,1 f.). Korach und den Seinen sei dieses inakzeptabel (vgl. LibAnt 16,1) erschienen, und sie hätten gegen das Gebot Gottes blaue Quasten an den Kleidern angebracht (TPsJ Num 16,2; vgl. BemR 18,3). Dem Mose habe Korach vorgeworfen, seine eigenen Erfindungen der Torah hinzugefügt zu haben (BemR 18,3.12).

Auch in Qumrantexten findet Korach Erwähnung (4Q423 Frg. 5,2; 4Q491 Frg. 1–3,1). Daß im unmittelbaren Zusammenhang das Wort „Gericht" fällt, mag ein Hinweis auf die negative Wertung der ansonsten stark verderbten Fragmente sein.

In den Targumen wird Korach als Schismatiker charakterisiert (CN Num 16,1; 26,9; TPsJ Num 26,9; vielleicht 4QpNah 4,1; vgl. 1Clem 51,1–4).

Sein Ende wird in der jüdischen Tradition insgesamt unterschiedlich erzählt. Während wir bei Josephus (Ant 4,56) die Tradition von Num 16,35 aufgenommen finden, daß jener von Feuer verschlungen worden sei, berichten andere Texte, er sei mit Datan und Abiram lebendig zur Unterwelt hinabgefahren (LibAnt 16,6; Protev Jak 9,2; vgl. BemR 18,19; Num 26,10). Nach Pseudo-Philo bleiben Korach und die Seinen bis zum Jüngsten Tag in der Unterwelt am Leben. Dann jedoch würden sie nicht auferstehen, sondern vernichtet werden (LibAnt 16,3; vgl. ARN 36,2; BemR 18,13). In jedem Fall wird sein Schicksal als warnendes Beispiel für Gottes Gericht überliefert (Ps 106,17; Sir 45,19; Bell 5,566; LibAnt 57,2; vgl. 1Clem 4,12; 51,4; Protev Jak 9,2).

3.2. Korach im Neuen Testament

Im Neuen Testament werden in Jud 11 aufrührerische Irrlehrer mit Korach verglichen. Diese Konnotation spiegelt auch das Zitat von Num 16,5 im Zusammenhang der Häretikerbekämpfung in 2Tim 2,19 wider, ebenso wie im 1. Clemensbrief dann später die Zeitgenossen, „die Anführer des Aufruhrs und der Spaltung waren" (1Clem 51,1), mit jenen verglichen werden, die dereinst „lebendig hinab in die Unterwelt" (1Clem 51,4; vgl. Num 16,33) fuhren.

Die genauere Charakterisierung dieser Irrlehrer führt uns unmittelbar auf das weite Feld der jeweiligen Gegner. Die Gegner des Judasbriefes werden entweder als libertinistische Gnostiker oder im Umfeld der Auseinandersetzungen um das Erbe paulinischer Theologie angesiedelt. In jedem Fall läßt sich die Warnung vor Irrlehre als einziges Thema des Briefes ausmachen. Sodom und Gomorra, Kain, Bileam und Korach werden als warnende Beispiele herangezogen, daß auf den Abfall jeweils die göttliche Strafe folgt. Das Insistieren auf Bewahrung der überlieferten apostolischen Lehre verbürgt Sicherheit gegen Irrlehre (Jud 3.17).

Die Gegner des zweiten Petrusbriefes werden dagegen zumeist als Gnostiker eingestuft oder jedenfalls in der Nähe der Gnosis vermutet. Kann man auch für die beiden Briefe eine ganze Menge Vorwürfe an die Adresse der Gegner auflisten, etwa deren anti-eschatologische, anti-angelologische und gegen die Herrschaft Christi ausgerichtete Lehre, so bleibt doch fraglich, ob damit wirklich deren Lehrgebäude zutreffend erfaßt wird. Dieses gilt um so stärker für die schlicht polemischen Vorwürfe wie die der Schlemmereien bei Tag (2Petr 2,13), der Habgier (2Petr 2,14) und des Getriebenseins durch fleischliche Begierden (2Petr 2,18) und Ausschweifung (Jud 4).

4. Isebel

4.1. Isebel im Alten Testament und im frühen Judentum

Über die Tochter Etbaals, des Königs von Sidon, und Ehefrau Ahabs, Omris Sohn und König von Israel, wird in 1Kön 16.18f.21 und 2Kön 9 berichtet.

Als Gemahlin Ahabs wird Isebel die einflußreiche Königin des Nordreiches (1Kön 16,31). Sie unterstützt die kanaanäischen Fruchtbarkeitskulte des Baal und der Aschera (1Kön 18,19) und bekämpft die Propheten des Gottes Israels (1Kön 18,4). Vor dem Hintergrund dieses religiösen Synkretismus formiert sich der Widerstand JHWH-treuer Kreise. Deren Exponent Elija geißelt den Synkretismus scharf (1Kön 18,18) und zieht sich damit die Feindschaft Isebels zu (1Kön 19,2). In einer Demonstration der Macht JHWHs auf dem Berg Karmel werden die Baalspropheten der Lächerlichkeit und schließlich dem Tode preisgegeben (1Kön 18). Isebel aber demonstriert ihre Macht und droht Elija mit Vergeltung (1Kön 19,1–3).

In einer anderen Erzählung (1Kön 21,1–29) wird ihr politischer Einfluß deutlich. Sie bietet falsche Zeugen gegen den Weinbergbesitzer Nabot auf und sorgt so dafür, daß nach Verurteilung und Steinigung dessen Besitz an ihren Mann fällt (1Kön 21,15f.).

Isebels Ende wird dramatisch dargestellt. Als ihr Enkel Ahasja, König von Juda, durch die Hand Jehus, des Königs von Israel, gefallen ist, läßt Jehu Isebel aus dem Fenster ihres Palastes stürzen. Sie hatte ihn bereits geschminkt und geschmückt (2Kön 9,30) erwartet. Von Pferden zertrampelt, wird ihr Leichnam von Hunden vertilgt. Nur Schädel, Hände und Füße bleiben übrig (2Kön 9,35).

Präziser als die drei obigen Personen ist Isebel historisch greifbar: Sie wurde Anfang des 9. Jh. v. Chr. geboren und kam in der Revolte Jehus 841 v. Chr. ums Leben. Isebel war eine Tochter des sidonischen Königs Etbaal (1Kön 16,31).[4] Ihre Religionspolitik ist keinesfalls die einer „Einzeltäterin". Sie setzt den durch ihren Schwiegervater Omri eingeschlagenen Weg des Synkretismus fort, nur daß sie nicht wie jener beim Gott Israels, sondern im Baalskult zu Hause ist. Bereits Salomo hatte seinen ausländischen Frauen Heiligtümer für deren Fremdkulte auf dem Ölberg errichten lassen (1Kön 11,7f.). So läßt jetzt auch Ahab seiner Frau ein Heiligtum in Samaria für den phönizischen Gott Baal errichten und nimmt sogar an den kanaanäischen Kulten teil (1Kön 16,31–33).

Isebel ist in politischer und religiöser Hinsicht eine treue Tochter Etbaals: Die Geschichte um Nabot zeigt, daß sie die Absolutheitsansprüche altorientalischer Monarchie hochhält. Während ihr Gemahl Ahab das Recht Nabots achtet und dessen Weigerung, das Erbe seiner Väter nicht an ihn zu veräußern, wenn auch mißmutig respektieren muß (1Kön 21,4), schätzt Isebel die königliche Stellung anders ein.[5] Der gegenüber ihrem Mann geäußerte Grundsatz „du bist doch jetzt König in Israel" (1Kön 21,7) läßt Isebel falsche Zeugen aufbieten, deren Beschuldigungen unmittelbar zur Steinigung Nabots führen (1Kön 21,13). Ahab wird deutlich als Opfer der Schlechtigkeit seiner Gattin gezeichnet. „Es gab in der Tat niemand, der sich wie Ahab hergab zu tun, was dem Herrn mißfiel, da seine Frau Isebel ihn verführte" (1Kön 21,25).

Isebels Baalsverehrung folgt ebenfalls den Spuren ihres Vaters, der als Priester der Göttin Astarte, biblisch Aschera, bezeichnet wird (Menander in Ap 1,18). Schon dessen Name ist Programm: Etbaal heißt „mit ihm ist Baal". Seine Tochter fördert in Israel die Kulte Baals und Ascheras (1Kön 18,19). Geht man davon aus, daß die Phönizier der mesopotamischen Praxis folgten, die Königstochter zur Hochpriesterin des lokalen Gottes zu berufen (Brenner, Woman 23–25), dann hat Isebel schon in Verbindung mit ihrem Vater nicht nur religiöse, sondern auch erhebliche politische Erfahrungen sammeln können.

Entsprechend wird Isebel zu einer erstaunlich aktiven Partnerin ihres Mannes, König Ahab. Dessen zweifellos vorhandene übrige Frauen (2Kön 10,1) werden nicht einmal erwähnt. Der Königin wird nachgesagt, sie habe die Propheten JHWHs umbringen lassen (1Kön 18,4.13; vgl. 19,10.14). Durch bedeutende finanzielle Verfügungsgewalt kann sie die Propheten Baals und Ascheras unterhalten (1Kön 18,19). Sie löst selbständig Ahabs Probleme (1Kön 21,7), verfaßt Briefe im Namen ihres Mannes und benutzt dessen Siegel (1Kön 21,8).

Isebel und ihre Nachfahren werden jedoch auf Geheiß Jehus, eines Offiziers des Heeres, den Elischa zum König über Israel salbt, ums Leben gebracht. Jehu wirft ihr Unzucht und Zauberei vor (2Kön 9,22). Die Dynastie der Omriden findet damit ein Ende.

Schon über Salomos Heirat ausländischer Frauen hatte der Deuteronomist sein Verdikt verhängt (1Kön 11,1ff.). Die deuteronomistischen Beurteilungen rücken auch Isebel und ihre Familie in ein deutlich negatives Licht und haben damit prägend gewirkt. Aller Zorn auf heidnische Kulte und Synkretismus wird auf sie übertragen.

Auch im Frühjudentum ist diese Wertung deutlich spürbar. Josephus erzählt unter Aufnahme älterer Überlieferungen Menanders die Geschichte von Isebel und Ahab nach (Ant 8,316–393), wobei die Königin hier zuletzt bei der Ermordung des Weinbergbesitzers Nabot erscheint (Ant 8,359). Ihren Tod berichtet Josephus in recht treuer Aufnahme der alttestamentlichen Vorlage (Ant 9,122f.).

Josephus beschreibt sie bei aller negativen Wertung jedoch in einer gewissen Ambivalenz: Eine tatkräftige (drastērios) und kühne (tolmēros), aber letztlich von Zügellosigkeit (aselgeia) und Wahnsinn (mania) geprägte Person (Ant 8,318) sei sie gewesen.

Diese ansatzweise Ambivalenz spiegelt sich auch in späteren jüdischen Texten wider. Neben der Aufnahme der negativen Aspekte finden sich auch positive Anklänge. Isebel und Atalja werden als souveräne Herrscherinnen in Israel bezeichnet (EstR 3,2). Einem mittelalterlichen Kommentator zufolge seien Isebels Schädel, Hände und Füße übriggeblieben, weil jene mit diesen Mitleid und Mitfreude gezeigt hätte (Yalq 2,232).

4.2. Isebel im Neuen Testament

In Offb 2,20 greift der Seher Johannes eine in der Gemeinde von Thyatira in Kleinasien einflußreiche Frau an. Jene Person behauptet, eine Prophetin zu sein. Sie lehre und verführe die Gemeinde dazu, Hurerei zu treiben und Götzenopfer zu essen (Offb 2,20). Dem Aufruf, Buße zu tun, sei sie nicht nachgekommen (Offb 2,21). Jetzt wird ihr und ihren Nachfolgern die Strafe Gottes in Form von Krankheit und Bedrängnis angedroht (Offb 2,22f.).

Diese Falschprophetin wird mit dem Namen der Isebel belegt. Damit fällt typologisch der Vorwurf von Synkretismus und ethischer Laxheit auf sie. Es werden jedoch nicht die konkreten Lehrpositionen dieser Person dargestellt, sondern nur polemisch deren Auswüchse skizziert.

Im Urchristentum wurden Frauen, die als Prophetinnen auftraten, dabei keineswegs grundsätzlich abgelehnt. Vielmehr gibt es Hinweise auf eine ganze Reihe prophetisch begabter Frauen in den frühen Gemeinden (Apg 2, 17; 21, 9; 1 Kor 11, 5). Jedoch ist das Schweigegebot in 1 Kor 14, 33 b– 36 am besten als ein Zurückdrängen von (vielleicht übermäßig) im korinthischen Gottesdienst auftretenden Frauen zu verstehen (vgl. 1 Tim 2, 12). Das frühe Christentum tat sich also nicht immer leicht mit seinen Prophetinnen.[6]

Bei der sogenannten Isebel der Johannesapokalypse scheint es sich um eine Anhängerin der Gnosis gehandelt zu haben. Den Gnostikern wird vorgeworfen, sie seien gegenüber ihrem äußeren Leib gleichgültig und entsprächen deshalb nicht den sexualethischen Vorstellungen der Gemeinde. Ferner hätten sie sich nicht an die im damaligen Heidenchristentum weithin praktizierte Ablehnung der Teilnahme an kultischen Mahlzeiten gehalten (vgl. Apg 15, 20; vgl. 1 Kor 8 – 10). Darum wird Isebel, hier wohl stellvertretend, scharf kritisiert.

5. Zusammenfassung

Zur durchweg negativen Charakterisierung frühchristlicher Irrlehrer und Irrlehrerinnen werden Bileam, Balak, Korach und Isebel im Neuen Testament herangezogen. Blickt man jedoch hinter den Vorhang dieser einheitlichen Wertung, so ergibt sich ein sehr viel differenzierteres Bild verschiedener Überlieferungselemente.

So neigt Josephus dazu, mindestens *etwas* Positives über jene Personen zu sagen. Er verzeichnet die Tatkraft und Kühnheit der Isebel und hebt die bedeutende Herkunft, Reichtum und rednerische Begabung Korachs hervor, um dann doch negative Gesamtbilder zu zeichnen. Anders bei Bileam, den er auffallend und fast durchweg positiv darstellt – vielleicht um dessen bedeutsame Prophetie für Israel nicht preisgeben zu müssen.

Ganz anders dagegen Philo. Er zeichnet Bileam und Korach uneingeschränkt negativ und schweigt von Isebel lieber gleich ganz.

In Qumran begegnen eine positive Aufnahme der messianisch gedeuteten Prophetie Bileams und eine negative Wertung seiner Person.

Die spätere jüdische Überlieferung zeichnet Bileam bei aller Negativität im Detail doch als bedeutendsten Propheten außerhalb Israels und spiegelt damit auch die ambivalente Wertung der alttestamentlichen Ursprünge dieser Tradition.

Während Korach in späteren jüdischen Texten durchweg als Schismatiker gebrandmarkt wird, mag es doch verwunderlich erscheinen, daß Isebel gelegentlich positive Eigenschaften wie Mitleid und Mitfreude zugebilligt werden. Ihr Name hat sich ansonsten bis in die deutsche Volksliteratur hinein als Archetyp einer überambitionierten Frau gehalten. Im Märchen

„Von den Fischer un siine Fru" klagt der Ehemann: „Mine Fru, de Ilsebill, will nich so, as ick wol will" über seine unersättliche Gemahlin.[7] Interessanterweise ist hier nicht nur der Name in diese religiös gefärbte Geschichte eingegangen, sondern auch die Grundmotive des alttestamentlichen Vorbildes. Auch die Frau des Fischers strebt nach höchster weltlicher und geistlicher Macht. Nicht nur Kaiser und Papst will sie werden, sondern schließlich Gott selbst.

Anmerkungen

[1] In etwa läßt sich folgender Konsensus feststellen: Jahwist: Num 22,3 b.4; teilw. 5–6.7 a.11.22–34.37.39.40 a; 23,7 a.18 a; 24,1.2 b–3 a.10 a.11 b.15 a; Elohist: Num 22,2–3 a; teilw. 5–6.7 b–10.12–21.35 f.38.40 b–41; fast ganz Num 23; 24,10 b–11 a.12 a–14 a.25. Siehe J. A. Hackett, Art. Balaam, ABD 1, 569.

[2] Die Rekonstruktion dieser literarischen Entwicklung folgt Donner, Balaam pseudopropheta 120–122.

[3] Act Thom 40. Dort auch Bezug auf den Esel in Mk 11,1 ff. par.

[4] Nach Ant 8,324 stammt jener König, den er Ithobalos nennt, jedoch aus Tyrus. Vgl. die tyrische Königsliste Ap 1,121–125, hier: 123. Derselbe Ithobalos wird in Ant 8,317 und 9,138 als „König der Tyrier und Sidonier" bezeichnet.

[5] Vgl. auch LXX 19,2: Isebel tritt Elija drohend selbstbewußt gegenüber: „Wenn du Elija bist, so bin ich Isebel."

[6] Vgl. Irenäus (ca. 130–202), Haer I 13,1–4; Euseb (frühes 4. Jh.), HistEccl V 14–16.

[7] J. Grimm/W. Grimm, Kinder und Hausmärchen. Gesammelt durch die Brüder Grimm, Bd. 1, Berlin 1812 (Nachdruck: Göttingen 1986), 68–77, hier: 70–73.75 f. In der Sammlung der Brüder Grimm trägt dieses Märchen die Nr. 19.

Bibliographie

Judith Reesa Baskin, Pharaoh's Counsellors. Job, Jethro, and Balaam in Rabbinic and Patristic Tradition, BJSt 47, Chico/Kalifornien 1983. – Athalya Brenner, The Israelite Woman, Sheffield 1985. – Herbert Donner, Balaam pseudopropheta, in: Beiträge zur alttestamentlichen Theologie, FS Walther Zimmerli, Göttingen 1977, 112–123. – Hartmut Gese, Zur Geschichte der Kultsänger am zweiten Tempel, in: Abraham, unser Vater, FS O. Michel, edd. O. Betz/M. Hengel/P. Schmidt, AGSU 5, Leiden 1963, 222–234. – Walter Groß, Bileam. Literar- und formkritische Untersuchung der Prosa in Num 22–24, StANT 38, München 1974. – Jo Ann Hackett, Art. Balaam, in: ABD (= Anchor Bible Dictionary) 1, 569–572. – Ludwig Schmidt, Die alttestamentliche Bileamüberlieferung, BZ 23, 1979, 234–261. – Horst Seebass, Zur literarischen Gestalt der Bileam-Perikope, ZAW 107, 1995, 409–419. – Stefan Timm, Die Dynastie Omri. Quellen und Untersuchungen zur Geschichte Israels im 9. Jahrhundert vor Christus, FRLANT 124, Göttingen 1982, bes. 288–303.

Register der biblischen Personen

(Schreibung nach den Loccumer Richtlinien)

Die Autoren

Claußen, Carsten, Dipl.-Theol., geb. 1966, Studium der Evangelischen Theologie in Bethel, Tübingen, Durham (UK) und Heidelberg (1985–92), Examen in Durham (1991), M. Theol., Diplom-Theologe in Tübingen (1992), wissenschaftlicher Mitarbeiter an der Universität Tübingen (1993), wissenschaftlicher Mitarbeiter an der Evangelisch-Theologischen Fakultät, Neues Testament, Universität München (seit 1994).

Ernst, Michael, a. o. Univ.-Prof. Dr., geb. 1947, Vorstand des Instituts für Neutestamentliche Bibelwissenschaft an der Katholisch-Theologischen Fakultät der Universität Salzburg und Leiter der Abteilung für Neutestamentliche Einleitung und Zeitgeschichte, Leiter des Forschungsprojektes „Die Analyse der Paulusbriefe auf dem Hintergrund dokumentarischer Papyri".
Veröffentlichungen:
Neben zahlreichen Artikeln in Zeitschriften und Sammelwerken v. a.: Mitherausgeber des Bibellexikons „Die Bibel A–Z". Das große Salzburger Bibellexikon, ed. V. M. Stubhann u. a., Mitherausgeber der Zeitschrift „Protokolle zur Bibel", „Unter dem Wort Gottes". Theologie aus dem Neuen Testament (gem. mit W. Beilner), Wien 1993.

Grohmann, Marianne, Univ.-Ass. Mag., geb. 1969, Studium der Evangelischen Theologie und der Germanistik in Wien, Berlin und Jerusalem, Assistentin am Institut für Systematische Theologie in Wien (seit 1996), Arbeit an einer systematisch-theologischen Dissertation zu alttestamentlicher Hermeneutik im Judentum und Christentum.
Veröffentlichungen:
Feministische Theologie und jüdisch-christlicher Dialog, Dialog 25, 1997, 5–9, Sara und Hagar. Anfragen an die Exegese von Gal 4, 21–31 von der Wirkungsgeschichte her, Protokolle zur Bibel 7, 1998, 53–74, Intertextualität als Vermittlungsmodell zwischen jüdischer und christlicher Hermeneutik, in: Wiener Jahrbuch für Theologie, Bd. 2, 1998, 265–284.

Hasitschka, Martin, Univ.-Prof. Dr., geb. 1943, Studium der Philosophie in Pullach bei München, Studium der Theologie in Innsbruck (Doktorat 1975), Assistent am Institut für Neutestamentliche Bibelwissenschaft an der Theologischen Fakultät der Universität Innsbruck (1980–1993), Habilitation (1987), Professor für Neutestamentliche Bibelwissenschaft an der Theologischen Fakultät der Universität Innsbruck (seit 1993).
Veröffentlichungen:
Befreiung von Sünde nach dem Johannesevangelium. Eine bibeltheologische Untersuchung (IThS 27), Innsbruck 1989, gem. mit G. Fischer, Auf dein Wort hin. Berufung und Nachfolge in der Bibel, Innsbruck 1995.

Huber, Konrad, Univ.-Ass. Dr., geb. 1965, Studium der Theologie und Religionspädagogik in Innsbruck, Universitätsassistent am Institut für Neutestamentliche Bibelwissenschaft der Katholisch-Theologischen Fakultät der Universität Innsbruck (seit 1993), Promotion mit einer Arbeit zu den Jerusalemer Streitgesprächen des Markusevangeliums (Jesus in Auseinandersetzung, fzb 75, Würzburg 1995).

Löhr, Hermut, Dr., geb. 1963, Studium der Evangelischen Theologie, Geschichte, Philosophie u.a. in Bonn, Tübingen, Heidelberg – 1. theologisches Examen (1989), Forschungsaufenthalt in Straßburg als Stipendiat der französischen Regierung (1990/91), Promotion zum Dr. theol. (1993), Verleihung des Hanns-Lilje-Preises der Göttinger Akademie der Wissenschaften (1996), wissenschaftlicher Assistent an der Evangelisch-Theologischen Fakultät der Universität Bonn.
Veröffentlichungen:
Umkehr und Sünde im Hebräerbrief, BZNW 73, Berlin–New York 1994, Schriftauslegung im antiken Judentum und im Urchristentum, ed. zusammen mit M. Hengel, WUNT 73, Tübingen 1994.

Oberforcher, Robert, Univ.-Prof. Doz., geb. 1939, Studium der Theologie in St. Gabriel/Mödling und Innsbruck, Universitätsassistent am Institut für Alttestamentliche Bibelwissenschaft (ab 1970), am Institut für Neutestamentliche Bibelwissenschaft (seit 1980) – Habilitation: Die Flutprologe als Kompositionsschlüssel der biblischen Urgeschichte (IThS 8), Innsbruck 1982.
Weitere Veröffentlichungen:
Glaube aus Verheißung. Aktualität der Patriarchengeschichte, Klosterneuburg 1981, Umkehr. Neuorientierung des Lebens aus der Bibel, Innsbruck 1982, Das Buch Micha (Neuer Stuttgarter Kommentar), Altes Testament 24/2, Stuttgart 1995, ferner Aufsätze zu meist testamentsübergreifenden Themen der Bibeltheologie.

Öhler, Markus, Univ.-Ass. Dr., geb. 1967, Studium der Evangelischen Theologie in Wien (1985–92), Vertragsassistent am Institut für Neutestamentliche Wissenschaft an der Evangelisch-Theologischen Fakultät der Universität Wien (1992–96), Universitätsassistent ebendort (seit 1996), Promotion zum Thema „Elia im Neuen Testament" (BZNW 88, Berlin–New York 1997).

Pichler, Josef, Univ.-Ass. Dr., geb. 1967, Studium in St. Pölten, Benediktbeuern, Graz, Doktor der Theologie (1995).
Veröffentlichungen:
Paulusrezeption in der Apostelgeschichte. Untersuchungen zur Rede im pisidischen Antiochien, IThS 50, Innsbruck 1997, Heiliges Land – beiderseits des Jordan. Ein biblischer Reisebegleiter (gemeinsam mit P. Trummer), Innsbruck 1998.

Uebele, Wolfram, Dr., geb. 1967, Studium der Evangelischen Theologie in Tübingen und Wien, Stipendiat des Evangelischen Stiftes in Tübingen, Promotion an der Evangelisch-Theologischen Fakultät der Universität Wien (1999).